2019

湖北调查年鉴

Hubei Survey Yearbook

国家统计局湖北调查总队　编

Survey Office of the National Bureau of Statistics in Hubei

关注“湖北调查”

中国统计出版社
China Statistics Press

图书在版编目（CIP）数据

湖北调查年鉴. 2019 : 汉英对照 / 国家统计局湖北调查总队编. -- 北京 : 中国统计出版社, 2019.9
ISBN 978-7-5037-8847-5

Ⅰ. ①湖… Ⅱ. ①国… Ⅲ. ①统计资料—湖北—2019—年鉴—汉、英 Ⅳ. ①C832.63-54

中国版本图书馆 CIP 数据核字(2019)第 146424 号

湖北调查年鉴-2019

作　　者/ 国家统计局湖北调查总队
责任编辑/ 李　冲　且淑芬
装帧设计/ 李雪燕
出版发行/ 中国统计出版社
地　　址/ 北京市丰台区西三环南路甲 6 号　邮政编码/100073
电　　话/ 邮购（010）63376909　书店（010）68783171
网　　址/ http://www.zgtjcbs.com
印　　刷/ 河北鑫兆源印刷有限公司
经　　销/ 新华书店
开　　本/ 890mm×1240mm　1/16
字　　数/ 500 千字
印　　张/ 18.25　1.25 彩页
版　　别/ 2019 年 9 月第 1 版
版　　次/ 2019 年 9 月第 1 次印刷
定　　价/ 380.00 元

本书附同版本 CD-ROM 一张，光盘内容以书面文字为准。
如有印装差错，由本社发行部调换。

2018 年 11 月 5-6 日，国家统计局党组成员、副局长毛有丰在湖北调研巡视整改和党风廉政建设工作。

2019 年 5 月 23 日，国家统计局总统计师曾玉平在总队召开市县调查队座谈会。

2019年7月4-8日，总队举办学习贯彻习近平新时代中国特色社会主义思想暨“不忘初心、牢记使命”主题教育读书班。

2019年1月22日，湖北国调工作会议在武汉召开。

2019年5月15日，总队长刘顺国与湖北省统计局局长朱慧赴天门市调研小麦实割实测工作。

2019年4月11日，总队长刘顺国到咸宁调研劳动力调查工作，并入户陪访。

2019年7月13日，总队长刘顺国、总队二级巡视员刘水国在宜昌市石板村走访电子记账户。

2019年3月19日，总队党组成员、武汉队队长陈小清带队在江夏区金口街大罾埠村走访慰问困难群众。

2018年8月1日，时任总队纪检组长、现任总队副总队长刘凡到咸宁调研督导统计执法检查。

2019年7月11日，总队纪检组长阳俊雄在通城队组织召开以党建引领基层三基建设座谈会。

2018 年 8 月 9-11 日，总队副总队长时明国到枝江、仙桃调研中稻生产形势。

2019 年 7 月 30 日，总队一级巡视员程良世到孝感队开展“不忘初心、牢记使命”主题教育专题调研。

2018 年 10 月 11 日，时任总队副队长徐荣华在大冶开展省市县调查队党建共建活动。

2018 年 12 月 11 日，总队召开“三定”调整实施动员会议。

2019 年 2 月 22-24 日，国家统计局人事司司长王跃新到武汉巡视湖北国调系统公务员招录面试工作。

2018 年 8 月 30 日，国家统计局督导组组长、核算司副司长郑学工一行 3 人督导总队党组巡视整改专题民主生活会。

2019 年 5 月 10 日，总队长刘顺国与神农架林区党委书记周森锋共同为神农架调查队揭牌。

2019 年 6 月 20 日，国家统计局华容调查队正式挂牌成立。

2018 年 11 月 9-10 日，总队在武汉市召开全省提名全国文明城市模拟测评工作培训会议。

2019 年 2 月 28 日，省委第三考核组对总队 2018 年度重要工作开展检查考核。

2019 年 1 月 15 日，总队在武汉召开 2018 年度全省经济民生形势分析会议。

2019 年 7 月 17 日，总队与湖北省统计局联合召开上半年湖北经济运行情况新闻发布会。

2019 年 1 月 4 日，总队中稻遥感测产试点项目通过专家组评审验收。

2019年6月3日，总队组织部分干部赴省保密教育实训平台参加保密意识、保密常识“两识”教育培训。

2018 年 11 月 15 日，系统青年干部结合统计分析研究人才库调研成果，参加“我为调研献一计”的主题青年沙龙活动。

2018 年 10 月 23 日，总队机关在武昌农讲所旧址纪念馆等革命传统教育基地和廉政警示教育基地开展警示教育活动。

2019 年 5 月 21 日，总队机关部分党支部参观湖北省直机关第五届廉政书画作品展。

2019 年 5 月 8 日，总队以“依制管理，规范行为，为奋力打造湖北国调‘二次创业’升级版提供制度保障”为主题，举办湖北国调系统制度知识学习竞赛。

2018 年 12 月 4 日，总队受邀参加由湖北省普法办与武汉铁路局在汉口火车站南广场联合举办的国家宪法日系列法治宣传活动。

2018 年 10 月 31 日，总队组织参与省直机关“与爱同行”扶贫公益徒步活动。

2019 年 3 月 8 日，总队组织机关女干部职工开展主题为“学习新思想、书香新生活”读书踏青活动。

2019年1月28日，总队举办以“改革开放再出发，‘二次创业’新征程”为主题的迎春座谈会。

《湖北调查年鉴-2019》

编委会和编辑人员

编 委 会

编辑工作人员

Hubei Survey Yearbook 2019

Editorial Board and Editorial Staff

I. Editorial Board

II. Editorial Staff

编者说明

一、《湖北调查年鉴—2019》是国家统计局湖北调查总队独立编辑出版的资料性年刊。本年鉴主要收录了 2008-2018 年全省农村、城市和企业等方面的各项统计调查数据，以及全国和各省（市、区）重要历史年份主要统计调查数据。

二、本年鉴统计调查数据分为 5 个篇章，即：1．综合；2．农业调查；3．人民生活；4．价格调查；5．全国及各省、市、区主要指标。为方便读者使用，各篇章末附有主要统计指标解释。

三、国家统计局从 2012 年起，进行城乡住户一体化改革，城镇居民人均可支配收入和农村居民人均可支配收入指标的计算口径和范围均发生了变化。本年鉴涉及的范围为城镇常住居民人均可支配收入和农村常住居民人均可支配收入，与改革前的年份的指标数据存在一定程度不可比的情况，使用时务请斟酌。

四、本年鉴农业调查数据中，部分年份数据为根据第三次全国农业普查资料修订数据。

五、本年鉴所使用的度量衡单位均采用国际统一标准计量单位，并统一使用最新颁布实施的产品目录。

六、本年鉴中部分统计调查数据合计数或相对数由于单位取舍不同而产生的计算误差，均未做机械调整。

七、符号使用说明：年鉴各表中的“空格”表示该项统计指标数据不足本表最小单位数、数据不详或无该项数据；“#”表示其中的主要项；“*”或“①”表示本表下有注解。

Editor's Notes

Ⅰ. *Hubei Survey Yearbook 2019* is an annual statistical publication compiled by Survey Office of National Bureau of Statistics in Hubei, which reflects comprehensively the rural, urban and enterprise of Hubei province. It covers data from 2008 to 2018 and key statistical data in recent years and some historically important years at the national level and the local levels of province, autonomous region and municipality directly under the Central Government.

Ⅱ. The Yearbook contains 5 chapters: 1. General Survey; 2. Rural Survey; 3. People's Living Conditions; 4. Price Survey; 5. Main Statistics of Provinces (autonomous regions, municipalities) in the Whole Country. Explanatory Notes on Main Statistical Indicators is attached to the end of each chapter to help the readers to use the statistical data in this book.

Ⅲ. Since 2012，the calculation of the size and scope of the urban residents per capita disposable income and rural residents per capita disposable income have changed because of the reform of urban and rural residents integration by the National Bureau of Statistics. Indexes and data of the urban residents per capita disposable income and rural residents per capita disposable income are incomparable with the data before the reform. Please consider about it before use.

Ⅳ. In the agricultural survey data of this yearbook, part of the year data are revised according to the third national agricultural census data.

Ⅴ. The units of measurement used in this yearbook are internationally standard measurement units, and newly published and implemented Product Categories are uniformly used.

Ⅵ. Statistical discrepancies on totals and relative figures due to rounding are not adjusted in the Yearbook.

Ⅶ. Notations used in the yearbook：“blank space” indicates that the figure is not large enough to be measured with the smallest unit in the table, or data are unknown, or are not available; “#” indicates a major breakdown of the total; and “*” or “①” indicates footnotes at the end of the table.

目　　录

Contents

一、综　　合

Chapter 1　General Survey

二、农业调查

Chapter 2　Rural Survey

三、人民生活

Chapter 3 People’s Living Conditions

四、价格调查

Chapter 4　Price Survey

五、全国及各省、市、区主要指标

Chapter 5 Main Statistics of Provinces (autonomous regions, municipalities) in the Whole Country

一

综　合

Chapter 1

General Survey

资料整理：李文立

湖北经济民生发展综述

2018年，湖北全省上下坚持以习近平新时代中国特色社会主义思想为指导，全面贯彻党的十九大精神，深入落实习近平总书记视察湖北的讲话要求，围绕“四个切实”和“奋力谱写新时代湖北发展新篇章”，在省委省政府的坚强领导下，有效应对外部环境深刻变化、困难风险明显增多的重大挑战，经济活力、动力和潜力不断释放，全省经济社会发展取得新成就，农业生产形势基本稳定，市场价格温和上涨，人民生活持续改善。但是经济民生发展中的一些不利因素仍需引起重视，需要在打赢脱贫攻坚战、调动农民种粮积极性、优化就业创业环境、提高居民收入水平等方面进一步强化政策支撑力度。

一、湖北经济民生发展平稳

（一）农业生产形势稳定

1. 粮食生产总量略降

2018年，湖北粮食种植面积比上年减少8.97万亩，减0.12%；总产量减少6.68万吨（1.34亿斤），减0.23%。总产量虽然略有下降，但仍处于历史第三高年份（仅次于2015年的2914.8万吨和2017年的2846.1万吨）。全年粮食产量呈现“两减一增”态势，即夏粮、早稻减产，秋粮产量增加。全省夏粮种植面积1982.0万亩，比上年减3.07%；总产467.6万吨（93.52亿斤），减4.23%。其中小麦减产16.73万吨（3.31亿斤），占夏粮减产总量的80.15%，成为夏粮减产的主要原因。早稻种植面积为246.79万亩，比上年减5.47%；总产97.55万吨（19.51亿斤），减3.29%。秋收粮食总产量2274.32万吨（454.86亿斤），比上年增0.77%。

2. 畜禽产量基本稳定

2018年，湖北生猪生产出现了出栏和存栏双下降的局面，牛羊生产较为平稳，家禽养殖继续恢复性上涨。全年生猪出栏4363.50万头，比上年下降1.9%，年末生猪存栏2521.80万头，下降2.2%；牛出栏108.3万头，增长0.4%；羊出栏609.2万只，增长0.8%；家禽出笼53244.8万只，增长2.5%。

2018年8月份，我国发生首起非洲猪瘟疫情，11月份疫情蔓延到湖北。受此影响，湖北生猪的跨地区运输受限，生猪交易市场暂时关闭，养殖场户出售生猪受阻，同时造成仔猪积压，对湖北生猪产业造成较大影响。在生猪养殖效益不佳情况下，养殖场户加速淘汰母猪以降低市场风险的意愿明显。2018年末，湖北能繁母猪存栏239.0万头，比上年下降6.2%，处于近十年来的低位。

（二）市场价格总体平稳

1. 居民消费价格指数（CPI）温和上涨

2018年，湖北居民消费价格比上年上涨1.9%，较上年增加0.4个百分点，比全国平均水平低0.2个百分点，在31个省（区、市）中居第23位，在中部六省中居第5位，比山西高0.1个百分点。

八大类商品服务价格均小幅上涨。其中医疗保健价格上涨3.5%，居住价格上涨2.5%，交通和通信价格上涨2.2%，食品烟酒价格上涨1.8%，教育文化和娱乐价格上涨1.5%，生活用品及服务价格上涨1.3%，衣着价格上涨0.8%，其他用品和服务价格上涨0.6%。

2. 工业生产者价格指数（PPI）涨势放缓

2018年，湖北工业生产者价格（PPI）上涨4.2%，较上年回落1.4个百分点。涨幅比全国平均水平高0.7个百分点，在全国31个省（区、市）中列第12位，与江西并列中部六省第2位。

37个工业行业大类价格“34涨2降1平”，上涨面91.9%。其中，黑色金属冶炼及压延加工业、化学原料和化学制品制造业、非金属矿物制品业、石油煤炭及其他燃料加工业四个行业共影响 PPI 价格总水平上涨 2.6 个百分点，贡献率 61.0%，对总指数拉升作用显著。

3. 固定资产投资价格保持高位运行

2018 年，湖北固定资产投资价格上涨 6.6%，涨幅比上年扩大 0.7 个百分点，比全国高 1.2 个百分点，在中部六省居第 1 位，继续保持高位运行态势。

构成固定资产投资价格的三大类价格指数全面上涨，其中，建筑安装、装饰工程价格上涨 8.8%，设备、工器具购置价格上涨 1.1%，其他费用价格上涨 2.3%。涨幅较上年均有所增加，分别增加 0.8、0.3 和 0.4 个百分点。

4. 农产品价格整体下行

2018 年，湖北农产品生产者价格下跌 3.4%，跌幅较上年进一步加深，低于全国平均水平（99.1），在中部六省中排名第五（高于湖南的 95.4）。全年农产品价格指数均处于收缩区间，1-4 季度同比分别下降 0.5%、5.7%、2.3%和 2.5%。

四大行业价格呈现“两涨两跌”的运行特点，林业产品、渔业产品价格分别上涨 0.3%、1.9%，农业产品、畜牧业产品价格分别下跌 1.0%、9.1%。

（三）人民生活稳中向好

1. 城乡居民收入平稳增长

城镇居民收入增速放缓。2018 年湖北城镇常住居民人均可支配收入 34455 元，比上年增长 8.0%，增幅回落 0.5 个百分点。收入水平比全国平均水平 39251 元低 4796 元，仍居全国第 13 位，增速比全国高 0.2 个百分点。从收入构成看，工资性收入 18997 元，经营净收入 4797 元，财产净收入 2954 元，转移净收入 7707 元，较上年分别增长 6.0%、6.6%、13.9%和 12%，分别拉动可支配收入增长 3.4、0.9、1.1 和 2.6 个百分点。

农村居民收入增长平稳。农村常住居民人均可支配收入 14978 元，比上年增长 8.4%，与上年 8.5%的增速基本持平。收入水平比全国平均水平 14617 元高 361 元，在全国的位次由第 9 位变为第 8 位（主要因为北京市 2018 年未公布农村居民收入数据），增速比全国低 0.4 个百分点。从收入构成看，工资性收入 4887 元，经营性净收入 6271 元，财产性净收入 186 元，转移性净收入 3634 元，较上年分别增长 11.3%、5.1%、12.2%和 10.4%，分别拉动可支配收入增长 3.6、2.2、0.1 和 2.5 个百分点。

2. 农民工规模稳中略升，工资上涨较快

据全省 3030 户农村住户监测数据推算，2018 年湖北农民工总量达 1504.46 万人，增长 0.9%，呈现出“省内务工人数增加，省外务工人数减少”“东部地区务工比例继续下降”“省会城市就业比例最高”“从业继续向三产业转移”等特征。外出农民工月均收入为 4333 元，比上年增长 10.0%。从收入层次看，外出农民工月均收入在 3000 元以上的占 89.8%，比上年提高 5.6 个百分点。其中，月均收入在 5000 元以上的占 30.0%，比上年提高 11.2 个百分点。

二、当前面临的主要问题

（一）粮食价格下行影响农民种粮积极性

2018 年国家粮食每百斤收购保护价分别为小麦 115 元、早籼稻 120 元、中晚籼稻 126 元、粳稻 130 元，分别比 2016 年下调 2.5%、11.1%、8.7%和 16.1%，农民实际出售价格下跌幅度比国家公布的保护价跌幅更大。据测算，2018 年湖北农村常住居民受粮食价格调整影响人均减收 236.4 元，农民种粮效益明显下滑，挫伤了农民特别是种粮大户种粮积极性。

（二）多种因素影响生猪生产稳定性

2018 年以来，各种饲料价格维持高位运行，人工成本和环保投入加大，同时屠宰环节行业壁垒客观存在，尤其在生猪价格低迷时，收购环节压价现象难以避免，养殖场户一直面临较大压力，养殖利润空间不断受到挤压。加之疫情期间限制活猪调运政策的影响，生猪繁育场压栏严重，部分育肥场无猪可育，根据生猪生产规律判断，这将会影响4个月以后的生猪市场供应。总体来看，后期湖北生猪生产仍将呈现下滑的趋势。

（三）潜在涨价因素不容忽视

2018年，湖北工业生产者价格虽然比上年回落1.4个百分点，但比全国平均水平高0.7个百分点，加之固定资产投资价格保持高位运行，上游价格的上涨在一定程度上会传导到居民消费市场，给居民消费价格上涨带来压力。另外，在当前中美贸易摩擦形势尚不明朗的形势下，全球经济不确定性持续存在，大宗商品的价格波动仍需密切关注。

（四）外出农民工保障水平仍有待提高

主要表现在劳动合同签订率有所降低和各种社会保险参保率偏低。2018年外出农民工与用人单位或雇主签订劳动合同的占47.3%，比上年的52.7%下降5.4个百分点；农民工各种社会保险参保率均未超过三成，缴纳养老保险、工伤保险、医疗保险、失业保险、生育保险和住房公积金的比例分别为19.4%、25.1%、21.0%、16.1%、14.5%和9.1%。

（五）居民增收仍然面临较大压力

当前湖北城乡居民增收困难主要表现在：一是经济增长的不确定性增多，实体经济面临较大压力，对城乡居民就业及工资水平提升产生影响；二是劳动力结构性就业不充分矛盾凸显，影响收入增长；三是全省农业产业化发展程度不高，现代高效农业尚未形成燎原之势，农业大而不强、多而不优的现象依然突出；四是机关事业单位增资调资机制尚不完善，城镇居民养老金上调幅度出现回落，农村各项扶贫资金补助标准趋于稳定，居民增收的政策性效应趋于弱化。

三、几点建议

（一）精准发力打好脱贫攻坚战

2019年是我国全面脱贫奔小康的关键一年，是湖北省全部市县脱贫的最后期限年。继续加大政策倾斜和扶贫资金整合力度，推进产业扶贫、教育扶贫、健康扶贫、异地扶贫搬迁，坚持扶贫与扶志、扶智相结合，激发脱贫内生动力，同时要保障公正脱贫，坚决防止出现形式主义和纯粹的数字脱贫。

（二）优化种粮补贴政策

在继续保留原有种粮补贴政策的基础上，新出台的稻谷补贴政策按照“谁种植、谁受益”的原则尽快发放落实。补充建立生产过程补贴制度，对机械作业环节、农业社会化服务环节进行补贴，对政策性农业保险机构进行扶持。

（三）进一步优化畜牧业产业结构布局

一是坚持市场需求导向，做大做强优势特色畜牧业，按照“稳猪禽、扩牛羊、强特色”的目标指向，适应市场优质化、个性化、多样化的需求，推动发展生态肉猪、地方禽蛋、优质牛羊等优势产业，鼓励各地争创特色畜产品优势区。二是强化品牌创建力度，加大畜牧品牌的创建力度，加快无公害畜产品认证管理，强化质量检测监控，依托行业协会开展名特优畜产品品牌建设和推介活动，打造一批优质安全的特色畜产品品牌。

（四）优化农民工就业创业环境

积极为农民工提供创业指导、培训和服务，以农业产业化经营、新农村建设、工业园区建设等为载体，优化农民工就业环境，强化农民工创业园区建设，吸引本地农民工返乡，有效引导农村剩余劳动力就地就近就业、创业。加强政策落实力度，强化法律知识宣传，确保农民工就业合同签订率提高以及各种社会保险能够按照标准缴纳。

（五）千方百计提高城乡居民收入水平

完善企业职工工资指导和收入协商制度、加大最低工资标准落实力度，充分发挥收入分配机制对居民收入增长的拉动作用。进一步细化和落实小微企业优惠政策，拓宽居民的创业途径，在财政补贴、小额贷款贴息、行业引导等方面加强对失业人员、大学毕业生、低收入群体等自主创业群体的政策指导和扶持，充分发挥创业就业增收倍增效应。以产业振兴为核心，加快发展现代特色高效农业，培育新型农业经营主体和新型职业农民，着力提高农业土地产出率和经济效益，培育农民增收新动能。

（撰稿：李支立）

粮食生产总量稳中略降

2018 年，湖北深入推进农业供给侧改革，继续加大种植结构调整力度，种植结构进一步调精、调优，粮食生产基本稳定，棉花生产持续下降。据抽样调查结果，全年粮食种植面积比上年减少 8.97 万亩，减 0.12%，总产同比减少 6.68 万吨（1.34 亿斤），减 0.23%，全年粮食产量呈现“两减一增”态势，即夏粮、早稻减产，秋粮产量增加。从分品种看，五大主要粮食作物中，小麦、早稻、晚稻和玉米受气候和种植面积调整影响，出现较大幅度减产，对全年粮食生产带来不利影响，而中稻播种面积、单产和总产呈现三增，成为秋粮增产的主要因素和全年粮食稳产的“压舱石”，但由于夏粮和早稻连续两季减产，秋粮的增产并没有实现“以秋补夏”的目标，全年粮食总产量小幅减少。棉花生产受结构调整和种植收益不理想等因素的影响，种植面积和总产量持续下降。

一、夏收粮食呈现“三减”

（一）夏粮种植面积减少

2018 年，全省夏粮种植面积 1982.0 万亩，比上年减少 62.77 万亩，减 3.07%。其中小麦种植面积减少 72.38 万亩，减 4.18%。

其主要原因：一是受气候条件影响。2017 年秋季持续降雨，使全省夏粮主产区播种期普遍较常年推迟 15-20 天，影响正常播种，特别是部分稻茬麦不具备播种条件。二是受秸杆禁烧政策影响。小麦收获后与下茬作物播种前的时间较短，秸杆禁烧后，为不影响下茬作物的播种需对小麦秸杆进行粉碎深耕处理，迫使一部分农户选择了放弃种植小麦。三是受种植效益较低影响。随着 2017 年小麦因灾减产，加上市场上小麦收购价格下跌，小麦种植效益明显下滑，影响农民种植小麦的积极性。

（二）夏粮单产减少

2018 年 5 月 17 日至 22 日正处小麦收获期，全省大部遭遇了一轮强降雨过程，湖北小麦主产区鄂北岗地的小麦收获期一般集中在 5 月下旬至 6 月上旬，收获期与降雨过程重叠，对小麦的收割产生不利影响。虽然江汉平原的小麦收获期一般集中在 5 月中旬至 5 月下旬，受降雨影响相对较小，但对全省小麦产量影响不大。据对 33 个国家调查县 187 个样本村、826 个耕地样本单位区、2478 个小样本夏收粮食作物的实割实测和入户调查结果显示，2018 年夏粮单产对比上年减 2.86 公斤/亩，减 1.2%。

（三）夏粮总产减少

2018 年，全省夏粮总产 467.6 万吨（93.52 亿斤），比上年减少 20.66 万吨（4.13 亿斤），减 4.23%。其中小麦由于种植面积的减少，导致总产减少 16.53 万吨（3.31 亿斤），减 3.87%，占夏粮减产总量的 80.15%，成为夏粮减产的主要因素。

二、早稻种植面积持续减少，总产跌破 100 万吨

随着全国城镇化建设速度的加快，农业供给侧结构性改革不断深入，农村大量青壮年劳动力外出务工，农村劳动力短缺，农村临时用工成本上升，再加上国家调整粮食收购价格，早稻种植效益低下，农民种植早稻的积极性明显下降。据调查，湖北早稻种植面积由 2000 年 590 万亩逐步减少到 2018 年 246.79 万亩，2018 年种植面积和总产均创自 1978 年改革开放以来历史最低位，且总产首次跌破 100 万吨。

2018 年，全省早稻种植面积为 246.79 万亩，比上年减少 14.28 万亩，减 5.47%；单产 395.28 公斤/亩，增加 8.9 公斤/亩，增 2.3%；总产 97.55 万吨（19.51 亿斤），减少 3.32 万吨（0.66 亿斤），减 3.29%。

三、秋收粮食总产增加，成为全年粮食稳产的“压舱石”

2018 年，湖北秋收粮食作物播种后，热量条件好于上年，农作物生长期间光照正常，降水前期偏多，7 月中旬后虽然出现一段较长时间的高温干旱，但由于前期蓄水充足，干旱对粮食作物影响有限，8 月中旬以前气象条件对秋收粮食作物生长发育总体有利，后期总体降水偏少、气温偏高，对中、晚稻后期生长及灌浆、收割有利，总体气象条件好于 2017 年。

全年秋收粮食总产量 2274.32 万吨（454.86 亿斤），比上年增加 17.30 万吨（3.46 亿斤），增 0.77%。中稻、玉米、晚稻三大粮食作物中，中稻增产 45.13 万吨（9.03 亿斤），增 2.67%，玉米减产 33.37 万吨（6.67 亿斤）减 9.35%，晚稻减产 3.35 万吨（0.67 亿斤），减 2.44%。玉米生长关键期出现干旱，对扬花受粉和灌浆造成影响，出现早衰，形成小穗，造成果穗秃尖、缺粒现象，对单产的形成造成较大的影响，单产比上年减少 23.28 公斤/亩，减 7.78%，导致总产减少 33.37 万吨（6.67 亿斤），对秋粮产量的形成产生不利影响。

秋粮总产量占全年粮食总产量比例首次突破 80%，达到 80.1%，其中中稻产量占全年粮食总产量比例达到 61.06%，且近年来呈逐步扩大态势，2015 年至 2017 年中稻占比分别为 54.69%、57.55%和 59.33%，2018 年突破 60%，中稻产量的稳步增长对稳定全省粮食产量发挥着关键性作用。

四、棉花生产持续萎缩，面积总产均创改革开放以来最低位

2018 年，湖北棉花种植面积 238.89 万亩，比上年减少 22.24%。棉花（折皮棉）平均单产 62.5 公斤/亩，比上年增加 4.34%。总产量为 14.93 万吨，同比减少 18.86%，棉花种植面积减少是棉花减产的主要因素。

自国家取消除新疆以外其他省份棉花收储保护政策以来，棉花效益得不到保障，农民种植棉花的积极性明显下降，各地积极开展种植结构调整，减少棉花种植面积，改种其它农作物。再加上棉花生产投工投劳多，种植周期长、风险大，比较效益低，目前农村青壮年劳动力大量外出务工，棉花生产缺乏懂技术的劳动力，棉花种植面积急剧萎缩，产量逐年下降，2018 年种植面积和总产量均为改革开放 40 年以来最低位。

从历史上看，我国棉花种植除新疆长绒棉外，还有鲁棉、豫棉、鄂棉等多地大规模种植。进入新世纪后，特别是 2011 年之后，除新疆以外的其他棉区陆续进入“减棉扩粮”阶段，棉花面积逐年调减已成为农民的自发行动。从国家统计局发布的全国及分省数据来看，2018 年全国棉花种植面积虽增加 236.4 万亩，增长 4.4%，仅新疆增加 410.8 万亩，扣除新疆后，其他省份棉花种植面积不仅没有增加，反而减少 174.3 万亩，下降 11.9%。其中长江流域棉区棉花种植面积比上年减少 160.5 万亩，下降 22.4%，与湖北减幅基本一致。

表 1　湖北棉花面积和产量近十年变化情况

指标＼年份	2009 年	2010 年	2011 年	2012 年	2013 年	2014 年	2015 年	2016 年	2017 年	2018 年
面积（万亩）	692.6	723.6	737.4	714.4	628.7	522.2	401.4	307.4	307.2	238.9
总产量（万吨）	48.2	47.4	52.9	53.5	46.4	36.3	30.1	19.0	18.4	14.9

五、秋冬播面积总体稳定，结构调整力度加大

据33个国家调查县6520户秋冬播意向调查结果显示，在6520个调查户中，2018年秋冬播种植面积为27590.8亩，比上年减少1741.07亩，减5.94%，其中小麦种植面积为12964.54亩，减少1538.5亩，减10.61%，秋冬播种面积占经营耕地面积的比重为43.03%，比上年下降2.65个百分点。

2018年小麦收获时期遭遇“烂仓门”，小麦品质和产量明显下降，种植收益下滑，尤其是夏粮主产区的鄂北岗地，种植户出现严重亏损，农户种植信心发生动摇，种植意愿不强烈。受此影响，秋冬播种植跷跷板效应更加明显，湖北秋冬播主要农作物是小麦和油菜，在小麦种植面积减少的情况下，全省油菜籽、蔬菜、草莓和青饲料等经济作物面积增加，尤其是油菜籽种植面积增幅较大，据秋冬播实地调查数据显示，全省油菜籽种植面积增幅预计在20%以上。

由于以小麦为主的夏粮种植面积的大幅下滑，预计2019年夏粮总产量会进一步减少。

六、当前粮食生产存在的主要问题

（一）自然灾害频发严重影响粮食安全

近年来，灾害性天气频繁发生，2016年遭受夏秋水灾及高温热害的轮番侵袭，导致粮食减产29.8亿斤；2017年“华西秋雨”大幅降低了秋粮增产预期；2018年夏粮收获期遭遇大范围降雨，对夏粮生产趋势造成逆转，秋粮生长关键期遭遇长时间高温少雨天气，玉米产量遭受重创。再加上农业基础薄弱，中小型农田水利建设投入不足，抵遇自然灾害能力较弱，农业生产靠天收的状况没有发生根本性改变，自然灾害严重影响着粮食生产安全。

（二）粮食价格下行对农民收入增长带来不利影响，动摇农民种粮积极性

2018年国家粮食每百斤收购保护价分别为小麦115元、早籼稻120元、中晚籼稻126元、粳稻130元，分别比2016年下调2.5%、11.1%、8.7%和16.1%，农民实际出售价格下跌幅度比国家公布的保护价跌幅更大。受此影响，农民种粮效益明显下滑，一方面给农民收入增长带来不利影响，据测算，2018年湖北农村常住居民受粮食价格调整影响人均减收236.41元；另一方面，在一定程度上挫伤了农民特别是种粮大户种粮积极性。

（撰稿：郭洪涛）

畜禽生产基本保持稳定

2018 年，湖北畜牧业生产以绿色发展为导向，以提质增效为重点，积极推进畜牧业供给侧结构性改革，呈现总体稳定结构优化的发展局面。生猪生产受诸多因素的影响，出栏和存栏双下降，牛羊生产稳步发展，家禽生产实现较快增长。全年生猪出栏 4363.5 万头，比上年下降 1.9%，年末生猪存栏 2521.8 万头，比上年下降 2.2%；牛出栏 108.3 万头，比上年增长 0.4%；羊出栏 609.2 万只，比上年增长 0.8%；家禽出笼 53244.8 万只，比上年增长 2.5%。但畜牧业生产存在的生猪产能加速缩减、畜禽产业链各环节利润分配不尽合理、产业发展和养殖方式与现代畜牧业发展要求不相适应等问题需引起关注。

一、湖北畜牧业生产主要特点

（一）生猪出栏和存栏双下降

2018 年，湖北生猪出栏 4363.5 万头，比上年下降 1.9%，一季度、上半年和前三季度分别增长 3.1%、2.2%和 1.9%，但受非洲猪瘟影响，第四季度同比降幅达 10.3%，直接导致全年生猪出栏形势发生逆转。2018 年末，湖北生猪存栏 2521.8 万头，比上年下降 2.2%，延续了上半年和前三季度的下降趋势且降幅加大，降幅比上半年和前三季度扩大 0.3 和 1.1 个百分点。与此同时，全年生猪价格跌宕起伏，养殖户在多数时段处于亏损状态。从年初开始一直下滑并在 4 月份跌至谷底，创五年来新低，猪粮比跌破盈亏平衡点。虽然第三季度止跌上扬，养殖户有所盈利，但 11 月份湖北发生首起非洲猪瘟疫情以后，生猪价格又迅速下滑，随后虽有小幅回升，但受疫期调运政策的限制，生猪价格仍然整体下行，目前养殖场户已重新陷入亏损状态。据综合分析，出栏一头肥猪，大型养殖场成本价为 13 元/公斤左右，中小型养殖场成本价 14 元/公斤左右，均高于目前生猪出栏价格水平，每头猪平均亏损 100 元左右。

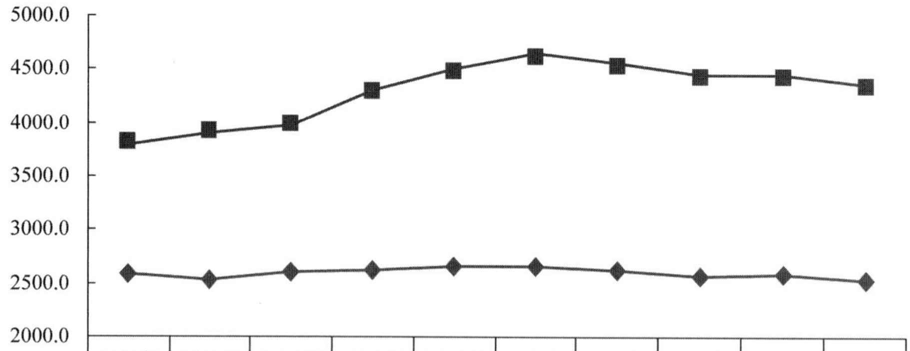

	2009年	2010年	2011年	2012年	2013年	2014年	2015年	2016年	2017年	2018年
存栏	2584.9	2526.6	2597.8	2621.4	2658.4	2655.8	2613.2	2558.1	2578.5	2521.8
出栏	3792.5	3905.4	3970.3	4309.4	4513.1	4659.5	4566.0	4442.3	4448.0	4363.5

图 1　2009-2018 年湖北生猪生产情况（单位：万头）

（二）草牧业发展态势良好，养殖效益稳定

近年来，牛羊市场价格总体上保持较高水平，带动了牛羊生产的稳定增长。2018 年，湖北牛羊出栏分别为 108.3 万头和 609.2 万只，分别比上年增长 0.4%和 0.8%。牛羊年末存栏分别为 241.1 万头和

546.8 万只，分别比上年增长 1.3%和 0.6%。从价格方面看，2018 年全省牛羊生产价格涨势平稳，总体较上年有所上涨，牛生产价格同比增长 2.2%，羊生产价格同比增长 9.8%，牛、羊养殖利润空间扩宽。虽然湖北草牧业在全省畜牧业生产中占比较小，但通过抓住政策推动与市场拉动双重机遇，按照“以畜定草”的原则，加快种植业结构调整，鼓励种养大户通过流转土地相对集中连片规模种植，解决了牛羊秋冬季饲草料不足问题，提高养殖效益，形成粮草兼顾、种养结合、循环发展的新型安全可靠的牛羊产业结构，随着湖北牛羊养殖标准化规模化水平逐步提高，产能也将得到进一步提升，经济效益显著改善。

（三）家禽养殖稳步发展，价格恢复性上涨

2018 年，湖北家禽养殖稳步发展，存、出笼量较快增长。全年家禽存笼 34706.9 万只，比上年增长 1.6%；出笼 53244.8 万只，比上年增长 2.5%，禽蛋产量 171.5 万吨，比上年增长 2.0%，全省家禽生产保持了稳步发展态势。从价格方面看，2017 年受 H7N9 禽流感影响，家禽和禽蛋类产品销售艰难，价格跌至谷底，进入 2018 年，湖北家禽、禽蛋类产品价格呈现恢复性上涨，其中活家禽价格同比涨幅为 16.3%，畜禽产品价格同比涨幅为 16.8%。

二、当前湖北畜牧业生产面临的突出问题

（一）能繁母猪存栏处于近十年来低位

2018 年末，湖北能繁母猪存栏 239.0 万头，比上年下降 6.2%，降幅较上半年和前三季度扩大 4.2 和 2 个百分点，呈加速下滑趋势，比 2013 年的 274.0 万头即历史最高水平低 35.0 万头，处于近十年来的低位。养殖场户在生猪养殖效益长期不佳和非洲猪瘟疫情影响下，加速淘汰母猪以降低市场风险的意愿明显，这将关系到湖北后续生猪生产能力，并对全省生猪生产保持健康发展带来不利影响。

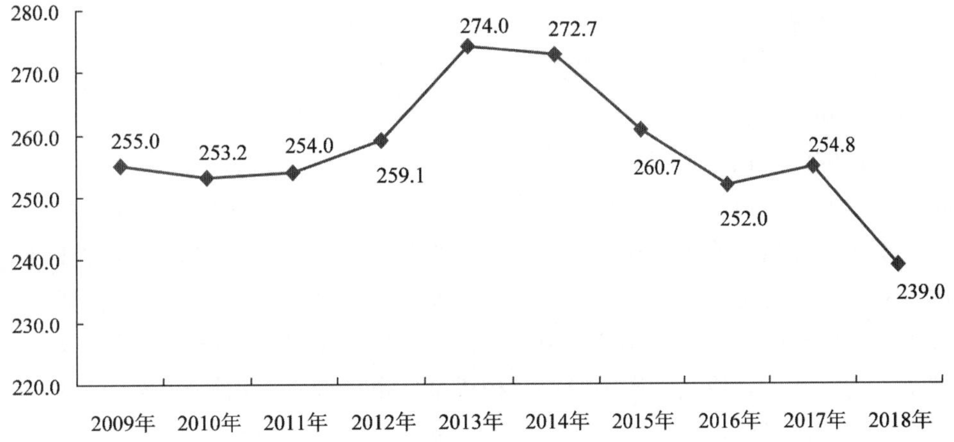

图 2　2009-2018 年能繁母猪存栏量（单位：万头）

（二）畜禽产业链各环节利润分配不尽合理影响生产稳定性

在畜禽产品产业链中，养殖、收购、屠宰、加工、终端零售等环节，利润分配长期不合理。屠宰环节行业壁垒客观存在，而畜禽养殖环节市场风险较大，其它环节市场风险较小。无论养殖环节是否亏损，收购、屠宰、加工、终端零售等环节通常都会盈利，尤其在畜禽产品价格低迷时，收购环节压价现象难以避免。需要指出的是，2018 年以来，养殖行业各种饲料价格维持高位运行，加上人工成本普遍上涨一成以上，环保投入持续加大，养殖利润空间不断受到挤压，进一步影响了养殖场户的生产积极性，加剧了市场的不稳定性。

（三）畜牧业产业结构不尽合理

2018 年，湖北肉类总产构成猪肉占 77.5%、禽肉占 16.6%、牛羊肉仅占 5.9%。生猪生产比重过高，家

禽生产、特别是牛羊生产比重过低，优质家禽、禽蛋、牛羊肉等产品供给相对不足。地方畜禽品种、“三草”（草山、草地、草洲）、秋冬闲田和撂荒地等资源没有得到充分挖掘。目前，湖北畜牧业养殖仍以耗粮型的生猪和家禽为主，且规模化发展较快。但牛羊仍以散养放养为主，规模化发展明显滞后猪禽养殖，草牧业发展任重而道远。

（四）养殖方式与现代畜牧业发展要求存在较大差距

在传统畜牧业发展阶段，农户饲养几头猪和几十只家禽，畜禽排泄物可以通过土地消化吸纳。随着现代畜牧业的发展，农户散养模式逐渐被规模养殖取代。这一方面土地因较少使用有机肥导致土壤板结，另一方面畜禽养殖场的粪便等排泄物因土地不足得不到有效转化利用，造成环境污染，影响现代畜牧业的持续发展。目前，湖北大型规模养殖场基本都有条件通过无害化手段处理废料，但占全省绝大比重的中型养殖户大多难以达到无害化处理要求，与现代畜牧业发展要求还有相当大的差距。

三、几点建议

随着居民消费不断提档升级，人们对膳食结构改变的不断追求必将对畜牧业发展提出新的更高要求。在新的形势下，湖北畜牧业发展在畜禽生产稳量提质，牛羊生产发挥地方资源优势，实现畜牧业生产和环境保护有机融合等方面任务还十分艰巨。

（一）面向市场需求，进一步优化畜牧业产业结构布局

按照高质量发展的要求，结合各地畜牧业生产基础，进一步调整优化畜牧业生产结构。一是坚持市场需求导向，做大做强优势特色畜牧业，按照“稳猪禽、扩牛羊、强特色”的目标指向，适应市场优质化、个性化、多样化的需求，推动发展生态肉猪、地方禽蛋、优质牛羊等优势产业，鼓励各地争创特色畜产品优势区。完善地方畜禽品种资源保护机制，加快推进优良资源的产业化利用，重点支持一批育繁推一体化企业发展，鼓励引进国内外优良品种，进行异地产业化开发，实现资源共享。二是强化品牌创建力度，树立品牌理念，加大畜牧品牌的创建力度，加快无公害畜产品认证管理，强化质量检测监控，依托行业协会开展名特优畜产品品牌建设和推介活动，打造一批优质安全的特色畜产品品牌，推动形成一批特色鲜明、竞争力强的湖北畜产品知名品牌。

（二）大力提高畜牧业现代化生产和经营水平，助力乡村振兴

深入推进湖北畜牧业供给侧结构性改革，大力发展绿色畜牧业，持续推进畜牧业可持续健康发展，积极助力乡村振兴。积极引导畜禽养殖企业采用先进的技术和生产设备，推动畜禽养殖业进一步向规模化、标准化和现代化方向发展，稳定提高畜牧业生产能力。发挥龙头企业带动作用，推进畜牧业产业化发展步伐，引导和支持小型养殖户建立专业合作经济组织，促进家庭农场发展，增加农民收入。鼓励大中型养殖场户与大中型超市、屠宰加工企业实行产销对接，积极推广电子商务、物流配送、直供直销等新型畜产品流通方式，提高畜牧业产业经营水平。继续在畜禽规模化、标准化养殖的基础上，鼓励养殖场加快技术升级改造，提高自动化、智能化、设施化装备水平。依托龙头企业科技、人才、信息、资金等优势，带动规模养殖场提高管理水平和技术水平。

（三）严格畜产品质量安全标准，建立全过程、全要素、全环节的质量安全监管体系

要有效防控重大动物疫病，继续深化无规定动物疫病区创建活动。开展无疫区创建县种畜禽场重点疫病净化，推动规模养殖场开展疫病净化和生物安全隔离区建设，提高防控工作整体水平。坚决防范药物残留，杜绝试用违禁兽药、疫苗、饲料添加剂，严格执行休药期制度，以重点全覆盖多频次的抽查抽检为手段，保障各项法律法规的落实，建立全过程、全要素、全环节的质量安全监管体系。进一步推进病死畜禽无害化处理长效机制建设。认真贯彻落实《湖北省人民政府办公厅关于加快建立病死畜禽无害化处理机制的实施意见》，力促全省基本建成覆盖饲养、屠宰、经营、运输等环节的病死畜禽无害化收集处理体系，确保畜产品的质量安全，以满足人们日益增长的美好生活的需要。

（四）做好疫情防控，建立畜牧养殖保险制度

坚持预防为主与科学防控，提高畜牧业自我保障能力。稳定防疫员队伍，加强动物防疫体系建设，组织实施好动物疫病强制免疫工作，做好突发疫情应急准备。建立畜牧养殖保险制度，完善畜牧养殖的风险防范投保，借鉴欧美国家和国内发达省市家禽政策性保险制度经验，采取养殖户和财政共同投保的方式，增强畜牧业抵御风险能力，促进湖北畜牧业持续稳定健康发展。

（撰稿：祁炜　雷迪）

农业生产价格整体下行

2018 年，湖北农产品生产者价格指数同比下跌 3.4%，跌幅较上年进一步加深。四大行业价格呈现“两涨两跌”的运行特点，其中，林业产品、渔业产品价格同比分别上涨 0.3%、1.9%，农业产品、畜牧业产品价格同比分别下跌 1.0%、9.1%。农产品价格持续低迷，对农业生产和农民增收产生了一定的负面影响。

一、湖北农产品生产者价格波动特征

2018 年，湖北农产品生产者价格指数为 96.6，价格总水平处于近三年来低位（见图 1）。

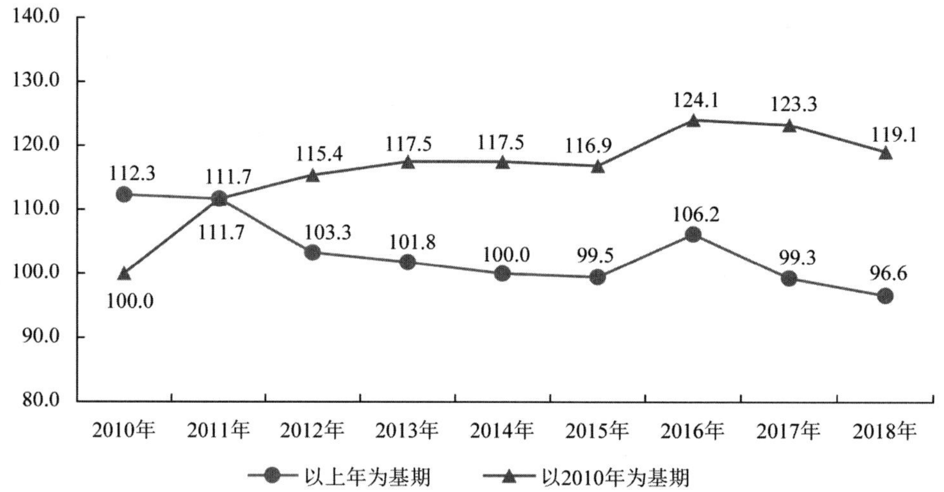

图 1　2010-2018 年湖北农产品生产者价格指数

（一）全年农产品价格均处于收缩区间

分季度看，2018 年四个季度的农产品生产者价格指数均呈下跌趋势，一、二、三、四季度农产品生产者价格指数同比分别下降 0.5%、5.7%、2.3%和 2.5%（见图 2）。

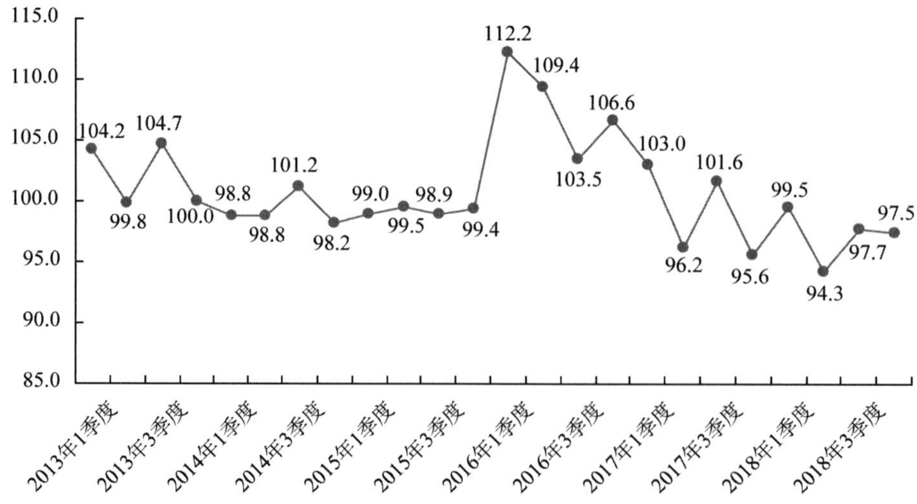

图 2　2013-2018 年各季度湖北农产品生产者价格指数

（二）湖北与全国及中部六省的比较

2018 年，湖北农产品生产者价格指数低于全国平均水平，在中部六省中排名第五（见表 1）。

表 1　2018 年全国和中部六省农产品生产者价格指数比较

地　区	农产品生产者价格指数	种植业	林业	畜牧业	渔业
全　国	99.1	101.2	98.9	95.6	102.6
湖　北	96.6	99.0	100.3	90.9	101.9
山　西	104.7	107.1	71.0	100.9	110.9
安　徽	99.0	99.4	101.0	96.2	103.2
江　西	97.4	98.9	101.4	91.7	103.2
河　南	97.9	100.1	105.8	94.0	
湖　南	95.4	98.2	101.4	91.6	95.8

二、主要农产品价格走势和影响因素分析

（一）主要粮食作物价格走低

2018 年，湖北稻谷价格同比下跌 6.1%。分季度看，一、二、三、四季度稻谷价格同比分别下跌 1.8%、6.1%、8.7%、8.2%，跌幅逐步加大，四季度略有收窄。从品种上看，早、中、晚稻价格同比分别下跌 6.5%、6.8%、3.1%。一方面，最低收购价下调引导稻谷价格整体走低；另一方面，受气候因素影响，湖北稻谷品质普遍下降，价格也随之降低。

2018 年，湖北小麦价格同比下跌 8.4%。据调查，2018 年湖北小麦抽穗期遭遇阴雨天气，加上温度偏高导致湿热重，小麦品质远低于 2017 年，小麦难以卖出好价钱。

（二）蔬菜价格上涨，水果价格下跌

2018 年，湖北蔬菜价格同比上涨 2.2 个百分点。蔬菜价格波动程度与气候条件、供求关系密切相关。年初的寒冬雨雪天气造成部分菜苗冻死，加之在不利天气条件影响下运输等各方面成本增加，催高菜价，蔬菜价格上涨幅度较大。进入二季度后，随着天气变暖，气候条件转好，本地蔬菜大量上市，市场供应充足，价格出现回落。但 2018 年夏天高温天气持续时间较长，一定程度上又影响了蔬菜产量，导致供应减少，价格上涨。另外，全国多个蔬菜产区遭遇台风、暴雨等灾害性天气影响，在地的蔬菜减产减收明显，市场供给量较以往有所减少，收购价不断上涨。

2018 年，湖北水果价格下跌 6.9%，主要受主导品种柑橘类水果价格下跌所致。一方面，伦晚（橙子的一种）、夏橙等主要代表品受 2017 年冬季的冻害和 2018 年春夏雨水多日照少的影响，品质不佳，价格下跌。另一方面，2018 年是柑橘生产大年，柑橘产量高，供应充足，价格一路走低。据宜昌、荆州等柑橘主产区反映，全年柑橘销售价格普遍比去年同期下降 50%。

（三）生猪价格大幅下跌，牛羊价格回暖

2018 年，湖北生猪价格同比下跌 17.5%，四个季度的生猪价格同比分别下跌 21.9%、28.3%、9.9%、8.8%。2018 年以来，随着生猪产能逐渐恢复，在消费需求平稳的情况下，猪价从高位回落，一直呈下行走势，特别是年底湖北部分地区发生非洲猪瘟疫情，猪肉消费下降和生猪流通销售受阻对猪价产生一定影响，但在政府有力措施下，疫情已得到稳定控制。

2018 年，湖北活牛价格同比上涨 2.2%，活羊价格同比上涨 9.8%。据养殖户反映，活羊前几年受小反刍传染病的影响价格低迷，养殖积极性下降，加上目前养殖污染整治导致活羊存栏量急剧下滑，产能下降导致价格上涨。

（四）家禽、禽蛋类产品价格呈现恢复性上涨

2018 年，湖北家禽、禽蛋类产品价格呈现恢复性上涨，活家禽价格同比上涨 16.3%，畜禽产品价格同比上涨 16.8%。2017 年受 H7N9 禽流感影响，家禽和禽蛋类产品销售艰难，价格跌至谷底，目前呈现恢复性上涨。同时，受环保政策影响，2018 年多地下大力气进行养殖环保改造，部分散户和养殖场因无法承受高额的改造费用退出养殖市场，导致市场供应偏紧。

（五）渔业产品价格稳中略涨

2018 年，湖北渔业产品价格同比上涨 1.9%，但季度间波动较大，呈现先涨后跌态势。年初湖北雨雪天气频繁，局部地区遭遇雪灾，给水产品的交通运输带来较大影响，导致市场上短时供不应求，价格上涨明显。随着气温升高，水产品生长速度加快，市场供应量充足，加之多地拆除养殖网箱行动的开展，大量淡水鱼集中涌入市场，对湖北淡水鱼价格形成了短时期冲击。

2018 年，湖北小龙虾同比上涨 18.3%。小龙虾涨价主要是市场供不应求所致。近年来，小龙虾餐饮受到消费者青睐，消费群体扩大、时间延长、品种增加，餐饮消费市场呈现爆发式增长态势。小龙虾加工业和服务业发展迅猛，对原料需求快速递增，致使价格持续走高。

三、几点建议

2019 年中央一号文件强调，以实施乡村振兴战略为总抓手，抓重点、补短板、强基础，围绕“巩固、增强、提升、畅通”深化农业供给侧结构性改革。在此大背景下，预计 2019 年国内农产品市场总体保持稳定，稻谷价格或将持续走低，生猪价格有望回升，水产品价格保持稳中有涨。为此，我们建议：

（一）持续深化农业供给侧结构性改革，保持农产品价格总体稳定

一是毫不放松粮食生产，稳定粮食播种面积，确保国家粮食安全和重要农产品有效供给。一方面要调整优化生产结构，合理调整“粮经饲”种植比例；另一方面要着力增加优质绿色农产品供给，推动藏粮于地、藏粮于技落实落地。二是必须坚持质量兴农、绿色兴农，以农业供给侧结构性改革为主线，加快构建现代农业产业体系、生产体系、经营体系，逐步改变和完善我国农业供给的软硬件环境。三是发挥市场在农业生产资源配置中的决定性作用，完善农产品价格形成机制。通过农业科学化、规范化、标准化生产，提升农产品质量；大力发展生态、绿色农业，不断提升农产品的附加值和含金量。

（二）发展农产品交易新方式新手段，努力培育特色农产品品牌

一是运用大数据、云计算、物联网等方式嫁接农产品供需市场，引导更多农业生产主体入驻各类大型电商平台，大力支持农业生产主体开展农产品网上销售、网上分销、网上批发等，努力破解电商进村“肠梗阻”。二是立足湖北水资源和产业优势，因地制宜发展虾稻连作、“双水双绿”等新型生产种植模式，做大做强优势产业，发挥规模经济效应。三是积极引导符合条件资质的农业企业申请认证无公害产品、绿色食品、有机食品和中国驰名商标。四是利用各级各类博览会、展销会和微信公众号、微博等新媒体，加大对特色农产品的推广和宣传。

（三）积极应对各类风险挑战，探索构建农产品价格市场预警体系

一是密切关注国际国内大环境变化对农业发展所带来的冲击，特别是非洲猪瘟疫情、中美贸易战等热点问题对农业生产的影响，未雨绸缪，主动作为，迎难而上。二是从实际出发，探索部门信息共享机制，逐步建立完善统一的农产品市场预警体系，为调控农产品市场提供科学的“坐标系”和“指南针”，熨平市场波动带给农业生产的消极影响，促进农产品价格市场稳定有序运行。

（撰稿：胡宇）

工业生产价格延续涨势

2018 年，湖北省不断推进供给侧结构性改革，产业结构优化持续深入，湖北工业生产者价格延续涨势，比上年平均上涨 4.2%，在全国 31 个省（市、区）中并列第 12 位；在中部六省当中，与江西并列第 2 位。

一、2018 年湖北 PPI 主要特点

（一）月度同比稳步上涨，环比“七涨三降二平”

2018 年湖北 PPI 基本稳定，月度同比涨幅在 2.1%-5.2%间波动，7 月份到达峰值，上涨 5.2%，随后涨幅有所回落，但仍在 4.5%上下波动，进入 11 月涨势放慢，上涨 3.7%，12 月涨幅最小，上涨 2.1%。

从环比看，2 月、4 月保持平稳，3 月受猪肉加工类产品价格大幅跳水以及水泥行业价格回落影响环比价格下降 0.2%，受石油、煤炭及其他燃料加工业，纺织业，黑色金属冶炼及压延加工业价格下降的共同影响，11 月、12 月环比价格分别下降 0.1%、0.6%，其余月份均呈涨势，特别是 9 月、10 月月度环比涨幅连续两月保持 0.6%以上：9 月上涨 0.6%，10 月上涨 0.7%。

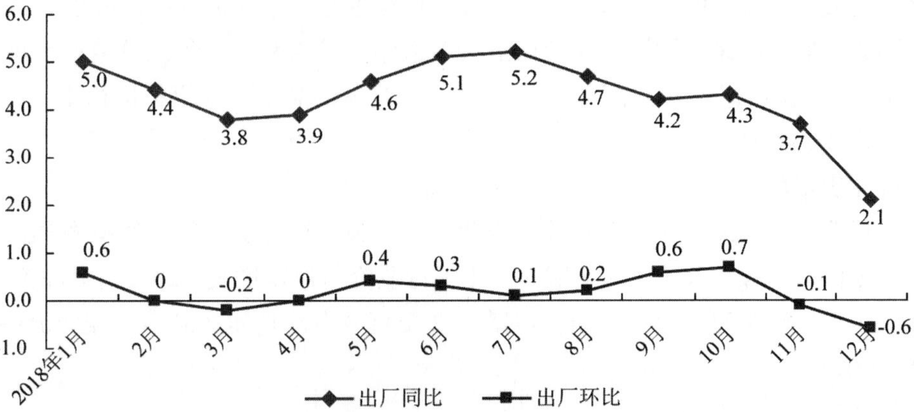

图 1　2018 年各月工业生产者价格涨跌幅度（单位：%）

（二）生产资料、生活资料价格双双上涨

2018 年生产资料价格同比平均上涨 5.6%，与上年 7.6%相比回落 2 个百分点。其中采掘工业价格上涨 7.0%，加工工业价格上涨 5.0%，原料工业价格上涨 7.2%。生活资料价格同比平均上涨 1.2%，涨幅较上年回落 0.1 个百分点，其中一般日用品价格上涨 3.6%，衣着价格上涨 1.3%，耐用消费品价格上涨 1.1%，食品价格上涨 0.5%。

（三）逾九成工业行业大类同比平均价格上涨

2018 年调查的 37 个工业行业大类同比平均价格“34 涨 2 降 1 平”，上涨面 91.9%，与上年 33 个行业价格上涨相比，上涨面扩大 2.7 个百分点。从影响程度看，黑色金属冶炼及压延加工业、化学原料和化学制品制造业、非金属矿物制品业、石油、煤炭及其他燃料加工业价格的上涨对总指数拉升作用显著。经测算，四个行业共影响 PPI 价格总水平上涨 2.6 个百分点，贡献率 61%。

（四）PPI 涨幅高于全国平均水平，在中部六省并列第 2

2018 年湖北 PPI 同比平均上涨 4.2%，涨幅比全国平均水平（上涨 3.5%）高 0.7 个百分点，在全国 31

个省（市、区）中并列第 12 位；在中部六省当中，并列第 2 位，涨幅从高到底依次是山西 6.7%、湖北 4.2%、江西 4.2%、河南 3.6%、湖南 3.2%、安徽 3.0%。

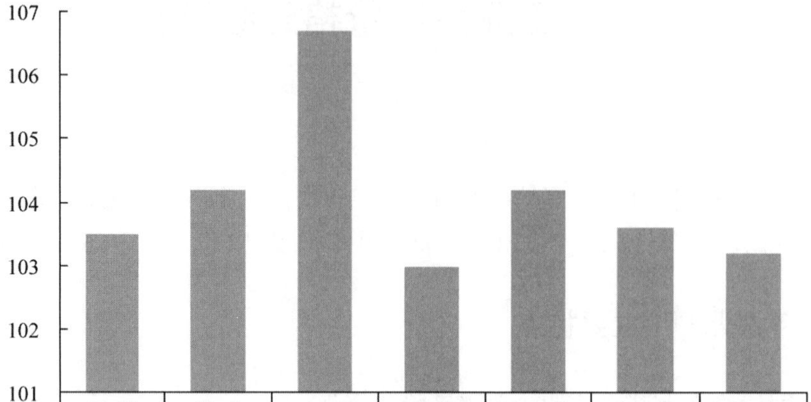

	全国	湖北	山西	安徽	江西	河南	湖南
■ 出厂价格指数	103.5	104.2	106.7	103.0	104.2	103.6	103.2

图 2　2018 年全国和中部六省工业生产者出厂价格指数

二、主要行业价格变动影响 PPI 走势

（一）钢铁行业价格涨势收窄

2018 年湖北继续推进钢铁去产能工作，严禁新增产能，防止“地条钢”死灰复燃，钢铁价格持续上涨，成为推动湖北 PPI 上涨的动力。但由于房产限购政策的持续推行，钢铁需求有所减弱，加上国际贸易形势复杂，对出口及制造业形成压制，钢铁行业价格涨势较去年明显收窄。全年黑色金属冶炼及压延加工业价格同比平均上涨 10.3%，涨幅较上年回落 25.8 个百分点。具体产品中，厚钢板价格上涨 16.7%，钢筋价格上涨 10.7%，线材价格上涨 10.6%。

（二）化工行业价格稳步增长

扎实推进化工行业“去产能”与环保整改、企业转型升级举措落实，行业结构布局得到深度调整，环保不达标企业被勒令停产整顿，市场供应量减少，化工行业价格稳步增长。2018 年湖北化学原料及化学制品制造业价格同比平均上涨 7.5%，涨幅较上年回落 2.2 个百分点。具体产品中，硫酸价格上涨 21.7%，磷肥制造价格上涨 11.0%。

（三）水泥行业价格持续上涨

2018 年湖北水泥行业在市场需求和相关政策如环保整治错峰限产、集中停产、优化产能结构和加强产能置换等的共同推动下，水泥价格持续上涨。2018 年湖北非金属矿物制品业价格同比平均上涨 12.4%，涨幅较上年扩大 4.4 个百分点。具体产品中，专用水泥制造价格上涨 32.6%，通用硅酸盐水泥价格上涨 31.8%。

（四）石油行业价格震荡上扬

2018 年国际原油受欧佩克过度减产以及地缘政治危机的影响，价格面整体呈现震荡上涨走势，并在 10 月初达到年内最高水平，但 10 月中旬开始，原油价格持续大幅下滑。受此影响，2018 年石油、煤炭及其他燃料加工业同比平均上涨 19.2%，涨幅较上年扩大 3.8 个百分点。具体产品中，汽油价格上涨 15.6%，柴油价格上涨 21.3%。

三、2019 年走势预测

2019 年，将继续坚持稳中求进工作总基调，供给侧结构性改革将进一步深化，钢铁、煤炭、有色等行业去产能、去库存政策的实施，以及环保政策的持续发力，对相关行业价格的稳步上升将起到推动作用。但当前经济运行中仍存在诸多不稳定、不确定的因素：国际经济环境复杂严峻，中美贸易关系尚不明朗；

国际原油价格逐日回暖，但原油价格仍相对较低，短时间内难以拉动工业品价格上涨；国内房地产调控政策的持续推进，将进一步影响钢铁、水泥等的市场需求。总体上看，2019 年湖北 PPI 将继续保持上涨态势，但涨势可能进一步收窄。

2019 年，为进一步做好稳就业、稳金融、稳外贸、稳外资、稳投资、稳预期工作，确保价格市场稳定，促进企业健康发展，一要进一步完善相关政策，营造良好的营商环境，以稳定企业的信心；二要时刻关注国际形势及国内市场变化，有效运用政府宏观调控手段，将“看得见的手”和“看不见的手”相结合，确保市场稳定有序；三要因地制宜，采用一些针对性的方法，丰富和创新手段，调动一切积极的因素，帮助企业稳步发展。

（撰稿：潘路）

固定资产投资价格高企

2018年，湖北深入推进供给侧结构性改革，市场供求格局发生较大变化，以钢材、水泥为代表的主要建筑材料价格持续上涨，相关建材产品价格整体处于高位，人工费、机械费用价格稳中有涨，多重因素叠加效应下，全年湖北固定资产投资价格上涨6.6%。

一、固定资产投资价格变动主要特点

（一）固定资产投资价格保持高位运行

2018年，湖北固定资产投资价格同比上涨6.6%，与2017年相比涨幅扩大0.7个百分点。分季度来看，一季度上涨7.0%，二季度上涨6.3%，三季度上涨6.4%，四季度上涨6.6%。从具体走势来看，自2016年三季度开始湖北固定资产投资价格由降转涨，2017年保持逐季上行态势，四季度达到单季最高涨幅；2018年涨幅继续保持高位运行态势。

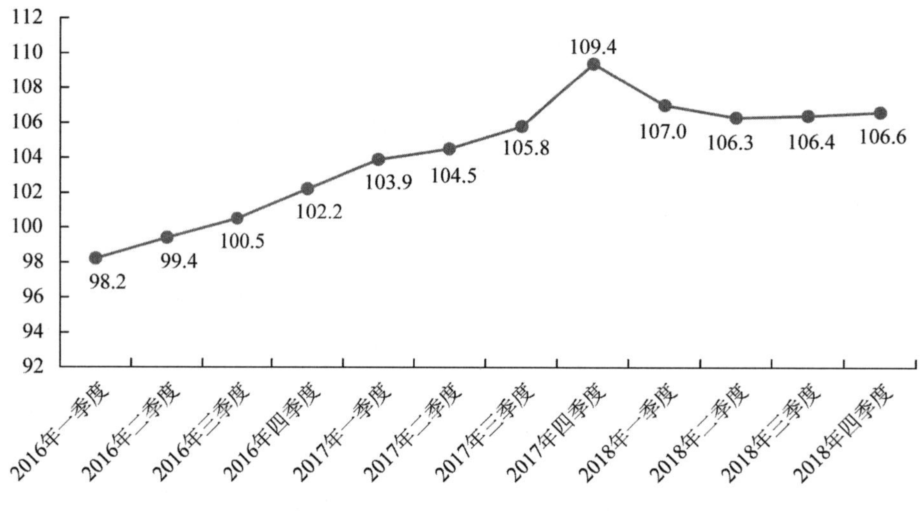

图1 2016-2018年湖北固定资产投资价格指数走势图

（二）三大类价格指数全面上涨

构成固定资产投资价格的三大类价格指数全面上涨，其中，建筑安装、装饰工程价格指数上涨8.8%，其他费用价格指数上涨2.3%，设备、工器具购置价格指数上涨1.1%。与2017年相比，三大类价格涨幅均有所扩大。

表1 2017年和2018年固定资产投资价格指数主要指标比较

指　　标	指数（%）		上涨幅度差
	2017年	2018年	
固定资产投资价格指数	105.9	106.6	0.7
建筑安装、装饰工程	108.0	108.8	0.8
设备、工器具购置	100.8	101.1	0.3
其他费用	101.9	102.3	0.4

1. 建筑安装、装饰工程价格涨幅明显

2018 年，构成固定资产投资实体的建筑安装、装饰工程价格涨幅达 8.8 个百分点，与 2017 年相比涨幅扩大 0.8 个百分点。从构成上看，人工费价格、材料费价格和机械费价格均有所上涨。

（1）人工费价格继续保持上涨态势。2018 年，人工费价格上涨 5.1%，延续了前几年的上涨趋势，与 2017 年相比涨幅收窄 0.3 个百分点。分类别看，普通工人上涨 5.2%，工程技术人员上涨 5.3%，工程管理人员上涨 4.1%。

（2）材料费价格涨幅较大。受主要建筑材料钢材、水泥等价格持续上涨以及地方建筑材料中粗砂价格大幅攀升的影响，2018 年材料费价格上涨 10.6%，与 2017 年相比涨幅扩大 1.1 个百分点。调查的七大建筑材料，均呈上涨态势，具体来看，钢材上涨 9.6%、水泥上涨 17.7%、地方建筑材料上涨 12.4%、木材上涨 4.6%、化工材料上涨 4.6%、电料上涨 4.8%、其他材料上涨 3.7%。由于钢材、水泥费用占材料费用比重超过六成，且价格涨幅较大，是拉动材料费价格大幅上涨的主要因素。

（3）机械费价格小幅上涨。2018 年机械费价格上涨 2.2%，与 2017 年相比涨幅扩大 0.5 个百分点。调查的九大类机械费价格均呈上涨态势，其中上涨较大的有船舶机械、混凝土及砂浆机械、加工机械费用等。

2. 设备、工器具购置价格小幅上涨

受工业生产者出厂、原材料购进价格总水平上涨的影响，2018 年，设备、工器具购置价格上涨 1.1%，与 2017 年相比涨幅扩大 0.3 个百分点。

3. 其他费用价格平稳上涨

2018 年，其他费用价格上涨 2.3%，与 2017 年相比涨幅扩大 0.4 个百分点，从构成上看，土地取得费、前期工程费、施工工作费、建设单位其他费用均有不同程度上涨，分别上涨 2.1%、2.2%、2.7%和 2.2%。

（三）与全国及中部省份的比较

2018 年，全国固定资产投资价格同比上涨 5.4%，湖北涨幅较全国高 1.2 个百分点；湖北涨幅在中部六省排第一位，高于最低涨幅的山西 2.1 个百分点。

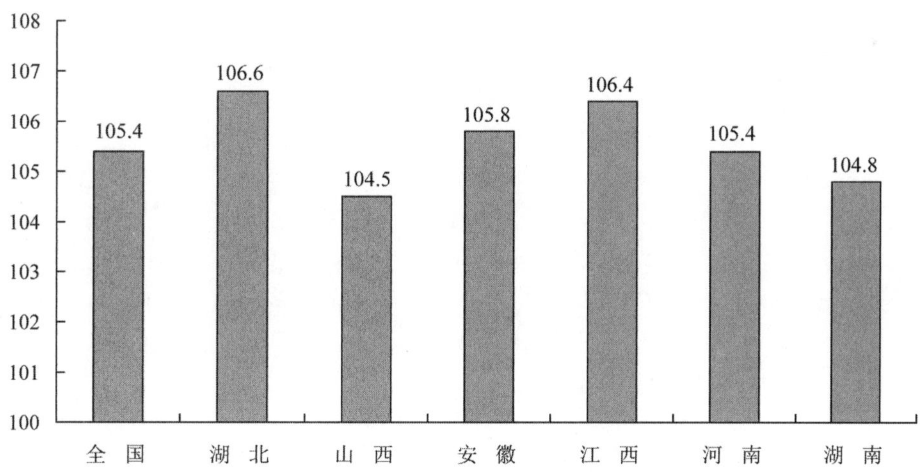

图 2　2018 年全国和中部六省固定资产投资价格指数(上年=100)

二、影响固定资产投资价格变动的主要因素

（一）固定资产投资形势稳定，支撑价格上涨

2018 年，湖北省固定资产投资增长 11.0%，与上年持平。工业投资增速加快，增长 15.8%，比上年加快 3.9 个百分点；基础设施投资增速回升，增长 13.0%，比上半年加快 6.2 个百分点；全省房地产开发投资增速平稳，增长 2.6%。全省固定资产投资市场需求不断扩大，基础设施投资保持快速增长，房地产开发投

资小幅上涨，多重因素带动固定资产投资上涨，拉动固定资产投资价格整体上行。

（二）主要建筑材料价格的大幅上涨拉动总水平上行

2018 年，以钢材、水泥为代表的主要建筑材料价格延续了去年上涨态势，2018 年湖北钢材出厂价格同比上涨 10.3%，水泥出厂价格同比上涨 12.4%，同时，2018 年湖北部分地区加大河道采砂整治力度，导致砂石供给减少带动价格快速上涨，调查显示，鄂北地区砂石价格较去年同期涨幅达到 100%-200%。钢材、水泥、砂石等建筑材料的大幅上涨是拉动材料费价格上涨的主要因素，也是拉动投资价格总水平上行的重要因素。

（三）人工费价格持续上涨拉动投资价格上行

人工费在投资价格结构中占有较大比重，主要体现在建筑安装、装饰工程项目中。随着湖北固定资产投资的不断增长，建筑行业市场对劳动力需求较旺，但从业人员对从事重体力劳动意愿降低，使得建筑行业面临用工紧张的问题；同时建筑行业对工人技术能力的要求也越来越高，技术工人和特殊工种作业人员更加紧缺导致工资涨幅相对较高；加之受物价水平上涨、工作环境艰苦等影响，建筑行业人工费依然保持前几年刚性上涨态势，人工等成本的上涨支撑了固定资产投资价格总水平上行。

三、2019 年湖北固定资产投资价格走势预测

2019 年湖北经济将坚持稳中求进工作总基调，继续深化供给侧结构性改革，提高有效投资的精准性，固定资产投资仍将保持稳定增长态势，支撑钢材、水泥等主要建材价格上涨的动力依然存在，人工费仍将保持刚性上涨。综合多种因素，预计 2019 年湖北固定资产投资价格将保持平稳上涨态势。

（撰稿：肖强）

居民消费价格温和上涨

2018年，湖北居民消费价格总水平比上年上涨1.9%，涨幅较上年扩大0.4个百分点，比全国平均水平低0.2个百分点，在31个省（区、市）中居第23位。2019年，在坚持经济稳中求进的工作总基调背景下，国家将坚持以供给侧结构性改革为主线不动摇，继续实施积极的财政政策和稳健的货币政策，实施更大规模的减税降费，湖北市场物价水平有望继续保持温和上扬的态势。

一、2018年湖北居民消费价格的主要特点

（一）价格总水平保持平稳

与上年相比，湖北省居民消费价格上涨1.9%，涨幅比2017年扩大0.4个百分点。从时间序列分布看，价格水平波动不大。2月份春节期间价格水平上涨2.8%，为全年最高值；1月份价格水平上涨1.2%，为全年最低值；其余月份均在1.5%-2.5%的范围内窄幅震荡。分季度看，一季度上涨1.9%，二季度上涨1.5%，三季度上涨2.1%，四季度上涨2.2%。2018年湖北居民消费价格涨跌幅走势见图1：

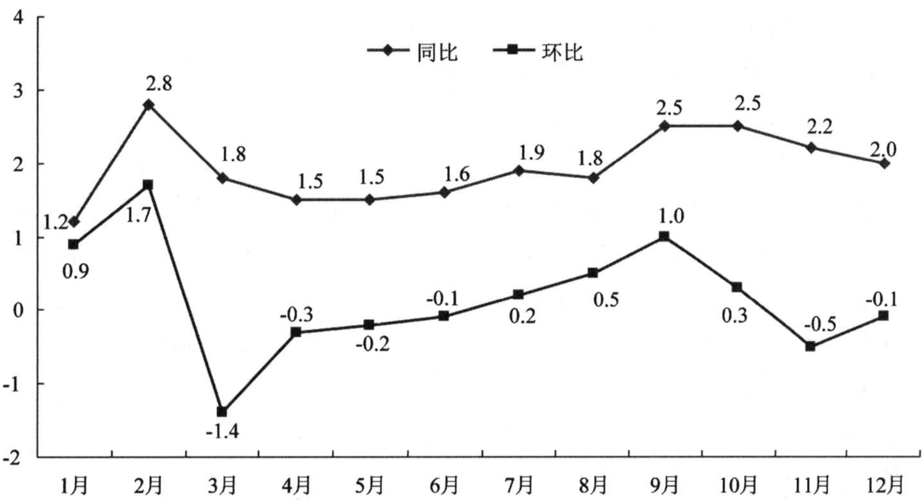

图1　2018年湖北居民消费价格涨跌幅分月走势图(单位：%)

（二）八大类商品价格全面上涨

调查统计的八大类商品服务价格全面上涨。其中医疗保健价格上涨3.5%，居住价格上涨2.5%，交通和通信价格上涨2.2%，食品烟酒价格上涨1.8%，教育文化和娱乐价格上涨1.5%，生活用品及服务价格上涨1.3%，衣着价格上涨0.8%，其他用品和服务价格上涨0.6%。

（三）当年新涨价因素增强

在2018年1.9%的累计涨幅中，当年新涨价因素约为1.4个百分点，相比2017年的新涨价因素，增加0.3个百分点。翘尾影响约为0.5个百分点，其中居住、医疗保健两大类的翘尾影响对价格总水平上拉作用分别为0.14和0.24个百分点。

（四）涨幅在中部六省中位次靠后

2018年，湖北居民消费价格涨幅在中部六省中位居第5位，涨幅比河南、江西、安徽和湖南分别低

0.4、0.2、0.1 和 0.1 个百分点，比山西高 0.1 个百分点。

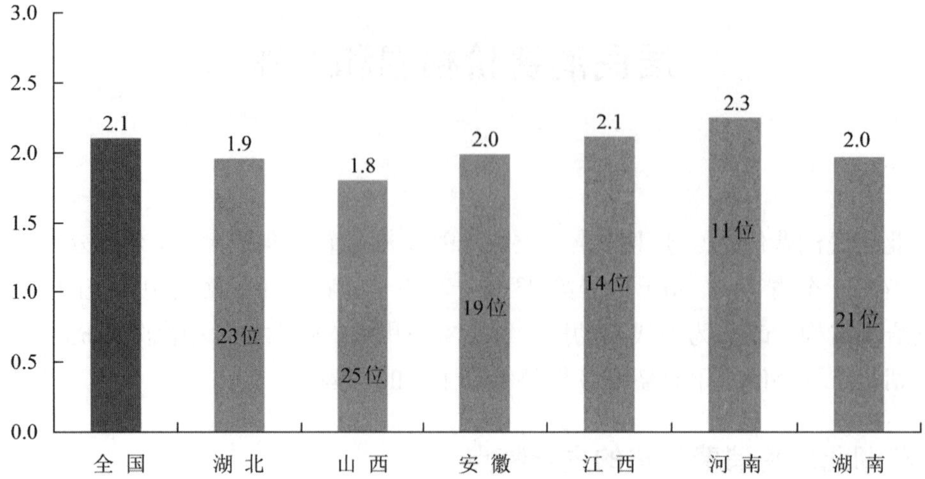

图 2　2018 年全国与中部六省消费价格涨幅和位次（单位：%）

二、2018 年湖北居民消费价格变化的因素分析

（一）食品价格上涨助推价格总水平上涨

2018 年，全省食品烟酒类价格较上年小幅上涨 1.8%，影响价格总水平上涨 0.54 个百分点，占全部价格总水平的 27.7%。

鲜菜和鲜瓜果价格分别比上年上涨 7.3%和 8.2%，共同影响价格总水平上涨 0.31 个百分点。2018 年年初暴雪天气影响和春节节日效应叠加，鲜菜和鲜瓜果价格上涨明显；9 月受其他部分省市暴雨天气影响，外来蔬菜供应减少，鲜菜和鲜瓜果价格亦有所上涨。

猪肉价格比上年下降 7.3%，影响价格总水平回落 0.21 个百分点。2018 年春节后，猪肉价格断崖式下跌，直到三季度市场开始回暖。11 月份，湖北省部分地区爆发非洲猪瘟，湖北省出台调运监管政策，暂停全省生猪及其产品调运出省；全省各市（州）生猪暂限于在本辖区内调运，生猪产品在全省范围内流通；黄冈市所辖各县（市、区）、黄石市阳新县生猪及其产品仅限于本县（市、区）境内调动。猪瘟疫情使得 11-12 月猪肉消费量降低，生猪外调受阻，湖北省作为生猪大省，省内猪肉供给充足，价格小幅下跌。全年鲜菜和猪肉价格走势见图 3、图 4:

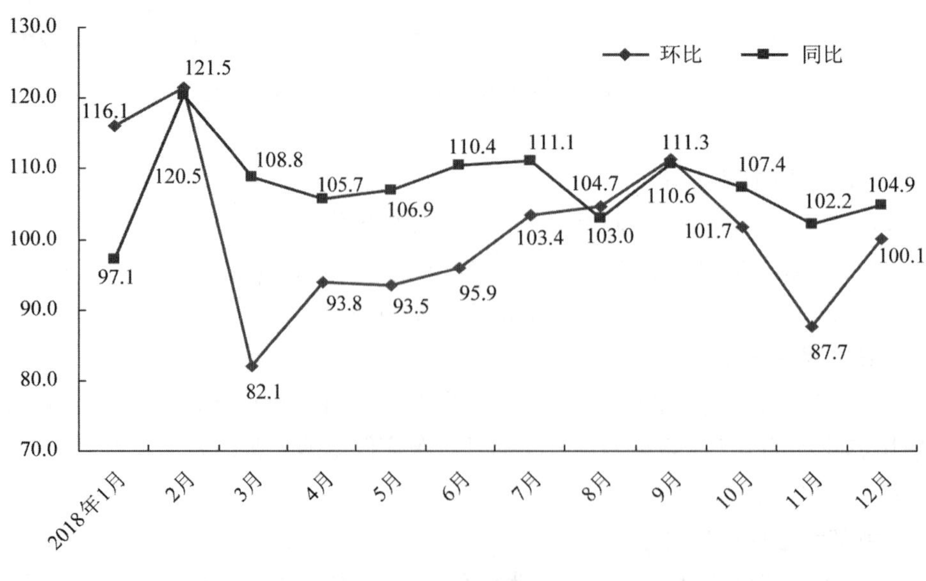

图 3　2018 年湖北鲜菜价格涨跌幅分月走势图（单位：%）

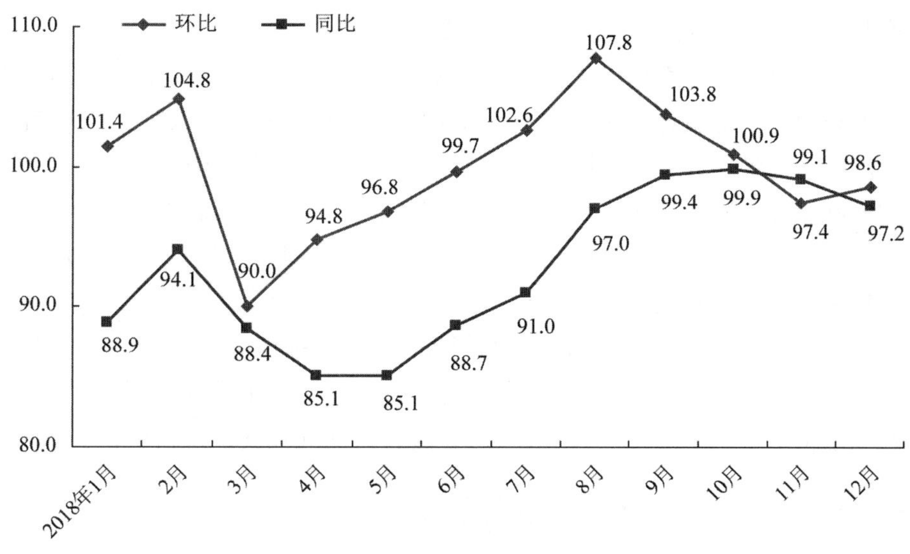

图 4　2018 年湖北猪肉价格涨跌幅分月走势图(单位：%)

羊肉和牛肉价格分别上涨 16.1%和 3.6%。羊肉和牛肉作为猪肉的替代消费品，价格上涨较为明显，尤其是羊肉，秋冬季节的消费需求明显增加，价格上涨较快。

鸭、鸡和鸡蛋价格分别上涨 5.8%、6.2%和 10.8%。2017 年上半年湖北部分地区出现“禽流感”疫情，给养殖业带来很大冲击，禽肉、蛋类价格持续下跌，2018 年禽肉、蛋类市场回暖，价格恢复性上涨。淡水鱼价格小幅回落，全年下降 4.4%。

（二）居住价格上行对价格总水平影响增大

2018 年，全省居住类价格上涨 2.5%，涨幅比上年扩大 0.5 个百分点，拉动价格总水平上涨 0.53 个百分点。其中私房房租价格上涨 3.1%，自有住房价格上涨 2.4%。环保、公路限超令、去产能等长效政策实施严格，住房装潢材料类价格上涨 2.8%，其中水泥价格上涨 11.0%。

（三）服务类价格上涨趋势明显

由于人口红利因素的减弱，人工、房租等劳动力要素成本逐年上升，服务类价格上涨趋势明显，涨幅连续 6 年超过消费品价格涨幅，对 CPI 的影响程度越来越大。2008-2018 年湖北服务和消费品价格指数见图 5:

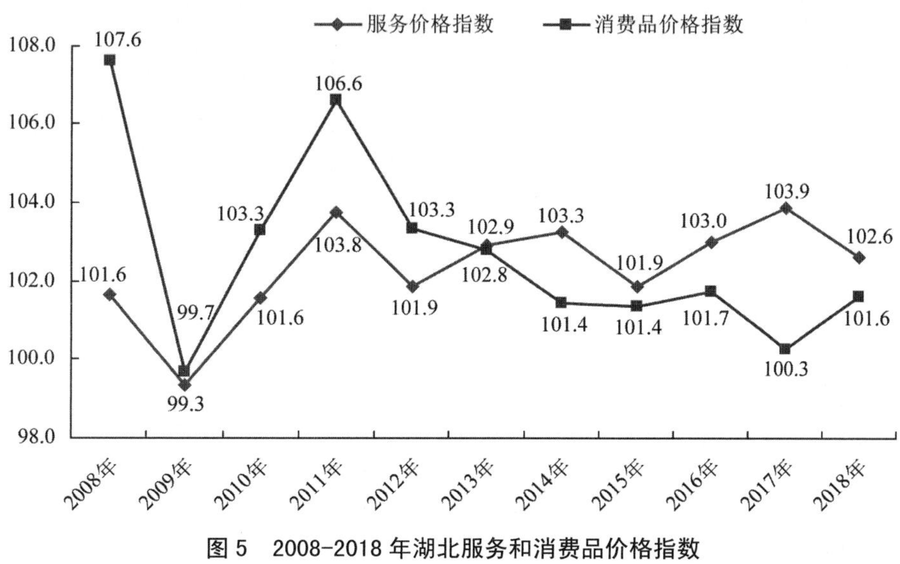

图 5　2008-2018 年湖北服务和消费品价格指数

2018 年，全省服务价格上涨 2.6%，影响价格总水平上涨 0.94 个百分点，是拉动价格总水平上涨的重要因素。其中医疗服务价格上涨 4.2%，主要原因是 2017 年城市公立医院医疗改革医药服务价格调整的翘尾影响，医院医疗服务价格自医疗改革后基本保持平稳。

居民对子女教育重视程度高，教育机构办学成本逐年上升。2018 年，全省教育服务价格上涨 2.2%，其中学前教育、课外教育、高等教育和小学初中教育价格分别上涨 3.6%、3.1%、2.7%和 1.9%。

居民的品质生活理念逐年提升，家庭服务、旅游等需求旺盛，与民众生活息息相关的服务价格均有不同程度上涨。全省家庭服务价格上涨 7.1%，衣着加工服务费上涨 5.2%；旅馆住宿价格上涨 2.6%，旅行社收费上涨 2.1%；洗浴、美发、美容价格分别上涨 8.4%、4.5%和 3.1%；养老服务价格上涨 3.7%。

（四）能源类价格上涨幅度较大

2018 年，美国对石油生产国伊朗进行新一轮的制裁，国际上对经济健康增长和原油供应产生担忧，多方因素使原油价格暴涨。受国际油价的波动影响，能源类价格比上年上涨 5.1%，影响价格总水平上涨 0.31 个百分点。汽油和柴油价格分别上涨 12.9%和 14.3%，液化石油气和其他燃料价格分别上涨 7.5%和 3.4%。

三、对 2019 年湖北居民消费价格走势的展望

中央经济工作会议指出，2019 年，国家将继续实施积极的财政政策和稳健中性的货币政策，坚持以供给侧结构性改革为主线不动摇，实施更大规模的减税降费，有利于市场物价总水平保持稳定。

居民的消费结构升级逐步加快，整体消费向服务消费升级，商品消费向中高端升级，线下消费正在向线上线下融合，居民对高品质、个性化的服务消费意愿更加强烈，接受品牌和服务溢价的能力更强，居住、餐饮、文化、教育、旅游等民生服务发展迅速，相关服务价格有上涨的空间。

随着非洲猪瘟疫情缓解，全省疫区陆续通过验收解除封锁，调运监管政策更新，猪肉市场有望回暖。近期湖北雨雪天气频现，鲜活食品的价格将有所上涨。湖北医疗改革医药服务价格调整的翘尾影响已经完全消除，药品和医疗服务的市场性调价不会带来价格水平的剧烈波动。

目前大宗商品走势疲软，国际油价大幅回落，对 PPI 涨幅形成一定的下拉影响，对 CPI 上涨的推动作用有所减弱。但在当前中美贸易摩擦大环境下，全球经济不确定性上升，大宗商品的价格波动仍需密切关注。总体上看，2019 年湖北市场物价水平将呈现出温和上扬的态势。

（撰稿：熊承煦）

重点城市房价稳中有涨

2018 年来，湖北三个房价重点调查城市（武汉、宜昌、襄阳）坚持房子是用来住的、不是用来炒的定位，因城施策，夯实城市政府主体责任，稳投资、稳预期、保刚需。全年三地新房环比价格波动加大，同比上升，库存保持合理。

一、全年房地产价格走势以及影响因素分析

（一）新房市场情况

1. 新房价格波浪形上涨

从 2018 年环比来看，全年三市新房环比价格在-0.2%-2.9%的箱体区间震荡，总体维持上升。尤其是下半年环比涨幅出现新高。其中，武汉环比最高涨幅出现在 10 月份，上涨 2.5 个百分点，较上年年末扩大 2.2 个百分点；宜昌环比最高涨幅出现在 7 月份，上涨 2.9 个百分点，较上年年末扩大 2.5 个百分点；襄阳环比最高涨幅出现在 8 月份，上涨 2.9 个百分点，较上年年末扩大 2.9 个百分点。下半年三市环比涨幅的扩大，带动了同比指数不断攀升。从同比来看，三市新房同比价格呈现“波浪形上升”，在 12 月份纷纷创出全年最高涨幅，武汉上涨 10.8 个百分点，宜昌上涨 12.9 个百分点，襄阳上涨 14.1 个百分点（如图 1）。

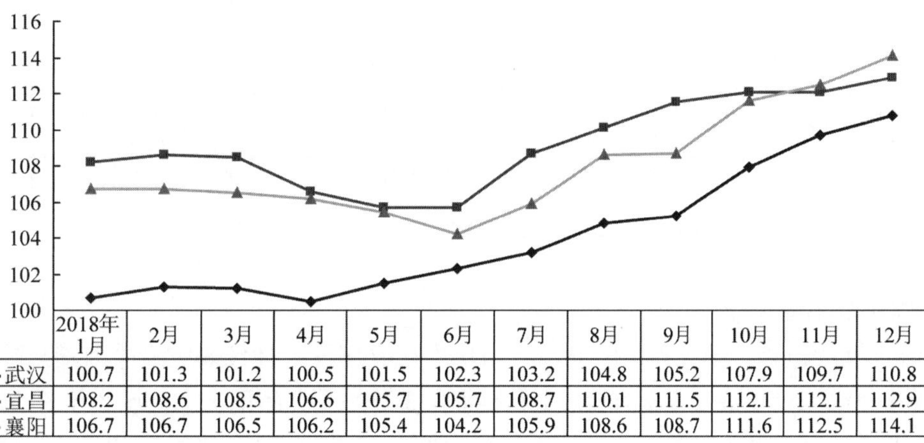

	2018年1月	2月	3月	4月	5月	6月	7月	8月	9月	10月	11月	12月
武汉	100.7	101.3	101.2	100.5	101.5	102.3	103.2	104.8	105.2	107.9	109.7	110.8
宜昌	108.2	108.6	108.5	106.6	105.7	105.7	108.7	110.1	111.5	112.1	112.1	112.9
襄阳	106.7	106.7	106.5	106.2	105.4	104.2	105.9	108.6	108.7	111.6	112.5	114.1

图 1　武汉、宜昌、襄阳新建商品住宅同比指数走势

2. 新房成交量下滑

网签数据显示，全年武汉市新房成交 16.6 万套，较上年减少 19.8%，销售面积为 1804.3 万平方米，较上年减少 13.6%。武汉市主要是受到上年成交基数大、2018 年武汉刚需优先选房等限制措施的影响。就全国城市范围看，武汉新房成交排名第三，前两位分别为重庆、成都。

宜昌市（仅含城区）新房成交 2.7 万套，较上年减少 18.3%，成交面积 311.8 万平方米，较上年减少 9.5%。襄阳市（仅含城区）新房成交 2.5 万套，较上年减少 12.2%，成交面积 290.5 万平方米，较上年减少 10.9%。宜昌与襄阳成交下滑则主要是受到前期购房需求得到释放的影响。

3. 新房供应有序推进

增加新房供应量是保障刚性需求的重要措施。以省会武汉为例，其在全国率先推行刚需优先选房政策，

同时全年新建商品住房批准预售面积 2622.1 万平方米，较上年增长 13.7%。房地产开发住宅用地供应 185 宗，总面积 1128.5 公顷，面积较上年增长 34.5%。

4. 新房库存维持合理范围

截至 2018 年 12 月末，武汉市新房可售面积 1629.2 万平方米，可售套数 15.3 万套，去化周期为 9.5 个月。宜昌市（仅含城区）新房可售面积 175.0 万平方米，可售套数 1.5 万套，去化周期为 7.0 个月。襄阳市（仅含城区）新房可售面积 219.1 万平方米，可售套数 1.8 万套，去化周期为 9.1 个月。三地去化周期皆超过住建部门规定的 6 个月去化警戒线，在合理范围内。

（二）二手房市场情况

1. 二手房价格震荡上涨

伴随下半年新房市场的逐步走高，二手房价格随之震荡上扬。从环比来看，全年三地二手房环比价格在-0.1%-2.3%范围波动，且较新房市场震荡更剧烈。从同比来看，下半年武汉、宜昌、襄阳二手房价格一直延续上升态势，其中，武汉、宜昌、襄阳 12 月同比价格分别上涨 7.9%、11.2%、10.1%，武汉与襄阳为年内最高涨幅（如图 2）。

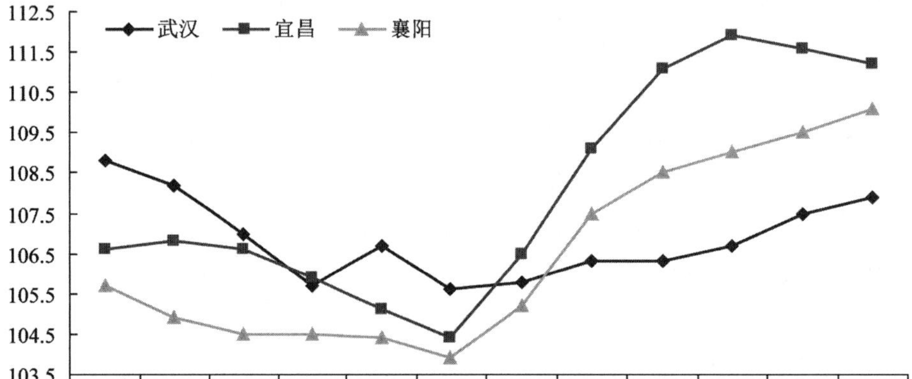

	2018年1月	2月	3月	4月	5月	6月	7月	8月	9月	10月	11月	12月
武汉	108.8	108.2	107	105.7	106.7	105.6	105.8	106.3	106.3	106.7	107.5	107.9
宜昌	106.6	106.8	106.6	105.9	105.1	104.4	106.5	109.1	111.1	111.9	111.6	111.2
襄阳	105.7	104.9	104.5	104.5	104.4	103.9	105.2	107.5	108.5	109	109.5	110.1

图 2　武汉、宜昌、襄阳二手住宅同比指数走势

2. 二手房成交量小幅萎缩

受房地产信贷投放趋紧、棚改需求的释放、新房供应有序推进替代效应强等因素影响，三地二手房成交出现萎缩。全年武汉二手房成交 7.9 万套，较上年减少 3.7%，成交面积 732.8 万平方米，较上年减少 6.2%。宜昌市（仅含城区）二手房成交 1.5 万套，较上年减少 0.7%，成交面积 137.9 万平方米，较上年减少 6.5%。襄阳市（仅含城区）二手房成交 1.0 万套、较上年减少 3.8%，成交面积 92.4 万平方米，较上年减少 6.7%。

（三）支撑房价稳中有涨的因素分析

一是城市发展的硬支撑。2018 年三地按照全省“一主两副”战略部署，主动适应新时代要求，推动经济高质量发展，武汉、宜昌、襄阳生产总值分别增长 8.0%、7.7%和 7.8%。武汉发展新动能加速集聚，城市发展在迎接军运会、打造新环境中朝现代化、国际化、生态化方向扎实推进，城市影响力显著提升。宜昌推进新旧动能转换，主要经济指标全面回升，生态环境持续改善。襄阳经济结构优化、“一极两中心”建设取得新成效。三地城市功能体系加快完善，宜居生态不断升级，城市稳步发展是全省房价稳定的“压舱石”。

二是引才安居的刚需求。房地产市场中“短期看金融、中期看土地、长期看人口”。2018 年三地大力引才、留才、用才。全年留汉创业就业大学毕业生 40.6 万名，创历史新高，两年共新增留汉大学毕业生 70.7 万。宜昌、襄阳也纷纷出台户籍改革、人才落户、以房安才的相关政策，人口的持续注入是全省房地产需求的重要保障。

三是稳定投资的良效果。2018 年武汉全市固定资产投资比上年增长 10.6%，其中房地产开发投资增长 3.5%。宜昌全市固定资产比上年增长 11.3%，其中房地产投资比上年增长 29.5%，襄阳全市固定资产投资比上年增长 11.5%。投资有力度、供应有保障是全省房地产市场发展的强大动力。

四是稳定预期的强措施。全省发挥地方政府主体责任，继续保持房地产市场调控政策连续性和稳定性，努力促进供求平衡。武汉市巩固限价限购成果，大力保障刚需优先选房；宜昌市严格预售标准，实施房屋销售会商机制；襄阳市限制装修价格，出台促进房地产业健康规范有序发展的意见，三地合理引导市民预期，进一步促进房地产市场健康发展，实现了房地产市场动态均衡。

二、当前房地产市场需关注的问题

（一）市民购房观望渐浓

2018 年下半年，三地市民购房的观望情绪愈加浓厚，新盘及二手中介看房人数减少。通过对重点项目及有代表性中介机构的现场调查，发现武汉部分新开项目去化率下降，由上半年开盘当日即销售完 95%下降到 12 月份的 80%左右。宜昌市传统的“金九银十”遇冷，二手中介机构反映第 4 季度看房人数较上半年呈断崖式下跌。襄阳多数项目在年末加大宣传和价格优惠力度，但市场反响平淡。

（二）房企避险情绪增强

一是流拍出现。与 2016 年武汉土拍市场房企竞价争地，地王频出相对比的是，2018 年下半年来，武汉土拍多数地块只有一两家房企报名参与，8 月来已经出现多宗地块流拍。二是大型房企抱团拿地、合作开发频频。全年在汉房企之间的抱团合作频次加强，出现诸如华发与金茂、保利与万科、龙湖与尚文等大型房地产开发企业共同拿地投资的情况。

上述两现象反映出，一方面楼市调控政策延续不放松，开发商狂热拿地氛围转变，市场投资得到引导；另一方面，金融去杠杆，房企融资渠道收紧，融资成本提高等，房企投资趋于谨慎。土地流拍与“楼市合伙人”频现体现出开发商避险情绪增强。

（三）商贷利率维持高位

2018 年省会武汉市住房商业贷款利率维持高位。调查显示，1-7 月首套房房贷利率从上浮 10%上升到 30%，8 月份后 5 年期以上商业贷款基准利率是 4.9%，但各大银行推行的首套房贷款利率普遍为 6.37%，较基准利率上浮 30%；二套房贷款利率为 6.86%，较基准利率上浮 40%。

三、未来形势展望

一是总体平稳的势头将延续。2019 年全省在稳地价、稳房价、稳预期方向提出明确要求，住房市场体系以及住房保障体系将进一步完善，预计房地产市场将继续保持平稳的态势。

从今年 1 月份房价数据看，三地新房环比价格涨幅收窄，其中武汉较上年年末收窄 0.6 个百分点，宜昌收窄 0.3 个百分点，襄阳收窄 0.6 个百分点。从同比价格看，除武汉上涨 11.2%，较上年年末扩大 0.4 个百分点外，宜昌、襄阳同比涨幅较上年年末分别收窄 0.1 与 0.4 个百分点。1 月份三地新房库存合理，去化稳定。

同时，全省住房租赁市场进一步发展。作为全国 12 个住房租赁试点城市之一的省会武汉，现有租赁住房约 91 万套，占住房总量的 25%，为全市近 300 万人口提供出租房源，占常住人口的 27.5%。今年武汉将继续盘活存量资源，筹集租赁房源 5 万套。宜昌市、襄阳市、十堰市等人口净流入城市也已经开展省级住房租赁试点。在住房保障方面，今年武汉市将建设筹集公租房 1 万套，宜昌市将开工棚改 0.3 万套，改造百个老旧小区，襄阳市将完善人才住房保障体系。

二是城市间房价可能分化。三四线城市在棚改货币化收紧、本地需求得到集中释放之后，房地产市场可能出现降温；省会城市则得益于“百万大学生留汉”、新版人才政策等措施，在省内的虹吸效益将愈来愈强，吸引置业的热度将愈来愈高，未来房地产市场需求会进一步扩大。三地需进一步夯实地方主体责任，稳妥推进“一城一策”试点。

三是降准不会支撑房价攀升。今年 1 月 4 日，中国人民银行决定下调金融机构存款准备金率 1 个百分点。本次降准，将利于商业贷款利率下降，减轻购房者负担。但本次货币信贷环境的宽松，其主要目的是支撑实体经济发展，尤其是民营企业和小微企业融资，降准不会支撑房价大幅度攀升。

（撰稿：胡延峰）

城乡居民收入平稳增长

2018 年，在经济走势总体平稳，城乡就业形势稳中有升，工资水平继续提高，“放管服”改革纵深推进，精准扶贫力度加大，农业供给侧结构性改革成效显现等主要增收因素的共同推动下，湖北城乡居民收入实现平稳增长。全省居民人均可支配收入达 25815 元，同上年相比增长 8.7%，按常住地分，城镇常住居民人均可支配收入 34455 元，同比增长 8.0%，农村常住居民人均可支配收入 14978 元，同比增长 8.4%。由于全省经济仍然面临较大下行压力，政策性增资因素弱化，粮食减产减收，生猪价格下跌和农资价格上涨，对湖北城乡居民收入增速产生一定不利影响，全省城乡居民收入增速分别较上年回落 0.5 和 0.1 个百分点，增速低于上年同期，但好于预期，增收动能亟待稳固。

一、全省城乡居民收入实现平稳增长

据调查，2018 年湖北全体居民人均可支配收入 25815 元，其中工资性收入 12738 元，经营净收入 5451 元，财产性净收入 1725 元，转移性净收入 5900 元，分别较上年增长 7.7%、5.7%、14.9%和 12.0%。全体居民收入水平比全国平均水平 28228 元低 2413 元，仍居全国第 12 位，增速与全国平均水平持平（见表 1）。

表 1　2018 年湖北全体居民人均可支配收入及构成

指标名称	2018 年（元）	2017 年（元）	增加额（元）	增幅（%）	占比（%）	贡献率（%）	拉动增长（%）
可支配收入	25815	23757	2057	8.7	100	100	-
工资性收入	12738	11831	907	7.7	49.3	44.1	3.8
经营净收入	5451	5157	293	5.7	21.1	14.3	1.2
财产净收入	1726	1502	224	14.9	6.7	10.9	0.9
转移净收入	5900	5267	633	12.0	22.9	30.8	2.7

（一）城镇居民收入基本情况

2018 年湖北城镇常住居民人均可支配收入 34455 元，其中工资性收入 18997 元，经营性净收入 4797 元，财产性净收入 2954 元，转移性净收入 7707 元，分别较上年增长 6.0%、6.6%、13.9%和 12%。收入水平比全国平均水平 39251 元低 4796 元，仍居全国第 13 位，收入增速比全国高 0.2 个百分点（见表 2）。

在城镇居民收入四大主要来源中，工资性收入占可支配收入的 55.1%，比上年同期下降 1 个百分点；经营净收入占 13.9%，比上年同期下降 0.2 个百分点；财产净收入占 8.6%，比上年同期上升 0.4 个百分点；转移净收入占 22.4%，比上年同期上升 0.8 个百分点（见图 1）。

从增收贡献看，城镇常住居民人均工资性收入同比增长 6.0%，对增收的贡献率最大，达 42.2%，拉动人均可支配收入增长 3.4 个百分点；人均经营净收入同比增长 6.6%，对增收的贡献率为 11.7%，拉动人均可支配收入增长 0.9 个百分点；人均财产净收入同比增长 13.9%，增速最快，对增收的贡献率为 14.0%，拉动人均可支配收入增长 1.1 个百分点；人均转移净收入同比增长 12.0%，对增收的贡献率为 32.2%，拉动人均可支配收入增长 2.6 个百分点。

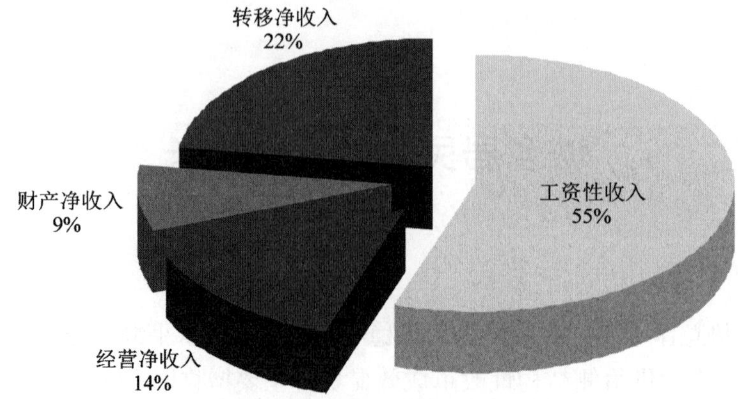

图 1　2018 年湖北城镇居民人均可支配构成

表 2　2018 年湖北城镇常住居民人均可支配收入及构成

指标名称	2018 年（元）	2017 年（元）	增加额（元）	增幅（%）	占比（%）	贡献率（%）	拉动增长（%）
可支配收入	34455	31889	2565	8.0	100	100	-
工资性收入	18997	17915	1082	6.0	55.1	42.2	3.4
经营净收入	4797	4498	299	6.6	13.9	11.7	0.9
财产净收入	2954	2594	359	13.9	8.6	14.0	1.1
转移净收入	7707	6882	825	12.0	22.4	32.2	2.6

2018 年湖北城镇常住居民可支配收入实现平稳增长，主要得益于以下增收因素:

一是主导行业运行较好保障工资性收入稳定增长。2018 年湖北经济开局平稳，主要经济指标实现较快增长，新技术、新产业、新业态、新模式快速发展，增加了产业就业吸纳能力，大众创业万众创新拓展了就业空间。主导行业运行较好，促使相关企业有能力有意愿为员工增资，加上最低工资标准的提升，为城镇居民稳定就业增加收入奠定了坚实基础。

二是营商环境改善和旅游产业发展促进居民家庭经营性收入增长。各级政府继续加强“放管服”改革力度，市场准入环境、竞争环境、消费环境等持续优化，助力市场主体发展效果明显。2018 年 1-11 月全省民间投资增长 9.6%，私营企业新登记 19.89 万户，个体工商户新登记 56.67 万户。全域旅游带动周边交通、批零、服务、住宿、餐饮等行业经营者收入增加。

三是政策性补贴和养老金标准上调稳固转移性收入增速。2018 年 4 月起，湖北各地普遍上调城乡低保、特困人员等社会救助对象补贴标准，2017 年 7 月初，湖北发布全省退休人员基本养老金上调细则，要求 8 月底落实到位，全省 500 多万退休人员符合本次调整范围。调整后人均基本养老金增加 60 元，增长 5.5%。2018 年 1 月 1 日起，全国城乡居民基本养老保险基础养老金最低标准提高至每人每月 88 元，增幅达 25.7%。

四是房租价格上涨推动财产性收入较快增长。城镇化进程和改造拆迁催生租购房需求，地价上涨，尤其武汉房价高企，部分购房需求向周边县市转移，溢出效应明显，省内三四线城市城镇化水平提高，推动房价和租金较快增长。

（二）农村居民收入基本情况

2018 年湖北农村常住居民人均可支配收入 14978 元，其中工资性收入 4887 元，经营性净收入 6271 元，财产性净收入 186 元，转移性净收入 3634 元，分别较上年增长 11.3%、5.1%、12.2%和 10.4%。收入水平比全国平均水平 14617 元高 361 元，在全国的位次由第 9 位变为第 8 位（北京市不公布农村居民收入数据），收入增速比全国低 0.4 个百分点（见表 3）。

在农村居民四大主要收入来源中，工资性收入占可支配收入的 32.6%，比上年同期上升 0.8 个百分点；经营净收入占 41.9%，比上年同期下降 1.3 个百分点；财产净收入占 1.2%，比上年同期持平；转移净收入占 24.3%，比上年同期上升 0.4 个百分点（见图 2）。

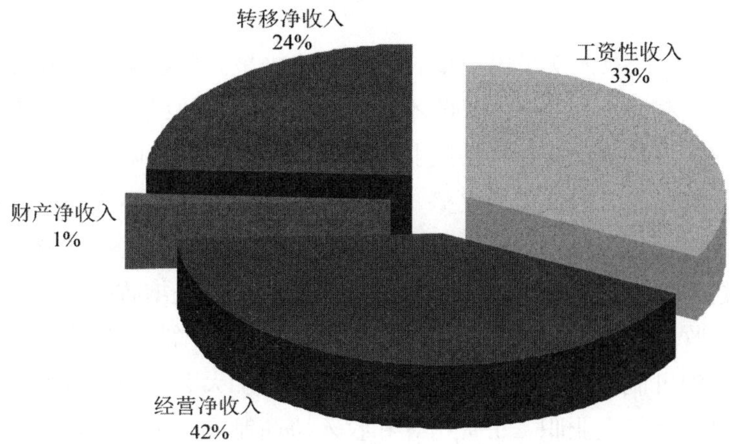

图 2　2018 年湖北农村居民人均可支配构成

从增收贡献看，农村常住居民人均工资性收入同比增长 11.3%，对增收的贡献率最大，为 42.7%，拉动可支配收入增长 3.6 个百分点；人均经营净收入同比增长 5.1%，对增收的贡献率为 26.3%，拉动可支配收入增长 2.2 个百分点；人均财产净收入同比增长 12.2%，对增收的贡献率为 1.7%，拉动可支配收入增长 0.1 个百分点；人均转移净收入同比增长 10.4%，对增收的贡献率为 29.3%，拉动人均可支配收入增长 2.5 个百分点。

表 3　2018 年湖北农村常住居民人均可支配收入及构成

指标名称	2018 年（元）	2017 年（元）	增加额（元）	增幅（%）	占比（%）	贡献率（%）	拉动增长（%）
可支配收入	14978	13812	1166	8.4	100	100	-
工资性收入	4887	4390	497	11.3	32.6	42.7	3.6
经营净收入	6271	5964	307	5.1	41.9	26.3	2.2
财产净收入	186	166	20	12.2	1.2	1.7	0.1
转移净收入	3634	3293	341	10.4	24.3	29.3	2.5

2018 年湖北农村常住居民可支配收入实现稳定增长，主要得益于以下增收因素：

一是本地就业机会增加为工资性收入持续增长奠定了基础。今年全省经济运行平稳，各地新开工项目增加，异地扶贫搬迁安置力度加大，城乡基础设施建设加快，带动农民在本地就业机会增加，农村劳动力潜力进一步释放。在春节后全省开展的“春风行动”中，有一半招聘市场设在乡镇，企业数、岗位数同比增幅均超过 30%。据调查，各地农民工日工资增幅平均在 10%左右。

二是高效特色产业和“X+农业”带动家庭经营净收入增加。虽然 2018 年全省粮食减产，价格跌幅较大，并遭遇非洲猪瘟，但由于深入推进农业供给侧结构性改革，全省形成了一大批有特色、效益好的农业产业群、产业带，如江汉平原地区的“虾稻连作”等，一定程度弥补了大宗农产品收入损失。互联网+农业、旅游+农业推进一二三产融合，带动农民增收，促进农民家庭二三产业经营收入实现较快增长，保障农民家庭经营净收入仍有一定幅度增长。

三是精准扶贫力度持续加大保障转移净收入较快增长。各地加大对贫困地区的就业、金融、医疗、教育等扶贫力度，助推贫困村、贫困户发展产业，促进贫困地区、贫困人口收入持续较快增长，推动全省农村居民转移性收入增长。同时全年全省外出农民工数量有所增长，寄带回收入和赡养收入稳定增长，农村低保保障标准，五保集中、分散供养标准等有较大幅度提高，也促进了转移净收入增长。

二、当前城乡居民增收存在的主要困难及建议

虽然 2018 年全省城乡居民收入实现平稳增长，但增速仍呈回落趋势，增收难度不断加大。当前湖北城乡居民增收困难主要表现在：一是经济增长的不确定性增多，实体经济面临较大压力，对城乡居民就业及工资水平提升产生影响。二是劳动力结构性就业不充分矛盾凸显，影响收入增长。三是全省农业产业化发展程度不高，现代高效农业尚未形成燎原之势，农业大而不强、多而不优的现象依然突出。四是机关事业单位增资调资机制尚不完善，城镇居民养老金上调幅度出现回落，农村各项扶贫资金补助标准趋于稳定，居民增收的政策性效应趋于弱化。五是财产性收入份额较低，对居民增收的拉动作用有限。

为确保全省城乡居民收入保持一定增速，亟需在稳固城乡居民增收动能上进一步发力。

一是充分发挥收入分配机制对居民收入增长的拉动作用。加大财政分配机制改革力度，进一步健全机关事业单位工资增长机制。完善企业职工工资指导和收入协商制度、加大最低工资标准落实力度，实现职工工资年稳定增长，通过工资性增长拉动城镇居民收入增长。

二是高度关注城乡居民就业，千方百计促进就业。继续实施积极的就业政策，以创业带动就业，开发就业岗位，扩大就业规模；加大职业培训力度，解决结构性就业矛盾，促进重点人群就业，努力实现更高质量和更充分就业，稳固居民收入增长基础。

三是提高社会保障和公共服务支出水平，促进转移性收入持续较快增长。推进城乡社会公共服务均等化，扩大社会保障覆盖范围，履行好政府再分配调节职能。稳定城镇离退休人员工资增幅，探索将农村社会救助金、涉农补助资金整合转为农村社会养老保险补充基金，提高农村社会养老金基准水平。

四是加大小微企业扶持力度。进一步细化和落实小微企业优惠政策，拓宽居民的创业途径，在财政补贴、小额贷款贴息、行业引导等方面加强对失业人员、大学毕业生、低收入群体等自主创业群体的政策指导和扶持，充分发挥创业就业增收倍增效应。

五是加快推进乡村振兴战略实施。以产业振兴为核心，紧紧围绕农业供给侧结构性改革，加快发展现代特色高效农业，促进农村一二三产业融合和新产业新业态发展，培育新型农业经营主体和新型职业农民，加强农村现代流通体系建设，着力提高农业土地产出率和经济效益，培育农民增收新动能。

六是拓宽投资理财渠道，增加城乡居民财产性收入。不断完善资本市场体系，加快推进农村土地“三权分置”和集体经营性土地入市改革，鼓励农民以现金出资、土地承包经营权等不同形式入股农村经济实体，让资产变股金，农民变股民，拓宽财产性增收渠道。

（撰稿：陶杰）

农民务工规模稳中略升

根据湖北农民工监测调查结果，2018 年，湖北农民工规模略升，省外就业人数减少，就近就地转移增加的趋势渐显。收入提升，但外出农民工居住环境和保障条件还有较大的改善空间。

一、湖北农民工基本情况

（一）规模稳中略升，本地就业增加较快

据全省 3030 户农村住户监测数据推算，2018 年湖北农民工（外出务工、在本地非农务工和非农自营活动时间达到或超过 6 个月以上的农村从业人员）总量达到 1504.46 万人，比上年增加 13.41 万人，增长 0.90%。其中，外出农民工（本乡域以外）1079.20 万人，比上年减少 4.79 万人，降幅 0.44%；本地农民工（本乡域以内）425.26 万人，比上年增加 18.20 万人，增长 4.47%（见图 1）。

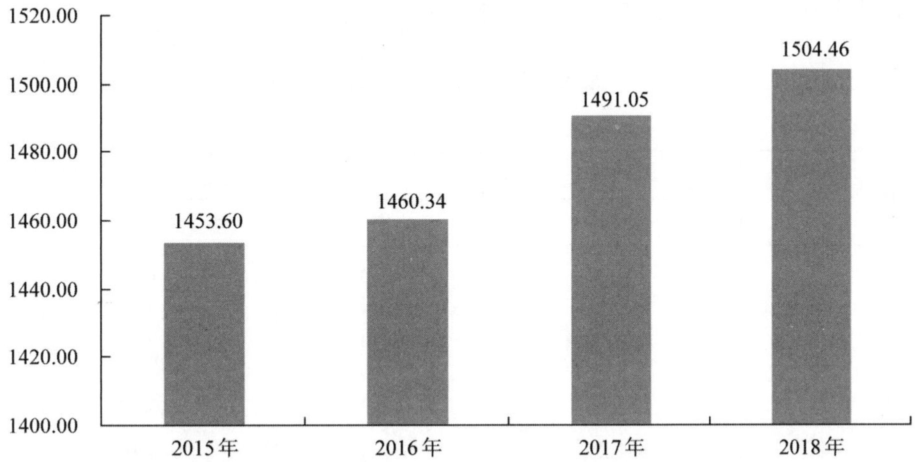

图 1　2015-2018 年湖北农民工总量（单位：万人）

（二）农民工年龄结构更趋老化

据调查，湖北农民工中男性占比 65.6%，女性占 34.4%，男性比例高出女性 31.2 个百分点。分年龄段来看，30 岁以下农民工占 27.5%；30-40 岁农民工占 32.0%；41-50 岁农民工占 22.2%；50 岁以上农民工占 18.3%，比上年提高 0.8 个百分点。35 岁以下新生代农民工占 45.0%，比上年下降 3.1 个百分点。

表 1　农民工受教育程度构成

单位：%

受教育程度	2017 年	2018 年	两年对比
1.未上过学	0.8	1.1	0.3
2.小学	11.4	14.0	2.6
3.初中	56.8	53.7	-3.1
4.高中	20.2	20.5	0.3
5.大学专科	6.4	7.0	0.6
6.大学本科	4.3	3.5	-0.8
7.研究生	0.1	0.2	0.1

（三）文化程度有所提高，总体水平仍然较低

初中及以下文化程度的农民工占 68.8%，比上年下降 0.2 个百分点；高中文化程度农民工占 20.5%，比上年提高 0.3 个百分点；大专及以上文化程度农民工占 10.7%，与上年基本持平（见表 1）。

（四）占农村从业人数比例略有增加

2018 年，湖北农民工占农村从业人数的比重为 56.5%，比上年提高 0.9 个百分点。

（五）外出收入水平增长

2018 年，湖北外出农民工月均收入为 4333 元，比上年增长 10.0%。

二、湖北外出农民工主要特征

2018 年，湖北共有 1079.20 万外出农民工，主要呈现以下特征。

（一）省内务工人数增加，省外务工人数减少

外出农民工在省内务工的人数为 435.04 万人，比上年增加 2.34 万人，增幅为 0.5%；在省外务工的农民工人数为 644.16 万人，比上年减少 7.13 万人，减幅为 1.1%。

（二）东部地区务工比例继续下降

2018 年，湖北在广东、浙江、北京、上海、江苏等东部地区务工的农民工有 523.00 万人，比上年减少 34.97 万人；占外出农民工比例为 81.2%，占比较上年下降 4.5 个百分点，在中部、西部和东北地区务工的农民工占比分别为 5.1%、4.8%和 0.9%，另外 0.5%的农民工在境外就业（见表 2）。

表 2　湖北外出农民工地区分布

单位：万人、%

外出地区	2017 年		2018 年	
	人数	比重	人数	比重
合　计	1083.99	100	1079.20	100
1.本省	432.70	39.9	435.04	40.3
（1）乡外县内	148.62	13.7	118.94	11.0
（2）县外省内	284.08	26.2	316.10	29.3
2.省外	651.29	60.1	644.16	59.7
东部地区	557.98	51.5	523.00	48.5
其中：广东	336.57	31.0	309.58	28.7
浙江	69.50	6.4	71.89	6.7
北京	29.47	2.7	14.01	1.3
上海	31.18	2.9	35.39	3.3
江苏	39.22	3.6	36.47	3.4
中部地区	43.31	4.0	54.82	5.1
西部地区	38.56	3.6	51.28	4.8
东北地区	10.98	1.0	10.04	0.9
其他地区	0.46	—	5.02	0.4

（三）省会城市就业比例最高

从城市分布看，外出农民工就业主要集中在省会城市。在直辖市就业的占 9.0%，比上年提高 0.9 个百分点；在省会城市就业的占 41.8%，提高 4.0 个百分点；在地级市就业的占 30.7%，下降 2.0 个百分点；县（市）城区和建制镇就业的占 17.7%，下降 3.4 个百分点；在村委会及其他地区就业的占 0.8%（见表 3）。

表 3　农民工就业地区类型

单位：%

就业地区类型	2017 年	2018 年	两年对比
直辖市	8.1	9.0	0.9
省会城市	37.8	41.8	4.0
地级市	32.7	30.7	-2.0
县市城区	17.0	16.1	-0.9
建制镇	4.1	1.6	-2.5
村委会及其他	0.3	0.8	0.5

（四）从业继续向第三产业转移

从近三年数据来看，2018 年，湖北农民工从事第三产业的比重为 40.8%，比上年提高 5.8 个百分点，是近三年最高（2015-2018 年分别为 32.9%、35.0%、40.8%）。第三产业相对集中的行业分别是：从事批发和零售业的农民工占 8.2%；居民服务、修理和其他服务业占 10.0%；住宿餐饮业占 7.3%；交通运输、仓储和邮政业占 4.6%。从事第二产业的比重为 58.6%，下降 6.1 个百分点，其中，制造业占 35.6%，下降 6.6 个百分点，建筑业占 21.3%，比上年提高 0.7 个百分点。

（五）日均工作时间保持稳定

外出农民工日均工作时间为 8.80 个小时，与上年基本持平。其中，每天工作 8 小时以下的占 2.0%，比上年提高 0.7 个百分点；工作 8-10 小时的（不含 10 小时）占 69.9%，比上年减少 4.2 个百分点；工作 10 小时以上的占 28.1%，比上年提高 3.5 个百分点。

（六）月收入 5000 元以上占比有所提高

从收入层次来看外出农民工月均收入在 3000 元以上的占 89.8%，比上年提高 5.6 个百分点。其中，月均收入在 3000-5000 元的占 59.8%，比上年下降 5.6 个百分点；月均收入在 5000 元以上的占 30.0%，比上年提高了 11.2 个百分点。从主要行业来看，从事建筑业的农民工月均收入最高，为 4745 元；从事交通运输、仓储和邮政业为 4684 元；从事批发和零售业为 4226 元；从事制造业为 4183 元；从事住宿和餐饮业为 3895 元；从事居民服务、修理和其他服务业为 3878 元（见表 4）。

表 4　不同收入层次比重

单位：%

各收入层次	2017 年	2018 年	两年对比
2000 元及以下	2.0	0.9	-1.1
2000-3000 元	13.8	9.3	-4.5
3000-5000 元	65.4	59.8	-5.6
5000 元及以上	18.8	30.0	11.2

（七）医疗和养老保险参保情况较好

湖北有 99.5%的农民工至少享有一种医疗保险，其中，参加新型农村合作医疗保险的占 86.9%；参加城镇职工基本医疗保险的占 6.9%；参加城镇居民基本医疗保险的占 5.3%；参加商业医疗保险的占 0.6%。有 87.5%的农民工参加了养老保险，其中，参加新型农村社会养老保险的占 79.1%；参加城镇职工基本养老保险的占 12.5%；参加城镇居民社会养老保险的占 52.6%；参加商业养老保险的占 1.2%。

（八）就业环境较为稳定

一是从事工作的性质相对稳定，2018 年从事目前工作 1-2 年以上的比例为 20.5%，比上年提高 7.2 个百分点。二是由单位或雇主提供伙食（一日三餐）的达到 19.8%，比上年提高 3.4 个百分点；提供住宿的达到 60.3%，比上年提高 7.3 个百分点。三是每月平均工作天数减少，2018 年外出农民工每月平均工作天数为 24.9 天，比上年减少 0.3 天。

三、湖北外出农民工面临的主要问题

（一）文化程度和劳动技能水平较低

一是总体文化素质不高，大专及以上文化程度占比仅为 10.8%；初中及以下文化程度占比高达 68.7%，仍是农民工的主体。二是从事管理和技术职业的比例偏低，2018 年在本乡域以外的 1088.00 万农民工中，只有 12.5%的职业属于管理人员和专业技术人员，其余都属于技术含量不高的一般工种。

（二）外出务工组织化程度不高

2018 年外出农民工从业人员中，自发外出的占 66.2%；亲朋好友介绍的占 29.3%；中介组织介绍和政府及有关部门组织外出的仅分别占 1.7%和 0.4%。湖北农村劳动力外出务工仍以自发为主，集体或中介组织作用不明显。

（三）不足五成外出就业农民工签订劳务合同

2018 年外出农民工与用人单位或雇主签订劳动合同的占 47.3%，比上年的 52.7%下降了 5.4 个百分点（见表 5）。

表 5　农民工从业劳动关系

单位：%

外出从业的劳动关系	2017 年	2018 年	两年对比
①无固定期限劳动合同工	15.7	14.6	-1.1
②一年及以上劳动合同工	32.3	30.4	-1.9
③一年以下劳动合同工	4.7	2.3	-2.4
④没有劳动合同	47.3	52.7	5.4

（四）雇主缴纳社会保险水平仍较低

2018 年外出农民工中雇主缴纳各种社会保险的参保率均未超过三成。单位或雇主为农民工缴纳养老保险、工伤保险、医疗保险、失业保险、生育保险和住房公积金的比例分别为 19.4%、25.1%、21.0%、16.1%、14.5%和 9.1%（见表 6）。

表 6　农民工社会保险参保情况

单位：%

五险一金缴纳情况	2017 年	2018 年	两年对比
缴纳养老保险	21.8	19.4	-2.4
缴纳工伤保险	29.9	25.1	-4.8
缴纳医疗保险	22.4	21.0	-1.4
缴纳失业保险	16.6	16.1	-0.5
缴纳生育保险	12.7	14.5	1.8
缴纳住房公积金	7.7	9.1	1.4

（五）居住环境和条件有待改善

2018 年 41.1%的农民工住单位宿舍；15.3%住工地工棚或生产经营场所；23.6%独立租赁住房；自购住房的仅占 1.5%；乡外从业但回家居住的占 6.8%，以其他形式解决住房问题的占 1.7%（见表 7）。

表 7　农民工居住情况

单位：%

外出从业住所类型	2017 年	2018 年	两年对比
单位宿舍	33.9	41.1	7.2
工地工棚	10.1	10.7	0.6
生产经营场所	5.4	4.6	-0.8
与人合租住房	25.9	10.0	-15.9
独立租赁住房	17.1	23.6	6.5
务工地自购房	1.5	1.5	-
乡外从业但回家居住（老家）	3.9	6.8	2.9
其他	2.2	1.7	-0.5

四、几点建议

（一）支持农民务工创业，优化就业创业环境

积极为农民工提供创业指导、培训和服务，以农业产业化经营、连片扶贫开发、新农村建设、工业园区建设等为载体，优化农民工就业环境，强化农民工创业园区建设，吸引本地农民工返乡，有效引导农村剩余劳动力就地就近就业、创业。

（二）加强扶持政策宣传，推行政策上门服务

加强政策宣传。采取人民群众喜闻乐见的形式，将政策宣传落实到村，推行政策上门服务。将相关扶持政策、扶持优惠项目、项目申报条件、手续、项目经费等情况公开，不断完善丰富宣传内容，让返乡人员或在外务工人员及时了解家乡返乡创业政策，营造崇尚创业、勇于创业、善于创业、支持创业的良好氛围。

（三）强化职业技能培训，打造诚信务工品牌

进一步加大对农民工培训的投入和支持，探索有效的就业培训长效机制，有针对性地加强农民工的职业技能培训，优化农民工就业结构，打造区域性农民工务工品牌。在培训方式和培训内容上，注重听取培训对象的意见，结合农民工的生产生活规律，灵活开展培训工作，确保培训质量和效果。

（四）完善务工保障体系，维护务工人员权益

按照稳步推进、分类指导的原则，将农民工纳入城镇基本养老、医疗、失业、工伤保险范围，进一步解决好农民工工伤保险和大病医疗保障、社会保险异地转移接续问题，扩大农民工参加社会保险的覆盖率。进一步解决农民工子女教育问题，确保农民工随迁子女能够平等接受义务教育。把农民工纳入城市公共文化服务体系。引导企业、社区积极开展面向农民工的公益性文化活动。进一步完善工作机制，整合资源、增加投入，充分依托现有的公共服务设施，丰富农村留守妇女和留守老人精神文化生活。推进农村社会养老服务体系建设，加强养老服务设施建设，解决老龄化农民工生活问题。

注：

东部地区：北京、天津、河北、上海、江苏、浙江、福建、山东、广东、海南

中部地区：山西、安徽、江西、河南、湖北、湖南

西部地区：内蒙古、广西、重庆、四川、贵州、云南、西藏、陕西、甘肃、青海、宁夏、新疆

东北地区：吉林、黑龙江、辽宁

其他地区：港澳台地区及国外

（撰稿：郁雁）

1-1 土地面积与行政区划

项　目	Item	单位	unit	1990	2000
常住人口	Number of Usual Residents in the Households Surveyed	万人	10000 persons	5439	5646
土地面积	Land Area	万平方公里	10000 sq.km	18.59	18.59
耕地面积	Cultivated Area	千公顷	1000 hectares		
行政区划	Adinimisrtative Division				
省辖市	Municipality	个	unit	8	12
自治州	Prefecture	个	unit	1	1
林　区	Forest Zone	个	unit	1	1
县级市	City	个	unit	22	24
省辖行政单位	Adinimistrative Units under the Jurisdiction of Province	个	unit		3
县	County	个	unit	48	41
乡政府	Village Government	个	unit	1121	476
镇政府	Township Government	个	unit	844	853
办事处	Office	个	unit		
村民委员会	Village Committee	个	unit	32765	32400
村民小组	Village Groups	个	unit	260847	259250

注：耕地面积数据来源于自然资源部门。
Note: Statistics of cultivated area stem from the Department of Natural Resources of Hubei Province.

Land Area and Administrative Division

2005	2010	2013	2014	2015	2016	2017	2018
5710	5723	5799	5816	5852	5885	5902	5917
18.59	18.59	18.59	18.59	18.59	18.59	18.59	18.59
	5312.28	5281.80	5261.70	5255.00	5245.26	5235.91	5239.02
12	12	12	12	12	12	12	12
1	1	1	1	1	1	1	1
1	1	1	1	1	1	1	1
24	24	24	24	24	24	24	25
3	3	3	3	3	3	3	3
39	40	40	39	39	39	39	38
217	201	175	170	168	168	165	163
737	742	757	761	761	759	761	762
	211	300	302	304	307	308	310
26678	26018	25955	25606	25343	25063	24312	23571
212587	209598	210108	208966	208546	208050	206786	205059

1-2 市、州行政区划(2018年底)
Administrative Division of Municipalities and Prefecture(End of 2018)

单位：个 (unit)

地 区	Region	县级市 Cities	县 Counties	区 Districts	乡政府 Village Government	镇政府 Township Government	村民委员会 Village Committee	村民小组 Village Groups
全 省	**Total**	**25**	**38**	**39**	**163**	**762**	**23571**	**205059**
武 汉 市	Wuhan Municipality			13	3	1	1893	16649
黄 石 市	Huangshi Municipality	1	1	4	1	27	774	7486
十 堰 市	Shiyan Municipality	1	4	3	34	72	1806	10037
荆 州 市	Jingzhou Municipality	3	3	2	12	89	1500	19041
宜 昌 市	Yichang Municipality	3	5	5	19	67	1348	8097
襄 阳 市	Xiangyang Municipality	3	3	3	4	74	2304	14575
鄂 州 市	Ezhou Municipality			3	3	18	324	4024
荆 门 市	Jingmen Municipality	2	1	2	2	50	1320	9873
孝 感 市	Xiaogan Municipality	3	3	1	23	72	2635	23096
黄 冈 市	Huanggang Municipality	2	7	1	16	99	4027	37491
咸 宁 市	Xianning Municipality	1	4	1	12	52	902	10034
恩施自治州	Enshi Prefecture	2	6		31	52	2312	22341
随 州 市	Suizhou Municipality	1	1	1		37	848	8384
仙 桃 市	Xiantao Municipality	1				15	632	4517
天 门 市	Tianmen Municipality	1			1	21	528	6349
潜 江 市	Qianjiang Municipality	1				10	351	2736
神农架林区	Shennongjia Forest Zone				2	6	67	329

注：乡政府、镇政府、村民委员会、村民小组数只涉及农村生产经营单位数。
Note: The number of village government, township government, village committee and village groups only refers to the number of units run by village production operation.

1-3　各市、县(市、区)名称(2018年底)
Municipalities and Counties(End of 2018)

市	Municipality	县(市、区)数(个) Number of Counties (unit)	市辖县 Counties	市辖区 Districts	县级市 Cities
武汉市	Wuhan Municipality	13		江岸区、江汉区、硚口区、汉阳区、武昌区、青山区、洪山区、东西湖区、汉南区、蔡甸区、江夏区、黄陂区、新洲区	
黄石市	Huangshi Municipality	6	阳新县	黄石港区、西塞山区、下陆区、铁山区、	大冶市
十堰市	Shiyan Municipality	8	郧西县、竹山县、竹溪县、房县	茅箭区、张湾区、郧阳区	丹江口市
荆州市	Jingzhou Municipality	8	江陵县、公安县、监利县	沙市区、荆州区	石首市、洪湖市、松滋市
宜昌市	Yichang Municipality	13	秭归县、远安县、兴山县、长阳县、五峰县	西陵区、伍家岗区、点军区、猇亭区、夷陵区	宜都市、当阳市、枝江市
襄阳市	Xiangyang Municipality	9	南漳县、谷城县、保康县	襄城区、樊城区、襄州区	老河口市、枣阳市、宜城市
鄂州市	Ezhou Municipality	3		鄂城区、华容区、梁子湖区	
荆门市	Jingmen Municipality	5	沙洋县	东宝区、掇刀区	钟祥市、京山市
孝感市	Xiaogan Municipality	7	孝昌县、云梦县、大悟县	孝南区	应城市、安陆市、汉川市
黄冈市	Huanggang Municipality	10	团风县、浠水县、蕲春县、黄梅县、英山县、罗田县、红安县	黄州区	麻城市、武穴市
咸宁市	Xianning Municipality	6	通山县、崇阳县、通城县、嘉鱼县	咸安区	赤壁市
恩施自治州	Enshi Prefecture	8	建始县、咸丰县、巴东县、宣恩县、来凤县、鹤峰县		恩施市、利川市
随州市	Suizhou Municipality	3	随县	曾都区	广水市
仙桃市	Xiantao Municipality	1			
天门市	Tianmen Municipality	1			
潜江市	Qianjiang Municipality	1			
神农架林区	Shennongjia Forest Zone				

1-4 部分主要调查指标
Part of the Main Survey Indicators

指 标	Item	单位	unit	2015	2016	2017	2018
主要农产品产量	Output of Major Farm Products	万吨	10000 tons				
粮食	Grain			2914.75	2796.35	2846.13	2839.47
棉花	Cotton			30.08	19.00	18.40	14.93
油料	Oil-Bearing Crops			316.71	305.15	307.69	302.48
猪肉	Pork			346.83	338.85	339.29	333.18
水产品	Aquatic Products			455.89	470.84	465.42	458.40
家庭、生活	Family, People's Livelihood and Environment						
家庭	Family						
城镇居民平均每户家庭常住人口	Average Household Size in Urban Areas	人	person	2.85	2.86	2.84	3.00
农村居民平均每户家庭常住人口	Average Household Size in Rural Areas	人	person	2.88	2.89	2.87	3.08
居住	Residence						
城镇居民人均住房面积	Per Capita Net Floor Space of Urban Residents	平方米	sq.m	40.10	41.75	42.48	45.85
农村居民人均住房面积	Per Capita Net Floor Space of Rural Residents	平方米	sq.m	55.61	57.67	58.71	57.76
生活	People's Livelihood						
城镇居民人均可支配收入	Per Capita Disposable Income of Urban Residents	元	yuan	27051.47	29385.80	31889.42	34454.63
农村居民人均纯收入（可支配收入）	Per Capita Net Income of Rural Residents (Disposable Income)	元	yuan	11843.89	12724.97	13812.09	14977.82
物价(上年=100)	Price (preceding year = 100)						
商品零售价格指数	Retail Price Index			100.5	100.8	100.3	101.2
居民消费价格指数	Consumer Price Index			101.5	102.2	101.5	101.9
工业生产者出厂价格指数	Producer Price Indices for Industrial Products			96.7	99.0	105.6	104.2

注：2015-2017年农业相关数据为根据第三次全国农业普查资料修订数据。
Note: The data related to agriculture from 2015 to 2017 were revised according to the third national agricultural census data.

主要统计指标解释

户数　包括家庭户(含单身独居)和集体户。

人口数　指一定时点、一定地区范围内有生命的个人的总和。

市镇人口　指市人口和县辖镇人口。

乡村人口　指县辖乡的全部人口。

Explanatory Notes on Main Statistical Indicators

Households include family household (including single household) and collective households.

Total Population refers to the total number of people alive at a certain point of time within a given area.

Urban Population refers to city population and town population.

Country Population refers to the total population under the jurisdiction of country.

二 农业调查

Chapter 2

Rural Survey

资料整理：李　鹏　雷　迪　周雁峰

2-1 主要农作物播种面积、产量和单位面积产量(2018年)
Total Sown Areas, Output and Yield per Unit Area of Farm Crops(2018)

单位：千公顷、万吨、公斤/公顷 (1000 hectares, 10000 tons, kg/hectare)

指 标	Item	播种面积 Sown Area	总产量 Total Output	单位面积产量 Yield per Unit Area
农作物总播种面积	**Total Sown Area of Farm Crops**			
粮食作物总计	Grain Crops	4847.01	2839.47	5858.18
夏收粮食	Summer Grain	1321.33	467.60	3538.82
谷物	Cereals	1114.77	413.33	3707.71
小麦	Wheat	1104.96	410.37	3713.89
大麦	Barley	8.29	2.54	3062.70
蚕豌豆	Broad Bean and Peas	16.64	2.59	1556.49
薯类	Tubers	189.92	51.68	2721.15
马铃薯	Potato	189.92	51.68	2721.15
早稻	Early-season Rice	164.53	97.55	5929.13
秋收粮食	Autumn Grain	3361.15	2274.32	6766.50
谷物	Cereals	3012.49	2193.16	7280.23
中稻	Semilate Rice	2034.30	1733.86	8523.13
双季晚稻	Double-crop Late Rice	192.17	134.21	6984.04
玉米	Corn//Maize	781.20	323.38	4139.53
豆类	Beans	230.45	35.82	1554.33
大豆	Soybean	219.77	34.21	1556.65
绿豆	Green Beans	6.88	0.93	1351.74
红小豆	Red Bean	2.85	0.34	1194.38
薯类	Tubers	118.21	45.34	3835.66
马铃薯	Potato	27.31	12.83	4698.49
油料作物	Oil-bearing Crops	1255.82	302.48	2408.65
花生	Peanuts	232.60	80.67	3468.04
油菜籽	Rapeseeds	932.97	205.31	2200.65
芝麻	Sesames	67.87	11.42	1683.16
棉花	Cotton	159.25	14.93	937.61
麻类	Fiber Crops	1.69	0.53	3124.85
苎麻	Ramee	1.68	0.53	3126.79
糖料	Sugar	6.47	27.77	42914.06
甘蔗	Sugar Cane	6.45	27.70	42940.31
烟叶	Tobacco	37.46	6.60	1762.41
烤烟	Flue-cured Tobacco	33.63	5.57	1657.60
蔬菜(含菜用瓜)	Vegetables	1224.27	3963.94	32378.01

2-2 主要农作物播种面积
Total Sown Areas of Farm Crops

单位：千公顷 (1000 hectares)

指 标	Item	2018	2017	2018年比2017年增加 Growth Rate in 2018 over 2017	
				绝对数 Absolute Figures	%
农作物总播种面积	**Total Sown Area of Farm Crops**				
粮食作物总计	Grain Crops	4847.01	4853.00	-5.99	-0.1
夏收粮食	Summer Grain	1321.33	1363.19	-41.85	-3.1
谷物	Cereals	1114.77	1163.11	-48.33	-4.2
小麦	Wheat	1104.96	1153.22	-48.25	-4.2
大麦	Barley	8.29	8.16	0.13	1.6
蚕豌豆	Broad Bean and Peas	16.64	17.69	-1.05	-5.9
薯类	Tubers	189.92	182.39	7.53	4.1
马铃薯	Potato	189.92	182.39	7.53	4.1
早稻	Early-season Rice	164.53	174.04	-9.52	-5.5
秋收粮食	Autumn Grain	3361.15	3315.76	45.39	1.4
谷物	Cereals	3012.49	2994.64	17.85	0.6
中稻	Semilate Rice	2034.30	1991.65	42.65	2.1
双季晚稻	Double-crop Late Rice	192.17	202.38	-10.21	-5.0
玉米	Corn//Maize	781.20	794.78	-13.58	-1.7
豆类	Beans	230.45	220.78	9.67	4.4
大豆	Soybean	219.77	212.34	7.43	3.5
绿豆	Green Beans	6.88	4.51	2.37	52.7
红小豆	Red Bean	2.85	1.77	1.07	60.5
薯类	Tubers	118.21	100.33	17.87	17.8
马铃薯	Potato	27.31	21.36	5.94	27.8
油料作物	Oil-bearing Crops	1255.82	1291.33	-35.51	-2.7
花生	Peanuts	232.60	230.53	2.07	0.9
油菜籽	Rapeseeds	932.97	971.17	-38.20	-3.9
芝麻	Sesames	67.87	62.69	5.18	8.3
棉花	Cotton	159.25	204.80	-45.55	-22.2
麻类	Fiber Crops	1.69	0.57	1.12	194.8
苎麻	Ramee	1.68	0.51	1.17	227.3
糖料	Sugar	6.47	6.59	-0.12	-1.9
甘蔗	Sugar Cane	6.45	6.57	-0.12	-1.9
烟叶	Tobacco	37.46	39.69	-2.23	-5.6
烤烟	Flue-cured Tobacco	33.63	36.62	-2.99	-8.2
蔬菜(含菜用瓜)	Vegetables	1224.27	1188.62	35.65	3.0

注：2017年数据为根据第三次全国农业普查资料修订数据。
Note: The data in 2017 was revised according to the third national agricultural census data.

2-3 主要农作物产量
Output of Farm Crops

单位：万吨 (10000 tons)

指 标	Item	2018	2017	2018年比2017年增加 Growth Rate in 2018 over 2017	
				绝对数 Absolute Figures	%
粮食作物总计	Grain Crops	2839.47	2846.13	-6.66	-0.2
夏收粮食	Summer Grain	467.60	488.24	-20.64	-4.2
谷物	Cereals	413.33	430.05	-16.72	-3.9
小麦	Wheat	410.37	426.90	-16.53	-3.9
大麦	Barley	2.54	2.69	-0.15	-5.6
蚕豌豆	Broad Bean and Peas	2.59	3.11	-0.52	-16.7
薯类	Tubers	51.68	55.09	-3.41	-6.2
马铃薯	Potato	51.68	55.09	-3.41	-6.2
早稻	Early-season Rice	97.55	100.87	-3.32	-3.3
秋收粮食	Autumn Grain	2274.32	2257.02	17.30	0.8
谷物	Cereals	2193.16	2185.11	8.05	0.4
中稻	Semilate Rice	1733.86	1688.73	45.13	2.7
双季晚稻	Double-crop Late Rice	134.21	137.56	-3.35	-2.4
玉米	Corn//Maize	323.38	356.75	-33.37	-9.4
豆类	Beans	35.82	35.37	0.45	1.3
大豆	Soybean	34.21	34.31	-0.10	-0.3
绿豆	Green Beans	0.93	0.61	0.32	52.5
红小豆	Red Bean	0.34	0.09	0.25	277.8
薯类	Tubers	45.34	36.54	8.80	24.1
马铃薯	Potato	12.83	9.79	3.04	31.1
油料作物	Oil-bearing Crops	302.48	307.69	-5.20	-1.7
花生	Peanuts	80.67	78.37	2.29	2.9
油菜籽	Rapeseeds	205.31	213.17	-7.86	-3.7
芝麻	Sesames	11.42	10.55	0.88	8.3
棉花	Cotton	14.93	18.40	-3.47	-18.9
麻类	Fiber Crops	0.53	0.25	0.28	109.1
苎麻	Ramee	0.53	0.24	0.28	117.8
糖料	Sugar	27.77	26.99	0.77	2.9
甘蔗	Sugar Cane	27.70	26.98	0.72	2.7
烟叶	Tobacco	6.60	6.84	-0.24	-3.5
烤烟	Flue-cured Tobacco	5.57	6.18	-0.61	-9.9
蔬菜(含菜用瓜)	Vegetables	3963.94	3826.40	137.54	3.6

注：2017年数据为根据第三次全国农业普查资料修订数据。
Note: The data in 2017 was revised according to the third national agricultural census data.

2-4 主要农作物单位面积产量

Yield per Unit Area of Farm Crops

单位：公斤/公顷 (kg/hectare)

指　标	Item	2018	2017	2018年比2017年增加 Growth Rate in 2018 over 2017	
				绝对数 Absolute Figures	%
粮食作物总计	Grain Crops	5858.18	5864.69	-6.51	-0.1
夏收粮食	Summer Grain	3538.82	3581.61	-42.79	-1.2
谷物	Cereals	3707.71	3697.40	10.31	0.3
小麦	Wheat	3713.89	3701.83	12.06	0.3
大麦	Barley	3062.70	3291.75	-233.87	-7.1
蚕豌豆	Broad Bean and Peas	1556.49	1757.25	-201.90	-11.5
薯类	Tubers	2721.15	3020.40	-299.36	-9.9
马铃薯	Potato	2721.15	3020.40	-299.36	-9.9
早稻	Early-season Rice	5929.13	5795.57	133.56	2.3
秋收粮食	Autumn Grain	6766.50	6806.95	-40.45	-0.6
谷物	Cereals	7280.23	7296.72	-16.51	-0.2
中稻	Semilate Rice	8523.13	8479.04	44.09	0.5
双季晚稻	Double-crop Late Rice	6984.04	6797.11	186.93	2.8
玉米	Corn//Maize	4139.53	4488.66	-349.13	-7.8
豆类	Beans	1554.33	1602.00	-47.67	-3.0
大豆	Soybean	1556.65	1615.80	-59.15	-3.7
绿豆	Green Beans	1351.74	1349.55	-1.81	-0.1
红小豆	Red Bean	1194.38	503.10	686.86	135.3
薯类	Tubers	3835.66	3641.86	193.79	5.3
马铃薯	Potato	4698.49	4581.90	116.58	2.5
油料作物	Oil-bearing Crops	2408.65	2382.72	25.93	1.1
花生	Peanuts	3468.04	3399.59	68.45	2.0
油菜籽	Rapeseeds	2200.65	2195.00	5.64	0.3
芝麻	Sesames	1683.16	1682.08	1.08	0.1
棉花	Cotton	937.61	898.44	39.17	4.4
麻类	Fiber Crops	3124.85	4405.21	-1280.36	-29.1
苎麻	Ramee	3126.79	4699.04	-1572.25	-33.5
糖料	Sugar	42914.06	40938.63	1975.44	4.8
甘蔗	Sugar Cane	42940.31	41047.49	1892.82	4.6
烟叶	Tobacco	1762.41	1723.70	38.72	2.2
烤烟	Flue-cured Tobacco	1657.60	1688.63	-31.03	-1.8
蔬菜(含菜用瓜)	Vegetables	32378.01	32191.92	186.09	0.6

注：2017年数据为根据第三次全国农业普查资料修订数据。
Note: The data in 2017 was revised according to the third national agricultural census data.

2-5 分品种主要农作物播种面积(2000-2018年)

单位：千公顷

指 标	Item	2000	2005	2007	2008	2009
农作物总播种面积	**Total Sown Area of Farm Crops**					
粮食作物总计	Grain Crops	4156.16	3926.82	4032.18	3891.72	4072.96
夏收粮食	Summer Grain	1203.42	1052.12	1297.24	1191.63	1200.24
谷物	Cereals	893.03	766.38	1137.73	1030.20	1022.49
小麦	Wheat	845.10	716.20	1099.41	1006.35	1001.98
大麦	Barley		49.10	36.93	22.85	19.25
蚕豌豆	Broad Bean and Peas	92.79	83.78	60.53	59.97	48.91
马铃薯	Potato	217.60	201.96	98.98	101.47	128.84
早稻	Early-season Rice	393.50	365.00	343.20	302.16	304.65
秋收粮食	Autumn Grain	2559.20	2509.70	2391.74	2397.93	2568.07
谷物	Cereals	2043.22	2107.26	2134.37	2147.66	2331.28
中稻	Semilate Rice	1097.60	1282.30	1281.67	1295.40	1426.65
双季晚稻	Double-crop Late Rice	504.20	430.10	402.30	359.36	362.32
玉米	Corn//Maize	424.10	389.60	444.55	488.24	536.46
谷子	Millet	4.20	0.60	0.32	0.08	0.15
高粱	Jowar	7.30	3.10	3.29	3.93	4.66
豆类	Beans	266.01	206.23	138.84	139.54	135.58
大豆	Soybean	224.80	178.70	117.20	115.60	111.36
绿豆	Green Beans		23.20	17.00	18.24	17.98
薯类	Tubers	250.01	196.21	118.53	110.73	101.21
马铃薯	Potato	13.66	13.24	17.73	20.22	16.61
油料作物	Oil-bearing Crops	1503.40	1460.20	1159.71	1337.78	1410.82
花生	Peanuts	193.40	171.70	139.45	180.24	190.41
油菜籽	Rapeseeds	1158.90	1178.70	912.69	1056.00	1112.36
芝麻	Sesames	143.80	102.50	88.14	87.79	91.45
棉花	Cotton	318.07	360.95	514.84	544.31	461.74
麻类	Fiber Crops	22.80	23.60	19.94	14.07	8.70
黄红麻	Jute and Ambary Hemp	3.10	1.00	0.53	0.41	0.26
甘蔗	Sugar Cane	22.20	10.00	3.48	6.19	9.36
烟叶	Tobacco	74.60	58.40	42.61	60.11	72.50
烤烟	Flue-cured Tobacco	48.10	43.70	32.42	45.97	54.42
蔬菜(含菜用瓜)	Vegetables	968.60	1004.80	956.63	1010.36	1001.55

注：2007-2017年数据为根据第三次全国农业普查资料修订数据。
Note: The data from 2007 to 2017 were revised according to the third national agricultural census data.

Total Sown Areas of Farm Crops by Type(2000-2018)

(1000 hectares)

2010	2011	2012	2013	2014	2015	2016	2017	2018
4135.78	4191.52	4294.51	4416.60	4522.12	4784.38	4816.14	4853.00	4847.01
1230.43	1260.08	1305.65	1344.32	1323.75	1337.42	1344.81	1363.19	1321.33
1029.70	1042.38	1095.56	1127.44	1109.97	1132.80	1149.89	1163.11	1114.77
1011.70	1028.32	1084.08	1117.11	1099.38	1122.15	1140.67	1153.22	1104.96
16.72	12.67	10.46	9.10	9.30	9.50	7.58	8.16	8.29
42.97	38.79	37.78	33.40	33.57	17.75	17.29	17.69	16.64
157.76	178.92	172.31	183.47	180.21	186.87	177.63	182.39	189.92
305.00	241.30	246.30	249.70	251.90	260.70	224.74	174.04	164.53
2600.35	2690.14	2742.56	2822.59	2946.47	3186.26	3246.59	3315.76	3361.15
2360.86	2449.33	2509.12	2611.41	2700.54	2941.14	2937.37	2994.64	3012.49
1420.10	1552.79	1547.20	1655.88	1650.30	1812.60	1920.49	1991.65	2034.30
362.74	286.98	292.93	296.97	299.59	310.05	213.43	202.38	192.17
572.53	603.37	663.58	653.43	745.72	813.53	797.33	794.78	781.20
0.10	0.12	0.07	0.11	0.09	0.10	0.12	0.10	
4.60	5.71	5.15	4.68	4.50	4.40	5.33	5.03	4.25
136.43	135.81	129.81	122.12	151.98	155.92	210.50	220.78	230.45
109.94	108.12	105.67	103.27	136.79	144.40	202.25	212.34	219.77
19.27	18.90	16.30	11.06	8.45	8.65	4.37	4.51	6.88
103.07	105.01	103.63	89.06	93.95	89.20	98.73	100.33	118.21
16.60	17.05	19.72	18.10	18.37	18.23	21.08	21.36	27.31
1390.30	1357.89	1411.61	1411.49	1420.59	1389.39	1310.86	1291.33	1255.82
198.50	203.96	257.57	217.77	218.37	221.65	232.14	230.53	232.60
1089.43	1055.39	1062.61	1098.94	1101.62	1070.11	983.62	971.17	932.97
82.46	77.28	74.28	69.06	71.50	66.75	64.31	62.69	67.87
482.37	491.61	476.29	419.11	348.13	267.62	204.96	204.80	159.25
5.85	4.04	2.61	1.87	1.31	0.89	0.63	0.57	1.69
0.07	0.06	0.05	0.04	0.02	0.02	0.04	0.03	0.01
7.04	6.60	6.37	5.95	5.83	6.30	6.42	6.57	6.45
59.97	64.07	68.13	60.22	42.75	43.73	44.59	39.69	37.46
39.36	45.61	49.40	46.69	36.53	39.60	40.89	36.62	33.63
998.54	1022.69	1089.68	1092.52	1113.77	1143.67	1168.90	1188.62	1224.27

2-6 分品种主要农作物产量

单位：万吨

指 标	Item	2000	2005	2007	2008	2009	2010
粮食作物总计	Grain Crops	2218.53	2177.38	2139.07	2145.47	2291.05	2304.26
夏收粮食	Summer Grain	322.39	302.49	409.86	382.28	392.08	412.11
谷物	Cereals	243.89	223.50	366.14	338.68	341.91	353.57
小麦	Wheat	233.70	208.90	354.23	331.09	334.55	347.05
大麦	Barley		14.40	11.70	7.40	7.14	6.17
蚕豌豆	Broad Bean and Peas	16.93	16.97	14.97	12.71	11.54	10.37
马铃薯	Potato	61.57	62.02	28.74	30.90	38.64	48.16
早稻	Early-season Rice	217.50	206.87	194.48	175.77	177.58	169.79
秋收粮食	Autumn Grain	1678.64	1668.02	1534.74	1587.42	1721.39	1722.36
谷物	Cereals	1501.30	1525.80	1454.23	1507.62	1645.71	1644.90
中稻	Semilate Rice	971.98	1075.40	1007.83	1054.89	1167.10	1139.16
双季晚稻	Double-crop Late Rice	307.78	253.05	235.18	215.86	218.34	222.04
玉米	Corn//Maize	216.70	194.90	208.94	235.02	258.16	281.23
谷子	Millet	1.00	0.20	0.11	0.03	0.02	0.02
高粱	Jowar	2.70	1.10	1.25	1.50	1.90	2.20
豆类	Beans	54.12	48.04	29.61	30.68	31.75	32.13
大豆	Soybean	45.80	43.40	26.09	26.74	27.04	27.68
绿豆	Green Beans		4.00	2.88	3.11	3.55	3.28
薯类	Tubers	123.22	94.18	50.89	49.11	43.93	45.34
马铃薯	Potato	7.80	6.08	8.50	8.68	7.97	7.88
油料作物	Oil-bearing Crops	287.16	293.90	252.78	279.20	306.83	302.28
花生	Peanuts	65.71	60.19	49.01	50.24	64.21	66.64
油菜籽	Rapeseeds	198.49	219.15	190.71	209.17	227.13	220.35
芝麻	Sesames	21.54	13.67	11.71	11.88	12.87	12.20
棉花	Cotton	30.43	37.50	55.80	49.98	48.22	47.41
麻类	Fiber Crops	5.15	4.86	4.30	3.20	2.01	1.38
黄红麻	Jute and Ambary Hemp	1.83	0.34	0.21	0.21	0.13	0.06
甘蔗	Sugar Cane	101.66	42.90	14.42	24.78	31.19	28.37
烟叶	Tobacco	13.73	11.14	7.77	11.27	14.21	11.31
烤烟	Flue-cured Tobacco	8.22	7.88	5.82	8.35	10.20	7.17
蔬菜(含菜用瓜)	Vegetables		2916.91	2678.88	2861.25	2924.82	3091.21

注：2007-2017年数据为根据第三次全国农业普查资料修订数据。
Note: The data from 2007 to 2017 were revised according to the third national agricultural census data.

Output of Farm Crops by Type

(10000 tons)

2011	2012	2013	2014	2015	2016	2017	2018
2407.45	2485.14	2586.21	2658.26	2914.75	2796.35	2846.13	2839.47
415.84	437.75	490.08	493.82	493.09	497.59	488.24	467.60
354.92	381.84	429.09	435.09	435.52	443.68	430.05	413.33
349.78	377.25	425.29	431.43	431.99	440.74	426.90	410.37
4.97	4.31	3.45	3.32	3.22	2.48	2.69	2.54
8.19	5.53	5.96	5.90	3.03	3.00	3.11	2.59
52.74	50.38	55.04	52.83	54.54	50.91	55.09	51.68
137.28	146.25	144.24	145.78	155.49	117.87	100.87	97.55
1854.33	1901.14	1951.89	2018.66	2266.17	2180.89	2257.02	2274.32
1783.27	1838.62	1894.70	1953.54	2201.62	2116.17	2185.11	2193.16
1301.40	1327.46	1385.87	1406.10	1594.14	1609.19	1688.73	1733.86
175.82	192.61	198.21	204.56	211.80	147.40	137.56	134.21
303.19	316.01	308.50	340.89	393.71	357.41	356.75	323.38
0.04	0.02	0.03	0.03	0.03	0.04	0.04	
2.73	2.44	1.93	1.84	1.78	1.87	1.78	1.50
29.73	26.17	26.05	35.29	32.07	32.35	35.37	35.82
25.39	22.79	23.33	33.10	30.52	31.35	34.31	34.21
2.90	2.33	1.43	1.11	1.15	0.57	0.61	0.93
41.33	36.36	31.14	29.82	32.48	32.36	36.54	45.34
7.84	9.13	7.84	7.46	7.98	9.20	9.79	12.83
293.13	305.13	315.57	321.18	316.71	305.15	307.69	302.48
71.67	78.16	72.21	73.83	73.21	77.98	78.37	80.67
206.02	212.15	227.90	230.86	226.02	211.14	213.17	205.31
12.37	11.78	10.79	11.15	10.78	9.51	10.55	11.42
52.90	53.53	46.36	36.30	30.08	19.00	18.40	14.93
0.98	0.73	0.58	0.45	0.31	0.24	0.25	0.53
0.03	0.02	0.01	0.01	0.01	0.01	0.01	0.01
27.55	25.51	22.81	23.37	23.81	26.97	26.98	27.70
12.58	12.74	10.83	7.35	7.08	8.15	6.84	6.60
8.64	8.69	8.12	6.04	6.30	7.31	6.18	5.57
3244.71	3375.50	3438.55	3513.70	3664.08	3712.77	3826.40	3963.94

2-7 分品种主要农作物单位面积产量

单位：公斤/公顷

指 标	Item	2000	2005	2007	2008	2009	2010
粮食作物总计	Grain Crops	5337.93	5544.89	5304.99	5512.91	5625.02	5571.51
夏收粮食	Summer Grain	2678.95	2875.05	3159.45	3208.06	3266.67	3349.28
谷物	Cereals	2731.04	2916.31	3218.18	3287.50	3343.85	3433.74
小麦	Wheat	2765.35	2916.78	3221.98	3290.02	3338.87	3430.32
大麦	Barley		2932.79	3169.38	3237.07	3709.27	3688.63
蚕豌豆	Broad Bean and Peas	1824.55	2025.54	2473.82	2118.80	2358.53	2414.29
马铃薯	Potato	2829.50	3070.91	2903.65	3045.24	2998.97	3052.70
早稻	Early-season Rice	5527.32	5667.67	5666.52	5817.13	5829.09	5566.93
秋收粮食	Autumn Grain	6421.63	6522.04	6416.82	6619.96	6703.02	6623.56
谷物	Cereals	7053.74	7008.45	6813.42	7019.84	7059.25	6967.37
中稻	Semilate Rice	8855.50	8386.49	7863.44	8143.32	8180.76	8021.67
双季晚稻	Double-crop Late Rice	6104.32	5883.52	5845.97	6006.79	6026.04	6121.23
玉米	Corn//Maize	5109.64	5002.82	4700.00	4813.66	4812.33	4912.12
谷子	Millet	2380.95	3333.33	3458.10	3491.40	988.51	1666.67
高粱	Jowar	3698.63	3548.39	3801.84	3824.18	4082.28	4793.10
豆类	Beans	2034.51	2329.44	2132.52	2198.99	2341.50	2354.89
大豆	Soybean	2037.37	2428.65	2225.71	2313.24	2428.58	2518.14
绿豆	Green Beans		1724.14	1695.94	1707.69	1975.95	1703.06
薯类	Tubers	4928.60	4799.96	4293.78	4435.21	4340.47	4398.54
马铃薯	Potato	5710.10	4592.15	4791.68	4292.83	4797.10	4748.08
油料作物	Oil-bearing Crops	1910.07	2012.74	2179.71	2087.02	2174.83	2174.21
花生	Peanuts	3397.62	3505.53	3514.46	2787.46	3371.97	3357.18
油菜籽	Rapeseeds	1712.74	1859.25	2089.55	1980.78	2041.89	2022.65
芝麻	Sesames	1497.91	1333.66	1328.14	1353.14	1407.24	1479.94
棉花	Cotton	956.71	1038.93	1083.78	918.23	1044.38	982.81
麻类	Fiber Crops	2258.77	2059.32	2154.92	2272.57	2315.40	2351.55
黄红麻	Jute and Ambary Hemp	5903.23	3400.00	3857.92	5103.88	4923.25	8051.67
甘蔗	Sugar Cane	45792.79	42900.00	41405.88	40018.94	33303.79	40270.41
烟叶	Tobacco	1840.48	1907.53	1822.52	1875.51	1959.29	1885.60
烤烟	Flue-cured Tobacco	1708.94	1803.20	1794.27	1816.22	1874.46	1822.91
蔬菜(含菜用瓜)	Vegetables		29029.76	28003.43	28319.05	29203.03	30957.44

注：2007-2017年数据为根据第三次全国农业普查资料修订数据。
Note: The data from 2007 to 2017 were revised according to the third national agricultural census data.

Yield per Unit Area of Farm Crops by Type

(kg/hectare)

2011	2012	2013	2014	2015	2016	2017	2018
5743.63	5786.79	5855.66	5878.35	6092.22	5806.21	5864.69	5858.18
3300.11	3352.77	3645.58	3730.46	3686.88	3700.10	3581.63	3538.82
3404.87	3485.36	3805.87	3919.84	3844.60	3858.47	3697.37	3707.71
3401.51	3479.87	3807.09	3924.31	3849.63	3863.88	3701.82	3713.89
3923.38	4124.51	3784.25	3565.43	3391.24	3276.75	3291.77	3062.70
2111.34	1464.37	1783.52	1757.50	1708.72	1735.44	1757.28	1556.49
2947.49	2923.71	2999.63	2931.49	2918.69	2866.12	3020.45	2721.15
5689.29	5937.69	5776.56	5787.34	5964.30	5244.86	5795.58	5929.13
6893.05	6932.00	6915.26	6851.11	7112.31	6717.46	6806.93	6766.50
7280.65	7327.73	7255.45	7233.89	7485.59	7204.33	7296.73	7280.23
8381.06	8579.75	8369.38	8520.24	8794.77	8379.06	8479.04	8523.13
6126.75	6575.33	6674.52	6828.15	6830.98	6906.35	6797.26	6984.04
5024.92	4762.19	4721.26	4571.28	4839.60	4482.57	4488.61	4139.53
3444.00	3444.00	3159.75	3144.60	3064.65	3000.00	3750.00	
4782.61	4725.74	4126.98	4093.57	4038.46	3511.21	3529.02	3534.64
2188.84	2016.00	2133.57	2322.19	2056.95	1536.93	1601.93	1554.33
2348.72	2157.17	2259.14	2419.62	2113.65	1550.09	1615.57	1556.65
1533.14	1429.38	1296.30	1317.83	1324.17	1300.38	1349.56	1351.74
3936.17	3508.20	3496.72	3174.42	3641.22	3277.66	3641.72	3835.66
4600.30	4627.51	4334.04	4060.51	4376.25	4364.93	4582.73	4698.49
2158.71	2161.57	2235.71	2260.89	2279.49	2327.88	2382.72	2408.65
3514.02	3034.59	3315.95	3380.79	3302.77	3359.40	3399.59	3468.04
1952.04	1996.49	2073.84	2095.60	2112.09	2146.53	2195.00	2200.65
1600.23	1585.46	1562.95	1559.79	1614.74	1479.01	1682.08	1683.16
1076.00	1123.99	1106.13	1042.63	1124.12	927.01	898.44	937.61
2430.87	2783.26	3095.11	3448.18	3553.07	3912.44	4397.22	3124.85
4746.42	4019.85	2895.53	4405.72	4037.50	3681.89	3187.98	2800.00
41737.24	40049.93	38302.85	40096.50	37819.57	42043.25	41047.49	42940.31
1963.78	1870.68	1798.58	1718.32	1618.47	1827.12	1723.70	1762.41
1895.23	1759.00	1737.96	1654.94	1591.56	1788.84	1688.63	1657.60
31727.36	30976.95	31473.60	31547.66	32037.80	31763.02	32191.92	32378.01

2-8 产粮大县全年粮食总产量(2018)
The Grain Yield of the Major Grain Producing Counties(2018)

单位：千公顷、万吨、公斤/公顷 (1000 hectares, 10000 tons, kg/hectare)

地 区	Region	播种面积 Sown Area	总产量 Total Yield	单位面积产量 Yield per Unit Area
蔡甸区	Caidian	21.49	12.04	5603.32
江夏区	Jiangxia	32.77	20.80	6345.65
黄陂区	Huangpi	47.17	32.57	6905.53
新洲区	Xinzhou	37.64	23.04	6119.51
大冶市	Daye	39.47	25.45	6447.95
阳新县	Yangxin	50.84	31.35	6166.49
竹山县	Zhushan	39.94	14.97	3748.02
竹溪县	Zhuxi	38.84	14.59	3756.97
郧阳区	Yunyang	52.94	20.11	3799.10
夷陵区	Yiling	42.48	20.66	4862.91
当阳市	Dangyang	83.40	47.34	5675.95
枝江市	Zhijiang	61.18	32.66	5338.84
襄阳市直	Xiangyang	56.62	34.99	6178.93
襄州区	Xiangzhou	217.31	129.49	5958.68
南漳县	Nanzhang	82.65	44.81	5421.88
谷城县	Gucheng	47.85	27.66	5779.74
老河口市	Laohekou	73.77	36.30	4920.38
枣阳市	Zaoyang	213.15	128.24	6016.19
宜城市	Yicheng	107.61	66.99	6225.16
鄂州市直	Ezhou	43.42	27.11	6243.44
京山市	Jingshan	122.84	72.70	5918.45
沙洋县	Shayang	128.64	90.94	7069.39
钟祥市	Zhongxiang	177.18	97.94	5527.60
孝南区	Xiaonan	33.19	24.32	7328.32
孝昌区	Xiaochang	41.74	26.98	6464.17
大悟县	Dawu	42.66	29.56	6929.45
云梦县	Yunmeng	39.86	25.58	6418.15
应城市	Yingcheng	53.44	36.27	6787.40
安陆市	Anlu	65.59	45.41	6922.87
汉川市	Hanchuan	83.97	54.64	6507.17
荆州市直	Jingzhou	68.34	42.68	6245.46
公安县	Gongan	148.79	90.75	6098.83

2-8 续表 Continued

单位：千公顷、万吨、公斤/公顷 (1000 hectares, 10000 tons, kg/hectare)

地 区	Region	播种面积 Sown Area	总产量 Total Yield	单位面积产量 Yield per Unit Area
监利县	Jianli	182.85	135.11	7389.30
江陵县	Jiangling	91.58	52.25	5705.04
石首市	Shishou	55.44	31.31	5647.43
洪湖市	Honghu	100.12	68.71	6862.79
松滋市	Songzi	90.86	52.58	5786.74
团风县	Tuanfeng	18.25	11.49	6292.97
红安县	Hong'an	30.61	18.28	5971.91
罗田县	Luotian	42.94	26.20	6101.57
英山县	Yingshan	18.83	10.86	5766.31
浠水县	Xishui	57.27	43.01	7510.49
蕲春县	Qichun	67.97	47.78	7030.37
黄梅县	huangmei	67.17	48.46	7213.52
麻城市	Macheng	51.46	37.54	7296.38
武穴市	Wuxue	48.39	34.97	7226.93
咸安区	Xian'an	36.14	22.94	6347.39
嘉鱼县	Jiayu	29.31	18.12	6183.48
通城县	Tongcheng	31.94	18.59	5819.48
崇阳县	Chongyang	41.07	23.50	5722.55
赤壁市	Chibi	43.11	29.26	6787.63
随 县	Suixian	131.34	85.95	6544.39
曾都区	Zengdu	39.38	26.12	6633.04
广水市	Guangshui	57.09	40.11	7025.97
恩施市	Enshi	61.05	20.98	3436.17
利川市	Lichuan	78.97	32.12	4067.51
建始县	Jianshi	49.75	20.66	4153.44
巴东县	Badong	60.96	20.26	3322.66
咸丰县	Xianfeng	46.18	20.06	4342.82
仙桃市	Xiantao	119.93	75.50	6295.33
潜江市	Qianjiang	103.52	62.99	6084.62
天门市	Tianmen	164.22	85.38	5198.97

2-9 产粮大县夏收粮食产量(2018)
The Grain Yield of the Major Grain Producing Counties in the Summer(2018)

单位：千公顷、万吨、公斤/公顷 (1000 hectares, 10000 tons, kg/hectare)

地 区	Region	播种面积 Sown Area	总产量 Total Yield	单位面积产量 Yield per Unit Area
蔡甸区	Caidian	1.93	0.60	3094.08
江夏区	Jiangxia	0.69	0.18	2567.31
黄陂区	Huangpi	2.74	0.68	2475.21
新洲区	Xinzhou	5.10	1.47	2877.05
大冶市	Daye	4.33	1.18	2728.18
阳新县	Yangxin	5.53	1.48	2685.25
竹山县	Zhushan	12.57	3.46	2753.32
竹溪县	Zhuxi	12.22	3.39	2775.15
郧阳区	Yunyang	25.34	7.87	3105.76
夷陵区	Yiling	7.49	2.45	3273.26
当阳市	Dangyang	20.75	7.05	3395.73
枝江市	Zhijiang	20.61	6.74	3268.81
襄阳市直	Xiangyang	24.09	11.53	4784.80
襄州区	Xiangzhou	109.61	61.63	5622.38
南漳县	Nanzhang	38.31	13.66	3565.34
谷城县	Gucheng	19.15	8.10	4229.55
老河口市	Laohekou	36.29	16.55	4560.62
枣阳市	Zaoyang	105.17	54.05	5139.65
宜城市	Yicheng	50.17	23.51	4686.58
鄂州市直	Ezhou	6.64	1.98	2974.40
京山市	Jingshan	34.09	10.82	3173.09
沙洋县	Shayang	25.62	8.31	3242.98
钟祥市	Zhongxiang	57.91	18.56	3204.29
孝南区	Xiaonan	3.65	1.11	3027.55
孝昌区	Xiaochang	8.21	2.33	2840.78
大悟县	Dawu	11.50	2.94	2552.61
云梦县	Yunmeng	7.99	2.33	2917.06
应城市	Yingcheng	7.23	1.99	2755.10
安陆市	Anlu	17.93	5.51	3073.54
汉川市	Hanchuan	25.61	7.85	3065.70
荆州市直	Jingzhou	15.71	4.69	2987.46
公安县	Gongan	43.46	13.25	3048.79

2-9 续表 Continued

单位：千公顷、万吨、公斤/公顷 (1000 hectares, 10000 tons, kg/hectare)

地　区	Region	播种面积 Sown Area	总产量 Total Yield	单位面积产量 Yield per Unit Area
监利县	Jianli	20.15	5.74	2850.24
江陵县	Jiangling	38.75	12.03	3103.13
石首市	Shishou	11.24	3.25	2895.56
洪湖市	Honghu	20.49	6.05	2953.72
松滋市	Songzi	25.96	8.07	3109.52
团风县	Tuanfeng	1.90	0.58	3054.97
红安县	Hong'an	2.11	0.62	2920.06
罗田县	Luotian	8.96	2.72	3035.88
英山县	Yingshan	4.36	1.23	2822.86
浠水县	Xishui	2.22	0.66	2970.04
蕲春县	Qichun	2.89	0.88	3066.50
黄梅县	huangmei	9.07	2.69	2969.15
麻城市	Macheng	6.32	1.92	3029.30
武穴市	Wuxue	5.05	1.51	2985.56
咸安区	Xian'an	1.73	0.44	2571.94
嘉鱼县	Jiayu	3.43	1.01	2954.85
通城县	Tongcheng	1.75	0.48	2759.03
崇阳县	Chongyang	2.41	0.70	2879.83
赤壁市	Chibi	2.39	0.68	2839.11
随　县	Suixian	49.26	17.27	3506.94
曾都区	Zengdu	13.08	4.29	3281.08
广水市	Guangshui	12.33	3.74	3033.61
恩施市	Enshi	16.95	4.20	2478.82
利川市	Lichuan	20.22	4.54	2245.03
建始县	Jianshi	15.77	4.38	2774.12
巴东县	Badong	18.09	4.18	2307.95
咸丰县	Xianfeng	11.85	3.00	2532.69
仙桃市	Xiantao	27.31	7.80	2856.85
潜江市	Qianjiang	29.99	8.77	2924.63
天门市	Tianmen	59.17	16.90	2856.69

2-10 主要畜禽生产情况
Number of Livestock or Poultry

指　　标	Item	单位	Units	2010	2011	2012	2013
畜禽存栏	**Number of Livestock or Poultry in Stock**						
猪	Hogs	万头	10000 heads	2526.60	2597.79	2621.37	2658.35
其中：能繁殖母猪	Sow	万头	10000 heads	253.17	254.02	259.14	274.04
牛	Cattle and Buffaloes	万头	10000 heads	264.78	247.14	244.24	239.11
羊	Sheep and Goats	万只	10000 heads	414.96	439.53	456.86	490.08
活家禽	Poultry	万只	10000 heads	27637.05	30119.81	32923.18	33584.45
畜禽出栏	**Number of Slaughtered Livestock or Poultry**						
猪	Hogs	万头	10000 heads	3905.44	3970.32	4309.39	4513.10
牛	Cattle and Buffaloes	万头	10000 heads	104.86	103.43	103.59	105.99
羊	Sheep and Goats	万只	10000 heads	526.22	522.81	536.58	545.27
活家禽	Poultry	万只	10000 heads	47049.63	46358.37	50484.17	52965.51
畜禽产品产量	**Output of Livestock or Poultry**						
猪肉	Pork	万吨	10000 tons	292.91	297.77	327.04	342.50
牛肉	Beef	万吨	10000 tons	15.07	14.87	14.90	15.24
羊肉	Mutton	万吨	10000 tons	8.36	8.36	8.56	8.70
禽肉	Poultry	万吨	10000 tons	66.34	64.99	67.79	71.12
禽蛋	Poultry Eggs	万吨	10000 tons	133.68	138.44	141.09	147.15
牛奶	Cow Milk	万吨	10000 tons	11.13	11.31	12.21	12.26

2-10 续表 Continued

指　　标	Item	单位	Units	2014	2015	2016	2017	2018
畜禽存栏	**Number of Livestock or Poultry in Stock**							
猪	Hogs	万头	10000 heads	2655.76	2613.15	2558.06	2578.53	2521.80
其中：能繁殖母猪	Sow	万头	10000 heads	272.74	260.68	252.00	254.78	238.98
牛	Cattle and Buffaloes	万头	10000 heads	232.40	226.31	211.22	238.00	241.09
羊	Sheep and Goats	万只	10000 heads	501.55	501.14	510.84	543.53	546.79
活家禽	Poultry	万只	10000 heads	35566.79	35752.61	33855.62	34160.32	34706.88
畜禽出栏	**Number of Slaughtered Livestock or Poultry**							
猪	Hogs	万头	10000 heads	4659.50	4566.00	4442.25	4448.02	4363.50
牛	Cattle and Buffaloes	万头	10000 heads	110.41	111.49	107.43	107.90	108.33
羊	Sheep and Goats	万只	10000 heads	578.37	592.48	602.59	604.40	609.23
活家禽	Poultry	万只	10000 heads	52490.49	52177.53	53278.13	51946.17	53244.82
畜禽产品产量	**Output of Livestock or Poultry**							
猪肉	Pork	万吨	10000 tons	353.61	346.83	338.85	339.29	333.18
牛肉	Beef	万吨	10000 tons	15.88	16.03	15.53	15.76	15.82
羊肉	Mutton	万吨	10000 tons	9.19	9.48	9.64	9.67	9.75
禽肉	Poultry	万吨	10000 tons	70.34	69.92	71.40	69.61	71.35
禽蛋	Poultry Eggs	万吨	10000 tons	157.63	168.37	171.25	168.17	171.53
牛奶	Cow Milk	万吨	10000 tons	12.81	13.41	13.42	12.76	12.81

注：2010—2017年数据为根据第三次全国农业普查资料修订数据。
Note: The data from 2010 to 2017 were revised according to the third national agricultural census data.

2-11 生猪调出大县年末生猪存栏
Number of Hogs in Stock at End of Period by Regions

单位：万头 (10000 heads)

地 区	Region	2011	2012	2013	2014	2015	2016	2017	2018
江夏区	Jiangxia	56.97	58.05	60.25	59.96	58.83	56.99	53.61	52.40
黄陂区	Huangpi	47.24	48.51	51.57	52.05	52.37	50.83	47.76	46.80
大冶市	Daye	32.76	32.79	35.01	34.46	35.34	34.70	37.01	36.30
夷陵区	Yiling	50.32	51.02	54.18	55.16	53.77	52.07	51.39	50.30
宜都市	Yidu	45.28	46.00	47.83	47.13	46.03	44.62	45.44	44.50
当阳市	Dangyang	66.79	68.19	71.85	71.40	69.16	67.48	65.94	64.50
枝江市	Zhijiang	84.69	81.02	78.18	72.61	69.79	68.14	67.06	65.70
襄州区	Xiangzhou	51.92	51.35	51.76	52.68	52.87	51.35	50.47	49.40
南漳县	Nanzhang	51.24	52.22	51.43	52.57	52.82	51.20	51.76	50.60
老河口市	Laohekou	40.35	41.00	39.56	38.78	39.26	38.44	49.65	48.10
枣阳市	Zaoyang	65.65	63.20	63.93	64.29	62.35	60.62	60.01	58.60
宜城市	Yicheng	45.28	46.41	47.71	46.48	47.85	50.40	45.37	44.50
鄂州市	Ezhou	58.55	56.25	55.01	53.58	51.34	49.91	51.33	50.30
京山市	Jingshan	56.62	58.20	60.14	60.59	59.62	57.91	58.26	56.90
沙洋县	Shayang	48.07	49.42	46.85	48.90	48.11	46.79	46.40	45.50
钟祥市	Zhongxiang	80.86	76.70	79.24	76.66	76.41	77.40	93.97	91.80
安陆市	Anlu	39.44	39.52	39.04	38.96	40.24	39.47	40.55	39.70
公安县	Gong'an	54.48	54.36	55.81	55.50	53.62	52.28	51.83	50.70
监利县	Jianli	46.31	45.91	50.48	49.97	51.85	54.04	52.46	51.40
松滋市	Songzi	60.44	62.37	66.57	66.62	64.78	65.23	64.91	63.60
浠水县	Xishui	35.13	35.20	37.45	37.47	37.59	37.36	38.96	38.10
麻城市	Macheng	39.46	39.50	40.98	40.70	41.82	41.54	43.95	43.10
武穴市	Wuxue	64.71	64.71	67.02	67.11	67.62	69.81	69.38	67.90
通城县	Tongcheng	40.16	42.03	43.41	43.14	42.18	41.03	39.27	38.50
随 县	Suixian	39.09	38.08	40.34	40.38	39.02	37.86	36.88	36.10
广水市	Guangshui	30.31	30.37	34.52	34.54	34.00	33.56	40.30	39.40
恩施市	Enshi	59.15	51.99	53.06	52.64	51.00	49.49	50.08	49.20
利川市	Lichuan	39.23	39.23	37.94	39.34	39.38	38.16	38.89	38.30
建始县	Jianshi	35.14	35.14	34.37	35.49	36.97	36.20	37.08	36.30
巴东县	Badong	39.78	39.78	38.39	37.95	37.34	36.51	37.82	37.10
仙桃市	Xiantao	48.63	49.45	52.84	53.11	51.95	50.73	47.14	45.20
潜江市	Qianjiang	53.02	54.02	58.29	57.86	56.32	55.14	50.81	49.70
天门市	Tianmen	65.41	66.24	70.21	68.55	65.67	63.75	64.60	63.10

2-12 生猪调出大县能繁殖母猪年末存栏
Number of Sows in Stock at End of Period by Regions

单位：万头 (10000 heads)

地 区	Region	2011	2012	2013	2014	2015	2016	2017	2018
江夏区	Jiangxia	5.40	5.49	6.11	6.13	6.09	5.85	5.51	5.20
黄陂区	Huangpi	4.38	4.44	5.05	5.03	4.97	4.78	4.50	4.20
大冶市	Daye	3.00	3.01	3.22	3.19	3.23	3.14	3.36	3.20
夷陵区	Yiling	5.25	5.32	5.93	5.95	5.72	5.49	5.43	5.10
宜都市	Yidu	4.09	4.21	4.32	4.26	4.10	3.93	4.01	3.80
当阳市	Dangyang	8.30	8.50	8.78	8.70	8.30	8.02	7.85	7.40
枝江市	Zhijiang	11.57	11.10	11.11	10.62	9.88	9.55	9.42	8.90
襄州区	Xiangzhou	6.12	5.97	6.47	6.48	6.41	6.16	6.07	5.70
南漳县	Nanzhang	5.70	5.82	6.21	6.25	6.26	6.01	6.09	5.70
老河口市	Laohekou	4.41	4.50	4.60	4.51	4.50	4.36	4.79	4.50
枣阳市	Zaoyang	7.12	7.22	7.12	7.14	6.82	6.57	6.52	6.10
宜城市	Yicheng	4.95	5.06	4.95	4.85	4.87	5.08	4.58	4.30
鄂州市	Ezhou	6.09	5.81	6.20	6.12	5.87	5.65	5.82	5.50
京山市	Jingshan	4.61	4.72	5.18	5.17	5.01	4.82	4.86	4.60
沙洋县	Shayang	4.76	4.80	5.01	4.91	4.66	4.49	4.46	4.20
钟祥市	Zhongxiang	7.86	7.97	8.01	7.83	7.58	7.61	9.26	8.70
安陆市	Anlu	3.89	3.90	3.87	3.82	3.89	3.78	3.89	3.70
公安县	Gong'an	4.56	4.58	5.16	5.17	4.92	4.75	4.72	4.40
监利县	Jianli	3.97	4.07	4.66	4.70	4.80	4.95	4.81	4.50
松滋市	Songzi	6.80	6.87	7.41	7.40	7.19	7.20	7.18	6.80
浠水县	Xishui	3.40	3.40	3.77	3.75	3.71	3.65	3.81	3.60
麻城市	Macheng	3.70	3.70	3.85	3.84	3.86	3.79	4.02	3.80
武穴市	Wuxue	5.34	5.49	5.81	5.79	5.79	5.92	5.89	5.60
通城县	Tongcheng	3.50	3.59	3.82	3.80	3.70	3.56	3.41	3.20
随 县	Suixian	3.76	3.76	3.99	3.98	3.79	3.64	3.55	3.30
广水市	Guangshui	2.89	2.89	3.20	3.21	3.16	3.09	3.72	3.50
恩施市	Enshi	6.60	6.61	6.50	6.49	6.30	6.05	6.13	5.80
利川市	Lichuan	3.89	3.89	4.35	4.34	4.28	4.11	4.20	4.00
建始县	Jianshi	3.36	3.36	3.67	3.68	3.78	3.66	3.76	3.50
巴东县	Badong	3.87	3.87	3.91	3.92	3.85	3.73	3.87	3.60
仙桃市	Xiantao	5.31	5.30	5.61	5.55	5.35	5.17	4.81	4.50
潜江市	Qianjiang	6.64	5.79	6.45	6.38	6.12	5.93	5.47	5.20
天门市	Tianmen	5.70	5.67	6.09	5.98	5.65	5.43	5.51	5.20

2-13 生猪调出大县生猪出栏
Number of Slaughtered Hogs by Regions

单位：万头 (10000 heads)

地 区	Region	2011	2012	2013	2014	2015	2016	2017	2018
江夏区	Jiangxia	90.75	91.84	96.71	102.23	102.78	99.20	93.50	91.70
黄陂区	Huangpi	90.41	91.04	96.32	99.31	100.60	97.30	91.60	90.50
大冶市	Daye	50.04	50.14	50.24	51.52	53.29	52.10	55.70	54.60
夷陵区	Yiling	96.35	96.54	99.25	103.24	101.35	97.80	96.70	94.80
宜都市	Yidu	73.42	73.86	75.02	76.60	75.40	72.80	74.30	72.70
当阳市	Dangyang	102.85	100.38	105.47	107.66	105.18	102.20	100.10	98.20
枝江市	Zhijiang	105.81	106.76	111.40	109.62	106.26	103.30	101.90	100.40
襄州区	Xiangzhou	114.72	107.95	108.92	112.61	113.71	110.10	101.29	99.50
南漳县	Nanzhang	97.52	100.93	104.21	105.61	106.80	103.20	104.50	102.10
老河口市	Laohekou	60.41	61.43	65.27	65.53	66.85	65.20	87.76	83.50
枣阳市	Zaoyang	113.48	113.82	118.78	116.88	114.16	110.60	109.70	106.80
宜城市	Yicheng	76.89	77.74	80.49	79.77	83.58	87.70	81.10	80.90
鄂州市	Ezhou	95.77	92.81	96.60	98.75	95.28	92.30	95.10	93.20
京山市	Jingshan	96.58	97.45	99.40	102.56	101.70	98.40	99.20	97.20
沙洋县	Shayang	87.40	88.27	92.12	96.16	95.22	92.30	91.70	89.90
钟祥市	Zhongxiang	120.22	117.82	123.24	126.57	127.15	128.30	156.10	153.50
安陆市	Anlu	65.69	65.89	68.91	70.33	73.16	71.50	73.60	72.10
公安县	Gong'an	78.85	79.80	84.19	83.72	81.58	79.20	78.70	76.70
监利县	Jianli	61.83	62.76	66.21	68.57	71.82	74.50	72.50	72.10
松滋市	Songzi	118.74	115.06	124.04	128.36	125.66	126.10	125.70	123.50
浠水县	Xishui	55.16	55.33	60.18	64.34	65.05	64.40	67.30	65.80
麻城市	Macheng	60.22	60.34	61.92	63.13	65.40	64.70	68.60	67.70
武穴市	Wuxue	95.05	95.81	97.79	100.61	102.25	105.10	104.70	102.80
通城县	Tongcheng	70.38	70.94	72.88	74.16	73.05	70.80	67.90	66.50
随 县	Suixian	78.24	78.10	81.89	83.24	80.95	78.30	76.40	74.90
广水市	Guangshui	50.77	50.92	56.52	58.02	57.55	56.60	68.10	67.20
恩施市	Enshi	85.34	85.60	88.76	91.25	89.05	86.10	87.30	86.00
利川市	Lichuan	60.04	60.22	65.50	67.58	68.16	65.80	67.20	65.90
建始县	Jianshi	58.31	58.54	61.82	59.09	62.03	60.50	62.10	61.10
巴东县	Badong	65.58	65.71	67.71	68.45	67.85	66.10	68.60	67.30
仙桃市	Xiantao	118.40	99.93	104.66	102.78	101.20	98.50	91.70	89.80
潜江市	Qianjiang	95.09	95.85	101.26	104.86	102.81	100.30	92.60	90.70
天门市	Tianmen	103.06	103.68	107.80	110.74	106.94	103.40	105.00	102.90

2-14 生猪调出大县猪肉产量
Output of Pork by Regions

单位：万吨 (10000 tons)

地　区	Region	2011	2012	2013	2014	2015	2016	2017	2018
江夏区	Jiangxia	6.99	7.08	7.45	7.73	7.77	7.50	7.07	6.94
黄陂区	Huangpi	7.52	7.57	8.01	8.10	8.11	7.84	7.38	7.30
大冶市	Daye	3.86	3.87	3.88	3.89	4.02	3.93	4.20	4.12
夷陵区	Yiling	7.56	7.58	7.75	7.91	7.76	7.49	7.41	7.27
宜都市	Yidu	5.70	5.74	5.83	5.84	5.74	5.55	5.66	5.54
当阳市	Dangyang	7.96	7.78	8.17	8.19	8.01	7.78	7.62	7.48
枝江市	Zhijiang	8.25	8.33	8.69	8.38	8.12	7.89	7.78	7.67
襄州区	Xiangzhou	8.06	7.86	8.01	8.44	8.61	8.33	7.66	7.53
南漳县	Nanzhang	6.84	7.17	7.59	7.85	8.01	7.74	7.84	7.67
老河口市	Laohekou	4.55	4.63	4.92	4.94	5.04	4.91	6.61	6.30
枣阳市	Zaoyang	8.44	8.47	8.84	8.82	8.62	8.35	8.28	8.07
宜城市	Yicheng	5.95	6.02	6.23	6.06	6.35	6.66	6.16	6.15
鄂州市	Ezhou	7.46	7.20	7.50	7.51	7.24	7.02	7.23	7.09
京山市	Jingshan	8.10	8.17	8.27	8.33	8.03	7.77	7.83	7.68
沙洋县	Shayang	6.31	6.42	6.70	7.12	7.11	6.90	6.86	6.73
钟祥市	Zhongxiang	9.75	9.38	9.81	9.85	9.89	9.98	12.14	11.95
安陆市	Anlu	4.98	4.99	5.22	5.33	5.54	5.42	5.58	5.47
公安县	Gong'an	5.92	5.99	6.32	6.28	6.12	5.95	5.91	5.77
监利县	Jianli	4.63	4.70	4.98	5.17	5.42	5.62	5.47	5.45
松滋市	Songzi	9.91	9.11	9.82	9.94	9.73	9.76	9.73	9.57
浠水县	Xishui	4.20	4.21	4.58	4.85	4.90	4.85	5.07	4.96
麻城市	Macheng	4.51	4.52	4.64	4.76	4.93	4.88	5.17	5.11
武穴市	Wuxue	7.05	7.11	7.25	7.56	7.69	7.90	7.87	7.73
通城县	Tongcheng	5.12	5.20	5.34	5.53	5.52	5.35	5.13	5.03
随　县	Suixian	6.07	5.92	6.21	6.31	6.14	5.94	5.80	5.69
广水市	Guangshui	3.93	3.95	4.38	4.39	4.36	4.29	5.16	5.10
恩施市	Enshi	6.65	6.67	6.92	6.93	6.77	6.54	6.63	6.54
利川市	Lichuan	4.48	4.50	4.89	5.12	5.16	4.98	5.09	5.00
建始县	Jianshi	4.41	4.42	4.67	4.46	4.68	4.57	4.69	4.62
巴东县	Badong	4.95	4.96	5.11	5.17	5.12	4.99	5.18	5.09
仙桃市	Xiantao	9.81	8.32	8.71	8.37	8.08	7.86	7.32	7.18
潜江市	Qianjiang	7.95	8.02	8.47	8.52	8.11	7.91	7.30	7.16
天门市	Tianmen	7.74	7.78	8.09	8.31	8.03	7.76	7.88	7.73

2-15 中稻中间消耗
Mid-consumption of Middle-season Rice

单位：元/亩 (yuan/mu)

指　标	Item	2012	2013	2014	2015	2016	2017	2018
平均每单位产值	**Output Value per Unit**	**1411.91**	**1396.41**	**1513.87**	**1514.01**	**1237.11**	**1339.62**	**1288.03**
平均每单位中间消耗	**Intermediate Consumption per Unit**	**419.10**	**422.91**	**425.40**	**452.33**	**449.30**	**474.48**	**495.07**
物质消耗	**Material Consumption**	**279.50**	**274.31**	**273.61**	**307.39**	**305.99**	**328.62**	**340.53**
用种量	Seed Quantity	66.84	71.20	77.58	93.13	89.32	107.11	106.75
饲料、饲草	Forages, Forage Grass							
肥料	Fertilizers	128.55	131.40	127.95	120.45	137.12	135.10	134.49
燃料	Fuels	7.16	9.24	5.04	22.02	16.31	17.20	25.18
农膜(棚膜、地膜)	Agricultural Film (shed film, mulch)	2.39	3.87	3.59	1.63	1.85	1.93	2.70
农药	Pesticides	61.85	56.34	57.16	53.98	51.46	55.98	59.48
畜牧水产养殖用药品	Pesticides for Cultivation							
用水量	Water Consumption	4.51	1.02	0.66	3.19	4.28	2.02	0.82
用电量	Electricity Consumption	2.78	1.10	1.56	11.36	4.27	6.71	7.92
棚架材料费	Scaffold Material Cost				0.37	0.83	0.44	0.02
小农具购置费	Small Farm Implements	1.22	0.14	0.08	0.82	0.36	1.55	1.82
办公用品购置	Office Supplies				0.08	0.15	0.03	0.03
其他物质消耗	Others	4.19			0.38	0.04	0.55	1.31
生产服务支出	**Cost of Production Services**	**139.60**	**148.60**	**151.79**	**144.93**	**143.31**	**145.86**	**154.53**
外雇运输费	Transport Fee	4.66	7.47	3.12	8.68	9.55	9.71	12.50
外雇排灌费	Irrigation and Drainage Fee	6.87	11.97	12.55	6.15	8.87	5.59	7.41
外雇机械作业费	Mechanical Work Fee	124.71	128.52	129.88	121.05	118.07	116.93	128.09
配种费	Breeding Fee							
防疫费	Epidemic Prevention Fee							
技术服务费	Technical Advisory Fee				0.84	0.27	0.04	0.01
保险费	Insurance Fee		0.03	0.15	1.65	1.52	2.06	1.98
其他服务费	Others	3.37	0.61	6.08	6.54	5.04	11.52	4.53

2-16 小麦中间消耗
Mid-consumption of Wheat

单位：元/亩 (yuan/mu)

指　标	Item	2012	2013	2014	2015	2016	2017	2018
平均每单位产值	**Output Value per Unit**	**433.48**	**634.07**	**653.68**	**516.80**	**519.20**	**530.62**	**484.37**
平均每单位中间消耗	**Intermediate Consumption per Unit**	**220.34**	**255.30**	**278.29**	**272.99**	**312.06**	**276.78**	**294.27**
物质消耗	**Material Consumption**	**132.85**	**170.71**	**175.01**	**190.50**	**208.71**	**192.32**	**206.34**
用种量	Seed Quantity	43.56	48.97	52.55	56.30	64.61	55.33	57.73
饲料、饲草	Forages, Forage Grass							
肥料	Fertilizers	75.50	98.83	98.03	102.82	105.31	101.89	113.82
燃料	Fuels	1.74	5.25	4.50	10.11	12.32	8.50	9.70
农膜(棚膜、地膜)	Agricultural Film (shed film, mulch)		0.29					
农药	Pesticides	11.37	16.30	18.29	19.08	23.43	22.50	24.05
畜牧水产养殖用药品	Pesticides for Cultivation							
用水量	Water Consumption	0.30	0.32	0.27	0.60	0.90	0.79	0.04
用电量	Electricity Consumption		0.33	0.87	0.83	0.79	0.40	0.37
棚架材料费	Scaffold Material Cost			0.04				
小农具购置费	Small Farm Implements	0.38	0.42	0.46	0.56	0.07	0.21	0.20
办公用品购置	Office Supplies				0.02	0.01	0.01	0.03
其他物质消耗	Others				0.18	1.28	2.69	0.40
生产服务支出	**Cost of Production Services**	**87.49**	**84.59**	**103.28**	**82.49**	**103.35**	**84.46**	**87.93**
外雇运输费	Transport Fee	1.29	0.97	2.84	3.60	4.69	3.03	3.83
外雇排灌费	Irrigation and Drainage Fee				1.04	0.25	0.45	2.22
外雇机械作业费	Mechanical Work Fee	84.73	83.13	100.44	71.35	87.25	78.25	78.43
配种费	Breeding Fee							
防疫费	Epidemic Prevention Fee							
技术服务费	Technical Advisory Fee				0.14	0.01	0.12	0.04
保险费	Insurance Fee				0.52	0.41	0.16	0.17
其他服务费	Others	1.47	0.49		5.84	10.74	2.45	3.24

2-17 玉米中间消耗
Mid-consumption of Corn

单位：元/亩 (yuan/mu)

指 标	Item	2012	2013	2014	2015	2016	2017	2018
平均每单位产值	**Output Value per Unit**	**834.42**	**923.15**	**924.72**	**835.62**	**735.46**	**848.63**	**884.11**
平均每单位中间消耗	**Intermediate Consumption per Unit**	**229.15**	**244.82**	**276.64**	**317.71**	**375.08**	**326.35**	**338.09**
物质消耗	**Material Consumption**	**212.81**	**204.86**	**220.47**	**240.56**	**266.84**	**252.29**	**257.18**
用种量	Seed Quantity	52.26	60.63	60.79	62.93	63.36	54.09	57.00
饲料、饲草	Forages, Forage Grass							
肥料	Fertilizers	141.87	124.07	133.82	143.42	168.88	158.75	148.87
燃料	Fuels	3.18	2.11	2.27	8.51	7.49	9.37	13.86
农膜(棚膜、地膜)	Agricultural Film (shed film, mulch)	3.30	0.03	0.31	3.48	2.44	3.28	3.96
农药	Pesticides	9.96	17.42	22.26	20.74	21.86	23.02	23.89
畜牧水产养殖用药品	Pesticides for Cultivation							
用水量	Water Consumption					0.01		
用电量	Electricity Consumption	0.02	0.29	0.93	0.24	0.32	0.88	6.76
棚架材料费	Scaffold Material Cost						0.62	
小农具购置费	Small Farm Implements		0.18	0.09	0.83	2.06	1.23	1.46
办公用品购置	Office Supplies							
其他物质消耗	Others	2.22	0.13		0.41	0.42	1.06	1.38
生产服务支出	**Cost of Production Services**	**16.34**	**39.96**	**56.17**	**77.15**	**108.24**	**74.06**	**80.92**
外雇运输费	Transport Fee	0.47	1.84	1.20	3.37	9.98	5.91	5.08
外雇排灌费	Irrigation and Drainage Fee		0.19		0.79	5.22		
外雇机械作业费	Mechanical Work Fee	14.76	34.37	51.24	71.77	88.49	64.12	66.94
配种费	Breeding Fee							
防疫费	Epidemic Prevention Fee							
技术服务费	Technical Advisory Fee				0.06			
保险费	Insurance Fee					0.01		
其他服务费	Others	1.11	3.56	3.73	1.16	4.55	4.02	8.89

2-18 油菜籽中间消耗
Mid-consumption of Rapeseeds

单位：元/亩 (yuan/mu)

指 标	Item	2012	2013	2014	2015	2016	2017	2018
平均每单位产值	**Output Value per Unit**	**652.74**	**718.02**	**636.23**	**461.07**	**484.80**	**626.99**	**675.71**
平均每单位中间消耗	**Intermediate Consumption per Unit**	**160.42**	**227.74**	**215.44**	**240.47**	**251.85**	**227.61**	**258.03**
物质消耗	**Material Consumption**	**127.71**	**157.55**	**142.34**	**170.03**	**150.11**	**145.92**	**158.07**
用种量	Seed Quantity	17.43	24.09	22.87	21.82	19.81	19.87	22.38
饲料、饲草	Forages, Forage Grass							
肥料	Fertilizers	95.19	115.32	101.75	108.80	104.24	96.54	102.80
燃料	Fuels	1.64	1.01	1.11	13.64	4.07	6.75	10.90
农膜(棚膜、地膜)	Agricultural Film (shed film, mulch)							
农药	Pesticides	12.52	16.51	16.42	24.90	21.67	20.60	21.59
畜牧水产养殖用药品	Pesticides for Cultivation							
用水量	Water Consumption		0.09		0.02		1.76	
用电量	Electricity Consumption		0.20	0.15	0.08	0.27	0.13	0.09
棚架材料费	Scaffold Material Cost							
小农具购置费	Small Farm Implements		0.33	0.04	0.58			0.03
办公用品购置	Office Supplies							
其他物质消耗	Others	0.93			0.19	0.05	0.28	0.28
生产服务支出	**Cost of Production Services**	**32.71**	**70.19**	**73.10**	**70.44**	**101.75**	**81.69**	**99.97**
外雇运输费	Transport Fee		1.08	1.48	0.03	0.41	0.48	4.31
外雇排灌费	Irrigation and Drainage Fee			0.84		0.56		1.79
外雇机械作业费	Mechanical Work Fee	25.76	69.11	70.78	69.27	98.19	79.03	91.30
配种费	Breeding Fee							
防疫费	Epidemic Prevention Fee							
技术服务费	Technical Advisory Fee				0.14	0.03	0.21	0.06
保险费	Insurance Fee						0.28	
其他服务费	Others	6.95			1.00	2.56	1.68	2.50

2-19 棉花中间消耗
Mid-consumption of Cotton

单位：元/亩 (yuan/mu)

指 标	Item	2012	2013	2014	2015	2016	2017	2018
平均每单位产值	**Output Value per Unit**	**1834.63**	**1550.69**	**1190.25**	**1244.16**	**1350.77**	**929.05**	**1427.22**
平均每单位中间消耗	**Intermediate Consumption per Unit**	**380.55**	**405.35**	**375.54**	**354.27**	**392.76**	**379.56**	**368.43**
物质消耗	**Material Consumption**	**354.48**	**369.17**	**339.23**	**292.77**	**334.67**	**335.60**	**334.69**
用种量	Seed Quantity	61.42	56.67	53.39	51.95	53.98	51.04	46.82
饲料、饲草	Forages, Forage Grass							
肥料	Fertilizers	207.92	201.48	187.19	151.56	178.89	189.73	187.97
燃料	Fuels	6.81	4.22	0.26	2.60	1.88	1.67	2.97
农膜(棚膜、地膜)	Agricultural Film (shed film, mulch)	4.39	5.95	5.38	8.56	5.95	2.96	4.88
农药	Pesticides	72.03	97.05	89.38	74.79	91.56	88.37	88.72
畜牧水产养殖用药品	Pesticides for Cultivation							
用水量	Water Consumption	1.25						
用电量	Electricity Consumption		0.04	0.05	1.31	1.85		1.33
棚架材料费	Scaffold Material Cost							
小农具购置费	Small Farm Implements	0.66	0.62	0.58				
办公用品购置	Office Supplies							
其他物质消耗	Others		3.14	3.00	2.00	0.56	1.82	2.00
生产服务支出	**Cost of Production Services**	**26.07**	**36.18**	**36.31**	**61.50**	**58.09**	**43.96**	**33.73**
外雇运输费	Transport Fee	0.17	0.40		2.71	8.79	4.32	1.90
外雇排灌费	Irrigation and Drainage Fee	0.19	0.55	3.73				4.00
外雇机械作业费	Mechanical Work Fee	23.79	34.90	31.66	58.79	49.30	38.10	24.34
配种费	Breeding Fee							
防疫费	Epidemic Prevention Fee							
技术服务费	Technical Advisory Fee							
保险费	Insurance Fee							
其他服务费	Others	1.92	0.33	0.92			1.55	3.50

2-20 活鸡中间消耗
Mid-consumption of Live Chickens

单位：元/只 (yuan/head)

指　标	Item	2012	2013	2014	2015	2016	2017	2018
平均每单位产值	**Output Value per Unit**	**46.95**	**31.63**	**40.12**	**29.48**	**44.87**	**22.70**	**34.10**
平均每单位中间消耗	**Intermediate Consumption per Unit**	**23.59**	**17.56**	**24.02**	**19.67**	**18.26**	**16.90**	**21.63**
物质消耗	**Material Consumption**	**23.44**	**17.15**	**23.71**	**19.03**	**17.57**	**16.22**	**21.11**
用种量	Seed Quantity	3.23	2.43	4.60	2.21	2.90	2.34	3.88
饲料、饲草	Forages, Forage Grass	19.98	13.65	17.99	15.68	13.03	12.82	16.05
肥料	Fertilizers							
燃料	Fuels	0.04	0.41	0.51	0.09	0.14	0.08	0.25
农膜(棚膜、地膜)	Agricultural Film (shed film, mulch)							
农药	Pesticides							
畜牧水产养殖用药品	Pesticides for Cultivation	0.18	0.43	0.43	0.51	0.54	0.43	0.44
用水量	Water Consumption		0.05	0.01	0.19	0.39	0.20	0.08
用电量	Electricity Consumption	0.02	0.15	0.17	0.32	0.53	0.27	0.20
棚架材料费	Scaffold Material Cost					0.02		0.14
小农具购置费	Small Farm Implements					0.01	0.06	0.04
办公用品购置	Office Supplies				0.02		0.01	
其他物质消耗	Others		0.04	0.01	0.02	0.01	0.01	0.04
生产服务支出	**Cost of Production Services**	**0.15**	**0.42**	**0.32**	**0.65**	**0.68**	**0.68**	**0.52**
外雇运输费	Transport Fee	0.03	0.01	0.02	0.15	0.04	0.12	0.09
外雇排灌费	Irrigation and Drainage Fee							
外雇机械作业费	Mechanical Work Fee							
配种费	Breeding Fee							0.05
防疫费	Epidemic Prevention Fee	0.11	0.30	0.26	0.30	0.60	0.46	0.35
技术服务费	Technical Advisory Fee		0.01	0.02	0.09	0.01	0.05	
保险费	Insurance Fee					0.01	0.03	0.02
其他服务费	Others	0.02	0.11	0.02	0.11	0.02	0.02	0.02

2-21 生猪中间消耗
Mid-consumption of Live Hogs

单位：元/头 (yuan/head)

指　标	Item	2012	2013	2014	2015	2016	2017	2018
平均每单位产值	**Output Value per Unit**	**1793.50**	**1780.86**	**1543.00**	**1682.35**	**2098.73**	**1918.94**	**1520.13**
平均每单位中间消耗	**Intermediate Consumption per Unit**	**1230.58**	**1132.93**	**1121.16**	**1113.75**	**1069.94**	**1081.35**	**1115.50**
物质消耗	**Material Consumption**	**1214.29**	**1113.96**	**1097.81**	**1088.16**	**1035.84**	**1043.11**	**1076.08**
用种量	Seed Quantity	334.47	227.02	174.70	50.24	100.45	60.25	39.00
饲料、饲草	Forages, Forage Grass	850.62	860.25	893.85	995.83	895.90	936.65	992.15
肥料	Fertilizers							
燃料	Fuels	7.30	0.27	3.46	0.61	1.23	2.65	3.02
农膜(棚膜、地膜)	Agricultural Film (shed film, mulch)							
农药	Pesticides							
畜牧水产养殖用药品	Pesticides for Cultivation	15.66	21.08	17.70	20.20	18.10	21.38	23.77
用水量	Water Consumption	1.11	1.19	1.90	4.74	3.49	2.37	2.41
用电量	Electricity Consumption	4.07	4.15	6.22	15.19	14.82	11.94	11.14
棚架材料费	Scaffold Material Cost					0.24		0.65
小农具购置费	Small Farm Implements	0.03			0.29	0.42	1.13	1.10
办公用品购置	Office Supplies	0.02	0.01		0.08	0.04	0.40	0.87
其他物质消耗	Others	1.03			1.00	1.15	6.33	1.95
生产服务支出	**Cost of Production Services**	**16.30**	**18.97**	**23.35**	**25.59**	**34.11**	**38.23**	**39.42**
外雇运输费	Transport Fee	0.60	2.08	0.92	1.02	1.85	0.99	2.27
外雇排灌费	Irrigation and Drainage Fee					0.24		
外雇机械作业费	Mechanical Work Fee							
配种费	Breeding Fee	1.29	3.21	1.46	1.90	5.64	8.61	7.21
防疫费	Epidemic Prevention Fee	10.06	9.43	15.76	14.21	19.73	21.26	22.61
技术服务费	Technical Advisory Fee	0.40	2.48	0.78	1.34	0.66	1.35	1.22
保险费	Insurance Fee	0.03	0.21	0.16	1.55	1.29	2.92	2.31
其他服务费	Others	3.93	1.56	4.28	5.59	4.88	3.10	3.81

主要统计指标解释

粮食产量 指全社会的产量。包括国有经济经营的、集体统一经营的和农民家庭经营的粮食产量，还包括工矿企业办的农场和其他生产单位的产量。粮食除包括稻谷、小麦、玉米、高粱、谷子及其他杂粮外，还包括薯类和豆类。其产量计算方法，豆类按去豆荚后的干豆计算；薯类（包括甘薯和马铃薯，不包括芋头和木薯）1963 年以前按每 4 公斤鲜薯折 1 公斤粮食计算，从 1964 年开始改为按 5 公斤鲜薯折 1 公斤粮食计算。城市郊区作为蔬菜的薯类（如马铃薯等）按鲜品计算，并且不作粮食统计。其他粮食一律按脱粒后的原粮计算。1989 年以前全国粮食产量数据主要靠全面报表取得，1989 年开始使用抽样调查数据。

猪、牛、羊肉产量 指当年出栏并已屠宰、除去头蹄下水后带骨肉（即胴体重）的重量。包括全社会范围内的产量。1996 年前为各级逐级上报数据。1996 年第一次农业普查以后，由于畜牧业产品年报数据与普查数据之间存在一定的差距，国家统计局农调总队对畜牧业年报数据与普查数据进行衔接。1999 年以后，国家统计局开展了猪、牛、羊、禽等主要畜禽品种的抽样调查，并用抽样数据作为国家定案数据使用。未开展抽样调查的品种，仍使用各级统计部门逐级上报数据。

期末畜禽存栏头（只）数 指调查期末所有养殖场（户）饲养的大牲畜、猪、牛、羊、家禽等畜禽的总量。数据上报方式及数据调整情况同猪、牛、羊肉产量。

出栏头数 指调查期内所有养殖场（户）自行宰杀和出售已育肥的全部牲畜头数。

常用耕地 是指耕地总资源中专门种植农作物并经常进行耕种、能够正常收获的土地。包括当年实际耕种的熟地；弃耕、休闲不满三年，随时可以复耕的地；开荒利用三年以上的土地。在统计口径上包括南方小于 1 米、北方小于 2 米宽的沟、渠、路和田埂。不包括临时种植农作物的坡度在 25 度以上的陡坡地；在河套、湖畔、库区临时开发的成片或零星土地；也不包括已列为国家和省（区、市）退耕计划但临时耕种的土地。常用耕地是国家需要重点保护的耕地，是反映我国农业综合生产能力的一个重要指标。

农作物播种面积 指实际播种或移植有农作物的面积。凡是实际种植有农作物的面积，不论种植在耕地上还是种植在非耕地上，均包括在农作物播种面积中。在播种季节基本结束后，因遭灾而重新改种和补种的农作物面积，也包括在内。它是反映我国耕地面积利用情况的一个重要指标。目前，农作物播种面积主要包括粮食、棉花、油料、糖料、麻类、烟叶、蔬菜和瓜类、药材和其他农作物九大类。

农林牧渔业中间消耗 指在一定时期内农林牧渔业生产过程中所消耗的物质产品和劳务价值。中间消耗包括物质产品消耗和生产服务支出两个部分。

Explanatory Notes on Main Statistical Indicators

Grain Output refers to the total output in the whole country including grains produced by state farms, collective units, rural households, as well as by farms affiliated to industrial and mining enterprises and other production units. Grain includes rice, wheat, corn, sorghum, millet and other miscellaneous grains as well as tubers and bean. Output of beans refers to dry beans without pods. The output of tubers（sweet potatoes and potatoes, not including taros and cassava）was converted into that of grain at the ratio 4∶1, i.e. 4 kilograms of fresh tubers was equivalent to 1 kilogram of grain up to 1963. Since 1964 the ratio for conversion has been 5∶1. Tubers supplied as vegetables （such as potatoes） in cities and suburbs are calculated as fresh vegetables and their output is not included in the output of grain. Output of all other grains refers to husked grain. Data on grain production before 1989 were obtained through Comprehensive Statistical Reporting System. Since 1989, data from sample surveys are used.

Output of Pork, Beef, and Mutton refers to the meat of slaughtered hogs, cattle, sheep and goats with head, feet, and offal taken away. Data refers to the production of the whole country. The first agriculture census of China in 1996 revealed some discrepancy between the production of animal products from the annual reports and that from the census. Efforts were made by the Rural Socio-economic Survey Organization of NBS to adjust the output value of animal husbandry to make the figures from the annual reports consistent with the census data. Since 1999, NBS conducted sample survey for the major animal husbandry products, such as hogs, cattle, sheep and goats and fowls, and the data from sample surveys are used as national finalized data. Those products, which are not covered by the sample survey, are still reported by statistical agencies level by level.

Number of Livestock or Poultry in Stock at the End refers to the total number of large animals, pigs, cattle, sheep, fowls, etc. raised by rural cooperative organizations, state farms, rural individuals, government agencies, schools, industrial and mining enterprises, army, and urban residents at the end of the Investigation period. Data reporting system and data adjustment are the same as that in the output of pork, beef and mutton.

Number of Livestock Slaughtered refers to the total number of animals for butchering by farming, forestry, animal husbandry and fishery, including parts of selling to country and markets during the investigation period.

Regularly Cultivated Land refers to farmland among the total land resources, which is exclusively used for farming and is under regular cultivation with harvest in normal years. Included are currently cultivated land, land that has been abandoned or put in idle for less than 3 years and could be re-used for cultivation at any time, and new-claimed land that has been put into cultivation for more than 3 years. According to statistical coverage, it includes the gouges, dykes, roads and ridges of field with 1 meter wide in Southern areas and 2 meters wide in Northern areas. Excluded under this category are steep slope land over 25 degrees under temporary cultivation, land (large or small plots) that is claimed along river bends, lake sides or banks of reservoirs, as well as land that has been designated under the "Green for Grain" programme of the state and provincial governments but is still temporarily under cultivation. The regularly cultivated land is the key protection land of the nation, an important indicator reflecting the comprehensive productivity of agriculture of China.

Sown Area of Crops refers to area of land sown or transplanted with crops regardless of being in cultivated area or non-cultivated area. Area of land re-sown due to natural disasters is also included. This is an important indicator that can reflect the utilization condition of the cultivated land in China. At present, the sown area of crops mainly include the following 9 categories of crops: grain, cotton, oil-bearing crops, sugar crops, fiber crops, tobacco, vegetables and melons, medicinal materials and other farm crops.

Intermediate Consumption of Farming, Forestry, Animal Husbandry and Fishery refers to the value input and consumption in the process of agriculture production and various physical products during a certain period. It is classified into intermediate material consumption and intermediate service consumption.

Explanatory Notes on Main Statistical Indicators

三 人民生活

Chapter 3

People's Living Conditions

资料整理：陶　杰　盛　坤　孙胜男
郁　雁

3-1 城镇居民家庭人均收支及恩格尔系数(1983-2018年)

Per Capita Annual Income and Expenditure & Engle's Coefficient of Urban Households(1983-2018)

年 份 Year	城镇居民家庭人均可支配收入 Per Capita Annual Disposable Income of Urban Households		城镇居民家庭人均消费性支出 Average Urban Household Consumption Expenditure		恩格尔系数(%) Engel's Coefficient (%)
	绝对数(元) Value(yuan)	比上年±% Growth Rate Over Preceding Year(%)	绝对数(元) Value(yuan)	比上年±% Growth Rate Over Preceding Year(%)	
1983	511.20	6.2	465.00	8.0	58.7
1984	590.60	15.5	516.40	11.1	56.4
1985	704.20	19.2	644.20	24.7	50.4
1986	851.30	20.9	751.50	16.7	51.6
1987	951.80	11.8	836.10	11.3	53.0
1988	1128.10	18.5	1058.80	26.6	50.9
1989	1262.60	11.9	1130.70	6.8	53.7
1990	1427.20	13.0	1220.30	7.9	53.5
1991	1592.90	11.6	1380.20	13.1	52.0
1992	1874.20	17.7	1577.70	14.3	50.6
1993	2438.70	30.1	2097.60	33.0	44.9
1994	3346.00	37.2	2733.10	30.3	47.8
1995	4016.70	20.0	3433.80	25.6	48.9
1996	4350.20	8.3	3713.50	8.1	46.6
1997	4673.20	7.4	3855.60	3.8	46.0
1998	4826.40	3.3	4074.40	5.7	43.9
1999	5212.80	8.0	4340.60	6.5	41.1
2000	5524.50	6.0	4644.50	7.0	38.3
2001	5856.00	6.0	4804.80	3.5	37.5
2002	6789.00	15.9	5608.91	16.7	37.2
2003	7322.00	7.9	5963.30	6.3	38.2
2004	8022.80	9.6	6398.50	7.3	39.3
2005	8785.94	9.5	6736.56	5.3	39.0
2006	9802.65	11.6	7397.32	9.8	38.8
2007	11485.80	17.2	8701.18	17.6	39.7
2008	13152.86	14.5	9477.51	8.9	42.2
2009	14367.48	9.2	10294.07	8.6	40.4
2010	16058.37	11.8	11450.97	11.2	38.7
2011	18373.87	14.4	13163.77	15.0	40.7
2012	20839.59	13.4	14495.97	10.1	40.3
2013	22906.42	9.9	15749.50	8.6	39.7
2014	24852.28	9.6	16681.41	8.8	32.3
2015	27051.47	8.8	18192.28	9.1	32.0
2016	29385.80	8.6	20040.03	10.2	31.4
2017	31889.42	8.5	21275.63	6.2	30.8
2018	34454.63	8.0	23995.91	12.8	28.1

注：①1992年前可支配收入为生活费收入；
②2014年起使用城乡一体化住户收支与生活状况调查数据，与之前的分城镇和农村住户调查的范围、方法、指标口径有所不同(此后相关表同)；
③2014年起，城镇居民人均可支配收入改为城镇常住居民人均可支配收入；
④2014年起，食品消费支出包括食品和烟酒。

Note: ①Disposable income is equal to living expenses before 1992;
②Survey data of income and expenditure of urban and rural household integration was used since 2014, and the scope of the investigation, the method and index are different(But these indexes are same in the thereafter related tables);
③Since 2014, the per capita disposable income of urban household was changed to the per capita disposable income of urban household;
④Since 2014, consumption expenditure on food include food, alcohol and tobacco.

3-2 按收入五等份分组城镇居民家庭基本情况(2018年)

项　　目	Item	总　计 Total
家庭居住人口数(人/户)	Household Size(person/household)	3.00
现住房总建筑面积(平方米/人)	Total Floor Space for Current Housing(sq.m/person)	45.85
现住房房屋来源(%)	Source of Current Housing(%)	
租赁公房	Rental Public Housing	2.79
租赁私房	Rental Privately Housing	3.90
自建住房	Self Built Housing	33.68
购买商品房	Commercial Housing	39.30
购买房改住房	Privately Owned House After Housing Reform	11.50
购买保障性住房	Affordable Housing	1.96
拆迁安置房	Removal and Resettlement Housing	3.97
继承或获赠住房	Inheritance or Gift of Housing	0.63
免费借用房	Free Housing	0.81
雇主提供免费住房	Free Housing Provide by Employers	0.83
其他来源	Other Sources	0.63
本住户居住空间样式(%)	Residential Space Style(%)	
单栋楼房	Single Building	29.54
单栋平房	Single One-storey House	6.00
四居室及以上单元房	Four Bedroom and Above Apartment	3.49
三居室单元房	Three Bedroom Apartment	29.45
二居室单元房	Two Bedroom Apartment	26.14
一居室单元房	One Bedroom Apartment	4.62
筒子楼或连片平房	Tube-shaped Apartment or Gathered One-storey House	0.60
其他	Others	0.16
现有住房按市场价估计值(元/户)	Existing Housing at Market Value Estimates(yuan/household)	567775.96
租赁房房租(元/户)	Rental Housing Rent(yuan/household)	530.76
住户主要饮用水来源情况(%)	Main Source of Drinking Water(%)	
经过净化处理的自来水	Tap Water After Purification Treatment	92.28
受保护的井水和泉水	Protected Wells and Springs	2.92
不受保护的井水和泉水	Unprotected Wells and Springs	1.44
江河湖泊水	Rivers and Lakes	0.75
收集雨水	Rainwater Collected	0.07
桶装水	Bottled Water	2.38
其他水源	Other Water Sources	0.16
住户厕所类型(%)	Type of Household Toilet(%)	
水冲式卫生厕所	Hygiene Water Flush Toilet	91.84
水冲式非卫生厕所	Unhygiene Water Flush toilet	1.30
卫生旱厕	Hygiene Toilet with No Flush Facilities	1.97
普通旱厕	Common Toilet with No Flush Facilities	4.83
无厕所	No Toilet	0.05
住户洗澡设施情况(%)	Household Bathing Facilities(%)	
统一供热水	Unified Supplied Hot Water	3.21
家庭自装热水器	Home Self Installed Water Heater	91.15
其他	Others	2.30
无洗澡设施	No Bathing Facilities	3.34

Basic Conditions of Urban Households by Five Equal Parts of Income(2018)

低收入户 Low Income Households	中低收入户 Lower Middle Income Households	中等收入户 Middle Income Households	中高收入户 Upper Middle Income Households	高收入户 High Income Households
3.39	3.42	2.98	2.76	2.46
45.30	44.77	45.38	44.44	50.24
2.15	2.67	3.20	4.53	1.41
2.48	3.53	5.12	3.41	4.95
63.01	47.38	26.18	20.45	11.42
21.10	30.99	39.47	47.68	57.25
5.33	5.15	13.94	16.61	16.46
0.33	2.52	2.67	1.88	2.40
2.97	5.41	5.20	3.50	2.76
0.46	0.45	1.08	0.53	0.61
1.10	0.72	1.07	0.72	0.44
	0.87	0.87	0.54	1.88
1.07	0.29	1.21	0.16	0.43
49.22	41.66	24.76	19.28	12.81
15.40	7.54	3.00	2.81	1.28
1.92	1.23	2.89	1.90	9.54
16.87	23.77	28.92	36.03	41.62
11.66	21.00	33.28	34.03	30.69
3.71	4.32	6.32	5.35	3.39
0.84	0.20	0.83	0.48	0.67
0.37	0.28		0.13	
284768.66	374769.34	485965.84	697170.19	996503.76
214.84	287.99	613.38	726.42	811.45
82.86	89.10	95.32	96.86	97.27
7.46	4.27	1.38	0.87	0.61
3.18	2.29	0.82	0.69	0.21
1.70	0.88	1.00		0.19
0.27	0.07			
4.34	2.90	1.48	1.59	1.60
0.19	0.49			0.12
78.59	89.83	95.00	97.50	98.29
3.74	1.12	0.68	0.51	0.45
4.73	2.99	0.97	0.89	0.29
12.94	6.03	3.13	1.10	0.96
	0.03	0.22		
2.46	2.28	3.26	3.42	4.60
84.58	92.35	91.49	94.34	92.98
4.05	2.80	2.03	1.06	1.57
8.91	2.56	3.22	1.17	0.85

3-2 续表

项 目	Item	总 计 Total
住户主要取暖设备状况(%)	Household Main Heating Equipment Status(%)	
由市政或小区集中供暖	Central Heating by Municipal or District	4.00
自行供暖	Self Heating	59.67
无取暖设备	No Heating Equipment	36.33
主要炊用能源状况(%)	The Main Cooking Energy Situation(%)	
柴草	Firewood	4.52
煤炭	Coal	0.17
罐装液化石油气	Canned Liquefied Petroleum Gas	31.68
管道液化石油气	Pipeline Liquefied Petroleum Gas	2.34
管道煤气	Piped Gas	1.26
管道天然气	Pipeline Natural Gas	50.53
电	Electric	8.61
燃料用油	Fuel Oil	
沼气	Biogas	0.46
其他	Others	0.07
无炊用行为	No Cooking Behavior	0.36
通信设备使用情况	Communications Facilities	
固定电话(部/百户)	Fixed-line Telephone(set/100 households)	13.23
移动电话(部/百户)	Mobile Phone(set/100 households)	261.28
接入互联网的计算机(台/百户)	Network-connected Telephone(set/100 households)	61.05
期末拥有房屋面积(平方米/户)	Housing Area at the End of the Term(m^2 / households)	
自有现住房面积	Owned Housing Area	131.92
出租住房面积	Rental Housing Area	11.19
出租商用建筑物面积	Commercial Building Area	1.58
偶尔居住房面积	Occasional Lived Housing Area	2.78
空宅或其他用途房面积	Empty House or Other Use Forms Area	5.09

Continued

低收入户 Low Income Households	中低收入户 Lower Middle Income Households	中等收入户 Middle Income Households	中高收入户 Upper Middle Income Households	高收入户 High Income Households
1.28	1.59	3.94	5.28	7.88
48.10	57.08	62.37	64.70	66.11
50.62	41.33	33.69	30.02	26.01
12.01	6.64	2.28	0.81	0.89
0.60		0.08	0.09	0.08
44.89	41.96	31.62	25.24	14.70
1.89	1.95	2.60	2.64	2.62
0.58	1.60	1.03	1.38	1.68
24.15	35.79	54.08	64.44	74.17
14.62	11.54	7.20	5.09	4.61
1.20	0.38	0.40	0.18	0.13
0.07		0.13	0.13	
	0.13	0.58		1.11
11.01	11.46	10.87	13.89	18.92
258.59	282.23	264.56	255.42	245.60
36.97	52.72	60.30	70.33	84.97
148.50	148.84	128.30	117.55	116.37
2.38	14.42	11.68	12.14	15.31
0.59	1.84	0.89	1.99	2.58
2.30	4.06	1.34	2.49	3.71
3.05	2.95	4.21	5.28	9.98

3-3 城镇居民家庭人均收入与支出情况

单位：元

项 目	Item	2013
家庭总收入	**Total Income**	**25180.49**
可支配收入	Disposable Income	22906.42
工资性收入	Income from Wages and Salaries	15571.83
经营净收入	Net Operation Income	2340.01
财产净收入	Property Net Income	535.76
利息收入	Interest Income	59.08
股息与红利收入	Dividend and Bonus	112.53
保险收益	Insurance Proceeds	6.46
出租房屋收入	Income from Properties of Rental Housing	297.18
转移净收入	Transferred Net Income	6732.89
养老金或离退休金	Pensions and Retirement Pay	5779.62
社会救济救助收入	Social Relief	109.24
赡养收入	Supporting Income	398.47
借贷收入	**Lending and Loaning Income**	**2599.86**
提取储蓄存款	Dissaving Saving Deposit	2060.68
借入款	Borrowed Funds	274.60
收回借出款	Recovered Loan	72.13
收回储蓄性保险本金	Recalled Endowment Assurance	0
住房贷款	Accommodation Loan	46.39
汽车贷款	Automobile Loan	88.41
教育贷款	Educational Loan	2.83
其他贷款	Other Loans	36.47
其他借贷收入	Other Income on Loan	0.83
家庭总支出	**Total Expenditures**	**20419.53**
生活消费支出	Expenses on Household Consumption	15749.50
食品	Food	6259.22
衣着	Clothing	1881.85
居住	Residence	1456.30
家庭设备用品及服务	Expenditure for Consumption	1059.22
交通和通信	Transport and Communications	1745.05
教育文化娱乐服务	Education, Culture and Recreation	1922.83
医疗保健	Health Care	1033.46
其他商品和服务	Miscellaneous Commodities and Services	391.57
购房与建房支出	Expenditure on House-purchase and Building	351.77
购房	Purchase of the House	248.24
建房	House Building	103.53
转移性支出	Expenses on Transfers	2873.77
社会保障支出	Social Security Expenditure	1420.81
个人交纳的养老基金	Personal Paid Pension Fund	711.17
个人交纳的住房公积金	Personal Paid Housing Accumulation Fund	423.95
个人交纳的医疗基金	Personal Paid Medical Care Fund	222.56
个人交纳的失业基金	Personal Paid Unemployment Fund	44.78
其他社会保障支出	Others	18.35
财产性支出	Expenses on Properties	23.69
储蓄性商业保险支出	Commercial Insurance for Savings	80.70
借贷支出	**Lending and Loaning Expenditure**	**4979.64**
存入储蓄款	Savings Deposit	4237.54
借出款	Lending Funds	66.75
归还借款	Returned Loan	116.85
购买有价证券	Purchase of Securities	4.83
其他投资支出	Other Investment Expenditure	82.09
归还住房贷款	Returned Accommodation Loan	363.21
归还汽车贷款	Returned Automobile Loan	11.44
归还教育贷款	Returned Education Loan	2.15
归还其他贷款	Returned Others Loan	13.24
其他借贷支出	Others	0.86

注：①2014年起可支配收入是常住居民可支配收入，其中财产性收入、转移性收入及其中项都是净收入；
②2014年起股息与红利收入只包括红利收入；
③2014年起食品支出包括食品和烟酒；
④2014年起借贷收入是家庭总收入的其中项之一，借贷支出是家庭总支出的其中项之一。

Per Capita Annual Income and Expenditures of Urban Households

(yuan)

2014	2015	2016	2017	2018
27538.89	**30057.39**	**32239.85**	**34972.27**	**38860.23**
24852.28	27051.47	29385.80	31889.42	34454.63
14215.35	15571.59	16517.54	17915.22	18997.08
3515.07	3792.21	4150.24	4497.65	4796.60
1922.42	1985.26	2299.27	2594.48	2953.88
60.57	60.72	101.69	73.16	57.65
140.00	89.58	82.05	93.02	139.18
4.11	1.82	4.02	8.01	6.40
240.34	253.63	295.74	339.99	475.71
5199.44	5702.40	6418.75	6882.07	7707.06
5275.66	5813.50	6481.11	7033.70	7049.04
98.51	95.83	116.90	106.64	74.99
663.27	386.36	374.14	423.93	361.41
1279.24	**856.29**	**977.71**	**798.63**	**1355.91**
929.24	558.84	714.52	517.81	626.04
266.21	179.07	97.34	94.23	138.43
33.99	51.16	67.24	76.96	406.12
0.35	0.17	2.38	0.03	4.66
36.12	39.50	50.51	87.97	109.98
0.83	15.02	17.89	0.76	6.47
4.54	1.52	0.71	0.98	0.99
7.23	4.69	16.85	16.00	20.98
0.73	6.33	10.28	3.89	42.24
23175.07	**24798.38**	**27376.26**	**28784.60**	**35600.72**
16681.41	18192.28	20040.03	21275.63	23995.91
5390.63	5828.55	6294.26	6542.48	6737.53
1463.90	1523.08	1557.43	1544.84	1741.24
3575.10	3742.72	4176.70	4669.38	5392.03
1024.67	1099.31	1163.77	1287.25	1572.95
1802.35	2155.38	2391.87	2131.71	3103.21
1894.84	1972.20	2228.38	2420.90	2694.59
1187.81	1482.05	1792.04	2165.46	2162.85
342.11	388.98	435.59	513.61	591.51
564.59	326.23	896.73	872.05	1914.76
383.08	192.70	632.43	613.07	1879.15
181.51	133.53	264.30	258.98	35.61
1407.82	1603.91	1638.14	1899.23	1857.51
1072.32	1264.16	1314.35	1496.31	1440.67
766.13	886.12	952.34	1099.55	1018.20
			722.93	613.94
242.79	318.08	306.14	333.98	329.49
45.72	44.75	35.29	33.78	21.64
17.68	15.21	20.59	29.00	71.34
26.87	59.36	78.70	80.10	221.75
85.36	91.36	150.91	146.86	221.69
1128.48	**835.71**	**699.14**	**660.77**	**2231.03**
662.06	288.59	105.50	54.32	57.54
24.55	44.84	30.35	16.53	206.19
120.77	118.92	116.53	89.18	459.19
2.16	1.83	0.03	0.32	15.85
2.40	6.22	17.52	5.19	12.55
279.18	325.02	345.25	402.38	1266.45
23.91	35.84	66.95	61.48	150.97
0	0.12		0.38	2.64
1.86	11.28	14.76	27.38	38.84
11.58	3.05	2.24	3.61	20.82

Note: ①Since 2014, disposable income is a permanent resident disposable income, in which property income, transfer income, and the item is the net income;

②Dividends and bonus income in 2014 only included the bonus income;

③Since 2014, food expenditure including food and tobacco;

④Since 2014, lending income is one of a family's total income, loan expenditure is one of the family's total expenditures.

3-4 按收入五等份分组城镇居民家庭人均收入与支出情况(2018年)

单位：元

项目	Item	低收入户 Low Income Households
总收入	**Total Income**	**14605.02**
可支配收入	Disposable Income	9856.65
工资性收入	Income from Wages and Salaries	6109.80
工资	Wage	6071.85
实物福利	Physical Benefits	16.76
其他	Others	21.19
经营净收入	Net Business Income	705.35
第一产业经营净收入	Net Income of the First Industry	-475.70
第二产业经营净收入	Net Income of Second Industries	-80.38
第三产业经营净收入	Net Income of Third Industries	1261.43
财产净收入	Property Net Income	887.75
利息净收入	Net Interest Income	-2.71
红利收入	Dividend Income	17.03
储蓄性保险净收益	Net Income of Savings Insurance	6.11
转让承包土地经营权租金净收入	Net Income of Renting and Transfer Land Management Right	18.50
出租房屋财产性收入	Income from Properties of Rental Housing	54.61
出租机械、专利、版权等资产的收入	Rental Machinery, Patents, Copyrights and Other Assets	14.74
房屋虚拟租金	Virtual Rent of House	793.05
转移净收入	Transfer Net Income	2153.75
转移性收入	Income from Transfers	2925.11
养老金或离退休金	Pension or Pension	1226.19
社会救济和补助	Social Relief and Subsidies	126.45
政策性生活补贴	Policy Oriented Living Allowance	17.68
报销医疗费	Reimbursement of Medical Expenses	109.25
家庭外出从业人员寄回带回收入	Income of Family Members Sent Back	1017.73
赡养收入	Maintenance Income	312.07
其他经常转移收入	Other Frequent Transfer Income	29.16
从政府和组织得到的实物产品和服务折价	Discounts on Physical Products and Services Received from the Government and Organizations	19.57
现金政策性惠农补贴	Cash for the Policy of Agricultural Subsidies	67.02
转移性支出	Expenses on Transfers	771.36
个人所得税	Individual Income Tax	8.76
社会保障支出	Social Security Expenditure	656.48
外来从业人员寄给家人的支出	Expenditure of Employees from Other Provinces Send Home	14.09
赡养支出	Maintenance Expenses	50.71
其他转移性支出	Other Transfer Expenses	41.32
借贷性所得	Loan Income	1173.45
提取储蓄存款	Dissaving Saving Deposit	433.26
借入款	Borrowed Money	252.85
收回借出款	Recovered Loan	472.14
收回储蓄性保险本金	Recovered Deposit Insurance Principal	
住房贷款	Housing Loan	0.58
汽车贷款	Auto Loan	
教育贷款	Educational Loan	4.44
其他贷款	Other Loans	10.18
其他借贷所得	Other Borrowings	

注：2014年起为城镇常住居民人均可支配收入，其中各项均为净收入。
Note: Data since 2014 are about per capita disposable income of urban household , which are net income.

Per Capita Annual Income and Expenditures of Urban Households by Five Equal Parts of Income(2018)

(yuan)

中低收入户 Lower Middle Income Households	中等收入户 Middle Income Households	中高收入户 Upper Middle Income Households	高收入户 High Income Households
24115.40	**33512.37**	**47081.63**	**86530.59**
21417.93	30726.61	42862.62	78308.72
11394.84	16180.00	22017.15	45482.57
11241.15	15780.60	21238.32	42443.89
62.69	93.05	119.44	587.36
91.00	306.35	659.39	2451.32
3338.48	4191.28	4134.38	13424.10
579.50	610.29	276.55	752.91
308.01	332.13	295.09	2443.18
2450.96	3248.87	3562.75	10228.01
1740.39	2445.34	4076.08	6554.82
21.91	61.72	26.00	212.74
51.75	99.55	302.52	276.38
	1.16	16.44	10.00
27.09	10.98	33.66	9.72
336.35	388.73	596.38	1169.80
3.94	7.23	5.44	23.27
1299.82	1893.30	3220.71	5051.35
4944.23	7909.99	12635.01	12847.24
6113.53	9410.90	14774.59	17103.70
3678.32	7378.81	11950.50	13212.60
102.30	37.57	14.19	82.23
59.58	27.29	12.11	77.55
231.33	351.35	992.17	1224.49
1603.67	1188.61	1409.66	1753.42
305.95	344.34	317.84	564.87
60.60	36.67	22.37	110.20
39.22	30.94	42.53	60.63
32.57	15.32	13.22	17.71
1169.31	1500.91	2139.59	4256.46
22.35	19.26	93.60	680.66
977.77	1276.33	1800.63	2850.48
5.89	1.52		7.14
80.14	159.09	179.21	462.09
83.16	44.71	66.14	256.09
819.85	988.36	1325.39	2739.63
688.46	465.31	657.77	943.59
35.46	146.29	64.81	195.38
71.49	98.75	80.65	1462.28
	14.06	9.45	0.79
	6.53	508.41	73.33
24.44	1.39		4.48
	46.99	3.90	51.44
	209.04	0.39	8.35

3-4 续表

单位：元

项　　目	Item	低收入户 Low Income Households
总支出	**Total Expenditures**	**20981.05**
消费支出	Expenditure on Consumption	12552.05
食品烟酒	Food	3999.47
衣着	Clothing	868.72
居住	Residence	2657.02
生活用品及服务	Household Facilities Articles and Services	774.60
交通通信	Transport and Communications	1356.74
教育文化娱乐	Education, Culture and Recreation	1531.57
医疗保健	Health Care	1105.55
其他用品和服务	Miscellaneous Commodities and Services	258.39
生产经营费用支出	Production and Operating Expenses	3388.72
第一产业经营费用支出	First Industry Operating Expenses	2152.18
第二产业经营费用支出	Second Industrial Operating Expenses	358.22
第三产业经营费用支出	Third Industrial Operating Expenses	878.32
财产性支出	Expenses on Properties	81.39
转移性支出	Expenses on Transfers	771.36
个人所得税	Individual Income Tax	8.76
社会保障支出	Social Security Expenditure	656.48
外来从业人员寄给家人的支出	Expenditure of Employees from Other Provinces Send Home	14.09
赡养支出	Maintenance Expenses	50.71
其他转移性支出	Other Transfer Expenses	41.32
部分商业保险支出	Part of Commercial Insurance Expenses	68.84
意外伤害保险	Accident Injury Insurance	12.84
商业医疗保险(含大病保险)	Commercialized Health Care Insurance	25.09
其他非储蓄性商业保险	Other Non Savings Commercial Insurance	8.06
其他储蓄性商业保险	Other Savings Commercial Insurance	22.85
购房与建房支出	Expenditure on House-purchase and Building	1070.57
购房	Purchase of the House	997.10
建房	House Building	73.47
借贷性支出	Lending and Loaning Expenditure	648.11
存入储蓄款	Savings Deposit	33.19
借出款	Lending Funds	14.84
归还借款	Return Loan	188.52
购买有价证券	Purchase of Securities	
其他投资支出	Other Investment Expenditure	5.46
归还住房贷款	Returned Accommodation Loan	301.76
归还汽车贷款	Returned Automobile Loan	65.74
归还教育贷款	Returned Education Loan	10.01
归还其他贷款	Returned Others Loan	1.69
其他借贷支出	Others	26.90

Continued

(yuan)

中低收入户 Lower Middle Income Households	中等收入户 Middle Income Households	中高收入户 Upper Middle Income Households	高收入户 High Income Households
24634.11	**29998.11**	**41192.14**	**69033.74**
17186.56	21334.94	29101.06	45101.55
5298.65	6744.33	8226.13	10514.46
1240.87	1565.66	2055.12	3378.05
3397.15	4650.48	7092.72	10503.00
1028.12	1224.23	1623.94	3657.53
2344.77	2538.90	3551.47	6504.78
1997.86	2333.00	2743.27	5467.38
1507.83	1809.24	3196.87	3649.17
371.31	469.08	611.55	1427.18
1151.91	684.74	1296.22	2481.91
643.16	416.49	172.82	936.11
19.00	54.80	728.83	15.42
489.76	213.44	394.57	1530.38
35.77	82.73	281.25	737.82
1169.31	1500.91	2139.59	4256.46
22.35	19.26	93.60	680.66
977.77	1276.33	1800.63	2850.48
5.89	1.52		7.14
80.14	159.09	179.21	462.09
83.16	44.71	66.14	256.09
140.17	235.24	385.95	573.88
9.74	16.02	39.64	28.80
46.59	131.99	152.72	268.93
22.19	16.87	94.84	81.26
61.66	70.36	98.75	194.89
1238.09	1327.75	2229.29	4210.42
1200.97	1321.34	2216.68	4167.40
37.12	6.40	12.61	43.02
1094.97	1989.53	2335.86	5920.85
24.19	91.85	41.74	110.82
45.13	48.27	20.85	1047.56
445.72	159.35	356.08	1283.13
0.11	31.49	10.49	44.99
0.11	6.61	3.79	54.28
491.03	1513.18	1667.35	2803.51
82.51	66.85	209.43	381.78
1.86			
4.05	70.84	17.32	119.58
0.28	1.10	8.82	75.20

3-5 按收入五等份分组城镇居民家庭主要生活用品购买量(2018年)

项 目	Item	计量单位	Unit	总 计 Total
食品烟酒	Food, Alcohol and Tobacco			
食品	Food			
谷物	Cereals	公斤/人	kg / person	51.84
大米	Rice	公斤/人	kg / person	33.62
面粉制品	Flour Products	公斤/人	kg / person	11.25
其他谷物制品	Other Cereal Products	公斤/人	kg / person	2.44
薯类	Tubers	公斤/人	kg / person	7.53
豆类	Beans	公斤/人	kg / person	8.79
食用植物油	Edible Vegetable Oil	公斤/人	kg / person	8.08
食用动物油	Edible Animal Oil	公斤/人	kg / person	0.37
蔬菜和食用菌	Vegetables and Edible Fungi	公斤/人	kg / person	96.25
鲜菜	Fresh Vegetables	公斤/人	kg / person	92.90
干菜及菜制品	Dried Vegetables and Vegetable Products	公斤/人	kg / person	1.83
肉类	Meat	公斤/人	kg / person	28.83
猪肉	Pork	公斤/人	kg / person	21.71
牛肉	Beef	公斤/人	kg / person	2.67
羊肉	Mutton	公斤/人	kg / person	0.77
其他肉类及制品	Other Meats and Products	公斤/人	kg / person	3.67
禽类	Poultry	公斤/人	kg / person	6.11
鸡	Chicken	公斤/人	kg / person	3.51
鸭	Duck	公斤/人	kg / person	0.70
水产品	Aquatic Products	公斤/人	kg / person	17.08
鱼类	Fish	公斤/人	kg / person	14.13
蛋类	Eggs	公斤/人	kg / person	6.95
奶类	Milk	公斤/人	kg / person	8.95
干鲜瓜果类	Dried and Fresh Melons and Fruits	公斤/人	kg / person	51.15
鲜瓜果	Fresh Melons & Fruits	公斤/人	kg / person	47.06
坚果类	Nuts and Processed Products	公斤/人	kg / person	3.11
糖果糕点类	Sweets and Cakes	公斤/人	kg / person	6.62
卷烟	Cigarettes	盒/人	box / person	25.98
啤酒	Beer	公斤/人	kg / person	2.90
白酒	Distilled Spirit	公斤/人	kg / person	3.22
水电燃料	Water, Electricity and Fuels			
水	Water	吨/人	ton/ person	37.45
电	Electric	度/人	degree / person	582.79
煤炭	Coal	公斤/人	kg / person	3.51
管道天然气	Pipeline Gas	立方米/人	m^3 / person	33.53
罐装液化石油气	Canned Liquefied Petroleum Gas	公斤/人	kg / person	7.32

Per Capita Annual Purchase of Major Items of Life of Urban Households by Five Equal Parts of Income(2018)

低收入户 Low Income Households	中低收入户 Lower Middle Income Households	中等收入户 Middle Income Households	中高收入户 Upper Middle Income Households	高收入户 High Income Households
49.07	53.06	52.45	53.57	51.25
34.11	36.06	34.64	32.28	30.13
8.75	9.38	11.35	14.08	13.70
1.76	2.03	2.53	3.11	3.00
5.75	7.35	8.24	8.34	8.37
7.67	8.18	9.79	10.31	8.21
7.82	7.97	8.35	8.26	8.02
0.35	0.45	0.30	0.31	0.41
68.91	89.50	105.85	118.93	104.63
66.36	86.04	102.48	115.27	100.76
1.48	1.98	1.83	1.86	2.06
21.96	28.17	31.46	32.05	32.05
17.96	21.91	23.45	23.37	22.54
1.35	2.70	2.90	3.25	3.45
0.34	0.65	0.85	0.93	1.22
2.32	2.91	4.26	4.49	4.83
4.32	5.80	6.84	7.14	6.87
2.54	3.48	3.96	4.01	3.75
0.52	0.62	0.73	0.87	0.84
11.64	15.21	18.38	21.48	20.22
10.30	13.08	15.04	17.75	15.42
5.18	5.95	7.49	8.08	8.68
5.28	7.14	9.76	11.17	12.69
36.34	44.38	55.88	58.67	65.49
33.28	40.91	51.46	54.20	60.07
2.38	2.63	3.30	3.43	4.09
4.64	5.29	6.84	7.86	9.31
25.11	24.12	27.90	28.96	24.05
2.94	2.80	3.95	2.71	2.00
3.35	3.25	3.19	3.28	2.97
24.54	33.42	39.24	41.52	52.95
394.02	531.86	603.67	642.64	804.58
6.89	3.15	2.12	3.40	1.26
11.90	21.28	31.38	46.89	65.27
8.18	7.82	7.19	6.97	6.08

3-5 续表

项 目	Item	计量单位	Unit	总 计 Total
耐用消费品	Durable Consumer Goods			
洗衣机	Washing Machine	台/百户	set/100 households	5.27
电冰箱(柜)	Refrigerator	台/百户	set/100 households	5.73
空调器	Air Conditioner	台/百户	set/100 households	9.40
吸尘器	Vacuum Cleaner	台/百户	set/100 households	1.07
抽油烟机	Exhaust Fans	台/百户	set/100 households	3.78
微波炉	Microwave Oven	台/百户	set/100 households	1.46
非太阳能热水器	Non Solar Water Heater	台/百户	set/100 households	5.10
太阳能热水器	Solar Heater	台/百户	set/100 households	0.97
燃气炉具	Gas Stove	台/百户	set/100 households	5.31
洗碗机	Dishwasher	台/百户	set/100 households	0.17
消毒碗柜	Disinfection Cupboard	台/百户	set/100 households	0.32
汽车	Motor Vehicles	辆/百户	set/100 households	2.06
摩托车	Motorcycles	辆/百户	set/100 households	1.52
自行车	Bicycles	辆/百户	set/100 households	2.04
电动自行车	Electric Bicycle	辆/百户	set/100 households	4.24
电话机	Telephone Sets//Telephone	部/百户	set/100 households	0.49
移动电话机	Mobile Telephone	部/百户	set/100 households	29.34
彩色电视机	Color TV (Set)	台/百户	set/100 households	5.27
家用台式电脑	Home Desktop Computer	台/百户	set/100 households	1.40
家用笔记本电脑	Notebook Computer	台/百户	set/100 households	1.92
交通工具用燃料	Fuels for Transport Facility			
汽油	Gasoline	升/人	L/person	76.53
柴油	Diesel Oil	升/人	L/person	0.44

Continued

低收入户 Low Income Households	中 低 收入户 Lower Middle Income Households	中 等 收入户 Middle Income Households	中 高 收入户 Upper Middle Income Households	高收入户 High Income Households
4.59	5.16	4.73	5.00	6.88
5.02	5.73	4.16	6.74	7.00
6.45	9.17	7.88	10.03	13.48
0.14	0.43	1.00	0.90	2.87
3.43	2.29	3.58	4.59	5.02
0.14	1.00	1.43	2.01	2.72
3.58	3.30	5.30	5.30	8.03
1.29	0.72	0.72	1.15	1.00
6.88	5.07	5.45	4.59	4.59
		0.14	0.14	0.57
	0.43		0.29	0.86
1.15	3.15	1.72	2.01	2.29
2.58	1.72	1.86	1.15	0.29
1.58	3.30	1.86	2.15	1.29
4.87	5.16	5.02	3.15	3.01
0.43	0.29	0.29	0.72	0.72
22.93	29.80	27.23	31.18	35.56
4.01	6.45	4.72	5.73	5.45
0.57	1.29	1.15	2.15	1.86
0.29	1.00	2.72	2.72	2.87
38.44	52.17	74.50	88.28	152.20
0.44	0.33	0.34	0.36	0.78

3-6 按收入五等份分组城镇居民家庭人均购买商品支出(2018年)

单位：元

项　　目	Item	总　计 Total	低收入户 Low Income Households
购买生活消费品及服务	**Purchase Consumer Goods and Services**	**18949.19**	**10421.12**
食品烟酒	Food, Tobacco and Liquor	6110.52	3621.39
食品	Food	3361.51	2259.21
谷物	Cereals	282.18	236.63
大米	Rice	165.73	155.59
面粉制品	Flour Products	75.97	53.82
其他谷物制品	Other Cereal Products	21.30	11.65
薯类	Tubers	29.19	20.21
豆类	Beans	50.85	40.39
食用油	Edible Oil and Fats	115.71	104.52
蔬菜和食用菌	Vegetables and Edible Fungi	535.65	344.09
肉类	Meat	772.30	531.86
猪肉	Pork	489.13	392.10
牛肉	Beef	130.39	65.44
羊肉	Mutton	34.63	15.44
禽类	Poultry	147.34	92.18
鸡	Chicken	82.54	54.91
鸭	Duck	15.08	9.68
鹅	Goose	0.78	0.50
其他禽类及制品	Other Poultry and Products	48.94	27.09
水产品	Aquatic Products	308.69	163.65
鱼类	Fish	215.19	130.59
虾类	Shrimp	44.99	14.93
蟹类	Crab	14.96	3.09
蛋类	Eggs	87.84	64.67
鲜蛋	Fresh Eggs	79.18	59.27
蛋制品	Egg Products	8.66	5.41
奶类	Milk	235.82	169.67
鲜奶	Milk	60.51	33.26
酸奶	Yogurt	33.44	18.01
奶粉	Milk Powder	127.39	109.16
其他奶制品	Others	14.48	9.24
干鲜瓜果类	Dried and Fresh Melons and Fruits	404.87	232.68
鲜瓜果	Fresh Melons & Fruits	330.20	190.15
瓜果制品	Melon and Fruit Products	16.69	10.06
坚果类	Nuts and Processed Products	57.98	32.46
糖果糕点类	Sweets and Cakes	135.34	82.03
饮料	Beverages	107.41	67.99
茶叶	Tea	29.11	15.69
咖啡	Coffee	5.26	0.42
卷烟	Cigarettes	462.54	333.09

Per Capita Annual Expenditures on Goods of Urban Households by Five Equal Parts of Income(2018)

(yuan)

中低收入户 Lower Middle Income Households	中等收入户 Middle Income Households	中高收入户 Upper Middle Income Households	高收入户 High Income Households
14061.62	**17172.48**	**22738.70**	**34217.02**
4938.67	6237.70	7528.12	9159.02
2941.04	3479.45	4071.18	4423.53
262.99	283.27	320.48	322.84
169.26	171.18	168.85	164.70
58.00	71.80	101.54	104.64
14.25	23.26	30.09	31.10
27.38	30.99	35.59	34.12
45.75	53.99	63.70	53.37
113.56	117.87	122.39	123.20
472.75	572.37	699.01	644.45
730.53	826.77	902.98	933.12
483.67	520.05	545.60	524.94
134.41	137.56	159.55	169.35
28.28	38.03	42.38	55.39
133.11	163.49	180.84	182.21
77.89	94.47	97.98	93.89
12.54	15.81	20.19	18.92
0.94	0.60	0.67	1.27
41.74	52.62	61.99	68.13
235.62	322.15	414.25	460.37
176.48	223.17	287.08	287.07
27.53	47.11	61.65	85.94
9.24	14.33	21.60	31.19
74.62	93.74	103.28	111.39
68.37	85.09	94.19	95.84
6.25	8.65	9.08	15.55
218.34	219.87	263.63	331.98
46.23	62.66	82.34	87.96
22.46	36.13	43.47	53.60
136.91	108.43	121.93	166.37
12.75	12.66	15.89	24.05
308.05	406.25	503.72	643.73
251.84	329.65	413.07	523.13
12.58	18.96	18.64	25.90
43.64	57.64	72.01	94.70
103.63	131.38	162.03	220.82
93.13	110.66	117.77	162.08
18.64	33.14	29.41	55.21
1.61	6.18	6.06	14.33
395.03	483.44	592.47	551.39

3-6 续表 1

单位：元

项　目	Item	总 计 Total
酒类	Liquor	186.05
啤酒	Beer	15.19
白酒	Distilled Spirit	155.01
果酒	Fruit Wine	5.19
其他酒	Other Alcohols	10.67
饮食服务	Catering Services	1992.92
食堂用餐	Dining Room	34.20
其他在外饮食	Others Outside the Diet	1953.93
衣着	Clothing and Other Articles of Daily Use	1638.83
衣类	Clothing	1369.00
鞋类	Footwear	269.83
居住	Residence	1641.91
租赁房房租	Rent	173.54
住房维修及管理	Housing Maintenance and Management	852.11
水电燃料及其他	Water, Electricity, Fuels and Others	616.26
水	Water	88.66
电	Electric	349.92
燃料	Fuels	151.81
煤炭	Coal	4.25
管道天然气	Pipeline Gas	89.23
罐装液化石油气	Canned Liquefied Petroleum Gas	51.15
取暖费	Heating Fee	6.57
生活用品及服务	Articles for Daily Use and Services	1520.45
家具及室内装饰品	Furniture and Interior Decoration	300.46
家用器具	Household Appliances	386.59
耐用消费品	Durable Consumer Goods	329.44
洗衣机	Washing Machine	32.41
电冰箱(柜)	Refrigerator	46.88
空调器	Air Conditioner	120.28
吸尘器	Vacuum Cleaner	8.84
抽油烟机	Exhaust Fans	16.98
微波炉	Microwave Oven	2.37
非太阳能热水器	Non Solar Water Heater	26.11
太阳能热水器	Solar Heater	5.11
燃气炉具	Gas Stove	9.98
洗碗机	Dishwasher	1.33
消毒碗柜	Disinfection Cupboard	1.08
小家电	Small Household Electrical Appliances	57.16
家用纺织品	Home Textiles	112.78
家庭日用杂品	Household Articles for Daily Use	325.78
个人用品	Personal Items	307.81

Continued

(yuan)

低收入户 Low Income Households	中低收入户 Lower Middle Income Households	中等收入户 Middle Income Households	中高收入户 Upper Middle Income Households	高收入户 High Income Households
113.09	147.19	185.66	214.93	299.92
14.12	14.96	19.80	14.33	12.56
95.43	123.92	149.77	177.61	253.80
0.50	1.85	4.77	8.45	12.50
3.04	6.47	11.31	14.54	21.05
847.87	1362.12	1978.45	2531.69	3722.10
16.26	21.04	35.79	37.29	69.39
825.40	1336.11	1937.85	2491.13	3648.34
846.09	1211.66	1503.73	1963.33	3019.27
682.84	985.83	1240.08	1656.89	2587.16
163.25	225.83	263.66	306.44	432.11
1063.03	1082.60	1462.91	2060.37	2861.98
66.11	90.47	250.40	211.47	291.72
578.38	454.70	594.57	1152.90	1684.54
418.54	537.43	617.95	696.01	885.71
57.49	79.54	92.77	100.04	123.80
231.30	312.09	361.42	387.61	498.58
108.09	125.45	142.99	178.41	223.55
8.96	3.57	2.85	3.46	1.45
32.24	56.73	82.34	123.45	175.57
61.22	59.13	50.16	44.52	36.12
0.16	1.00	3.07	13.92	18.04
758.51	1001.67	1185.37	1593.88	3483.68
106.02	143.17	163.99	255.87	961.51
215.23	280.86	323.70	399.95	803.25
184.39	244.21	272.26	343.25	678.28
24.42	31.76	24.84	26.63	58.64
26.29	35.18	29.02	67.30	86.60
70.28	91.81	94.54	116.89	255.19
0.12	0.29	0.93	12.55	36.15
10.31	11.35	15.47	20.50	30.77
0.11	0.92	3.35	3.29	5.02
12.85	19.75	22.51	32.49	48.65
5.93	3.43	6.50	4.01	5.87
6.29	12.50	15.55	5.82	9.76
		1.66		5.86
	0.43		0.58	5.12
30.84	36.64	51.44	56.70	124.97
50.37	63.00	87.17	129.91	268.72
215.46	253.32	292.50	362.16	560.91
145.14	219.19	275.57	363.68	609.29

3-6 续表 2

单位：元

项目	Item	总计 Total
家庭服务	Domestic Service	87.01
交通通信	Transport and Communications	2780.92
交通工具	Transport Facility	944.52
汽车	Motor Vehicles	871.57
摩托车	Motorcycles	25.02
自行车	Bicycles	4.84
电动自行车	Electric Bicycle	33.59
其他交通工具	Other Means of Transportation	9.49
交通费	Traffic Fee	380.68
飞机	Aircraft	80.58
火车	Train	114.09
长途汽车	Coach	19.89
市内公共交通	City Public Transport	92.44
出租汽车费	Rental Car Charge	60.53
其他交通费	Other Transportation Expenses	13.16
交通工具用燃料	Fuels for Transport Facility	550.30
汽油	Gasoline	541.63
柴油	Diesel Oil	2.67
交通工具使用及维修	Use and Maintenance of Transport Facility	293.94
通信工具	Communication Facility	207.82
电话机	Telephone Sets//Telephone	0.47
移动电话机	Mobile Telephone	193.90
通信服务	Communication Services	403.66
固定电话费	Fixed Telephone Charge	5.91
移动电话费	Mobile Phone Charge	266.42
上网费	Internet Access Fee	118.95
邮费	Postage	6.39
教育文化娱乐	Education, Culture and Recreation	2619.14
教育	Education	1651.80
学前教育	Pre-school Education	318.21
小学教育	Primary School Education	282.48
初中教育	Junior High School Education	194.99
高中教育	Senior High School Education	244.22
中专职高教育	Secondary Vocational Education	10.57
大专及以上教育	College Degree and above	476.49
成人教育	Adult Education	124.83
文化娱乐	Cultural Recreation	967.34
文娱耐用消费品	Entertainment and Durable Consumer Goods	167.53
彩色电视机	Color TV Set	51.18
照相机	Camera	6.54
家用台式电脑	Home Desktop Computer	18.14

Continued

(yuan)

低收入户 Low Income Households	中低收入户 Lower Middle Income Households	中等收入户 Middle Income Households	中高收入户 Upper Middle Income Households	高收入户 High Income Households
26.29	42.13	42.43	82.32	280.01
1280.64	1971.77	2347.30	3287.73	5715.01
374.41	741.85	693.30	1270.29	1875.14
295.88	635.73	629.61	1221.59	1815.18
31.61	41.73	16.84	21.18	8.34
1.59	3.71	3.16	4.99	12.29
33.71	36.86	42.00	19.57	35.10
11.62	23.82	1.70	2.96	4.23
169.88	209.03	307.22	387.92	952.82
9.24	12.66	18.33	46.95	369.21
52.35	61.85	94.55	124.63	272.69
15.25	20.48	19.86	12.73	33.08
46.53	68.19	97.76	120.28	146.85
35.02	37.05	62.18	68.58	113.37
11.50	8.79	14.55	14.75	17.62
287.76	351.75	531.39	610.60	1104.08
280.55	346.50	518.01	602.17	1094.18
2.65	1.74	2.01	5.94	1.07
116.91	189.24	226.32	327.67	699.55
97.47	143.12	184.68	236.95	429.35
0.14	0.46	0.08	1.29	0.47
91.55	133.09	169.14	222.04	402.97
234.21	336.78	404.38	454.30	654.06
3.44	4.40	4.40	5.17	13.57
162.84	232.83	264.49	288.85	422.13
63.21	91.66	123.43	145.16	192.84
1.98	3.56	6.17	8.13	14.13
1497.35	1983.37	2283.36	2660.50	5238.03
1178.75	1444.56	1426.93	1495.49	2963.42
189.37	297.33	301.32	323.82	525.81
258.80	275.38	235.91	307.55	347.83
131.91	193.31	230.27	208.32	224.37
203.88	249.22	214.82	160.35	416.03
10.17	9.92	5.53	19.70	7.63
321.91	329.21	355.24	352.88	1142.50
62.73	90.19	83.85	122.87	299.26
318.60	538.81	856.44	1165.02	2274.61
57.06	101.31	131.56	205.50	396.08
32.73	46.28	37.19	69.11	77.70
		3.43	10.48	22.73
5.78	11.93	15.18	28.39	34.34

3-6 续表 3

单位：元

项　目	Item	总　计 Total
家用笔记本电脑	Notebook Computer	27.02
中高档乐器	Middle or High-grade Musical Instrument	25.48
健身器材	Health Equipment	3.28
其他文娱用品	Other Entertainment Products	183.75
书、报、杂志及音像制品	Books, Newspapers, Magazines and Audio-visual Products	27.91
文具纸张	Stationery Paper	27.67
体育户外用品	Sports Outdoor Goods	12.98
游戏用品和玩具	Games and Toys	41.57
园艺花卉及有关产品	Garden Flowers and Related Products	19.30
宠物及有关产品	Pets and Related Products	12.07
其他文娱用品及维修	Other Recreational Supplies and Maintenance	42.24
文化娱乐服务	Cultural and Recreational Services	616.06
团体旅游	Group Tourism	365.62
景点门票	Attractions Tickets	57.34
体育健身活动	Sports Fitness Activity	31.28
电影、话剧、演出票	Movies, Plays, Performances Tickets	29.27
有线电视费	Cable TV Fee	59.04
其他文化娱乐服务	Other Cultural Entertainment Services	73.51
医疗保健	Health Care	2100.11
医疗器具及药品	Medical Apparatus and Medicine	516.14
医疗服务	Medical Service	1583.97
门诊医疗总费用	Total Medical Expenses	547.31
住院医疗总费用	Total Hospitalization Expenses	1036.66
其他用品和服务	Other Supplies and Services	537.31
其他用品	Other Supplies	279.66
首饰及手表	Jewelry and Watches	126.07
其他杂项用品	Other Miscellaneous Items	153.59
其他服务	Other Services	257.65
旅馆住宿	Hotel Accommodations	65.28
美容美发洗浴	Making-up Hair Salon Bathing	94.96
其他杂项服务	Other Miscellaneous Services	97.42

Continued

(yuan)

低收入户 Low Income Households	中低收入户 Lower Middle Income Households	中等收入户 Middle Income Households	中高收入户 Upper Middle Income Households	高收入户 High Income Households
3.34	13.52	28.76	47.45	50.83
0.82	1.47	10.17	17.58	114.77
0.16	0.91	6.68	2.35	7.54
99.17	147.67	178.45	214.85	312.24
13.57	19.79	30.49	34.91	46.43
24.34	26.66	30.25	25.29	33.00
6.17	9.05	15.40	15.33	21.61
21.04	32.07	35.55	51.97	75.92
6.36	8.91	12.19	25.94	50.37
1.11	13.47	9.66	15.88	23.07
26.57	37.71	44.92	45.52	61.84
162.38	289.83	546.42	744.67	1566.29
66.59	136.00	313.95	443.68	1024.80
11.47	34.91	48.49	65.43	147.20
5.62	9.60	33.60	33.33	87.87
4.52	13.98	27.07	38.37	73.73
45.87	53.77	60.67	68.25	70.99
28.31	41.57	62.65	95.60	161.70
1112.11	1523.62	1710.51	3068.96	3507.30
293.61	376.73	426.80	669.15	919.15
818.50	1146.89	1283.71	2399.81	2588.15
316.45	469.03	544.27	649.08	840.26
502.06	677.86	739.44	1750.73	1747.89
241.98	348.27	441.60	575.81	1232.73
142.84	209.09	231.34	290.40	592.11
44.52	88.03	86.77	115.45	337.79
98.32	121.06	144.57	174.95	254.32
99.14	139.18	210.26	285.41	640.62
12.26	19.83	42.59	75.66	207.46
35.84	48.29	75.30	108.88	239.34
51.04	71.05	92.37	100.87	193.82

3-7 按收入五等份分组城镇居民家庭人均食品消费量(2018年)

项　目	Item	计量单位	Unit	总　计 Total
粮食	Grain	公斤	kg	90.76
谷物	Cereals	公斤	kg	80.28
小麦	Wheat	公斤	kg	17.92
稻谷	Rice	公斤	kg	57.96
玉米	Corn//Maize	公斤	kg	1.47
薯类	Tubers	公斤	kg	1.59
豆类	Beans	公斤	kg	8.89
植物油	Edible Vegetable Oil	公斤	kg	8.73
动物油	Edible Animal Oil	公斤	kg	0.37
蔬菜及菜制品	Vegetable and Vegetable Products	公斤	kg	109.44
鲜菜	Fresh Vegetables	公斤	kg	106.10
干菜及菜制品	Dried Vegetables and Vegetable Products	公斤	kg	1.83
肉类	Meat	公斤	kg	29.64
猪肉	Pork	公斤	kg	22.52
牛肉	Beef	公斤	kg	2.67
羊肉	Mutton	公斤	kg	0.78
禽类	Poultry	公斤	kg	6.29
鸡	Chicken	公斤	kg	3.68
鸭	Duck	公斤	kg	0.71
鹅	Goose	公斤	kg	0.04
水产品	Aquatic Products	公斤	kg	17.24
鱼类	Fish	公斤	kg	14.27
蛋类及蛋制品	Eggs and Egg Products	公斤	kg	7.41
奶和奶制品	Milk and Dairy Products	公斤	kg	8.95
干鲜瓜果类	Dried and Fresh Melons and Fruits	公斤	kg	51.35
糖果糕点类	Sweets and Cakes	公斤	kg	6.62
茶叶	Tea	公斤	kg	0.27
酒	Liquor	公斤	kg	6.22
白酒	Distilled Spirit	公斤	kg	3.26
啤酒	Beer	公斤	kg	2.90

Per Capita Annual Consumption on Food of Urban Households by Five Equal Parts of Income(2018)

低收入户 Low Income Households	中 低 收入户 Lower Middle Income Households	中 等 收入户 Middle Income Households	中 高 收入户 Upper Middle Income Households	高收入户 High Income Households
99.44	94.99	88.79	86.60	80.83
90.17	85.10	77.20	74.59	70.93
14.83	16.01	17.57	21.41	20.99
71.71	65.24	55.31	47.88	44.77
1.59	1.42	1.36	1.54	1.44
1.36	1.60	1.68	1.69	1.68
7.90	8.29	9.91	10.31	8.22
9.42	8.84	8.67	8.43	8.08
0.37	0.45	0.30	0.31	0.41
97.05	107.13	113.95	124.31	107.06
94.50	103.66	110.57	120.66	103.19
1.48	1.98	1.83	1.86	2.06
24.02	29.15	31.88	32.33	32.07
20.02	22.86	23.87	23.66	22.55
1.35	2.71	2.90	3.25	3.45
0.34	0.67	0.85	0.93	1.23
4.65	6.09	6.95	7.23	6.88
2.86	3.75	4.06	4.10	3.77
0.52	0.63	0.75	0.88	0.84
0.03	0.05	0.03	0.04	0.05
11.96	15.43	18.57	21.51	20.23
10.58	13.30	15.17	17.78	15.43
6.20	6.48	7.81	8.32	8.73
5.28	7.14	9.77	11.17	12.69
36.65	44.58	56.00	58.93	65.58
4.64	5.29	6.84	7.86	9.30
0.17	0.20	0.38	0.29	0.34
6.38	6.12	7.29	6.09	5.10
3.42	3.29	3.27	3.28	2.97
2.94	2.80	3.95	2.71	2.00

3-8 按收入五等份分组城镇居民家庭每百户耐用消费品拥有量(2018年)
Ownership of Major Durable Consumer Goods per 100 Urban Households by Five Equal Parts of Income(2018)

项 目	Item	低收入户 Low Income Households	中低收入户 Lower Middle Income Households	中等收入户 Middle Income Households	中高收入户 Upper Middle Income Households	高收入户 High Income Households
摩托车(辆)	Motorcycle(set)	63.33	53.87	33.67	24.64	16.92
助力车(辆)	Man-drawn Vehicle(set)	40.69	49.43	37.40	36.68	25.93
家用汽车(辆)	Household Automobile(set)	25.65	31.09	34.97	36.39	50.87
洗衣机(台)	Washing Machine(set)	90.69	98.57	97.42	101.15	100.57
电冰箱(台)	Refrigerator(set)	102.72	105.16	103.01	106.31	106.17
彩色电视机(台)	Color TV(set)	117.48	121.92	116.61	123.79	131.98
家用电脑(台)	Household Computer(set)	45.57	65.47	71.76	82.52	99.71
照相机(架)	Camera(set)	3.15	7.16	12.17	19.75	32.95
中高档乐器(件)	Medium Upscale Musical Instrument(piece)	3.01	4.30	6.88	8.86	15.06
微波炉(台)	Microwave Oven(set)	21.90	37.97	45.57	56.31	66.76
空调器(台)	Air Conditioner(set)	114.46	143.12	160.55	185.56	215.77
热水器(台)	Shower Heater(set)	90.11	102.72	99.86	105.73	108.58
洗碗机(台)	Dishwasher(set)	1.43	0.57	1.15	2.72	3.85
排油烟机(台)	Kitchen Ventilator(set)	54.14	66.33	78.09	82.79	88.54
健身器材(套)	Healthy Equipment(set)	2.01	6.88	4.87	8.40	9.75
固定电话(部)	Fixed Telephone(set)	11.01	11.46	10.87	13.89	18.92
移动电话(部)	Hand Telephone(set)	258.59	282.23	264.56	255.42	245.60
接入有线电视网络的电视机(台)	Cable Television(set)	62.31	71.78	76.09	75.66	80.80
接入互连网的计算机(台)	Network-connected Computers(set)	36.97	52.72	60.30	70.33	84.97
接入互连网的移动电话(部)	Network-connected Hand Telephone(set)	203.86	238.54	221.89	217.03	216.96

3-9 城镇居民家庭平均每百户耐用消费品拥有量
Ownership of Major Durable Consumer Goods per 100 Urban Households

项　目	Item	2013	2014	2015	2016	2017	2018
摩托车(辆)	Motorcycle(set)	22.22	31.64	30.41	30.50	31.47	38.49
助力车(辆)	Man-drawn Vehicle(set)	18.61	22.83	24.25	27.35	29.44	38.03
家用汽车(辆)	Household Automobile(set)	13.28	13.65	17.68	23.63	25.18	35.79
洗衣机(台)	Washing Machine(set)	90.15	88.04	91.02	94.17	95.84	97.68
电冰箱(台)	Refrigerator(set)	94.71	93.24	95.21	98.10	100.29	104.67
彩色电视机(台)	Color TV(set)	117.13	116.59	116.90	117.66	118.85	122.36
家用电脑(台)	Household Computer(set)	73.48	69.95	74.05	74.43	73.77	73.00
照相机(架)	Camera(set)	33.21	28.35	25.44	18.80	21.76	15.04
中高档乐器(件)	Medium Upscale Musical Instrument(piece)	3.22	2.81	3.23	3.74	4.21	7.62
微波炉(台)	Microwave Oven(set)	52.99	44.98	47.61	50.25	51.58	45.70
空调器(台)	Air Conditioner(set)	122.03	119.26	128.43	139.62	141.90	163.89
热水器(台)	Shower Heater(set)	85.63	84.27	87.40	92.68	94.26	101.40
洗碗机(台)	Dishwasher(set)	1.93	2.03	1.83	1.22	1.34	1.94
健身器材(套)	Kitchen Ventilator(set)	2.34	3.33	3.82	3.32	3.66	6.38
固定电话(部)	Healthy Equipment(set)	39.22	41.71	33.91	28.70	27.13	13.23
移动电话(部)	Fixed Telephone(set)	207.61	212.26	223.13	233.48	234.58	261.28
接入有线电视网络的电视机(台)	Cable Television(set)	94.93	90.27	94.06	93.51	87.93	73.33
接入互连网的计算机(台)	Network-connected Computers(set)	63.31	55.84	59.83	61.86	58.30	61.05
接入互连网的移动电话(部)	Network-connected Hand Telephone(set)	93.72	94.12	112.70	141.66	152.25	219.66

3-10 市、州城镇居民人均可支配收入
Per Capita Disposable Income of Urban Households by Regions

单位：元 (yuan)

地 区	Region	城镇居民人均可支配收入			城镇常住居民人均可支配收入				
		2011	2012	2013	2014	2015	2016	2017	2018
武汉市	Wuhan	23738.09	27061.00	29821.22	33270.16	36436	39737	43405	47359
黄石市	Huangshi	17003.00	19417.00	21329.58	25207.83	27536	29906	32535	35327
十堰市	Shiyan	14171.97	16011.26	17694.04	22143.23	24057	26030	28518	30771
宜昌市	Yichang	16451.41	18774.98	20934.10	25025.46	27275	29735	32316	35011
襄阳市	Xiangyang	15351.65	17532.00	19329.03	24112.76	26282	28794	31316	33947
鄂州市	Ezhou	17008.14	19306.60	20878.16	22763.25	24774	26986	29399	31742
荆门市	Jingmen	15526.06	17677.80	19820.34	24627.00	26731	28920	31317	33779
孝感市	Xiaogan	15887.83	18091.00	19818.69	23490.53	25753	27939	30264	32685
荆州市	Jingzhou	14946.97	17010.00	18705.90	23128.16	25382	27666	29973	32590
黄冈市	Huanggang	14731.21	16765.39	18431.87	20729.00	22620	24796	26884	28978
咸宁市	Xianning	14874.52	16913.00	18580.62	21591.25	23505	25839	28053	30337
随州市	Suizhou	15870.32	18171.00	19806.39	20958.96	22791	24799	26959	29237
恩施州	Enshi	13174.00	15058.00	16639.09	20245.00	22198	24410	26766	28918
仙桃市	Xiantao	15052.00	17280.00	19065.02	22502.68	24641	26845	29266	31672
潜江市	Qianjiang	15560.86	17450.85	19187.21	22609.00	24721	26985	29284	31574
天门市	Tianmen	13885.75	15685.00	17112.34	20622.34	22618	24475	26528	28825
神农架林区	Shennongjia	12312.00	13567.00	14937.27	19810.00	21404	23452	25767	28176

注：2013年前分城镇和农村开展住户调查，为城镇居民人均可支配收入。2014年起使用城乡一体化住户收支与生活状况调查数据，为城镇常住居民人均可支配收入。

Note: Before 2013, the urban and rural household were investigated separately, and the data is for per capita disposable income of urban household. Since 2014, survey data of income and expenditures of urban and rural household integration has been used, and the data is for per capita disposable income of urban household.

3-11 农村居民家庭人均收支及恩格尔系数(1984-2018年)
Per Capita Annual Income and Expenditure & Engle's Coefficient of Rural Households(1984-2018)

年 份 Year	农村居民家庭人均纯收入(元) Per Capita Annual Disposable Income of Rural Households (yuan)	比上年±% Growth Rate Over Preceding Year (%)	农村居民家庭人均生活消费支出(元) Average Rural Households Consumption Expenditure (yuan)	比上年±% Growth Rate Over Preceding Year (%)	#食品消费支出(元) #Food Expenditure (yuan)	比上年±% Growth Rate Over Preceding Year (%)	恩格尔系数(%) Engel's Coefficient (%)
1984	392.29	31.1	305.03	20.8	186.56	19.6	61.2
1985	421.24	7.4	334.63	9.7	197.86	6.1	59.1
1986	445.13	5.7	373.53	11.6	217.19	9.8	58.2
1987	460.66	3.5	408.69	9.4	234.79	8.1	57.5
1988	497.84	8.1	450.62	10.3	258.09	9.9	57.3
1989	571.84	14.9	540.13	19.9	321.72	24.7	59.6
1990	670.80	17.3	607.58	12.5	376.18	16.9	61.9
1991	626.92	-6.5	615.40	1.3	369.18	-1.9	60.0
1992	677.82	8.1	611.84	-0.6	373.39	1.1	61.0
1993	783.18	15.5	722.09	18.0	446.62	19.6	61.9
1994	1170.06	49.4	1012.95	40.3	657.16	47.1	64.9
1995	1511.22	29.2	1245.10	22.9	753.91	14.7	60.6
1996	1863.62	23.3	1630.41	30.9	974.42	29.2	59.8
1997	2102.20	12.8	1660.13	1.8	928.54	-4.7	55.9
1998	2172.24	3.3	1699.43	2.4	918.95	-1.0	54.1
1999	2217.08	2.1	1572.90	-7.4	863.47	-6.0	54.9
2000	2268.50	2.3	1555.61	-1.1	827.25	-4.2	53.2
2001	2352.16	3.7	1649.18	6.0	856.25	3.5	51.9
2002	2444.06	3.9	1745.63	5.8	872.49	1.9	50.0
2003	2566.76	5.0	1801.63	3.2	930.98	6.7	51.7
2004	2890.01	12.6	2088.98	15.9	1076.35	15.6	51.5
2005	3099.20	7.2	2430.19	16.3	1192.26	10.8	49.1
2006	3419.35	10.3	2732.46	12.4	1278.80	7.3	46.8
2007	3997.41	16.9	3090.00	13.1	1479.04	15.7	47.9
2008	4656.38	16.5	3652.57	18.2	1711.34	15.7	46.9
2009	5035.26	8.1	3725.40	2.0	1668.35	-2.5	44.8
2010	5832.27	15.8	4090.78	9.8	1763.05	5.7	43.1
2011	6897.92	18.3	5010.74	22.5	1954.62	10.9	39.0
2012	7851.71	13.8	5726.73	14.3	2154.01	10.2	37.6
2013	8866.95	12.9	6279.52	9.7	2308.45	7.2	36.8
2014	10849.06	11.9	8680.93	10.6	2724.10	6.1	31.4
2015	11843.89	9.2	9803.15	12.9	2952.69	8.4	30.1
2016	12724.97	7.4	10938.30	11.6	3295.30	11.6	30.1
2017	13812.09	8.5	11632.51	6.3	3332.38	1.1	28.6
2018	14977.82	8.4	13946.26	19.9	3928.22	17.9	28.2

注：①2014年起使用城乡一体化住户收支与生活状况调查，与之前的分城镇和农村住户调查的范围、方法、指标口径有所不同，部分指标变化在0311—0325各表后注释。
②2014年起农民人均纯收入改为农村常住居民人均可支配收入。
③2014年起食品消费支出包括食品和烟酒。

Note: ①Survey data of income and expenditure of urban and rural household integration was used since 2014, and the scope of the investigation, the method and index are different (But these indexes are same in the thereafter related tables);
②Since 2014, the per capita net income of farmers has been changed to the per capita disposable income of rural permanent residents.;
③Since 2014, consumption expenditure on food including food, alcohol and tobacco.

3-12 农村居民家庭基本情况
Basic Conditions of Rural Households

项 目	Item	2013	2014	2015	2016	2017	2018
调查户数(户)	Number of Households Surveyed(household)	2096	2522	2540	2549	2538	2140
调查户常住人口(人)	Number of Permanent Residents per Households (person)	7921	7233	7309	7360	7287	6594
平均每户整半劳动力(人)	Average Full-Time and Part-Time Labors per Household(person)	2.88	2.03	2.04	2.05	2.06	2.10
平均每个劳动力负担人口(人)	Average Person Supported by Each Labor(person)	1.31	1.41	1.41	1.41	1.40	1.46
劳动力文化程度状况(%)	Education Attainments(%)						
不识字或识字很少	Few Illiteracy and Illiteracy	6.1	8.4	7.6	7.7	7.2	6.8
小学程度	Primary School	29.1	34.1	33.9	33.3	33.1	31.8
初中程度	Junior School	48.0	44.2	45.3	45.8	46.0	45.3
高中程度	Senior Secondary School	13.2	11.0	10.6	10.5	10.7	12.9
大专及以上	Junior College and Above	3.5	2.3	2.6	2.7	2.9	3.2
期末实际经营的土地面积(亩/人)	Land Area Dealing in Actually at the End of Term(mu/person)	3.78	5.50	4.98	5.18	5.44	3.97
耕地	Farmland	1.78	2.41	2.73	2.88	2.85	2.40
山地/林地	Woodland	1.78	2.77	1.92	1.94	2.17	1.07
园地	Gardening Land	0.07	0.10	0.09	0.11	0.13	0.05
养殖水面	Aquatic Space	0.16	0.22	0.24	0.25	0.29	0.45
期末住房情况	Housing Conditions at the Year-end						
住房面积(平方米/人)	Dwelling Space(sq.m/person)	41.84	54.78	55.61	57.67	58.71	57.76
住房价值(元/人)	Value of Houses(yuan/person)	26808	38264	43442	50766	52197	60055
住房类型(%)	Housing Styles(%)						
楼房面积	Building Space	72.14	62.64	63.48	63.77	65.00	73.40
砖瓦平房面积	Bungalow Space	26.74	35.93	34.26	33.83	32.91	24.72
住房结构(%)	Housing Structure(%)						
钢筋混泥土结构面积	Reinforced Structure	76.06	67.91	70.70	73.57	73.88	85.10
砖木结构面积	Brick and Wood Structure	18.81	25.30	22.41	20.85	20.71	13.18
期内新建(购)住房情况	Newly-built Houses within the Year						
新建(购)住房面积(平方米/人)	Newly-built House Space(sq.m/person)	1.60	2.01	1.41	0.88	1.00	1.05
新建(购)住房价值(元/人)	Value of Newly-Build(purchased) Houses(yuan/person)	1709	2259	2024	1775	18825	2900

3-13 按收入五等份分组农村居民家庭基本情况(2018年)
Basic Conditions of Rural Households by Five Equal Parts of Income(2018)

项　目	Item	低收入户 Low Income Households	中低收入户 Lower Middle Income Households	中等收入户 Middle Income Households	中高收入户 Upper Middle Income Households	高收入户 High Income Households
家庭常住人口(人)	Number of Permanent Residents per Households(person)	1422.50	1415.00	1384.48	1292.25	1080.21
就业劳动力(人)	Number of Employed Persons	899.00	898.00	929.92	915.00	860.50
劳动力文化程度状况(人)	Education Attainments(person)	899.00	898.00	929.92	915.00	860.50
文盲或半文盲	Few Illiteracy and Illiteracy	69.00	74.00	64.00	55.00	44.92
小学程度	Primary School	308.00	300.00	301.92	286.00	236.00
初中程度	Junior Secondary School	390.00	427.00	431.00	409.00	382.67
高中程度	Senior Secondary School	104.00	76.00	108.00	130.00	160.92
大专及以上	Junior College and Above	28.00	21.00	25.00	35.00	36.00
人均年末住房面积(平方米)	Per Capita Housing Area at the Year-end(sq.m)	50.99	51.75	56.93	59.94	73.42
人均年末经营耕地面积(亩)	Per Capita Arable Land Area Business at the year-end(mu)	1.27	1.65	2.16	2.63	4.97
人均主要农产品消费量(公斤)	Per Capita Consumption of Major Farm Products(kg)					
粮食	Grain	125.68	128.01	135.77	142.93	152.98
蔬菜及制品	Fresh Vegetables and Related Products	97.18	107.32	118.07	118.31	133.75
食用油	Edible Oil and Fats	10.84	11.13	11.78	12.92	15.57
水果	Fruits	30.18	28.40	28.76	31.50	37.98
猪肉	Pork	20.88	20.02	23.92	23.77	30.52
牛羊肉	Beef and Mutton	1.12	1.07	1.25	1.43	2.46
家禽	Poultry	3.60	4.25	4.71	5.02	6.35
蛋类及制品	Eggs and Related Products	5.83	5.80	6.72	6.80	8.37
水产品	Aquatic Products	10.53	10.61	12.48	13.99	19.79
卷烟(盒)	Cigarette(box)	32.08	28.96	36.03	42.33	47.91
酒类	Liquor	7.12	7.50	8.77	9.79	12.43

3-14 农村居民家庭人均总收入及构成
Per Capita Total Income and Composition of Rural Households

单位：元、% (yuan, %)

项　目	Item	2013	2014	2015	2016	2017	2018
总收入(元)	**Total Income(yuan)**	**11896.06**	**14836.14**	**15819.16**	**16807.81**	**17927.34**	**20158.66**
工资性收入	Income from Wages and Salaries	3868.21	3298.61	3682.91	4023.04	4389.58	4886.79
家庭经营收入	Income from Household Operations	7022.00	8699.22	8928.74	9242.06	9625.59	10927.48
农业	Farming	4049.41	4663.10	4927.80	4875.69	4887.51	4011.98
林业	Forestry	140.80	272.35	292.41	345.81	271.17	99.46
牧业	Animal Husbandry	1077.50	1610.39	1235.80	1199.91	1242.35	1694.16
渔业	Fishery	403.93	476.41	696.02	654.65	846.48	1381.42
工业	Industry	60.66	204.82	160.40	167.05	167.68	354.24
建筑业	Construction	307.83	188.27	110.67	261.24	359.50	546.40
交通、运输、邮电业	Transport and Telecommunications Industries	328.76	353.50	461.56	472.43	551.38	490.88
批发和零售贸易、餐饮业	Wholesale and Retail Trade, Catering Industry	401.46	572.30	646.44	886.04	887.31	1864.94
社会服务和文教卫生业	Social Services and Cultural and Educational Sector	177.96	211.73	189.00	141.72	137.63	167.96
农林牧渔服务业	Agriculture, Forestry, Animal Husbandry and Fishery Services		133.44	171.08	189.94	222.58	254.81
其他行业	Other Industry	10.54	12.93	37.56	47.59	51.99	61.23
财产性收入	Income from Properties	99.13	135.33	166.91	170.07	178.85	198.80
转移性收入	Income from Transfers	906.73	2702.98	3040.61	3372.64	3733.33	4145.59
总收入构成(%)	**Composition of Total Income(%)**						
工资性收入	Income from Wages and Salaries	32.5	22.2	23.3	23.9	24.5	24.2
家庭经营收入	Income from Household Operations	59.0	58.6	56.4	55.0	53.7	54.2
财产性收入	Income from Properties	0.8	0.9	1.1	1.0	1.0	1.0
转移性收入	Income from Transfers	7.6	18.2	19.2	20.1	20.8	20.6

3-15 农村居民家庭人均现金收入及构成
Per Capita Cash Income and Composition of Rural Households

单位：元、% (yuan, %)

项　目	Item	2013	2014	2015	2016	2017	2018
现金收入(元)	**Cash Income(yuan)**	**10819.88**	**13243.58**	**13958.40**	**15145.85**	**16228.97**	**18888.95**
工资性收入	Income from Wages and Salaries	3858.97	3282.57	3663.96	4000.55	4370.51	4866.90
家庭经营现金收入	Net Income from Household Operations	5959.60	7328.03	7336.22	7921.93	8318.33	10084.50
农业	Farming	3179.27	3614.71	3658.73	3873.47	3751.74	3304.21
林业	Forestry	142.91	163.40	172.04	241.80	224.36	77.18
牧业	Animal Husbandry	891.19	1404.35	1039.15	995.89	1128.45	1596.84
渔业	Fishery	395.83	468.59	689.58	644.76	835.71	1365.82
工业	Industry	60.66	204.82	160.40	167.05	167.68	354.24
建筑业	Construction	307.83	188.27	110.67	261.24	359.50	546.40
交通、运输、邮电业	Transport and Telecommunications Industries	328.76	353.50	461.56	472.43	551.38	490.88
批发和零售贸易、餐饮业	Wholesale and Retail Trade, Catering Industry	401.46	572.30	646.44	886.04	887.31	1864.94
社会服务和文教卫生业	Social Services and Cultural and Educational Sector	177.96	211.73	189.00	141.72	137.63	167.96
农林牧渔服务业	Agriculture, Forestry, Animal Husbandry and Fishery Services		133.44	171.08	189.94	222.58	254.81
其他行业	Other Industry	10.54	12.93	37.56	47.59	51.99	61.23
财产性收入	Income from Properties	99.26	135.33	166.91	170.07	178.85	198.80
转移性收入	Income from Transfers	902.05	2497.66	2791.31	3053.31	3361.28	3738.76
现金收入构成(%)	**Composition of Cash Income(%)**						
工资性收入	Income from Wages and Salaries	35.7	24.8	26.2	26.4	26.9	25.8
家庭经营现金收入	Net Income from Household Operations	55.1	55.3	52.6	52.3	51.3	53.4
财产性收入	Income from Properties	0.9	1.0	1.2	1.1	1.1	1.1
转移性收入	Income from Transfers	8.3	18.9	20.0	20.2	20.7	19.8

3-16 农村居民家庭人均纯收入(可支配收入)及构成
Per Capita Net Income of Rural Households (Disposable Income) and Composition

单位：元、% (yuan, %)

项 目	Item	2013	2014	2015	2016	2017	2018
全年纯收入(元)	**Net Income(yuan)**	**8866.95**	**10849.06**	**11843.89**	**12724.97**	**13812.09**	**14977.82**
工资性收入	Income from Wages and Salaries	3648.20	3298.61	3682.91	4023.04	4389.58	4886.79
家庭经营纯收入	Net Income from Household Operations	4616.55	5009.34	5281.41	5534.01	5963.95	6270.85
财产性收入	Income from Properties	84.13	125.44	160.78	158.60	165.79	185.94
转移性收入	Income from Transfers	518.07	2415.66	2718.79	3009.32	3292.77	3634.24
纯收入构成(%)	**Composition of Net Income(%)**						
工资性收入	Income from Wages and Salaries	41.1	30.4	31.1	31.6	31.8	32.6
家庭经营纯收入	Net Income from Household Operations	52.1	46.2	44.6	43.5	43.2	41.9
财产性收入	Income from Properties	0.9	1.2	1.4	1.2	1.2	1.2
转移性收入	Income from Transfers	5.8	22.3	23.0	23.6	23.8	24.3

注：2014年起为农村常住居民人均可支配收入、工资性收入、家庭经营净收入、财产净收入、转移净收入。
Note: Since 2014, indexes are per capita disposable income of rural household, wage income, net income from household business, property net income, transferred net income.

3-17 按收入五等份分组农村居民家庭人均收入情况(2018年)
Per Capita Income of Rural Households by Five Equal Parts of Income(2018)

单位：元、% (yuan, %)

项 目	Item	低收入户 Low Income Households	中低收入户 Lower Middle Income Households	中等收入户 Middle Income Households	中高收入户 Upper Middle Income Households	高收入户 High Income Households
总收入(元)	**Total Income(yuan)**	**8277.35**	**10816.34**	**16250.33**	**21083.08**	**52689.36**
工资性收入	Income from Wages and Salaries	1853.18	3573.04	5185.50	6517.93	8366.19
家庭经营收入	Income from Household Operations	4602.49	4334.08	7048.16	9238.77	35419.99
财产性收入	Income from Properties	66.74	66.86	128.00	175.65	674.51
转移性收入	Income from Transfers	1754.94	2842.36	3888.66	5150.73	8228.66
总收入构成(%)	**Composition of Total Income(%)**					
工资性收入	Income from Wages and Salaries	22.39	33.03	31.91	30.92	15.88
家庭经营收入	Income from Household Operations	55.60	40.07	43.37	43.82	67.22
财产性收入	Income from Properties	0.81	0.62	0.79	0.83	1.28
转移性收入	Income from Transfers	21.20	26.28	23.93	24.43	15.62
可支配收入(元)	**Disposable Income(yuan)**	**3584.11**	**8667.99**	**12505.70**	**17743.26**	**38643.78**
工资性收入	Income from Wages and Salaries	1853.2	3573.0	5185.5	6517.9	8366.2
家庭经营净收入	Net Income from Household Operations	483.9	2544.0	3743.2	6461.8	22119.0
财产净收入	Income from Properties	32.3	56.8	126.7	167.1	666.6
转移净收入	Income from Transfers	1214.8	2494.2	3450.3	4596.4	7492.0
可支配收入构成(%)	**Composirion of Disposasle Income(%)**					
工资性收入	Income from Wages and Salaries	51.7	41.2	41.5	36.7	21.6
家庭经营净收入	Net Income from Household Operations	13.5	29.3	29.9	36.4	57.2
财产净收入	Income from Properties	0.9	0.7	1.0	0.9	1.7
转移净收入	Income from Transfers	33.9	28.8	27.6	25.9	19.4

注：2014年起为农村常住居民人均可支配收入、工资性收入、家庭经营净收入、财产净收入、转移净收入。
Note: Since 2014, indexes are per capita disposable income of rural household, wage income, net income from household business, property net income, transferred net income.

3-18 农村居民家庭人均总支出及构成
Per Capita Total Expenditure and Composition of Rural Households

单位：元、% (yuan, %)

项　目	Item	2013	2014	2015	2016	2017	2018
总支出(元)	**Total Expenditure(yuan)**	**9477.33**	**16775.27**	**18257.83**	**19372.81**	**19739.32**	**23946.03**
家庭经营费用支出	Expenditure for Household Business	2408.72	3413.49	3366.25	3412.31	3349.56	4277.95
农业	Farming	1049.49	1329.35	1566.04	1535.20	1387.20	1105.56
林业	Forestry	19.52	27.68	23.91	126.05	25.67	13.86
牧业	Animal Husbandry	753.88	1279.08	923.32	765.09	795.14	1222.16
渔业	Fishery	174.04	217.63	366.77	276.83	420.32	663.93
工业	Industry	28.31	78.83	57.14	81.29	54.87	150.34
建筑业	Construction	120.30	158.47	43.86	143.14	218.87	110.29
交通、运输、邮电业	Transport and Telecommunications Industries	81.99	74.77	136.61	114.81	132.11	79.25
批发和零售贸易、餐饮业	Wholesale and Retail Trade, Catering Industry	82.03	166.42	175.88	276.11	215.23	832.21
社会服务和文教卫生业	Social Services and Cultural, Educational, and Public Health Services	69.33	39.98	18.10	25.19	16.19	18.19
农林牧渔服务业	Agriculture, Forestry, Animal Husbandry and Fishery Services		36.77	44.08	60.89	74.14	67.38
其他行业	Other Industry	2.19	4.51	10.54	7.70	9.82	14.78
购置住房、生产性固定资产支出	Purchase of Housing, Productive Fixed Assets	315.23	876.97	1244.33	862.13	762.17	1098.59
税费支出	Taxes and Fee						
生活消费支出	Expenses on Household Consumption	6279.52	8680.93	9803.15	10938.30	11632.51	13946.26
食品	Food	2308.45	2724.10	2952.69	3295.30	3332.38	3928.22
衣着	Clothing	347.67	495.73	549.14	568.71	626.40	783.07
居住	Residence	1415.73	1944.56	2150.27	2407.90	2512.27	2954.25
家庭设备、用品及服务	Household Facilities, Articles and Services	425.00	574.31	599.92	669.01	706.20	852.22
交通通信	Transport and Communications	605.95	816.43	1218.42	1381.37	1384.68	1933.05
教育文化娱乐	Education, Culture and Recreation	407.42	1010.19	1118.15	1156.60	1330.67	1551.43
医疗保健	Health Care	624.40	907.33	985.09	1213.47	1438.32	1588.03
其他商品和服务	Other Commodities and Services	144.90	208.28	229.48	245.94	301.59	355.99
财产性支出	Expenses on Properties	2.13	8.67	6.12	11.47	13.06	12.86
转移性支出	Expenses on Transfers	471.73	287.31	321.74	363.36	440.55	511.35
商业保险支出	Commercial Insurance Expenses		29.16	37.45	45.31	50.00	84.02
非经常性转移支出	Non Recurrently Transferred Expenditure		2313.24	2630.25	2852.52	2840.37	3075.13
借贷性支出	Borrowing Expenses		1165.51	848.53	887.42	651.11	939.87
总支出构成(%)	**Composition of Total Expenditure(%)**						
家庭经营费用支出	Expenditure for Household Operations	25.4	20.3	18.4	17.6	17.0	17.9
购置住房、生产性固定资产支出	Purchase of Housing, Productive Fixed Assets	3.3	5.2	6.8	4.5	3.9	4.6
生活消费支出	Expenses on Household Consumption	66.3	51.7	53.7	56.5	58.9	58.2
财产性支出	Expenses on Properties	0.0	0.1	0.0	0.1	0.1	0.1
转移性支出	Expenses on Transfers	5.0	1.7	1.8	1.9	2.2	2.1

3-19 农村居民家庭人均现金支出及构成
Per Capita Cash Expenditure and Composition of Rural Households

单位：元、%　　(yuan, %)

项　目	Item	2013	2014	2015	2016	2017	2018
现金支出(元)	**Cash Expenditure(yuan)**	**8563.81**	**14668.88**	**15923.32**	**16677.01**	**17014.59**	**21165.56**
家庭经营费用支出	Expenditure for Household Business	2243.66	3249.87	3222.08	3290.04	3230.71	4143.15
农业	Farming	1025.61	1312.12	1549.04	1524.86	1374.29	1083.63
林业	Forestry	19.52	27.68	23.90	126.02	25.61	13.86
牧业	Animal Husbandry	617.69	1134.39	798.39	657.97	695.01	1117.87
渔业	Fishery	172.26	215.92	364.55	272.05	414.56	655.34
工业	Industry	28.31	78.83	57.14	81.29	54.87	150.34
建筑业	Construction	120.30	158.47	43.86	143.14	218.87	110.29
交通、运输、邮电业	Transport and Telecommunications Industries	81.99	74.77	136.61	114.81	132.11	79.25
批发和零售贸易、餐饮业	Wholesale and Retail Trade, Catering Industry	82.03	166.42	175.88	276.11	215.23	832.21
社会服务和文教卫生业	Social Services and Cultural, Educational, and Public Health Services	69.33	39.98	18.10	25.19	15.86	18.19
农林牧渔服务业	Agriculture, Forestry, Animal Husbandry and Fishery Services		36.77	44.08	60.89	74.14	67.38
其他行业	Other Industry	2.19	4.51	10.54	7.70	9.82	14.78
购置住房、生产性固定资产支出	Purchase of Housing, Productive Fixed Assets	315.23	876.97	1244.33	862.13	762.17	1098.59
税费支出	Taxes and Fee						
生活消费支出	Expenses on Household Consumption	5531.07	6738.17	7612.82	8364.76	9026.62	11300.60
财产性支出	Expenses on Properties	2.13	8.67	6.12	11.47	13.06	12.86
转移性支出	Expenses on Transfers	471.72	287.31	321.74	363.36	440.55	511.35
商业保险支出	Commercial Insurance Expenses		29.16	37.45	45.31	50.00	84.02
非经常性转移支出	Non Recurrently Transferred Expenditure		2313.24	2630.25	2852.52	2840.37	3075.13
借贷性支出	Borrowing Expenses		1165.51	848.53	887.42	651.11	939.87
现金支出构成(%)	**Composition of Cash Expenditure(%)**						
家庭经营费用支出	Expenditure for Household Operations	26.2	22.2	20.2	19.7	19.0	19.6
购置住房、生产性固定资产支出	Purchase of Housing, Productive Fixed Assets	3.7	6.0	7.8	5.2	4.5	5.2
生活消费支出	Expenses on Household Consumption	64.6	45.9	47.8	50.2	53.1	53.4
财产性支出	Expenses on Properties	0.0	0.1	0.0	0.1	0.1	0.1
转移性支出	Expenses on Transfers	5.5	2.0	2.0	2.2	2.6	2.4

3-20 按收入五等份分组农村居民家庭人均支出情况(2018年)
Per Capita Expenditures of Rural Households by Five Equal Parts of Income(2018)

单位：元、% (yuan, %)

项　目	Item	低收入户 Low Income Households	中低收入户 Lower Middle Income Households	中等收入户 Middle Income Households	中高收入户 Upper Middle Income Households	高收入户 High Income Households
总支出(元)	**Annual Total Expenditures(yuan)**	**18181.29**	**15848.97**	**20747.47**	**24626.89**	**45974.06**
生活消费支出	Expenses on Household Consumption	10441.44	10927.37	13082.56	16006.56	21355.70
家庭经营费用支出	Expenditure for Household Business	3860.12	1629.51	3009.18	2506.66	12226.40
财产性支出	Expenses on Properties	34.45	10.11	1.33	8.53	7.86
转移性支出	Expenses on Transfers	540.16	348.17	438.35	554.34	736.69
商业保险支出	Commercial Insurance Expenses	37.46	58.33	96.10	105.80	139.21
购置住房及生产性固定资产支出	Purchase of Housing, Productive Fixed Assets	711.04	106.14	751.20	1069.38	3450.42
非经常性转移支出	Non Recurrently Transferred Expenditure	2092.86	2303.14	2814.06	3313.01	5487.80
借贷性支出	Borrowing Expenses	463.77	466.21	554.70	1062.61	2569.99
总支出构成(%)	**Composition of Annual Total Expenditures(%)**					
生活消费支出	Expenses on Household Consumption	57.4	68.9	63.1	65.0	46.5
家庭经营费用支出	Expenditure for Household Business	21.2	10.3	14.5	10.2	26.6
财产性支出	Expenses on Properties	0.2	0.1	0.0	0.0	0.0
转移性支出	Expenses on Transfers	3.0	2.2	2.1	2.3	1.6
商业保险支出	Commercial Insurance Expenses	0.2	0.4	0.5	0.4	0.3
购置住房及生产性固定资产支出	Purchase of Housing, Productive Fixed Assets	3.9	0.7	3.6	4.3	7.5
非经常性转移支出	Non Recurrently Transferred Expenditure	11.5	14.5	13.6	13.5	11.9
借贷性支出	Borrowing Expenses	2.6	2.9	2.7	4.3	5.6

3-21 农村居民家庭年人均出售主要农副产品情况
Annual Selling of Farm and Sideline Products of Rural Households per Capita

单位：千克 (kg)

项　目	Item	2013	2014	2015	2016	2017	2018
粮食	Grain	591.56	770.96	888.88	982.69	960.01	924.51
#小麦	Wheat	79.55	111.05	129.72	151.98	138.05	128.72
稻谷	Paddy	432.85	528.86	588.64	656.03	684.99	674.81
棉花	Cotton	72.29	48.98	30.33	19.31	23.01	18.98
油料	Oil Producer	73.99	77.34	52.15	45.97	40.04	38.21
糖料	Sugar	2.16	2.08	2.21	3.43	1.80	0.13
烟草	Tobacco	7.89	7.07	14.35	13.67	7.37	2.76
蔬菜	Vegetable	99.54	134.68	163.39	125.98	181.69	152.25
瓜类	Melon	40.74	33.63	10.12	15.49	20.49	7.60
水果	Fruits	62.86	111.30	97.70	93.46	109.78	104.67
茶叶	Tea	5.02	5.01	7.55	8.39	8.00	7.61
猪肉	Pork	28.51	58.86	41.76	32.19	40.52	30.98
家禽	Poultry	1.65	8.63	4.26	3.61	1.99	13.26
蛋类	Eggs	16.54	29.12	14.59	13.58	19.47	78.07
水产品	Aquatic Products	39.61	40.65	68.30	62.48	72.54	77.75

3-22 农村居民家庭人均主要食品消费量
Per Capita Main Food Consumption of Rural Households

单位：千克 (kg)

项　目	Item	2013	2014	2015	2016	2017	2018
粮 食	Grain	125.59	153.08	152.05	137.15	136.85	136.07
#小麦	Wheat	10.17	16.74	17.90	14.74	15.70	16.60
稻谷	Rice	104.27	121.21	118.83	107.22	106.54	103.38
豆类	Beans	3.85	7.25	7.86	8.72	7.70	9.20
蔬菜及菜制品	Vegetable and Vegetable Products	88.16	118.03	123.06	123.22	113.01	113.78
鲜菜	Fresh Vegetables	86.56	116.30	121.40	121.10	111.36	111.49
油脂类	Oil and Fats	11.05	29.71	16.04	15.52	14.10	12.27
植物油	Edible Vegetable Oil	10.61	29.02	15.24	14.89	13.51	11.86
动物油	Edible Animal Oil	0.43	0.70	0.79	0.62	0.58	0.41
肉禽及其制品	Meat, Poultry and Processed Products	22.91	29.82	31.20	29.15	27.52	31.54
猪肉	Pork	18.11	23.12	24.12	21.43	20.29	23.44
牛羊肉	Beef and Mutton	0.63	0.93	1.14	1.26	1.28	1.41
家禽	Poultry	2.87	4.19	4.27	4.60	4.00	4.70
蛋类及蛋制品	Eggs and Processed Products	4.68	6.65	8.31	8.08	7.26	6.61
奶及奶制品	Milk and Dairy Products	2.11	3.53	3.58	4.12	3.70	4.17
水产品	Aquatic Products	7.93	11.10	11.75	12.15	11.09	13.12
鱼类	Fish	7.58	10.55	10.97	11.20	10.06	11.98
干鲜瓜果	Meat, Poultry and Processed Products	13.33	20.74	22.42	26.28	28.68	34.02
酒 类	Liquor	10.08	14.25	12.78	11.85	10.81	8.92
#白酒	Distilled Spirit	3.65	5.82	5.51	5.22	5.27	4.43
啤酒	Beer	6.41	8.41	7.24	6.58	5.52	4.48

3-23 农村居民家庭主要生活用品购买量
Per Capita Annual Purchase of Major Items of Life of Rural Households

项 目	Item	单位	Unit	2013	2014	2015	2016	2017	2018
粮食	Grain	千克/人	kg/person	38.34	44.06	47.43	49.61	50.47	61.25
植物油	Edible Vegetable Oil	千克/人	kg/person	5.11	7.41	8.07	7.88	7.50	7.38
动物油	Edible Animal Oil	千克/人	kg/person	0.27	0.47	0.49	0.42	0.44	0.40
蔬菜	Vegetables	千克/人	kg/person	16.51	25.95	27.28	31.31	33.07	44.99
猪肉	Pork	千克/人	kg/person	8.76	13.13	14.32	13.80	14.74	18.35
牛羊肉	Beef and Mutton	千克/人	kg/person	0.54	0.85	1.04	1.14	1.22	1.38
家禽	Poultry	千克/人	kg/person	0.97	2.40	2.46	2.95	2.58	3.60
鲜蛋	Fresh Eggs	千克/人	kg/person		2.83	4.32	4.16	3.77	3.81
鲜活鱼类	Fresh Fish	千克/人	kg/person		9.58	10.13	10.31	9.30	11.14
卷烟	Cigarettes	盒/人	pack/person	26.93	41.00	40.03	40.62	38.60	36.79
酒	Liquor	千克/人	kg/person	10.06	16.23	12.76	11.78	10.72	8.88
水果	Fruits	千克/人	kg/person		17.63	19.69	23.07	25.35	30.07
服装	Garments	件/人	piece/person						
鞋类	Shoes	双/人	two/person		2.10	2.37	2.35	2.23	2.11
水泥	Cement	千克/人	kg/person						
钢材	Rolle Steel	千克/人	kg/person						
生活用煤	Coal	千克/人	kg/person		14.84	15.18	18.06	18.18	10.85
电视机	TV Sets	台/百户	set/100 households	5.76	5.31	7.17	6.39	5.66	6.38
洗衣机	Washing Machine	台/百户	set/100 households	4.44	4.93	4.35	4.48	4.29	4.92
电风扇	Electric Fans	台/百户	set/100 households						
电冰箱	Refrigerators	台/百户	set/100 households	6.16	6.03	6.61	6.62	5.62	7.26
自行车	Bicycle	辆/百户	set/100 households	6.54	6.99	6.27	5.63	5.37	6.90
摩托车	Motorcycle	辆/百户	set/100 households	3.91	3.65	3.51	3.18	2.99	4.13
热水器	Shower Heater	台/百户	set/100 households	3.58	2.75	3.20	3.19	2.66	4.05
电话机	Telephone Sets	部/百户	set/100 households	1.86	1.03	1.37	0.83	0.99	0.88
手机	Mobile Phones	部/百户	set/100 households	33.40	39.75	39.44	34.97	31.79	30.82

3-24 农村居民家庭每百户耐用消费品拥有量
Ownership of Major Durable Consumer Goods per 100 Rural Households

项 目	Item	2013	2014	2015	2016	2017	2018
彩色电视机(台)	Color TV(set)	114.35	116.50	118.46	120.09	121.73	121.00
照相机(架)	Camera(set)	5.24	4.89	3.84	2.97	3.72	2.57
洗衣机(台)	Washing Machine(set)	53.79	57.94	65.02	73.13	75.52	84.52
电冰箱(台)	Refrigerator(set)	75.82	79.53	84.75	93.01	95.81	102.11
摩托车(辆)	Motorcycle(set)	68.84	76.52	77.87	78.47	80.16	82.24
摄像机(台)	Video Camera(set)	0.62	0.50	0.44	0.37		
抽油烟机(台)	Exhaust Fan(set)	10.94	13.59	14.89	14.86	17.35	30.39
空调机(台)	Air Conditioner(set)	33.05	37.79	43.49	56.47	62.65	86.25
热水器(台)	Shower Heater(set)	52.16	58.01	61.71	68.63	71.21	84.74
电话机(部)	Telephone(set)	31.44	37.15	27.43	20.71	19.49	9.79
移动电话(部)	Mobile Telephone(set)	211.52	223.46	232.18	236.26	238.70	268.13
家用计算机(台)	Computer(set)	22.14	25.72	26.23	27.04	27.94	31.92
汽车(生活用)(台)	Automobile(set)	4.65	5.06	7.16	10.15	11.29	21.63

3-25 市、州农村居民人均纯收入(可支配收入)
Per Capita Annual Net Income of Rural Households (Disposable Income) by Regions

单位：元 (yuan)

地 区	Region	农村居民人均纯收入			农村常住居民人均可支配收入				
		2011	2012	2013	2014	2015	2016	2017	2018
武汉市	Wuhan	9814	11190	12713	16160	17722	19152	20887	22652
黄石市	Huangshi	6487	7477	8492	10957	12004	12925	13972	15125
十堰市	Shiyan	4044	4566	5226	7046	7779	8514	9373	10295
宜昌市	Yichang	7055	8046	9121	11837	12990	14057	15253	16514
襄阳市	Xiangyang	7549	8684	9785	12534	13650	14762	16005	17305
鄂州市	Ezhou	7909	9072	10210	12692	13812	14813	16168	17609
荆门市	Jingmen	8248	9387	10615	13481	14716	15811	17167	18776
孝感市	Xiaogan	7029	7988	9023	11597	12655	13554	14744	15988
荆州市	Jingzhou	7664	8710	9909	12625	13728	14707	15962	17300
黄冈市	Huanggang	5438	6142	6966	9388	10252	11076	12116	13238
咸宁市	Xianning	6588	7505	8480	10891	11940	12812	13925	15116
随州市	Suizhou	7427	8419	9490	11984	13022	14077	15268	16538
恩施自治州	Enshi	3939	4571	5235	7194	7969	8728	9588	10524
仙桃市	Xiantao	8006	9076	10365	13193	14422	15462	16736	18177
天门市	Tianmen	7407	8507	9608	12086	13178	14107	15367	16598
潜江市	Qianjiang	7684	8785	10017	12862	14076	15113	16397	17797
神农架林区	Shennongjia	4640	5110	5677	6920	7578	8342	9205	10091

注：2013年前分城镇和农村开展住户调查，为农民人均纯收入。2014年起使用城乡一体化住户收支与生活状况调查数据，为农村常住居民人均可支配收入。

Note: Before 2013, the urban and rural household were investigated separately, and the data is for per capita disposable income of rural household. Since 2014, survey data of income and expenditures of urban and rural household integration has been used, and the data is for per capita disposable income of rural household.

3-26 农村居民家庭固定资产投资情况
Fixed Assets Investment of Rural Households

单位：亿元 (100 million yuan)

项　目	Item	2013	2014	2015	2016	2017	2018
新增固定资产原值	**New Original Value of Fixed Assets**	**526.31**	**516.68**	**423.90**	**470.67**	**373.61**	**474.38**
固定资产投资完成额	**Finished Value of Investment of the Fixed Assets**	**510.48**	**473.63**	**477.48**	**507.78**	**409.79**	**501.80**
按投资来源分	Investment by Source						
国内贷款	Domestic Loans	3.41			46.31	7.12	
自筹资金	Self-raising Funds	506.65	472.81	467.66	449.11	398.70	495.89
其他资金	Others	0.42	0.82	9.82	12.36	3.97	5.90
按投资构成分	According to Constitute Sub-investment						
建筑工程	Construction	406.63	404.09	399.60	423.31	330.99	406.43
安装工程	Installation						
设备工、器具购置	For Equipment, the Purchase of Equipment	74.69	46.65	63.67	42.17	62.03	39.29
其他	Others	29.16	22.89	14.21	42.30	16.77	56.08
按投资方向分	According to the Investment Direction PM						
农业	Agriculture	83.84	76.18	103.90	71.26	47.48	65.73
采矿业	Mining	0.17					
制造业	Manufacturing	0.55	0.27	3.65		0.26	6.00
电力、燃气及水的生产和供应业	Production and Supply of Electricity, Gas and Water	0.62	0.74		4.36		
建筑业	Construction	16.92	0.47	0.17	0.39	0.11	0.72
交通运输、仓储和邮政业	Transport, Storage and Post	48.30	30.19	15.14	38.79	47.22	36.55
信息传输、计算机服务和软件业	Information Transmission, Computer Services and Software						
批发和零售业	Wholesale and Retail Trades	0.82	0.25	0.23	1.30	2.64	0.92
住宿和餐饮业	Hotels and Catering Services	0.16	0.03		6.01	1.00	3.75
金融业	Financial Intermediation						
房地产业	Real Estate	358.21	365.26	353.09	382.62	310.07	377.91
租赁和商务服务业	Leasing and Business Services					0.20	3.80
科学研究、技术服务和地质勘查业	Scientific Research, Technical Services, and Geological Prospecting						
水利、环境和公共设施管理业	Management of Water Conservancy, Environment and Public Facilities						
居民服务和其他服务业	Services to Households and Other Services	0.89	0.24	1.30	2.81	0.64	6.41
教育	Education						
卫生、社会保障和社会福利业	Health, Social Securities and Social Welfare						
文化、体育和娱乐业	Culture, Sports and Entertainment				0.23	0.16	
公共管理和社会组织	Public Management and Social Organizations						
国际组织	International Organizations						
按具体投资项目分	Based on Specific Investment Projects PM						
房屋	Housing	389.46	400.63	397.52	409.16	323.44	396.98
道路	Road				382.62		
桥梁	Bridge						
设备	Equipment	74.69	46.65	63.67	42.17	62.03	39.29
水利	Water	2.17	1.30	0.23	0.91	0.37	0.26
其他	Others	44.16	25.05	16.06	55.53	23.95	65.27
施工房屋面积(万平方米)	Acreage of House Construction(10000 sq.m)	5598.80	4543.88	4289.18	4305.50	3424.23	4404.81
竣工房屋面积(万平方米)	Acreage of House Completion(10000 sq.m)	4584.52	3671.35	3666.76	3799.32	3098.11	3512.47
竣工房屋投资完成额	Completion Amount of Investment in House	386.32	351.79	343.94	372.05	287.26	369.56

3-27 贫困地区农村居民家庭人均总收入

单位：元

项　　目	Item	2000	2005
全年总收入	**Total Income**	**2083.17**	**2450.07**
工资性收入	Income from Wages and Salaries	482.50	700.38
家庭经营收入	Income from Household Operations	1512.44	1593.47
第一产业	Primary Industry	1356.41	1460.07
农业收入	Farming	889.56	935.94
林业收入	Forestry	28.63	35.80
牧业收入	Animal Husbandry	431.80	479.65
渔业收入	Fishery	6.42	8.68
第二产业	Secondary Industry	40.56	34.61
工业收入	Industry	24.75	21.13
建筑业收入	Construction	15.81	13.48
第三产业	Tertiary Industry	115.47	98.79
交通运输、邮电业收入	Transport, Postal and Telecommunication Services		48.03
批发和零售贸易、餐饮业收入	Wholesale and Retail Trades and Catering Services		21.83
财产性收入	Income from Properties	8.99	27.86
转移性收入	Income from Transfers	79.24	128.36

3-28 贫困地区农村居民家庭人均总支出

单位：元

项　　目	Item	2000	2005
全年总支出	**Total Expenditure**	**1872.82**	**2453.49**
家庭经营费用支出	Expenditure for Household Operations	401.98	601.83
第一产业	Primary Industry	369.70	551.71
农业支出	Agriculture	180.20	287.63
林业支出	Forestry	2.32	5.40
牧业支出	Animal Husbandry	186.51	256.83
渔业支出	Fishery	0.67	1.85
第二产业	Secondary Industry	10.98	17.22
工业支出	Industry	6.92	10.80
建筑业支出	Construction	4.06	6.42
第三产业	Tertiary Industry	21.30	32.90
交通运输、邮电业支出	Transport, Postal and Telecommunication Services		17.58
批发和零售贸易、餐饮业支出	Wholesale and Retail Trades and Catering Services		6.02
生活消费支出	Expenses on Household Consumption	1337.99	1698.13
食品烟酒	Food, Tobacco and Liquor	774.32	912.75
衣着	Clothing	58.65	76.29
居住	Residence	163.91	190.10
家庭设备、用品及服务	Household Facilities, Articles and Services	60.10	73.89
交通和通信	Transport and Communications	47.07	128.58
教育、文化、娱乐用品及服务	Education, Culture and Recreation Articles	162.86	190.77
医疗保健	Health Care	45.75	91.85
其他商品和服务	Others	25.32	33.91
财产性支出	Expenses on Properties	1.03	2.48
转移性支出	Expenses on Transfers	78.31	113.54

Per Capita Annual Total Income of Rural Households of Poor Area

(yuan)

2012	2013	2014	2015	2016	2017	2018
6392.05	**7492.39**	**10133.83**	**11008.38**	**11649.77**	**12941.96**	**13851.38**
2430.92	3027.51	2839.28	2913.80	3157.79	3467.32	3812.73
3488.01	3597.82	4727.14	5107.29	5181.31	5754.55	5747.63
2985.54	2922.25	3621.24	3656.02	3550.69	3556.89	3604.55
1943.09	1888.86	2187.93	2269.04	2137.42	2234.38	2325.09
89.80	125.66	285.87	318.56	354.85	272.54	139.32
923.19	815.79	1091.55	1025.52	1029.37	1007.41	1035.15
29.47	91.92	55.89	42.90	29.05	42.56	104.99
129.39	103.77	188.27	185.29	282.46	543.42	513.42
68.03	54.98	109.73	98.58	137.61	98.15	111.67
61.36	48.79	78.54	86.71	144.85	445.27	401.74
373.08	571.81	917.64	1265.98	1348.16	1654.24	1629.66
181.46	201.94	249.91	327.75	433.41	553.53	520.92
123.58	272.96	460.68	612.59	654.99	786.38	682.07
40.59	84.43	88.55	77.93	86.39	88.46	113.08
432.53	782.62	2478.86	2909.36	3224.28	3631.63	4177.94

Per Capita Annual Expenditures of Rural Households of Poor Area

(yuan)

2012	2013	2014	2015	2016	2017	2018
6537.87	**7088.53**	**13232.21**	**14347.79**	**14376.26**	**15752.05**	**17422.26**
1358.34	1361.14	1898.56	1810.30	1666.15	1925.50	1616.05
1136.25	1130.31	1463.02	1294.03	1071.44	1209.30	1217.02
569.93	468.74	671.49	616.05	540.18	539.78	493.74
11.58	14.14	16.99	17.94	15.89	12.67	12.37
541.34	578.98	738.06	648.02	508.44	648.28	680.95
13.40	57.61	36.49	12.02	6.93	8.57	29.96
87.31	44.35	137.39	74.65	136.53	193.18	93.14
63.68	32.47	64.76	41.21	58.76	16.35	19.38
23.63	11.80	72.63	33.44	77.77	176.83	73.76
134.78	186.48	298.14	441.62	458.18	523.02	305.89
70.05	75.32	76.42	121.95	122.37	131.08	79.39
46.09	85.92	148.36	250.36	273.52	331.13	151.38
4559.76	5076.24	7249.33	8663.14	8499.32	9456.70	10647.48
1931.78	2123.51	2363.16	2862.71	2606.85	2912.77	3247.06
268.21	334.53	432.06	491.07	432.43	514.72	569.59
763.79	966.34	1657.13	2108.74	2173.78	2274.14	2391.59
312.04	356.25	495.04	526.82	547.51	629.68	647.14
397.77	445.09	712.08	937.67	965.20	1006.22	1081.61
289.49	315.84	733.67	829.59	799.31	995.12	1090.79
470.74	416.73	711.59	729.31	766.63	905.70	1346.00
37.26	117.95	144.60	177.23	207.61	218.35	273.70
23.87	1.18	10.48	5.40	10.31	11.27	18.04
488.49	478.40	215.63	265.68	239.90	293.10	393.19

3-29 贫困地区农村居民家庭人均纯收入(可支配收入)

单位：元

项　　目	Item	2010	2013
全年纯收入	**Net Income**	**3460.29**	**5674.89**
工资性收入	Income from Wages and Salaries	1524.03	3027.51
家庭经营收入	Income from Household Operations	1657.59	2099.90
第一产业	Primary Industry	1500.34	1721.70
农业收入	Farming	1145.83	1376.14
林业收入	Forestry	81.87	111.27
牧业收入	Animal Husbandry	256.22	200.49
渔业收入	Fishery	16.41	33.80
第二产业	Secondary Industry	39.25	48.24
工业收入	Industry	12.74	13.58
建筑业收入	Construction	26.51	34.67
第三产业	Tertiary Industry	118.00	329.96
交通运输、邮电业收入	Transport, Postal and Telecommunication Services	52.04	98.09
批发和零售贸易、餐饮业收入	Wholesale and Retail Trades and Catering Services	33.52	170.37
财产性收入	Income from Properties	35.82	84.43
转移性收入	Income from Transfers	24285.00	463.04

注：2014年起为农村常住居民人均可支配收入、工资性收入、家庭经营净收入、财产净收入、转移净收入。

Note: Since 2014, indexes are per capita disposable income of rural household, wage income, net income from household business, property net income, transferred net income.

3-30 贫困地区农村居民家庭人均现金收入

单位：元

项　　目	Item	2000	2005
全年现金收入	**Cash Income**	**1237.86**	**1592.04**
工资性收入	Income from Wages and Salaries	531.59	700.38
家庭经营现金收入	Income from Household Operations	631.43	754.86
第一产业	Primary Industry	4754.00	621.46
农业现金收入	Farming	242.19	324.35
林业现金收入	Forestry	23.68	28.23
牧业现金收入	Animal Husbandry	205.85	262.88
渔业现金收入	Fishery	3.68	6.00
第二产业	Secondary Industry	40.36	34.61
工业现金收入	Industry	24.75	21.13
建筑业现金收入	Construction	15.81	13.48
第三产业	Tertiary Industry	115.47	98.79
交通运输、邮电业现金收入	Transport, Postal and Telecommunication Services		48.03
批发和零售贸易、餐饮业现金收入	Wholesale and Retail Trades and Catering Services		21.83
财产性收入	Income from Properties	6.37	27.86
转移性收入	Income from Transfers	68.47	108.94

Per Capita Annual Net Income of Rural Households (Disposable Income) of Poor Area

(yuan)

2014	2015	2016	2017	2018
7831.44	**8681.99**	**9502.22**	**10470.66**	**11552.30**
2839.28	2913.80	3157.79	3467.32	3812.73
2652.22	3052.01	3283.97	3587.62	3859.78
2052.24	2264.65	2380.13	2244.81	2288.10
1447.41	1596.95	1542.44	1642.75	1790.77
268.40	299.62	338.09	255.61	125.83
317.16	337.49	478.06	312.95	296.98
19.27	30.60	21.54	33.50	74.52
31.32	89.14	123.04	309.60	388.36
13.76	45.88	66.98	73.13	83.78
17.56	43.26	56.06	236.47	304.58
568.66	698.22	780.80	1033.21	1183.32
151.20	162.47	269.09	385.16	368.00
294.94	328.06	348.61	429.08	503.97
76.73	72.49	76.08	77.19	95.04
2263.20	2643.68	2984.38	3338.53	3784.75

Per Capita Annual Cash Income of Rural Households of Poor Area

(yuan)

2012	2013	2014	2015	2016	2017	2018
5162.56	**6330.00**	**8556.47**	**9541.60**	**10404.38**	**11583.18**	**12543.37**
2428.20	3024.06	2835.26	2907.21	3152.53	3461.61	3802.22
2269.51	2440.22	3320.22	3805.47	4104.20	4583.14	4756.83
1767.41	1764.65	2214.32	2354.20	2473.58	2385.48	2613.75
1005.74	952.44	1185.14	1427.61	1471.07	1397.84	1558.23
88.21	129.23	120.41	115.59	175.10	116.15	63.82
646.45	591.86	854.12	769.01	800.06	830.47	887.76
27.01	91.11	54.65	41.99	27.35	41.02	103.94
129.02	103.77	188.27	185.29	282.46	543.42	513.42
68.03	54.98	109.73	98.58	137.61	95.15	111.67
60.99	48.79	78.54	86.71	144.85	444.27	401.74
373.08	571.18	917.64	1265.98	1348.16	1654.24	1629.66
181.46	201.94	249.91	327.75	433.41	553.53	520.92
123.58	272.96	917.64	612.59	654.99	786.38	682.07
32.58	84.43	88.55	77.93	86.39	88.47	112.65
432.27	781.28	2312.43	2750.99	3061.26	3449.96	3871.67

3-31 贫困地区农村居民家庭人均现金支出

单位：元

项　目	Item	2000	2005	2012
全年现金支出	**Cash Expenditure**	**1179.58**	**1745.27**	**5537.17**
家庭经营费用现金支出	Cash Expenditure for Household Operations	282.09	422.80	1077.84
第一产业	Primary Industry	250.91	374.54	857.80
农业现金支出	Agriculture	184.89	231.42	491.05
林业现金支出	Forestry	1.66	3.33	10.83
牧业现金支出	Animal Husbandry	63.70	138.01	342.53
渔业现金支出	Fishery	0.66	1.78	13.39
第二产业	Secondary Industry	10.22	16.68	87.19
工业现金支出	Industry	632.00	10.73	63.68
建筑业现金支出	Construction	3.90	5.95	23.50
第三产业	Tertiary Industry	20.96	31.59	132.86
生活消费支出	Expenses on Household Consumption	766.52	1169.89	3839.90
食品烟酒	Food Expenditure	242.56	422.39	1253.23
衣着	Clothing	56.13	76.29	267.81
居住	Residence	128.11	152.22	722.93
家庭设备、用品及服务	Household Facilities, Articles and Services	58.71	73.89	311.99
交通和通信	Transport and Communications	47.07	128.58	397.77
教育、文化、娱乐用品及服务	Education, Culture and Recreation Articles	162.86	190.77	289.49
医疗保健	Health Care	45.75	91.85	470.74
其他商品和服务	Others	25.32	33.91	125.94
财产性支出	Expenses on Properties	0.98	2.48	23.87
转移性支出	Expenses on Transfers	77.32	112.42	488.14

Per Capita Annual Cash Expenditures of Rural Households of Poor Area

(yuan)

2013	2014	2015	2016	2017	2018
6058.58	**9824.79**	**11781.14**	**10892.04**	**12069.50**	**14757.36**
1120.05	1595.40	1558.72	1512.27	1718.49	1440.97
889.66	1159.86	1042.45	917.56	1002.29	1041.95
429.37	616.79	567.66	516.14	517.19	472.10
14.14	16.99	17.94	15.89	12.67	12.37
378.10	489.61	444.84	378.86	464.47	528.99
57.37	36.48	12.01	6.67	7.96	28.49
44.35	137.39	74.65	136.53	193.18	93.14
32.47	64.76	41.21	58.76	55.35	19.38
11.88	72.63	33.44	77.77	137.83	73.76
186.48	298.14	441.62	458.18	523.02	305.88
4286.93	5437.98	6348.07	6164.54	7069.31	8437.21
1537.72	1117.29	2086.76	1954.59	2271.87	2753.98
333.17	430.76	489.24	431.30	513.54	569.03
765.74	639.16	731.26	647.38	700.64	940.88
355.76	494.17	522.71	542.52	626.10	646.46
444.49	712.08	937.63	964.38	1006.12	1080.18
315.51	733.67	829.56	799.30	995.12	1090.76
416.70	566.67	573.91	618.01	739.77	1082.45
117.84	142.04	177.00	207.06	216.15	273.47
1.18	10.48	5.40	10.31	11.27	18.04
478.40	215.63	265.68	239.90	293.10	393.19

主要统计指标解释

一、城镇住户

城镇家庭人口 指居住在一起，经济上合在一起共同生活的家庭成员。凡计算为家庭人口的成员其全部收支都包括在本家庭中。

城镇家庭总收入 指家庭成员得到的工薪收入、经营净收入、财产性收入、转移性收入之和，不包括出售财物收入和借贷收入。

城镇家庭可支配收入 指家庭成员得到可用于最终消费支出和其它非义务性支出以及储蓄的总和，即居民家庭可以用来自由支配的收入。它是家庭总收入扣除交纳的所得税、个人交纳的社会保障支出以及记账补贴后的收入。计算公式为:

可支配收入=家庭总收入-交纳所得税-个人交纳的社会保障支出-记账补贴

城镇家庭总支出 指除借贷支出以外的全部家庭支出。包括消费性支出、购房建房支出、转移性支出、财产性支出、社会保障支出。

城镇家庭消费性支出 指家庭用于日常生活的支出，包括食品、衣着、家庭设备用品及服务、医疗保健、交通和通信、娱乐教育文化服务、居住、杂项商品和服务等八大类支出。

城镇家庭服务性消费支出 指居民家庭用于本家庭支付社会提供的各种文化和生活方面的非商品性服务费用。不包括为别人付款服务。服务消费与商品消费不同，其特点在于其劳动过程和消费过程在时间与空间上的统一。

城镇家庭收入五等份分组方法 将所有调查户按户人均可支配收入由低到高排序，各按20%的比例依次分成五等份: 低收入户、中等偏低收入户、中等收入户、中等偏上收入户、高收入户。

二、农村住户

农村住户（农村常住户） 指长期（一年以上）居住在乡镇（不包括城关镇）范围内的住户，以及长期居住在城关镇所辖行政村范围内的农村住户。户口不在本地而在本地居住一年及以上的住户也包括在本地农村常住户范围内；有本地户口，但举家外出谋生一年以上的住户，无论是否保留承包耕地都不包括在本地农村住户范围内。

常住人口 指全年经常在家或在家居住6个月以上，而且经济和生活与本户连成一体的人口。外出从业人员在外居住时间虽然在6个月以上，但收入主要带回家中，经济与本户连为一体，仍视为家庭常住人口；在家居住，生活和本户连成一体的国家职工、退休人员也为家庭常住人口。但是现役军人、中专及以上（走读生除外）的在校学生、以及常年在外（不包括探亲、看病等）且已有稳定的职业与居住场所的外出从业人员，不算家庭常住人口。家庭常住人口主要作为计算农村住户平均每人收入、消费和积累水平及分析家庭人口状况的依据。

整、半劳动力 整劳动力指男子18周岁到50周岁，女子18周岁到45周岁；半劳动力指男子16周岁到17周岁，51周岁到60周岁；女子16周岁到17周岁，46周岁到55周岁，同时具有劳动能力的人。虽然在劳动年龄之内，但已丧失劳动能力的人，不应算为劳动力；超过劳动年龄，但能经常参加劳动，计入半劳动力数内。常住人口中的职工，若这些职工为劳动力，就包括在本户的整半劳动力中。

总收入 指调查期内农村住户和住户成员从各种来源渠道得到的收入总和。按收入的性质划分为工资性收入、家庭经营收入、财产性收入和转移性收入。

工资性收入 指农村住户成员受雇于单位或个人，靠出卖劳动而获得的收入。

家庭经营收入 指农村住户以家庭为生产经营单位进行生产筹划和管理而获得的收入。农村住户家庭经营活动按行业划分为农业、林业、牧业、渔业、工业、建筑业、交通运输业邮电业、批发和零售贸易餐饮业、社会服务业、文教卫生业和其他家庭经营。

财产性收入 指金融资产或有形非生产性资产的所有者向其他机构单位提供资金或将有形非生产

性资产供其支配，作为回报而从中获得的收入。

转移性收入 指农村住户和住户成员无须付出任何对应物而获得的货物、服务、资金或资产所有权等，不包括无偿提供的用于固定资本形成的资金。一般情况下，是指农村住户在二次分配中的所有收入。

现金收入 指农村住户和住户成员在调查期内得到以现金形态表现的收入。按来源分成工资性收入、家庭经营现金收入、财产性收入、转移性收入。

纯收入 指农村住户当年从各个来源得到的总收入相应地扣除所发生的费用后的收入总和。纯收入主要用于再生产投入和当年生活消费支出，也可用于储蓄和各种非义务性支出。“农民人均纯收入”按人口平均的纯收入水平，反映的是一个地区农村居民的平均收入水平。计算方法:

纯收入=总收入-家庭经营费用支出-税费支出-生产性固定资产折旧-赠送农村外部亲友支出

总支出 指农村住户用于生产、生活和再分配的全部支出。包括家庭经营费用支出、购置生产性固定资产支出、生产性固定资产折旧、税费支出、生活消费支出、财产性支出和转移性支出。

三、城乡一体化住户（2014 年起）

住户 指居住在一个住宅内，共同分享生活开支或收入的一群人。居住在同一房间内、不共同分享生活开支的人群，每个人都视为一个住户。住家保姆、住家家庭帮工视为单独的住户。根据居住的状态，可将住户分为家庭居住户和集体居住户。家庭居住户指的是以家庭成员关系为主，居住在同一住宅内共同生活的住户。同一住宅内有住家保姆或住家家庭帮工的，仍被视为家庭居住。集体居住户指的是相互没有家庭成员关系，居住在同一房间内，不共同分享生活开支，独立生活的住户。如在工棚、工厂的集体宿舍以及在工作地的集体居住户，每个人都视为一个住户。

住户成员 指居住在一个住宅内，所有与本住户分享生活开支或收入的人员。

常住成员 指住户成员中，经常在家居住、或者调查期内居住时间超过一半的人员，以及本住户供养的学生。季度调查的常住成员包括：①过去三个月已经居住或未来三个月打算居住时间超过 1.5 个月的住户成员。②过去三个月内每月至少在调查住宅居住一天以上，且没有在其他自有或独自租借的普通住宅中住过的人。或者说，在外与人合住或住在工棚、集体宿舍、工作地或其他临时性住所、又定期回家居住的人，也是本住户常住成员。③由本住户供养的在校学生（包括大中专学生和研究生）。常住成员是住户收支的调查对象。

居民可支配收入 指调查户在调查期内获得的、可用于最终消费支出和储蓄的总和，即调查户可以用来自由支配的收入。既包括现金，也包括实物收入。按照收入的来源，可支配收入包含四项，分别为：工资性收入、经营净收入、财产净收入和转移净收入。

其中：经营净收入=经营收入-经营费用-生产性固定资产折旧 - 生产税

财产净收入=财产性收入-财产性支出

转移净收入=转移性收入-转移性支出

工资性收入 指就业人员通过各种途径得到的全部劳动报酬和各种福利，包括受雇于单位或个人、从事各种自由职业、兼职和零星劳动得到的全部劳动报酬和福利。

经营净收入 指住户或住户成员从事生产经营活动所获得的净收入，是全部经营收入中扣除经营费用、生产性固定资产折旧和生产税之后得到的净收入。

财产净收入 指住户或住户成员将其所拥有的金融资产、住房等非金融资产和自然资源交由其他机构单位、住户或个人支配而获得的回报并扣除相关的费用之后得到的净收入。财产净收入包括利息净收入、红利收入、储蓄性保险净收益、转让承包土地经营权租金净收入、出租房屋净收入、出租其他资产净收入和自有住房折算净租金等。不包括转让资产所有权的溢价所得，这应该计入“非收入所得”。

转移性收入 指国家、单位、社会团体对住户的各种经常性转移支付和住户之间的经常性收入转移。包括政府、非行政事业单位、社会团体对居民转移的养老金或退休金、社会救济和补助、惠农补贴、政策性生活补贴、救灾款、经常性捐赠和赔偿以及报销医疗费等；住户之间的赡养收入、经常性捐赠和赔偿以及农村地区（村委会）在外（含国外）工作的本住户非常住成员寄回带回的收入等。不包括住户之间的实物馈赠。

转移性支出 指调查户对国家、单位、住户或个人的经常性或义务性转移支付。包括缴纳的税款、各项社会保障支出、赡养支出、经常性捐赠和赔偿支出以及其他经常转移支出等。

转移净收入=转移性收入-转移性支出

恩格尔系数 指食品支出金额在生活消费总支出金额中所占比例。计算公式为:

$$恩格尔系数=\frac{食品支出额}{消费支出总金额}\times 100\%$$

居民消费支出 指住户用于满足家庭日常生活消费需要的全部支出，包括用于消费品的支出和用于服务性消费的支出。根据用途不同，可划分为食品烟酒、衣着、居住、生活用品及服务、交通通信、教育文化娱乐、医疗保健、其他用品及服务八大类。根据来源不同，可划分为现金消费支出、实物消费支出（含自产自用、来自单位、来自政府和其他社会组织）。

Explanatory Notes on Main Statistical Indicators

I. Urban Households

Population of Urban Households refer to members of the household living and sharing economically together. All income and expenditure of the population of the household are included in the income and expenditure of the household.

Total Income of Urban Households refer to the sum of wage and salary, net business income, income from properties, and income from transfers members of the households during survey period, excluding income from selling of properties and income from borrowings. It is calculated on real income, no matter the income is supplied again or beforehand.

Disposable Income of Urban Households refers to the actual income at the disposal of members of the households which can be used for final consumption, other non-compulsory expenditure and savings. This equals to total income minus income tax, personal contribution to social security and sample household subsidy for keeping diaries. Following formula is used:

Disposable income = total household income - income tax - personal contribution to social security - sample household subsidy for keeping diaries

Total Expenditure of Urban Households refer to all expenditure of the households except expenditure on leading. It includes expenditure on consumption, on purchasing or building houses, on transfers, on properties and on social security.

Consumption Expenditure of Urban Households refers to total expenditure of the sample households for consumption in daily life, including expenditure on eight categories such as food, clothing, household appliances and services, health care and medical services, transport and communications, recreation, education and cultural services, housing, miscellaneous goods and services.

Expenditure of Urban Households on Consumption of Services refer to expenditure of households on services of various kinds provided by the society, not including services paid for other persons. Services are offered and consumed at the same time and place.

Urban Households by Five Equal Parts of Income All households in the sample are grouped, by per capita disposable income of the household, into groups of lowest income, low income, lower middle income, middle income, upper middle income, high income and highest income, each group consisting of 20% of all households.

II. Rural Household

Rural Households refer to resident households in rural areas. Resident households in rural areas are the households residing for more than one year in the areas under the jurisdiction of administration of township governments (excluding county towns), and in the areas under the jurisdiction of administration of villages in county towns. Migrated households residing in the current addresses for over one year with their household registration in other places are included in the resident households of their current addresses. For households with their household registration in one place but all members of the households moving away for living in another place for over one year, they will not be included in the rural households of the area where they are registered, irrespective of whether they still keep their contracted land.

Resident Population refers to population staying at home permanently or for over 6 months during a year and sharing life economically with the household. Members of the household staying away from the household for over 6 months but keeping a close economic relation with the household by sending the majority of income to the household are regarded as resident population of the household. Government staff and workers or retirees living as close members of the household are also considered as resident population. However, servicemen, students of secondary technical schools or schools of higher education and persons with stable jobs and residence outside the household (excluding those visiting relatives or seeking medical service) are not included as resident population of the household. Resident population is used in calculating income, consumption, accumulation on per capita basis of rural households and in analyzing composition of rural households.

Full/Semi Labour Force Full labour force refers to persons capable of work, aged 18-50 for males and 18-45 for females. Semi labour force refers to persons capable of work, aged 16-17 and 51-60 for males and 16-17 and 46-55 for females. Persons at their working ages but not capable of work are not to be included as labour force. Persons not at working ages but participating regularly in work are included in semi labour force. For staff and workers as resident population of the household, they are included as full or semi labour force of the household if they are in the labour force.

Total Income refers to the sum of income earned from various sources by the rural households and their members during the reference period, and is classified as income from wages and salaries, income from household operations, income from properties and income from transfers.

Income from Wages and Salaries refers to income from labour earned by the members of rural households employed by other units or individuals.

Income from Household Operations refers to income by the rural households as units of production and operations. Operations by rural households are classified by economic activities as agriculture, forestry, animal husbandry, fishery, manufacturing, construction, transportation, post and telecommunicat-ions, wholesale, retail and catering, social service, culture, education, health, and other household operations.

Income from Properties refers to the income received as returns by owners of financial assets or tangible non-productive assets by providing capitals or tangible non-productive assets to other institutional units.

Income from Transfers refers to the receipt by rural households and their members of goods, services, capitals or rights of assets without giving or repaying accordingly, excluding capitals provided to them for the formation of fixed assets. In general, it refers to all income received by rural households through redistribution.

Cash Income refers to income received by rural households and their members in the form of cash during the reference period. It is classified, by source of income, into income from wages and salaries, cash income from household operations, income from properties and income from transfers.

Net Income refers to the total income of rural households from all sources minus all corresponding expenses. Net income is mainly used as input for reproduction and as consumption expenditure of the year, and also used for savings and non-compulsory expenses of various forms. "Per capita net income of farmers" is the level of net income averaged by population which reflects the average income level of rural households in a given area.

The formula for calculation is as follows:

Net income=total income-household operation expenses-taxes and fees depreciation of fixed assets for production-the expenses given to the relatives in rural areas

Total Expenditure refers to total expenses of rural households on production, consumption and redistribution, including expenditure on household operations, on purchase of productive fixed assets, depreciation of productive fixed assets, taxes and fees, expenses on household consumption, expenses on properties and expenses on transfers.

Ⅲ. Urban and Rural Integration (From 2014)

Household means a group of people who live in a dwelling and share living expenses or income. Everyone who live in a same room, but do not share living expenses is considered as a household. Live-in nanny and home domestic workers are considered as separate households. Depending on the state of residence, it can be divided into family households and collective households. family households refer to the family members in the same house. Nanny or home family workers are also regarded as the family residence in the same residential home. Collective households refer to the people who have no family relationships, live in the same room, do not share their living expenses, and live alone. As in the barracks, factory dormitories and work in the collective residential households, everyone as a household.

Household Member refers to the household who are living in a house and share the expenses or income of the household.

Permanent Member refers to a household member, who often lives at home, stay for more than half during the period of survey, and students households support. Permanent members of the quarterly survey are including: ①household members who have lived more than 1.5 months in the past three months, or intend to live for more than 1.5 months in the next three months. ②people who have lived in the investigated house at least one day every month in the past three months, and had not lived in a other owned or rented ordinary residence alone. In other words, people who live outside with others, or live in the shed, dormitories, temporary shelter for work or others, and also regularly return home to live, are also permanent members of the household. ③Students at school (including college students, undergraduates and graduates) who are supported by households. Permanent members are respondent of income and expenditure of households.

Per Capita Disposable Income of the Household refers to the actual income of the households, which obtained by suvery households during the survey period, and can be used for final consumption expenditure and savings according to the survey on household income and expenditure and living conditions, that is the income which can be dominated by suvery household freely, dividing per capita income obtained by the resident households. Disposable income includes both cash and in kind income. Divided by source of income, disposable income contains four items, consisting of wage income, net business income, net property income, net transferred income.

Where:

Net Business Income=Business Income-Business Expenditure - Depreciation of Fixed Assets for Production - Taxes on Production

Net Property Income=Property Income-Property Expenditure

Net Transferred Income=Transferred Income-Transferred Expenditure

Wage Income refers to all the labor remuneration and welfare of the employees through various means. All labor remuneration and benefits, including the employment of units or individuals engaged in various free occupations, part-time and sporadic labor.

Net Business Income refers to the income of the household or household members engaged in the production and operation activities, is the net income of all operating expenses, production of fixed assets depreciation and production tax.

Property Net Income refers to the income received by the household or household members of the financial assets, housing, and other non financial assets and natural resources, which are obtained by other institutional units, households or individuals, and net income after deducting expenses. Property net income includes interest income, dividend income, savings insurance net income, transfer contract land management right to rent, rental housing net income, rental income and other assets of the net rent and other assets. Excluding the premium income from the transfer of property rights, which should be included in the "non income".

Transferred Income refers to the country, the unit, the social group to the tenants of a variety of recurrent transfer payments and the transfer of the regular income between households. Including residents' pension or retirement benefits from the government, the non administrative institutions, social groups, social benefits and subsidies, subsidies benefit farmers, policy subsidy, relief funds, regular donation and compensation and reimbursement of medical expenses; between tenants alimony income, often donations and compensation and the income of the rural areas households (village) (including foreign) return back to home. Does not include the physical gifts between households.

Transferred Expenditure refers to regular or voluntary transfer payment from the investigation to the country the unit, the household or the individual. Including the payment of the tax, the social security expenses, maintenance expenses, regular donations and compensation expenses, and other frequent transfer expenses, etc..

Net Transferred Income = Transferred Income - Transferred Expenditure

Engel's Coefficient refers to the percentage of expenditure on food in the total consumption expenditure, using the following formula:

$$\text{Coefficient}=\frac{\text{Engel's Expenditure on Food}}{\text{Total Consumption Expenditure}}\times 100\%$$

Per Capita Consumption Expenditure of Household refers to all expenditure which households used to meet needs of all the daily household consumption during the period of survey, including expenditure on consumer goods and services consumption, dividing per capita expenditure obtained by permanent households. Divided by function, consumption expenditure contains eight categories, consisting of food alcohol and tobacco, clothing, housing, supplies and services, transportation and communications, education, culture and entertainment, health care, other supplies and services.

四 价格调查

Chapter 4

Price Survey

资料整理：熊承煦　潘　路　邱　慧
张金兰　雷　迪

4-1 居民消费、商品零售、农业生产资料价格总指数(1987-2018年)

Consumer Goods Retail, Agricultural Production Materials Price Index(1987-2018)

(上年=100) (preceding year=100)

年 份	居民消费价格指数 Consumer Price Index			商品零售价格指数 Retail Price Index			农业生产资料价格指数 Price Indices of Farming Production Material		
Year	全 省 Province	城 市 Urban Areas	农 村 Rural Areas	全 省 Province	城 市 Urban Areas	农 村 Rural Areas	全 省 Province	城 市 Urban Areas	农 村 Rural Areas
1987	107.5	108.7	106.4	107.6	108.6	107.0	111.1		111.1
1988	119.0	120.5	117.2	119.5	121.5	117.8	118.1		118.1
1989	116.3	114.1	118.2	117.0	113.9	119.0	121.5		121.5
1990	104.2	103.1	105.1	102.9	102.3	103.3	102.9		102.9
1991	104.9	106.2	103.6	104.3	105.6	103.1	102.3		102.3
1992	109.6	110.5	108.1	107.0	108.4	104.7	106.6		106.6
1993	118.4	118.8	117.6	115.0	116.2	113.2	117.4		117.4
1994	125.3	127.0	124.1	124.6	124.0	125.1	122.4		122.4
1995	120.0	120.1	119.1	116.6	115.1	118.3	129.0		129.0
1996	109.4	110.2	107.9	106.5	106.2	106.9	108.6		108.6
1997	103.2	102.6	103.6	101.5	100.8	102.2	96.0		96.0
1998	98.4	97.9	99.0	97.1	96.3	98.0	91.9		91.9
1999	97.8	97.2	98.3	95.9	95.2	96.7	93.9		93.9
2000	99.0	100.0	98.2	97.8	98.1	97.1	97.6		97.6
2001	100.3	100.4	99.8	97.4	97.0	98.0	99.3		99.3
2002	99.6	99.2	100.8	98.8	98.4	99.5	101.0		101.0
2003	102.2	102.6	101.3	101.2	101.4	100.8	100.8		100.8
2004	104.9	104.5	105.8	104.1	103.1	105.4	111.3		111.3
2005	102.9	102.7	103.3	102.1	101.9	102.4	115.1		115.1
2006	101.6	101.4	101.9	101.1	100.8	101.6	101.4		101.4
2007	104.8	104.7	105.1	104.2	103.4	105.4	108.0		108.0
2008	106.3	105.5	107.4	106.3	105.4	107.6	127.2		127.2
2009	99.6	99.3	100.0	98.6	98.4	98.9	95.3		95.3
2010	102.9	102.8	103.1	103.1	103.0	103.4	101.9		101.9
2011	105.8	105.5	106.3	105.6	105.1	106.2	113.5		113.5
2012	102.9	102.8	103.0	102.6	102.4	102.7	103.5		107.2
2013	102.8	102.7	103.0	101.8	101.6	102.1	103.1		103.1
2014	102.0	102.0	101.9	100.9	100.8	101.0	97.9		97.9
2015	101.5	101.4	101.7	100.5	100.4	100.7	100.4		100.4
2016	102.2	102.1	102.2	100.8	100.7	100.9	100.3		100.3
2017	101.5	101.7	101.2	100.3	100.2	100.9	100.9		100.9
2018	101.9	102.0	101.8	101.2	101.2	101.6	100.9		100.9

注：按照统计制度要求，我国CPI每五年进行一次基期轮换，2016年1月开始使用2015年作为新一轮的对比基期，前三轮基期分别为2000年、2005年和2010年。与上轮基期相比，新基期调查目录和规格品与国际标准更为接近，一些新产品新服务纳入其中，能进一步反映居民消费和经济结构的变化；同时，CPI权数构成也相应地按照居民收支调查最新数据进行了适当调整。新基期CPI调查目录参考联合国制定的《按目的划分的个人消费分类》(COICOP)和国家统计局发布的《居民消费支出分类(2013)》进行了修订，涵盖全国城乡居民生活消费的食品烟酒、衣着、居住、生活用品及服务、交通和通信、教育文化和娱乐、医疗保健、其他用品和服务等8大类、262个基本分类的商品与服务价格。

Note: According to the statistical system, China's CPI every five years on a base rotation, in January 2016 started using 2015 as a new round of comparative base period, the first three rounds of base in 2000, 2005 and 2010 respectively. Compared with the wheel base on the new catalog and specification product base investigation more close with the international standard, new services include some new product, can further reflect the residents' consumption and the change of economic structure; At the same time, the composition of the CPI weighting has been appropriately adjusted according to the latest data of the household income and expenditure survey. New base the CPI investigation directory refer to the United Nations set the purpose according to the division of the personal consumption classification (COICOP) and the national bureau of statistics released by the residents' consumption expenditure classification (2013) revised, covers the national urban and rural residents living consumption of food,tobacco and liquor,clothing, housing, household items and services, transport and communications, education, culture and Recreation, health care and other products and services such as 8 categories, 262 basic classification of prices of goods and services.

4-2 居民消费价格分类指数(2018年)
Consumer Price Indices by Category(2018)

(上年＝100) (preceding year=100)

指 标	Item	全 省 Province	城 市 Urban Areas	农 村 Rural Areas
居民消费价格总指数	**Consumer Price Index**	**101.9**	**102.0**	**101.8**
非食品烟酒价格指数	**Non-food Tobacco and Alcohol Price Index**	**102.0**	**102.1**	**101.9**
服务价格指数	**Items of Service Price Index**	**102.6**	**102.8**	**102.1**
工业品价格指数	**Industrial Product Price Index**	**101.4**	**101.2**	**101.8**
消费品价格指数	**Consumable Price Index**	**101.6**	**101.5**	**101.7**
扣除食品和能源价格指数	**Deduction Food and Energy Price Index**	**101.8**	**101.9**	**101.6**
扣除鲜菜鲜果总指数	**Deduction Fresh Vegetables Fresh Fruit General Index**	**101.7**	**101.7**	**101.7**
食品烟酒	**Food, Tobacco and Liquor**	**101.8**	**101.9**	**101.7**
食品	Food	101.6	101.5	101.9
粮食	Grain	100.9	100.3	102.0
大米	Rice	100.8	100.0	102.0
面粉	Flour	101.8	100.1	103.4
粮食制品	Grain Products	101.3	101.0	102.0
薯类	Tubers	109.1	110.6	107.5
豆类	Beans	99.9	100.0	99.6
干豆	Dried Beans	99.0	99.3	98.5
豆制品	Bean Products	99.9	100.0	99.7
食用油	Edible Oil and Fats	99.9	99.5	100.5
食用植物油	Edible Vegetable Oil	100.3	99.8	101.3
食用动物油	Edible Animal oil	90.7	90.5	90.8
菜	Vegetables	106.7	106.6	107.0
鲜菜	Fresh Vegetables	107.3	107.2	107.9
干菜及菜制品	Dried Vegetables and Vegetable Products	99.6	100.0	98.4
畜肉类	Meal, Poultry and Processed Products	96.3	96.5	96.0
猪肉	Pork	92.7	92.6	92.9
牛肉	Beef	103.6	103.3	104.2
羊肉	Mutton	116.1	116.9	114.5
畜肉副产品	Animal By-products	94.6	95.0	94.0
禽肉类	Poultry	105.2	103.6	109.1
鸡	Chicken	106.2	103.2	112.8
鸭	Duck	105.8	106.0	105.5
水产品	Aquatic Products	98.6	97.2	102.6
淡水鱼	Fish in Fresh Water	95.6	94.2	100.3
海水鱼	Fish in Sea Water	102.9	100.8	105.0
虾蟹类	Decapod Crustacean	103.7	103.1	108.7
蛋类	Eggs	110.1	108.3	113.8
鸡蛋	Chicken's Eggs	110.8	109.0	114.6
其他蛋及制品	Other Eggs and Products	104.4	103.1	107.2

4-2 续表 1 Continued

(上年＝100) (preceding year=100)

指　　标	Item	全　省 Province	城　市 Urban Areas	农　村 Rural Areas
奶类	Milk	102.3	102.9	100.7
鲜奶	Fresh Milk	102.4	103.0	100.5
酸奶	Yogurt	99.3	98.9	100.6
奶粉	Milk Powder	103.4	104.4	101.1
干鲜瓜果类	Dried and Fresh Melons and Fruits	106.0	107.0	103.3
鲜瓜果	Fresh Fruits	108.2	109.8	104.2
坚果	Nuts	98.6	98.1	99.9
瓜果制品	Melon and Fruit Products	102.0	102.1	101.9
糖果糕点类	Confectionery	101.7	101.2	102.8
食糖	Sugar	103.6	102.3	105.2
糖果	Candy	101.1	101.5	100.4
糕点	Pastry	101.3	100.5	103.6
调味品	Flavoring	102.0	102.5	101.0
食用盐	Salt	97.8	96.9	99.2
酱油	Soy Sauce	101.8	102.4	100.6
食醋	Vinegar	107.3	108.8	102.5
调味酱	Bechamel	101.2	101.1	101.4
味精	Monosodium Glutamate	100.0	99.9	100.2
其他食品类	Other Food Categories	100.5	100.3	101.0
方便食品	Convenience Foods	99.3	99.0	99.7
淀粉及制品	Starch and Products	100.6	100.2	102.0
膨化食品	Puffed Food	102.2	102.1	102.6
茶及饮料	Tea and Beverages	100.9	100.9	100.8
茶叶	Tea	102.1	102.1	102.0
固体咖啡	Solid Coffee	101.0	101.0	101.0
饮用水	Drinking Water	99.2	99.4	99.0
果汁饮料	Fruit Juice Beverages	101.3	101.5	100.4
烟酒	Tobacco, Liquor	100.6	100.6	100.5
烟草	Tobacco	100.0	100.0	99.9
酒类	Liquor	101.7	101.7	101.8
白酒	Distilled Spirit	101.6	101.7	101.4
葡萄酒	Wine	100.5	100.9	98.6
啤酒	Beer	102.0	101.8	102.4
在外餐饮	Dining Out	103.1	103.4	101.9
正餐	Dinner	103.3	103.7	101.7
快餐	Fast Food	101.6	101.4	102.4
地方小吃	Local Snacks	106.3	107.5	101.5

4-2 续表 2 Continued

(上年＝100) (preceding year=100)

指 标	Item	全 省 Province	城 市 Urban Areas	农 村 Rural Areas
衣着	**Clothing**	**100.8**	**101.1**	**100.0**
服装	Garments	100.6	100.8	100.1
男式服装	Men's Garment	100.9	101.6	99.2
男士西服	Men's Suits	100.7	101.7	96.8
男士冬衣	Men's Clothes	99.8	100.7	97.3
男士夹克衫	Men's Jacket	101.8	101.8	101.7
男士毛线衣	Men's Knitted Woolen Clothes	101.2	101.6	100.2
男士运动装	Men's Sport Clothing	101.7	101.1	103.7
男士衬衫T恤	Men's Shirt T-shirts	100.2	101.0	98.7
男士裤子	Men's Trousers	101.9	103.0	98.6
男士内衣	Men's Underwear	100.1	100.5	99.1
女式服装	Women's Dress	101.0	101.1	100.6
女式外套	Women's Overcoat	101.4	100.9	103.3
女士冬衣	Women's Clothes	100.6	101.2	98.5
女士毛线衣	Women's Knitted Woolen Clothes	100.2	100.4	99.3
女士运动装	Women's Sports Wear	102.9	103.6	101.1
女士衬衫T恤	Women's Shirt T-shirts	102.5	100.7	106.3
女士裤子	Women's Trousers	100.0	100.7	97.7
女士裙子	Skirt	101.5	101.6	101.4
女士内衣	Women's Underwear	99.7	100.5	97.8
儿童服装	Children's Garment	98.7	98.1	100.5
婴幼服装	Infants Clothing	99.2	98.5	101.3
儿童上衣	Children's Suits	99.7	99.0	101.8
儿童裤子	Children's Trousers	96.8	95.7	99.8
儿童裙子	Children's Skirt	98.7	99.3	96.1
服装材料	Clothing Material	100.8	101.1	100.2
其他衣着及配件	Other Clothing and Accessories	99.8	100.4	98.7
袜子	Socks and Stockings	100.1	100.7	99.2
帽子	Hats	98.9	98.6	99.8
衣着加工服务费	Clothing Processing	105.2	106.1	102.7
衣着洗涤保养	Scrubbing Maintenance	107.3	109.1	102.9
衣着加工	Clothing Processing	101.1	100.7	102.4
鞋类	The Footwear	101.1	101.6	99.4
鞋	Shoes	101.0	101.6	99.4
男鞋	Men's Shoes	99.9	100.4	98.4
女鞋	Women's Shoes	101.1	101.7	98.9
童鞋	Children's Shoes	103.3	104.3	101.6
鞋类加工服务	Footwear Processing Service	102.7	103.5	101.2

4-2 续表 3 Continued

(上年＝100) (preceding year=100)

指　　标	Item	全　省 Province	城　市 Urban Areas	农　村 Rural Areas
居住	**Residence**	**102.5**	**102.3**	**103.1**
租赁房房租	Tenancy	103.1	103.0	103.3
公房房租	Public Housing Rent	100.5	100.0	102.7
私房房租	Talk Accommodation	103.3	103.3	103.3
住房保养维修及管理	Housing Maintenance and Management	103.5	102.5	105.2
住房装潢材料	Housing Decoration Materials	102.8	101.6	104.8
木地板	Wood Floor	103.1	102.0	105.4
瓷砖	Ceramic Tile	103.2	101.1	106.2
水泥	Cement	111.0	110.4	111.7
涂料	Paint	100.4	99.1	102.6
板材	Board	103.6	102.5	105.8
管材	Pipe	102.6	100.7	106.9
厨卫设备	Kitchen Equipment	99.0	98.8	99.3
门窗	Doors and Windows	101.0	100.4	101.7
物业管理费	Property Management Fees	100.2	100.0	101.3
住房装潢维修	Housing Decoration Maintenance	105.4	104.8	106.0
装潢维修费	Housing Decoration Maintenance	106.9	106.5	107.3
其他住房费用	Other Housing Expenses	100.3	100.0	100.8
水电燃料	Water, Electricity and Fuels	101.9	102.0	101.5
水	Water	100.7	100.0	103.9
电	Electric	100.1	100.0	100.2
燃气	The Fuel Gas	105.4	105.8	104.3
管道燃气	Pipeline Gas	100.4	100.4	100.1
液化石油气	Liquefied Petroleum Gas	107.5	108.9	104.6
取暖费	Heating Fee	101.9	102.4	100.1
其他燃料	Other Fuel	103.4	104.7	101.7
自有住房	Self-owned House	102.4	102.2	102.9
生活用品及服务	**Articles for Daily Use and Services**	**101.3**	**101.3**	**101.2**
家具及室内装饰品	Furniture and Interior Decorations	102.5	103.1	101.3
家具	Furniture	102.8	103.5	101.4
柜	Counters	103.9	104.5	102.9
床	Beds	101.3	101.5	101.0
桌	Desks	103.9	105.7	100.9
椅	Chairs	103.3	103.0	103.8
沙发	Sofas	102.1	103.2	98.9
室内装饰品	Interior Decorations	99.8	99.8	100.0
灯具	Lamp	100.0	99.8	100.8

4-2 续表 4 Continued

(上年＝100) (preceding year=100)

指 标	Item	全 省 Province	城 市 Urban Areas	农 村 Rural Areas
家用器具	Household Appliances	99.6	99.1	100.6
大型家用器具	Large Household Appliances	99.6	99.2	100.3
洗衣机	Washing Machine	98.8	98.2	99.8
电冰箱(柜)	Refrigerator	99.6	97.9	102.2
吸排油烟机	Smoke Exhauster	100.9	101.2	100.1
空调器	Air Conditioner	100.0	100.6	98.9
热水器	Shower Heater	99.9	99.7	100.2
灶具炉具	Cooking Stove	97.0	96.3	99.3
微波炉	Microwave Oven	100.0	99.9	100.2
小家电	Small Home Appliance	99.5	98.3	102.3
厨房小家电	Kitchen Appliances	99.8	98.8	102.4
生活小家电	Household Appliance	99.0	97.7	102.2
家用纺织品	Home Textiles	99.5	99.6	99.2
床上用品	Bed Articles	99.4	99.5	99.0
被子	Quilts	99.2	99.1	99.5
床单被套	Bed Sets	98.9	99.2	97.9
窗帘门帘	Curtain	100.5	100.6	100.4
其他家用纺织品	Other Household Textiles	99.6	99.5	100.1
家庭日用杂品	Household Articles for Daily Use	101.4	101.3	101.5
洗涤卫生用品	Washing Sanitary Articles	101.1	100.7	102.2
清洗用品	Cleaning Supplies	101.9	102.5	100.4
清洁用具	Cleaning Appliance	100.1	99.9	100.6
清洁用纸	Cleaning Paper	100.7	99.2	105.0
厨具餐具茶具	Kitchenware Cooking-set Tea-set	100.3	100.3	100.4
厨具	Kitchenware	99.9	99.8	100.1
餐具	Cooking-set	101.0	101.0	100.9
茶具	Tea-set	99.8	99.5	100.2
家用手工工具	Hand Tools for Household Use	101.3	101.1	101.6
其他家庭日用杂品	Other Family Daily Sundry Goods	102.3	103.0	101.2
配电附件	The Power Distribution in Attachment	103.2	104.2	101.3
雨具	Rain Gear	101.5	102.2	100.4
个人护理用品	Personal Care Products	101.2	101.0	101.9
化妆品	Cosmetics	101.0	100.7	102.7
清洁化妆品	Cleaning Cosmetics	102.4	102.4	102.5
护肤化妆品	Skin Care Cosmetics	101.0	100.5	103.8
彩妆化妆品	Make-up Cosmetics	99.7	99.6	100.9
化妆器具	Makeup Tools	99.9	99.8	100.2

4-2 续表 5 Continued

(上年＝100) (preceding year=100)

指　　标	Item	全　省 Province	城　市 Urban Areas	农　村 Rural Areas
其他护理用品类	Other Care Products	101.4	101.3	101.6
清洁类护理用品	Cleaning Products	102.5	102.8	102.0
护发美发用品	Hair Care Products	101.6	101.8	101.1
护理器具	Care Tools	100.3	99.7	101.8
家庭服务	Household Service	107.1	107.7	105.0
家政服务	Housekeeping Service	106.8	106.1	110.6
家庭维修服务	Home Maintenance Service	107.4	110.0	102.0
交通和通信	**Transport and Communications**	**102.2**	**102.2**	**102.2**
交通	Transport	104.0	103.9	104.0
交通工具	Transport Facility	99.0	98.8	99.4
小型汽车	Compact Car	98.5	98.5	98.5
电动自行车	Electric Bicycle	100.5	100.4	100.5
自行车	Bicycle	100.8	101.8	98.5
交通工具使用燃料	Fuels for Transport Facility	112.7	112.7	112.8
汽油	Gasoline	112.9	112.9	112.9
柴油	Diesel Oil	114.3	114.3	114.3
交通工具使用及维修	Use and Maintenance of Transport Facility	101.9	102.5	100.2
停车费	Parking Fee	100.5	100.6	99.9
车辆使用费	Vehicle Usage Fee	100.1	100.4	99.4
交通工具零配件	Vehicle Spare Parts	100.2	100.5	99.3
车辆修理与保养	Vehicle Repair and Maintenance	104.7	105.7	101.7
交通费	Traffic Fee	103.3	103.8	102.2
市内公共交通	City Public Transport	100.8	101.3	99.1
出租汽车	Taxi	103.2	103.0	103.8
飞机票	Plane Ticket	117.5	117.5	117.5
火车票	Train Ticket	103.1	103.1	103.1
长途汽车	Long-distance Coach	101.0	101.7	99.9
通信	Communication	99.4	99.5	99.1
通信工具	Communication Facility	96.5	96.3	97.1
固定电话机	Stationary Telephone	99.3	99.3	99.3
移动电话机	Mobile Telephone	96.3	96.0	96.9
通信工具零配件	Communication Tools Spare Parts	99.5	99.5	99.7
通信服务	Communication Service	100.3	100.5	99.7
固定电话费	Fixed Telephone Fee	99.8	100.0	99.2
移动通信费	Mobile Communications	99.8	100.0	99.4
上网费	Internet Access Fee	102.0	102.1	101.5

4-2 续表 6 Continued

(上年＝100) (preceding year=100)

指　　标	Item	全　省 Province	城　市 Urban Areas	农　村 Rural Areas
邮递服务	Monthly Renting Fee	100.0	99.9	100.1
邮政邮寄	Postal Mail	100.0	100.0	100.0
快递服务	Expressage	99.9	99.9	100.2
教育文化和娱乐	**Education, Culture and Recreation**	**101.5**	**101.3**	**101.8**
教育	Education	102.0	101.9	102.2
教育用品	Education Supplies	100.8	100.6	101.0
工具书	Reference Book	100.0	100.0	100.0
教材	Text-book	100.1	100.3	99.9
参考资料	The Resources	101.9	101.1	103.6
教育服务	Education Services	102.2	102.1	102.4
学前教育	Pre-school Education	103.6	102.8	105.2
小学初中教育	Elementary School and Junior High School Education	101.9	101.2	103.2
高中中职教育	High School and Secondary Vocational Education	100.7	100.1	101.9
高等教育	Higher Education	102.7	103.6	101.1
课外教育	Extracurricular Education	103.1	102.9	103.6
专业技能培训	Technical Training	101.0	100.5	102.4
文化娱乐类	Cultural Entertainment	100.7	100.5	101.0
文娱耐用消费品	Durable Consumer Goods for Recreational	98.7	98.0	99.8
电视机	Television	97.1	96.2	98.3
照相机	Camera	99.8	99.9	99.6
台式计算机	Desktop Computer	99.2	97.3	101.6
笔记本平板	Portable Computer	98.5	96.9	101.5
乐器	Musical Instrument	100.9	102.1	98.8
音响	Audio	98.4	97.4	99.0
其他文娱用品	Other Entertainment Products	101.0	100.6	101.6
书报杂志	Newspapers and Magazines	100.0	100.0	100.0
纸张文具	Paper Stationery	100.7	101.2	99.8
体育户外用品	Sports Outdoor Goods	100.3	100.3	100.5
游戏用品和玩具	Game Supplies and Toys	100.0	99.8	100.4
园艺花卉及用品	Gardening Flowers and Articles	99.4	98.6	100.9
宠物及用品	Pets and Supplies	101.6	99.3	105.7
文化娱乐服务	Cultural and Recreational Services	100.8	101.0	100.2
电影票	Video-movie Ticket	102.6	102.9	100.8
景点门票	Attractions Tickets	98.4	98.0	99.8
有线电视	Cabled TV	99.9	99.9	100.0
健身活动	Healthy Activities	99.9	99.8	100.0

4-2 续表 7 Continued

(上年＝100) (preceding year=100)

指　　标	Item	全　省 Province	城　市 Urban Areas	农　村 Rural Areas
旅游	Tourism	101.7	101.4	103.8
旅行社收费	Travel Agency Charges	102.1	101.8	104.2
医疗保健	**Medicine**	**103.5**	**104.4**	**101.5**
药品及医疗器具	Medicines and Medical Devices	102.3	101.6	104.1
中药	Traditional Chinese Medicine	104.4	103.6	106.6
中药材	Chinese Herbal Material	104.6	105.4	103.0
中成药	Chinese Patent Drugs	104.3	102.9	108.9
西药	Western Medicine	101.6	100.9	103.0
抗微生物药	Antimicrobial Agents	99.9	99.2	101.6
消化系统用药	Digestive System	101.4	100.8	102.6
呼吸系统用药	Respiratory System	102.7	101.9	104.0
解热镇痛药	Antipyretic Analgesics	101.4	102.0	99.9
抗肿瘤药	Antineoplastic Agents	102.8	99.6	110.6
激素及影响内分泌药	Hormones and Endocrine Agents	100.3	98.3	102.5
心血管系统用药	Cardiovascular System	101.4	100.4	104.1
血液系统用药	Blood System Medication	102.2	104.1	98.4
治疗精神障碍药	Drugs for The Treatment of Mental Disorders	99.4	99.1	100.0
神经系统用药	Drugs for Nervous System	101.5	100.9	102.8
消毒防腐及创伤外科用药	Disinfectant and Preservative and Trauma Surgery Medicine	104.5	104.6	104.3
泌尿系统用药	Urinary System Drugs	102.7	100.6	105.6
维生素类	Vitamin	108.6	106.0	112.9
调节水、电解质及酸碱平衡药	Adjust Water, Electrolyte and Acid-base Balance	97.9	97.4	98.7
滋补保健品	Tonic and Healthy Goods	102.0	101.1	105.9
医疗卫生器具	Medical Appliance	100.3	100.2	100.4
保健器具	Healthy Appliance	99.7	99.4	100.5
医疗服务	Medical Services	104.2	106.2	100.1
综合医疗类	Integrated Medical Services	108.9	112.2	100.6
一般医疗服务	General Medical Services	107.0	109.5	101.1
一般治疗操作	General Therapeutic Operation	103.5	105.3	100.1
护理	Nursing	115.0	119.1	100.0
诊断类	Diagnosis of Class	99.9	99.8	100.0
病理学诊断	Pathological Diagnosis	99.9	99.8	100.0
实验室诊断	Laboratory Diagnosis	99.0	98.3	100.2
影像学诊断	Imaging Diagnosis	98.4	97.8	99.6
临床诊断	Clinical Diagnosis	102.5	103.7	100.0

4-2 续表 8 Continued

(上年=100) (preceding year=100)

指　标	Item	全 省 Province	城 市 Urban Areas	农 村 Rural Areas
治疗类	Treatment of Class	105.1	107.3	100.0
临床手术治疗	Clinical Surgical Treatment	105.9	108.3	100.0
临床非手术治疗	Clinical Non-surgical Treatment	103.7	105.4	100.1
康复类	Rehabilitation Class	101.1	101.6	100.0
康复医疗	Rehabilitation Medical	101.1	101.6	100.0
中医医疗服务类	TCM Medical Services	104.1	105.9	100.1
中医治疗	TCM Treatment	104.1	105.9	100.1
其他医疗服务	Other Medical Services	103.3	105.1	100.1
其他用品和服务	**Other Supplies and Services**	**100.6**	**100.5**	**100.9**
其他用品类	Other Supplies	98.7	98.2	99.7
首饰手表	Jewelry and Watches	97.7	97.2	99.4
金饰品	Gold Ornaments	98.2	98.0	99.0
银饰品	Silver Ornaments	101.2	101.9	99.6
铂金饰品	Platinum Ornaments	93.5	92.1	98.9
手表	Watches	100.3	100.0	101.2
其他杂项用品	Other Miscellaneous Goods	99.9	99.9	99.9
箱包	Luggage and Bags	99.9	99.9	99.9
母婴用品	Maternal and Child Supplies	99.8	100.0	99.5
眼镜	Glasses	100.2	99.6	100.8
其他服务类	Other Service Classes	102.3	102.4	101.9
旅馆住宿	Hotel Accommodation	102.6	102.9	101.2
宾馆住宿	Hotel	100.9	100.8	101.9
其他住宿	Other	105.9	107.5	100.3
美容美发洗浴	Making-up Hair Salon Bathing	104.5	104.7	104.2
美容	Making-up	103.1	103.3	102.6
美发	Hair Salon	104.5	104.2	105.4
洗浴	Bathing	108.4	109.4	105.1
养老服务	Pension Service	103.7	103.3	104.9
金融保险	Finance and Insurance	99.8	99.8	99.9
金融服务	Financial Services	100.0	100.0	100.0
车辆保险	Vehicle Insurance	99.8	99.8	99.8
旅行保险	Travel Insurance	100.0	100.0	100.0
其他服务类	Other Service Classes	101.3	101.2	101.5
中介服务	Intermediary Service	101.5	102.3	100.0
其他服务	Other Services	101.1	100.0	103.2

4-3 分月居民消费价格指数(2018年)

(上年同月=100)

指标	Item	1月 January	2月 February	3月 March
居民消费价格总指数	**Consumer Price Index**	**101.2**	**102.8**	**101.8**
非食品烟酒价格指数	**Non-food Tobacco and Alcohol Price Index**	**101.6**	**102.2**	**101.8**
服务价格指数	**Items of Service Price Index**	**101.9**	**103.2**	**102.8**
工业品价格指数	**Industrial Product Price Index**	**101.2**	**101.1**	**100.9**
消费品价格指数	**Consumable Price Index**	**100.8**	**102.6**	**101.3**
扣除食品和能源价格指数	**Deduction Food and Energy Price Index**	**101.3**	**102.1**	**101.8**
扣除鲜菜鲜果总指数	**Deduction Fresh Vegetables Fresh Fruit General Index**	**101.2**	**102.2**	**101.6**
食品烟酒	**Food, Tobacco and Liquor**	**100.3**	**104.1**	**101.8**
食品	Food	100.0	105.2	101.8
粮食	Grain	101.6	101.5	101.5
大米	Rice	101.3	101.5	101.5
面粉	Flour	100.9	100.6	100.7
粮食制品	Grain Products	102.7	101.9	101.6
薯类	Tubers	102.5	110.3	105.9
豆类	Beans	97.7	99.8	99.8
干豆	Dried Beans	99.5	99.1	99.0
豆制品	Bean Products	97.6	99.9	99.9
食用油	Edible Oil and Fats	100.7	100.3	100.2
食用植物油	Edible Vegetable Oil	101.1	100.7	100.6
食用动物油	Edible Animal oil	93.0	92.1	91.5
菜	Vegetables	97.3	118.9	108.0
鲜菜	Fresh Vegetables	97.1	120.5	108.8
干菜及菜制品	Dried Vegetables and Vegetable Products	99.4	99.3	99.3
畜肉类	Meal, Poultry and Processed Products	93.3	97.6	93.6
猪肉	Pork	88.9	94.1	88.4
牛肉	Beef	100.4	104.8	103.3
羊肉	Mutton	115.2	120.7	118.6
畜肉副产品	Animal By-products	95.6	97.2	96.0
禽肉类	Poultry	103.0	106.8	106.1
鸡	Chicken	104.3	109.8	108.5
鸭	Duck	101.3	103.7	103.4
水产品	Aquatic Products	104.8	109.9	102.9
淡水鱼	Fish in Fresh Water	105.7	112.7	101.9
海水鱼	Fish in Sea Water	104.0	104.4	103.8
虾蟹类	Decapod Crustacean	101.9	108.7	105.8
蛋类	Eggs	108.7	113.5	115.9
鸡蛋	Chicken's Eggs	109.9	115.2	118.0
其他蛋及制品	Other Eggs and Products	98.8	99.0	100.1

Consumer Price Indices by Month(2018)

(same month of preceding year=100)

4 月 April	5 月 May	6 月 June	7 月 July	8 月 August	9 月 September	10 月 October	11 月 November	12 月 December
101.5	**101.5**	**101.6**	**101.9**	**101.8**	**102.5**	**102.5**	**102.2**	**102.0**
102.0	**102.1**	**102.0**	**102.2**	**101.9**	**102.3**	**102.4**	**102.0**	**101.8**
102.9	**102.9**	**102.4**	**102.7**	**102.2**	**102.6**	**102.5**	**102.4**	**102.5**
101.0	**101.3**	**101.5**	**101.8**	**101.5**	**101.9**	**102.2**	**101.6**	**100.9**
100.7	**100.8**	**101.1**	**101.5**	**101.6**	**102.4**	**102.5**	**102.1**	**101.7**
101.8	**101.8**	**101.6**	**101.8**	**101.6**	**101.9**	**101.9**	**101.9**	**102.0**
101.3	**101.5**	**101.4**	**101.7**	**101.7**	**102.1**	**102.2**	**102.0**	**101.8**
100.4	**100.2**	**100.7**	**101.2**	**101.7**	**103.0**	**102.8**	**102.7**	**102.6**
99.7	99.4	100.0	100.7	101.2	103.2	102.8	102.5	102.5
101.4	101.4	101.2	101.0	100.5	100.5	100.2	100.4	100.3
101.4	101.4	101.4	100.9	100.3	100.1	99.8	100.0	100.0
101.0	102.0	101.8	102.1	102.4	102.5	102.5	102.7	102.9
101.8	101.4	100.9	101.0	100.7	101.1	100.8	101.1	100.8
104.8	109.7	113.1	114.9	113.6	109.4	106.8	108.2	110.0
99.8	99.7	99.8	99.8	100.2	100.5	100.5	100.4	100.3
98.5	98.9	99.0	99.0	98.7	99.0	98.9	99.1	99.8
99.9	99.8	99.8	99.9	100.3	100.6	100.7	100.5	100.4
100.4	100.1	100.1	99.7	99.5	99.4	99.5	99.5	99.5
100.9	100.6	100.7	100.2	99.9	99.8	100.0	99.9	99.8
90.8	88.7	88.7	88.5	89.6	90.1	89.3	91.0	94.2
105.1	106.2	109.2	109.9	102.7	109.7	106.8	102.0	104.5
105.7	106.9	110.4	111.1	103.0	110.6	107.4	102.2	104.9
99.0	99.1	98.9	99.0	99.5	100.0	100.3	100.4	100.6
91.1	91.1	93.6	95.0	99.0	100.7	101.1	100.5	99.7
85.1	85.1	88.7	91.0	97.0	99.4	99.9	99.1	97.2
103.0	102.8	103.1	103.3	103.2	103.7	104.4	104.7	106.3
117.8	117.6	117.5	117.4	117.6	117.6	114.2	109.2	111.2
91.5	90.8	91.2	92.0	94.6	95.7	96.4	97.3	97.1
105.7	105.7	105.8	105.9	104.9	104.3	104.2	104.5	105.3
108.1	107.8	107.3	106.5	104.7	103.9	104.2	104.1	105.5
102.7	104.3	106.4	109.1	109.0	108.3	106.7	107.9	107.5
97.1	95.5	93.9	93.4	94.7	96.4	96.8	99.0	100.3
93.7	91.3	88.6	88.2	89.8	92.4	93.0	95.6	97.3
102.5	102.0	102.4	100.7	102.4	102.7	102.4	103.9	104.3
101.5	102.0	102.8	102.8	102.8	101.9	102.3	104.5	106.8
112.1	114.7	113.3	109.6	111.2	107.1	107.4	106.8	103.4
113.6	116.6	114.5	110.2	111.7	106.9	107.1	106.5	102.8
100.5	100.8	104.0	104.8	107.0	108.9	109.5	110.0	109.2

4-3 续表 1

(上年同月＝100)

指标	Item	1月 January	2月 February	3月 March
奶类	Milk	102.3	101.7	102.3
鲜奶	Fresh Milk	104.6	104.3	104.7
酸奶	Yogurt	99.8	99.5	99.6
奶粉	Milk Powder	101.9	101.0	101.7
干鲜瓜果类	Dried and Fresh Melons and Fruits	106.5	107.4	105.9
鲜瓜果	Fresh Fruits	108.9	110.0	107.9
坚果	Nuts	98.2	98.5	98.8
瓜果制品	Melon and Fruit Products	103.5	102.6	102.8
糖果糕点类	Confectionery	102.7	102.4	102.3
食糖	Sugar	106.7	107.1	107.1
糖果	Candy	102.5	102.0	101.9
糕点	Pastry	101.8	101.9	101.6
调味品	Flavoring	102.9	103.3	103.4
食用盐	Salt	96.3	97.3	98.1
酱油	Soy Sauce	106.0	105.9	104.7
食醋	Vinegar	109.9	110.1	111.3
调味酱	Bechamel	100.5	100.5	100.9
味精	Monosodium Glutamate	98.6	98.8	98.6
其他食品类	Other Food Categories	100.3	100.2	100.4
方便食品	Convenience Foods	100.0	99.4	99.3
淀粉及制品	Starch and Products	99.9	99.8	100.1
膨化食品	Puffed Food	100.9	101.5	102.1
茶及饮料	Tea and Beverages	100.4	100.1	100.4
茶叶	Tea	101.0	101.1	101.6
固体咖啡	Solid Coffee	100.1	100.1	101.0
饮用水	Drinking Water	98.3	98.5	99.0
果汁饮料	Fruit Juice Beverages	99.0	98.7	98.4
烟酒	Tobacco, Liquor	101.1	100.9	100.9
烟草	Tobacco	100.1	100.0	100.0
酒类	Liquor	103.1	102.4	102.5
白酒	Distilled Spirit	103.5	102.8	102.6
葡萄酒	Wine	100.5	100.0	99.8
啤酒	Beer	102.3	102.0	102.6
在外餐饮	Dining Out	101.0	102.7	102.6
正餐	Dinner	101.2	103.0	102.1
快餐	Fast Food	100.0	100.8	101.8
地方小吃	Local Snacks	102.6	106.7	106.7

Continued

(same month of preceding year=100)

4 月 April	5 月 May	6 月 June	7 月 July	8 月 August	9 月 September	10 月 October	11 月 November	12 月 December
101.1	101.0	101.0	101.7	102.8	103.3	103.2	103.3	103.4
103.1	100.7	99.7	100.2	101.0	102.7	102.7	102.7	102.6
99.2	99.3	99.0	99.5	99.6	98.5	99.2	98.9	99.7
100.0	101.7	102.2	103.1	105.5	106.0	105.7	106.2	106.0
103.2	99.3	98.5	102.0	105.5	111.3	110.5	113.2	110.4
104.4	99.2	98.3	103.0	107.8	115.5	114.5	118.1	113.9
98.5	98.5	98.2	98.3	98.0	98.7	98.9	98.9	99.4
102.9	102.9	103.0	101.8	101.7	100.8	99.7	100.8	102.0
102.1	101.8	101.9	101.9	101.3	101.3	100.9	101.0	101.0
105.0	104.0	103.6	103.2	102.1	101.3	100.4	101.5	101.5
101.2	100.5	101.3	101.1	100.8	100.6	100.3	100.3	100.5
101.5	101.1	101.3	101.5	101.1	101.0	101.0	100.9	100.8
102.8	102.5	102.5	101.2	101.3	101.0	101.2	101.2	101.1
97.3	96.8	96.7	96.0	96.0	98.0	100.2	100.8	100.2
103.6	102.8	102.6	99.1	100.3	99.5	99.1	99.4	99.8
110.9	111.1	110.7	108.8	107.3	104.1	102.8	101.6	101.3
100.4	100.3	101.6	101.0	101.7	101.1	101.7	102.6	102.3
98.1	99.1	99.8	100.5	100.7	101.1	101.5	101.2	102.5
100.4	100.6	100.4	100.6	100.7	100.8	100.8	100.6	100.5
98.8	99.4	99.3	98.9	99.0	99.5	99.5	99.2	98.8
100.6	100.8	100.5	100.9	101.2	100.9	100.9	101.0	101.1
102.6	102.2	101.9	102.7	102.6	102.6	102.5	102.4	102.5
100.6	100.6	100.6	100.9	100.9	101.2	101.4	101.8	101.8
102.3	102.4	101.9	102.4	102.3	102.5	102.3	102.3	102.4
100.9	100.9	101.3	100.8	100.8	102.1	101.9	100.8	101.3
98.7	98.2	98.8	99.0	99.1	99.7	100.1	100.9	100.5
99.2	98.5	98.8	100.3	101.1	102.6	104.2	107.5	107.5
100.6	100.4	100.3	100.4	100.3	100.5	100.5	100.7	100.6
100.0	100.0	100.0	100.0	99.8	99.9	99.9	100.0	100.1
101.8	101.0	100.9	101.1	101.3	101.5	101.6	101.8	101.5
101.6	100.8	100.6	100.7	101.1	101.2	101.2	101.5	101.3
100.6	100.8	100.5	100.6	100.2	100.8	101.0	100.3	100.9
102.3	101.4	101.7	102.4	102.1	102.1	101.9	102.1	101.4
102.5	102.7	102.8	103.0	103.7	103.8	104.0	104.3	104.1
102.0	102.4	102.6	103.2	104.1	104.2	104.7	105.2	104.7
101.6	101.6	101.4	101.4	101.9	102.1	102.1	102.1	102.1
106.3	106.3	106.3	106.2	107.0	106.9	106.8	106.9	106.9

4-3 续表 2

(上年同月=100)

指　　标	Item	1 月 January	2 月 February	3 月 March
衣着	**Clothing**	**101.0**	**101.0**	**100.4**
服装	Garments	100.8	100.8	100.1
男式服装	Men's Garment	101.4	101.3	100.2
男士西服	Men's Suits	100.8	100.7	100.4
男士冬衣	Men's Clothes	100.2	100.7	98.6
男士夹克衫	Men's Jacket	102.5	101.6	101.0
男士毛线衣	Men's Knitted Woolen Clothes	102.7	102.6	100.5
男士运动装	Men's Sport Clothing	100.8	99.8	99.7
男士衬衫T恤	Men's Shirt T-shirts	100.6	100.4	99.8
男士裤子	Men's Trousers	102.9	103.0	101.4
男士内衣	Men's Underwear	100.5	100.9	100.2
女式服装	Women's Dress	100.8	101.1	100.4
女式外套	Women's Overcoat	101.2	101.6	101.0
女士冬衣	Women's Clothes	101.2	101.9	100.6
女士毛线衣	Women's Knitted Woolen Clothes	99.5	100.0	99.1
女士运动装	Women’s Sports Wear	101.5	100.9	100.4
女士衬衫T恤	Women's Shirt T-shirts	101.4	101.1	101.9
女士裤子	Women's Trousers	99.8	99.8	99.2
女士裙子	Skirt	101.9	102.0	101.6
女士内衣	Women's Underwear	100.5	100.7	99.7
儿童服装	Children's Garment	99.4	98.8	98.7
婴幼服装	Infants Clothing	101.6	100.4	100.1
儿童上衣	Children's Suits	100.3	99.8	99.6
儿童裤子	Children's Trousers	97.4	97.0	96.5
儿童裙子	Children's Skirt	98.1	97.6	98.7
服装材料	Clothing Material	100.1	100.1	100.0
其他衣着及配件	Other Clothing and Accessories	100.3	100.5	100.0
袜子	Socks and Stockings	100.6	101.0	100.9
帽子	Hats	98.7	98.2	97.9
衣着加工服务费	Clothing Processing	104.2	105.3	104.3
衣着洗涤保养	Scrubbing Maintenance	106.3	107.0	105.8
衣着加工	Clothing Processing	100.2	101.9	101.5
鞋类	The Footwear	101.3	101.3	100.9
鞋	Shoes	101.3	101.3	100.8
男鞋	Men's Shoes	100.9	100.6	100.3
女鞋	Women's Shoes	101.7	101.7	100.9
童鞋	Children's Shoes	100.9	101.3	101.9
鞋类加工服务	Footwear Processing Service	101.4	102.8	103.5

Continued

(same month of preceding year=100)

4 月 April	5 月 May	6 月 June	7 月 July	8 月 August	9 月 September	10 月 October	11 月 November	12 月 December
100.1	**100.5**	**100.4**	**100.5**	**100.3**	**101.1**	**101.4**	**101.3**	**101.7**
100.0	100.3	100.0	100.2	100.0	100.9	101.2	101.1	101.8
100.1	100.5	100.4	100.7	100.5	101.2	101.6	101.0	101.9
100.1	100.4	100.3	100.2	100.3	101.3	101.5	101.1	101.0
98.7	99.0	99.0	99.0	99.0	99.1	99.2	100.4	104.2
101.0	101.7	101.9	101.9	101.5	102.6	103.3	101.2	101.6
99.8	101.3	101.5	101.5	101.5	101.5	102.0	99.4	100.2
100.4	101.9	101.5	101.4	100.9	103.2	104.1	103.3	103.8
99.4	99.1	98.4	100.3	100.1	100.7	101.4	101.3	101.4
101.2	101.7	101.8	101.7	101.3	101.7	101.8	101.7	102.5
100.2	99.9	100.0	100.2	99.7	100.2	100.3	99.6	99.8
100.2	100.7	100.3	100.6	100.5	101.5	101.7	101.7	102.2
99.6	100.3	100.2	100.3	100.7	102.8	103.3	102.9	103.4
100.0	99.9	99.7	99.4	99.4	99.9	100.6	101.2	103.7
98.6	99.8	100.3	100.3	100.3	100.6	100.9	100.4	102.1
101.7	102.2	103.0	103.0	102.3	104.7	105.0	105.0	105.3
102.0	100.2	99.5	102.5	102.7	105.1	105.0	104.7	103.7
99.5	99.8	99.8	99.5	99.4	100.3	100.3	100.8	101.2
101.6	104.1	101.2	101.7	101.0	101.4	100.8	100.9	100.1
99.4	99.6	99.9	99.9	99.5	99.7	100.0	99.2	98.9
98.8	98.2	98.2	97.8	97.5	98.1	99.0	99.6	100.4
99.7	98.9	98.5	97.5	97.2	97.6	98.5	99.0	101.5
99.3	98.5	98.2	98.3	98.5	99.6	100.6	101.5	102.5
96.8	96.3	96.8	95.9	95.3	95.7	97.5	98.1	98.8
100.4	100.8	100.3	100.0	99.1	98.8	97.3	96.9	95.7
100.0	101.3	101.8	101.6	101.5	101.4	100.0	100.6	101.6
99.6	99.1	99.1	99.7	99.2	99.5	100.1	100.8	100.3
99.7	99.0	98.9	100.0	99.0	99.6	100.4	101.8	100.9
98.8	98.8	98.9	99.0	99.3	99.3	99.3	99.1	100.0
104.1	104.1	105.8	105.8	106.1	106.0	106.1	106.0	104.8
105.7	105.8	108.3	108.3	108.6	108.5	108.7	108.4	106.6
101.1	100.7	100.7	100.7	101.1	101.1	101.1	101.1	101.2
100.2	100.9	100.9	101.0	100.5	101.5	101.6	101.2	101.3
100.2	100.8	100.9	101.0	100.5	101.4	101.5	101.2	101.3
99.2	99.1	99.2	99.3	98.8	100.1	100.3	100.3	100.5
100.1	101.3	101.2	101.3	100.7	101.2	101.2	100.6	100.8
102.4	103.0	103.5	103.3	103.3	104.9	105.3	104.9	104.6
102.9	102.9	102.9	102.9	102.9	103.2	103.2	102.5	101.6

4-3 续表 3

(上年同月=100)

指 标	Item	1 月 January	2 月 February	3 月 March
居住	**Residence**	**101.5**	**101.7**	**101.9**
租赁房房租	Tenancy	102.3	102.4	102.8
公房房租	Public Housing Rent	100.2	100.2	100.5
私房房租	Talk Accommodation	102.5	102.6	103.0
住房保养维修及管理	Housing Maintenance and Management	102.1	103.1	103.3
住房装潢材料	Housing Decoration Materials	102.9	103.1	103.0
木地板	Wood Floor	102.2	102.3	102.7
瓷砖	Ceramic Tile	102.1	103.1	103.8
水泥	Cement	114.2	114.1	112.5
涂料	Paint	99.9	99.9	100.3
板材	Board	104.1	103.9	104.0
管材	Pipe	103.2	103.2	103.6
厨卫设备	Kitchen Equipment	101.1	101.1	99.9
门窗	Doors and Windows	101.0	101.6	101.4
物业管理费	Property Management Fees	100.0	100.0	100.0
住房装潢维修	Housing Decoration Maintenance	101.4	103.9	104.5
装潢维修费	Housing Decoration Maintenance	101.7	104.9	105.7
其他住房费用	Other Housing Expenses	100.3	100.3	100.3
水电燃料	Water, Electricity and Fuels	101.7	101.7	101.7
水	Water	101.2	101.2	101.2
电	Electric	100.1	100.1	100.1
燃气	The Fuel Gas	105.1	104.9	104.9
管道燃气	Pipeline Gas	100.0	100.0	100.4
液化石油气	Liquefied Petroleum Gas	107.3	107.0	106.7
取暖费	Heating Fee	100.0	100.0	100.0
其他燃料	Other Fuel	102.5	103.4	103.4
自有住房	Self-owned House	101.1	101.2	101.5
生活用品及服务	**Articles for Daily Use and Services**	**101.3**	**101.9**	**101.5**
家具及室内装饰品	Furniture and Interior Decorations	104.3	103.7	103.6
家具	Furniture	104.7	104.0	103.9
柜	Counters	105.8	105.2	105.0
床	Beds	103.6	102.7	102.9
桌	Desks	105.5	105.2	104.4
椅	Chairs	104.1	104.1	104.6
沙发	Sofas	104.0	103.3	103.1
室内装饰品	Interior Decorations	100.4	100.3	100.1
灯具	Lamp	101.2	100.8	100.5

Continued

(same month of preceding year=100)

4 月 April	5 月 May	6 月 June	7 月 July	8 月 August	9 月 September	10 月 October	11 月 November	12 月 December
102.1	**102.2**	**102.5**	**102.8**	**103.0**	**103.1**	**103.1**	**102.9**	**103.0**
102.6	102.4	103.0	103.5	103.9	103.9	103.5	103.3	103.3
100.5	100.5	100.5	100.5	100.5	100.5	100.5	100.5	100.4
102.8	102.5	103.2	103.8	104.1	104.2	103.8	103.5	103.5
103.5	103.6	103.6	103.8	104.0	104.2	104.1	103.6	103.3
103.3	103.1	103.0	102.9	102.9	103.0	102.8	102.2	101.6
103.4	103.4	103.8	104.0	103.8	103.8	103.5	102.2	101.8
103.9	103.5	103.5	103.4	103.3	103.6	103.2	102.5	102.0
111.9	109.8	109.9	109.5	110.6	110.7	112.1	110.6	107.0
100.7	100.7	100.7	100.9	101.2	100.6	100.3	100.0	100.1
104.5	104.5	104.0	103.9	103.7	103.5	103.1	102.4	101.9
103.7	103.7	103.7	103.3	103.4	103.3	100.9	100.0	99.8
99.7	99.6	99.3	98.4	98.2	98.0	97.4	97.6	97.6
101.6	101.6	101.4	100.7	100.7	100.7	100.6	100.5	100.4
100.3	100.3	100.3	100.3	100.3	100.3	100.3	100.3	100.5
104.7	105.1	105.2	106.0	106.7	106.9	107.2	106.6	106.6
106.0	106.5	106.7	107.7	108.5	108.9	109.2	108.5	108.5
100.3	100.3	100.3	100.3	100.3	100.3	100.3	100.3	100.3
101.7	101.7	101.7	101.6	101.6	102.1	102.5	102.2	102.2
101.2	101.2	101.2	100.0	100.0	100.0	100.3	100.3	100.3
100.1	100.1	100.1	100.1	100.1	100.1	100.1	100.1	100.1
104.7	104.8	104.8	105.1	105.0	106.7	108.2	105.5	105.5
100.4	100.4	100.4	100.3	100.3	100.3	100.3	101.1	101.2
106.5	106.7	106.7	107.2	107.0	109.3	111.5	107.2	107.2
100.0	100.0	100.0	100.0	100.0	100.0	100.0	111.3	112.0
103.4	103.4	103.3	103.4	104.1	103.8	103.6	103.6	103.3
101.8	102.0	102.5	103.0	103.1	103.2	103.0	103.0	103.2
101.5	**101.3**	**101.3**	**101.3**	**101.2**	**101.2**	**101.2**	**101.0**	**100.8**
103.0	102.9	102.3	102.3	102.4	102.5	101.4	101.2	101.0
103.3	103.2	102.5	102.6	102.6	102.8	101.5	101.4	101.1
104.0	104.3	103.9	104.0	104.1	104.3	102.6	102.1	102.0
102.2	101.2	100.8	100.8	100.9	100.5	99.8	100.2	100.2
104.0	103.7	103.7	104.6	104.8	104.8	102.5	102.1	101.4
104.9	104.4	104.1	103.3	103.3	103.3	101.7	101.1	100.6
102.5	102.7	101.3	101.3	101.2	101.9	101.3	101.3	101.0
100.2	100.0	100.2	99.6	99.6	99.5	99.7	99.2	99.5
100.4	100.1	100.1	99.6	99.5	99.3	99.8	99.1	99.3

4-3 续表 4

(上年同月=100)

指　　标	Item	1 月 January	2 月 February	3 月 March
家用器具	Household Appliances	99.9	99.9	100.1
大型家用器具	Large Household Appliances	100.0	99.9	100.1
洗衣机	Washing Machine	97.0	97.1	98.6
电冰箱(柜)	Refrigerator	100.5	100.2	100.3
吸排油烟机	Smoke Exhauster	99.8	100.6	100.9
空调器	Air Conditioner	101.6	101.5	101.2
热水器	Shower Heater	99.4	99.0	99.3
灶具炉具	Cooking Stove	96.8	96.9	97.6
微波炉	Microwave Oven	97.9	98.2	99.2
小家电	Small Home Appliance	99.8	99.7	100.0
厨房小家电	Kitchen Appliances	100.6	100.5	100.7
生活小家电	Household Appliance	98.8	98.8	99.0
家用纺织品	Home Textiles	99.8	99.4	99.6
床上用品	Bed Articles	99.8	99.3	99.5
被子	Quilts	99.6	99.3	99.6
床单被套	Bed Sets	99.4	99.3	98.9
窗帘门帘	Curtain	100.6	100.6	100.6
其他家用纺织品	Other Household Textiles	99.6	99.4	99.7
家庭日用杂品	Household Articles for Daily Use	100.6	101.2	100.9
洗涤卫生用品	Washing Sanitary Articles	99.7	100.9	100.3
清洗用品	Cleaning Supplies	100.1	100.4	100.6
清洁用具	Cleaning Appliance	100.0	100.2	99.8
清洁用纸	Cleaning Paper	99.2	101.8	100.3
厨具餐具茶具	Kitchenware Cooking-set Tea-set	100.4	100.1	100.2
厨具	Kitchenware	100.3	100.0	99.8
餐具	Cooking-set	100.5	99.9	100.6
茶具	Tea-set	100.2	100.6	100.4
家用手工工具	Hand Tools for Household Use	101.2	101.2	101.6
其他家庭日用杂品	Other Family Daily Sundry Goods	102.0	102.3	102.1
配电附件	The Power Distribution in Attachment	102.4	103.2	103.2
雨具	Rain Gear	101.8	101.9	101.6
个人护理用品	Personal Care Products	102.1	101.6	101.7
化妆品	Cosmetics	101.7	101.1	101.4
清洁化妆品	Cleaning Cosmetics	104.2	103.2	103.7
护肤化妆品	Skin Care Cosmetics	101.2	100.4	101.2
彩妆化妆品	Make-up Cosmetics	100.4	100.4	99.7
化妆器具	Makeup Tools	100.2	100.2	100.2

Continued

(same month of preceding year=100)

4 月 April	5 月 May	6 月 June	7 月 July	8 月 August	9 月 September	10 月 October	11 月 November	12 月 December
99.9	99.9	99.8	99.7	99.4	98.9	99.3	99.2	99.1
99.9	100.0	99.8	99.7	99.3	98.8	99.4	99.3	99.1
99.0	99.4	100.0	100.5	100.0	99.4	98.8	98.2	98.3
100.0	99.8	99.5	99.9	99.7	98.9	98.9	99.0	98.5
101.2	101.2	101.1	101.4	101.1	100.6	100.8	101.1	101.1
100.4	100.9	100.2	98.9	97.6	97.3	99.8	100.2	100.5
99.8	99.8	99.7	100.0	100.5	100.4	100.5	100.1	100.0
96.8	95.6	95.9	96.8	97.0	97.1	97.8	97.6	98.0
99.7	100.1	100.2	100.7	101.1	101.0	100.7	100.6	100.7
99.9	99.7	99.6	99.7	99.9	99.1	98.8	98.8	98.7
100.7	100.3	100.0	100.1	100.0	98.9	98.7	98.7	98.7
98.9	98.8	99.1	99.3	99.8	99.2	98.8	98.9	98.7
100.6	99.6	99.7	99.7	97.9	99.0	99.4	99.5	99.9
100.7	99.4	99.6	99.6	97.4	98.8	99.3	99.4	99.8
99.7	98.5	98.6	98.7	96.7	99.0	99.8	99.9	100.5
101.2	99.4	99.6	99.5	96.6	97.3	98.1	98.5	99.0
100.6	100.7	100.5	100.4	100.5	100.5	100.3	100.6	100.6
99.3	99.5	99.9	100.1	99.6	99.7	99.8	99.4	99.3
101.1	100.9	101.3	101.4	101.9	102.0	102.1	101.7	101.3
100.4	100.1	100.5	101.1	101.9	102.0	102.5	101.9	101.5
100.6	101.1	102.0	102.5	102.7	103.0	104.0	103.0	102.7
99.9	100.1	100.1	100.2	100.5	100.2	100.8	99.8	99.9
100.5	99.1	99.2	100.1	101.8	101.8	101.7	101.9	100.9
100.8	100.8	101.1	100.8	100.1	100.0	99.7	99.8	100.0
100.2	100.5	100.7	100.0	99.9	99.7	99.3	99.3	99.3
101.5	101.5	101.8	101.5	100.8	100.8	100.6	100.9	101.3
100.4	100.2	100.5	100.8	99.3	98.8	98.6	98.7	98.6
101.4	101.6	101.9	101.7	101.9	101.5	100.6	100.4	100.5
102.1	102.0	102.4	102.1	102.6	102.8	102.7	102.2	101.8
103.1	103.4	103.5	103.5	103.6	103.9	103.8	103.1	101.5
101.4	101.4	101.4	101.2	101.5	101.6	101.4	101.2	101.4
101.5	101.4	101.3	101.1	101.2	101.0	100.7	100.5	100.3
101.4	101.2	101.2	100.9	100.9	100.7	100.5	100.3	100.2
103.5	103.3	103.2	102.8	102.4	101.4	100.7	100.4	100.0
101.2	101.0	101.2	100.8	100.8	101.0	100.9	101.0	100.8
99.7	99.6	99.7	99.3	99.7	99.6	99.6	99.4	99.6
100.2	99.9	99.4	99.9	100.0	100.0	100.0	99.4	98.8

4-3 续表 5

(上年同月＝100)

指　标	Item	1 月 January	2 月 February	3 月 March
其他护理用品类	Other Care Products	102.4	102.1	101.8
清洁类护理用品	Cleaning Products	103.7	103.0	103.0
护发美发用品	Hair Care Products	102.9	102.8	102.4
护理器具	Care Tools	100.6	100.4	100.7
家庭服务	Household Service	102.5	111.5	106.8
家政服务	Housekeeping Service	103.1	115.0	106.3
家庭维修服务	Home Maintenance Service	101.7	107.6	107.4
交通和通信	**Transport and Communications**	**99.5**	**101.7**	**100.8**
交通	Transport	99.5	103.0	101.5
交通工具	Transport Facility	98.3	98.4	98.6
小型汽车	Compact Car	97.3	97.5	97.8
电动自行车	Electric Bicycle	101.7	101.5	101.5
自行车	Bicycle	100.7	100.7	100.8
交通工具使用燃料	Fuels for Transport Facility	106.4	106.4	104.3
汽油	Gasoline	106.4	106.5	104.3
柴油	Diesel Oil	107.0	107.2	105.0
交通工具使用及维修费	Use and Maintenance of Transport Facility	97.9	103.3	102.0
停车费	Parking Fee	100.1	101.0	100.3
车辆使用费	Vehicle Usage Fee	100.3	100.6	100.1
交通工具零配件	Vehicle Spare Parts	99.9	99.9	99.8
车辆修理与保养	Vehicle Repair and Maintenance	94.7	108.0	105.4
交通费	Traffic Fee	94.9	106.1	102.7
市内公共交通	City Public Transport	97.4	99.9	100.5
出租汽车	Taxi	97.7	107.4	103.3
飞机票	Plane Ticket	67.4	143.6	110.9
火车票	Train Ticket	100.0	100.0	100.0
长途汽车	Long-distance Coach	98.4	101.4	102.0
通信	Communication	99.5	99.7	99.6
通信工具	Communication Facility	97.2	96.6	96.3
固定电话机	Stationary Telephone	100.1	99.5	99.5
移动电话机	Mobile Telephone	97.0	96.3	96.1
通信工具零配件	Communication Tools Spare Parts	99.6	99.6	99.6
通信服务	Communication Service	100.3	100.7	100.7
固定电话费	Fixed Telephone Fee	100.0	100.0	100.0
移动通信费	Mobile Communications	100.0	100.0	100.0
上网费	Internet Access Fee	101.2	103.3	103.0

Continued

(same month of preceding year=100)

4 月 April	5 月 May	6 月 June	7 月 July	8 月 August	9 月 September	10 月 October	11 月 November	12 月 December
101.6	101.6	101.3	101.3	101.4	101.3	100.9	100.7	100.4
102.5	103.1	102.8	102.7	102.5	102.7	101.8	101.5	101.1
102.2	101.8	101.4	100.9	101.9	101.5	101.0	100.2	100.3
100.3	100.2	99.7	100.2	100.1	99.9	100.3	100.7	100.0
106.7	106.7	106.9	107.1	107.2	107.2	107.2	107.6	107.7
106.4	106.4	106.4	106.5	106.5	106.1	106.1	106.4	106.6
107.1	107.1	107.5	107.8	108.0	108.5	108.5	108.9	108.9
101.6	**102.4**	**102.8**	**103.5**	**103.5**	**103.6**	**103.9**	**102.5**	**100.5**
103.0	104.4	105.1	106.3	106.5	106.7	106.8	104.1	101.0
98.8	99.1	99.0	99.0	99.2	99.3	99.3	99.3	99.3
98.2	98.6	98.4	98.6	98.8	99.0	99.0	99.1	99.2
100.7	100.8	100.5	100.3	100.2	100.1	99.9	99.3	99.1
100.4	100.4	100.7	100.8	100.9	101.0	101.4	101.2	100.9
108.7	113.6	118.0	122.4	119.5	120.8	122.3	112.6	100.0
108.8	113.8	118.3	122.8	119.8	121.1	122.6	112.8	100.0
109.7	115.4	120.0	125.4	122.0	123.5	124.8	114.1	100.2
102.1	102.3	102.2	102.3	102.2	102.3	102.2	102.2	102.2
100.3	100.3	100.3	100.3	100.3	100.6	100.8	100.8	100.8
100.1	100.1	100.1	100.1	100.1	100.1	100.1	99.9	99.9
100.0	100.5	100.4	100.4	100.4	100.5	100.2	100.2	100.2
105.5	105.5	105.5	105.6	105.5	105.4	105.6	105.6	105.6
103.9	103.9	102.6	103.3	106.4	105.5	104.1	103.1	104.0
101.4	101.3	101.3	101.3	101.3	101.3	101.3	101.4	101.4
103.5	102.8	102.7	102.7	103.7	103.7	103.7	103.7	103.7
130.5	134.9	115.7	107.2	150.6	137.2	119.9	106.2	118.7
100.0	100.0	100.0	106.3	106.3	106.3	106.3	106.3	106.3
100.7	101.1	101.1	101.2	101.2	101.2	101.2	101.2	101.1
99.4	99.3	99.3	99.2	98.8	99.0	99.2	99.8	99.8
95.7	95.9	95.6	95.2	94.9	95.4	96.7	99.3	99.3
99.4	99.3	99.3	99.3	99.4	99.0	99.0	99.0	99.1
95.4	95.6	95.3	94.8	94.5	95.1	96.4	99.4	99.2
99.6	99.5	99.3	99.4	99.4	99.9	99.7	99.2	99.6
100.6	100.4	100.5	100.4	100.0	100.0	100.0	100.0	100.0
100.0	100.0	100.0	100.0	99.5	99.5	99.5	99.5	99.5
100.0	100.0	100.0	100.0	99.5	99.5	99.5	99.5	99.5
102.6	102.0	102.2	101.9	101.7	101.7	101.4	101.4	101.4

4-3 续表 6

(上年同月=100)

指　标	Item	1 月 January	2 月 February	3 月 March
邮递服务	Monthly Renting Fee	99.8	99.8	99.8
邮政邮寄	Postal Mail	100.0	100.0	100.0
快递服务	Expressage	99.7	99.7	99.7
教育文化和娱乐	**Education, Culture and Recreation**	**100.9**	**101.9**	**100.9**
教育	Education	101.2	100.9	100.9
教育用品	Education Supplies	100.6	100.6	100.7
工具书	Reference Book	100.0	100.0	100.0
教材	Text-book	99.8	99.8	99.8
参考资料	The Resources	102.0	101.8	101.9
教育服务	Education Services	101.3	100.9	100.9
学前教育	Pre-school Education	103.8	102.7	102.7
小学初中教育	Elementary School and Junior High School Education	100.7	99.8	99.9
高中中职教育	High School and Secondary Vocational Education	100.9	100.9	100.9
高等教育	Higher Education	100.0	100.0	100.0
课外教育	Extracurricular Education	103.1	102.2	102.5
专业技能培训	Technical Training	101.5	101.7	101.1
文化娱乐类	Cultural Entertainment	100.5	103.5	101.0
文娱耐用消费品	Durable Consumer Goods for Recreational	99.0	98.7	98.6
电视机	Television	97.6	96.9	97.4
照相机	Camera	100.9	100.8	100.0
台式计算机	Desktop Computer	99.3	99.1	99.1
笔记本平板	Portable Computer	99.6	99.3	98.2
乐器	Musical Instrument	99.7	99.7	99.8
音响	Audio	97.6	97.6	97.8
其他文娱用品	Other Entertainment Products	100.4	100.8	100.8
书报杂志	Newspapers and Magazines	100.0	100.0	100.0
纸张文具	Paper Stationery	101.4	101.3	100.8
体育户外用品	Sports Outdoor Goods	100.2	99.9	100.2
游戏用品和玩具	Game Supplies and Toys	99.4	99.6	100.1
园艺花卉及用品	Gardening Flowers and Articles	94.2	100.3	100.1
宠物及用品	Pets and Supplies	99.1	101.0	101.7
文化娱乐服务	Cultural and Recreational Services	101.2	101.8	101.5
电影票	Video-movie Ticket	102.2	104.6	103.5
景点门票	Attractions Tickets	100.0	100.0	100.0
有线电视	Cabled TV	100.0	100.0	100.0
健身活动	Healthy Activities	101.8	101.8	101.8

Continued

(same month of preceding year=100)

4 月 April	5 月 May	6 月 June	7 月 July	8 月 August	9 月 September	10 月 October	11 月 November	12 月 December
99.8	99.8	99.8	99.9	100.0	100.0	100.2	100.2	100.2
100.0	100.0	100.0	100.0	100.0	100.0	100.0	100.0	100.0
99.7	99.7	99.7	99.8	100.0	100.0	100.3	100.3	100.3
100.9	**100.8**	**100.9**	**101.1**	**100.9**	**102.4**	**102.4**	**102.3**	**102.2**
100.9	100.9	101.0	101.0	101.1	104.1	104.0	104.1	104.1
100.7	100.7	100.7	100.6	100.6	101.0	101.0	101.0	101.0
100.0	100.0	100.0	100.0	100.0	100.0	100.0	100.0	100.0
99.8	99.8	99.8	99.8	99.8	100.8	100.7	100.7	100.7
101.9	101.9	101.9	101.8	101.8	101.9	101.9	101.9	101.9
101.0	100.9	101.0	101.1	101.1	104.4	104.4	104.4	104.4
102.7	102.7	102.7	102.7	102.7	105.0	105.0	105.0	105.0
99.9	99.9	99.9	99.9	99.9	105.6	105.6	105.6	105.6
100.9	100.9	100.9	100.9	100.9	100.2	100.2	100.2	100.2
100.0	100.0	100.0	100.0	100.0	108.1	108.1	108.1	108.1
102.7	102.7	103.3	103.5	104.1	102.9	102.9	103.7	103.7
101.4	101.1	101.5	101.5	101.6	100.7	100.1	100.1	100.0
100.9	100.7	100.8	101.2	100.7	99.8	100.0	99.5	99.4
98.9	99.1	99.0	98.9	99.0	98.6	98.5	98.3	97.9
97.9	98.7	98.5	98.0	98.2	96.4	95.6	95.2	94.6
100.2	100.7	100.0	99.4	99.8	99.3	99.3	98.9	98.5
99.2	99.2	98.8	99.3	98.6	99.9	100.2	99.3	98.8
98.7	98.4	98.3	98.0	98.6	98.0	98.3	98.3	97.7
99.7	99.7	101.4	101.6	101.6	101.8	101.9	101.6	101.6
97.8	97.8	97.7	98.4	98.4	98.7	98.9	99.5	100.1
101.0	101.1	101.5	101.5	101.2	101.2	101.3	100.7	100.7
100.0	100.0	100.0	100.0	100.0	100.0	100.0	100.0	100.0
101.7	101.6	101.6	101.1	100.4	100.0	99.3	99.6	99.7
100.2	100.9	101.4	100.3	100.1	99.8	100.0	100.6	100.5
100.2	99.8	100.5	100.1	100.1	100.1	100.2	100.0	100.0
100.0	98.7	97.3	97.9	99.3	99.4	101.9	102.2	101.9
101.7	101.6	102.1	101.7	101.6	101.9	101.9	102.2	102.1
101.2	101.0	100.5	100.5	100.7	100.6	100.5	100.1	100.0
103.0	103.2	102.5	102.4	102.5	101.3	101.9	101.9	101.9
100.0	100.0	97.4	97.4	97.4	97.4	97.3	97.2	97.1
99.9	99.9	99.9	99.9	99.9	99.9	99.9	99.9	99.9
101.8	99.7	99.1	99.1	99.2	99.4	98.4	98.4	97.7

4-3 续表 7

(上年同月=100)

指　　标	Item	1 月 January	2 月 February	3 月 March
旅游	Tourism	101.1	109.4	102.5
旅行社收费	Travel Agency Charges	101.7	111.6	103.5
医疗保健	**Health Care**	**106.5**	**106.4**	**106.4**
药品及医疗器具	Medicines and Medical Devices	102.6	102.3	102.3
中药	Traditional Chinese Medicine	105.1	104.8	104.9
中药材	Chinese Herbal Material	103.5	103.8	104.5
中成药	Chinese Patent Drugs	105.9	105.3	105.2
西药	Western Medicine	101.6	101.3	101.3
抗微生物药	Antimicrobial Agents	99.8	99.8	98.8
消化系统用药	Digestive System	101.2	101.2	100.8
呼吸系统用药	Respiratory System	103.4	103.2	102.1
解热镇痛药	Antipyretic Analgesics	102.8	101.9	102.0
抗肿瘤药	Antineoplastic Agents	96.8	98.1	101.9
激素及影响内分泌药	Hormones and Endocrine Agents	98.4	98.4	99.1
心血管系统用药	Cardiovascular System	101.7	100.9	101.1
血液系统用药	Blood System Medication	103.2	103.2	103.3
治疗精神障碍药	Drugs for The Treatment of Mental Disorders	98.5	98.5	98.6
神经系统用药	Drugs for Nervous System	101.2	100.1	99.8
消毒防腐及创伤外科用药	Disinfectant and Preservative and Trauma Surgery Medicine	105.6	105.6	105.2
泌尿系统用药	Urinary System Drugs	104.8	104.8	103.9
维生素类	Vitamin	110.1	109.4	113.7
调节水、电解质及酸碱平衡药	Adjust Water, Electrolyte and Acid-base Balance	98.5	97.1	96.4
滋补保健品	Tonic and Healthy Goods	102.4	102.5	102.1
医疗卫生器具	Medical Appliance	100.4	100.4	100.4
保健器具	Healthy Appliance	99.7	99.8	99.7
医疗服务	Medical Services	108.9	108.9	108.9
综合医疗类	Integrated Medical Services	119.0	119.0	119.0
一般医疗服务	General Medical Services	114.7	114.7	114.7
一般治疗操作	General Therapeutic Operation	107.3	107.3	107.3
护理	Nursing	133.7	133.7	133.7
诊断类	Diagnosis of Class	99.9	99.9	99.9
病理学诊断	Pathological Diagnosis	99.8	99.8	99.8
实验室诊断	Laboratory Diagnosis	98.1	98.1	98.1
影像学诊断	Imaging Diagnosis	97.0	97.0	97.1
临床诊断	Clinical Diagnosis	105.8	105.8	105.8

Continued

(same month of preceding year=100)

4 月 April	5 月 May	6 月 June	7 月 July	8 月 August	9 月 September	10 月 October	11 月 November	12 月 December
102.2	101.2	102.0	103.1	101.5	99.4	100.0	99.3	99.2
102.4	101.3	102.2	103.7	101.8	99.3	100.3	99.1	99.2
106.2	**106.1**	**103.3**	**103.5**	**100.9**	**100.9**	**100.9**	**100.9**	**100.9**
102.0	101.7	102.0	102.4	102.5	102.5	102.5	102.5	102.4
104.5	103.6	103.7	104.5	104.5	104.4	104.4	104.5	104.2
103.8	104.4	105.4	105.7	105.6	105.5	104.9	104.4	104.2
104.9	103.2	102.9	103.9	104.0	103.8	104.2	104.5	104.2
101.1	101.0	101.4	101.7	101.9	101.9	102.0	101.9	102.0
99.0	98.9	98.9	99.1	100.5	101.2	101.2	101.1	101.1
100.7	100.6	101.0	102.2	102.3	101.6	101.5	101.6	101.6
101.4	101.4	101.4	102.1	103.0	103.6	103.6	103.5	103.7
102.0	101.4	100.9	101.0	100.6	101.1	101.0	100.9	101.1
101.7	101.2	103.0	103.1	105.9	106.1	106.2	105.5	104.3
99.0	99.8	101.8	100.5	100.9	101.0	101.3	101.8	102.0
100.4	100.5	100.9	100.8	101.7	101.4	102.0	102.2	102.7
103.5	103.7	105.8	105.7	99.9	99.7	99.7	99.7	99.7
98.3	98.4	100.1	99.9	100.2	99.9	100.0	99.9	100.0
99.8	100.2	101.4	101.6	102.4	102.6	102.9	102.9	103.2
104.0	103.4	103.2	103.1	104.6	104.3	104.7	104.8	105.1
103.2	103.0	103.2	103.2	102.1	101.8	101.1	100.9	100.5
112.6	111.2	107.3	108.5	107.5	105.8	105.7	105.8	106.4
96.4	96.5	98.1	98.7	98.9	99.2	99.3	97.7	97.7
101.6	101.6	101.8	102.0	101.9	102.2	102.1	102.0	102.0
100.3	100.3	100.2	100.3	100.1	100.2	100.2	100.2	100.2
99.7	99.7	99.6	99.6	99.6	99.4	99.6	99.7	99.7
108.9	108.9	104.1	104.1	100.1	100.0	100.0	100.0	100.0
119.0	119.0	109.9	109.9	100.1	100.1	100.1	100.1	100.1
114.7	114.7	107.1	107.1	100.2	100.3	100.3	100.3	100.3
107.3	107.3	103.7	103.7	100.0	100.0	100.0	100.0	100.0
133.7	133.7	117.9	117.9	100.0	100.0	100.0	100.0	100.0
99.9	99.9	99.5	99.5	100.0	99.9	99.9	99.9	99.9
99.8	99.8	99.8	99.8	100.0	100.0	100.0	100.0	100.0
98.0	98.0	99.0	99.0	100.2	100.0	100.0	100.0	100.0
97.1	97.1	98.6	98.6	99.8	99.8	99.8	99.8	99.8
105.8	105.8	101.3	101.3	100.0	99.9	99.9	99.9	99.9

4-3 续表 8

(上年同月=100)

指 标	Item	1 月 January	2 月 February	3 月 March
治疗类	Treatment of Class	111.0	111.0	111.0
临床手术治疗	Clinical Surgical Treatment	112.7	112.7	112.7
临床非手术治疗	Clinical Non-surgical Treatment	108.2	108.2	108.2
康复类	Rehabilitation Class	102.5	102.5	102.5
康复医疗	Rehabilitation Medical	102.5	102.5	102.5
中医医疗服务类	TCM Medical Services	109.1	109.1	109.1
中医治疗	TCM Treatment	109.1	109.1	109.1
其他医疗服务	Other Medical Services	106.7	106.7	106.7
其他用品和服务	**Other Supplies and Services**	**100.4**	**101.0**	**100.7**
其他用品类	Other Supplies	100.2	98.6	99.0
首饰手表	Jewelry and Watches	100.4	97.1	98.1
金饰品	Gold Ornaments	102.4	97.9	99.0
银饰品	Silver Ornaments	101.0	100.9	100.9
铂金饰品	Platinum Ornaments	95.8	92.3	94.4
手表	Watches	100.0	100.0	99.3
其他杂项用品	Other Miscellaneous Goods	99.9	100.4	100.0
箱包	Luggage and Bags	99.4	100.1	99.5
母婴用品	Maternal and Child Supplies	100.4	100.7	100.6
眼镜	Glasses	99.8	99.8	99.5
其他服务类	Other Service Classes	100.6	103.2	102.3
旅馆住宿	Hotel Accommodation	101.0	103.3	102.5
宾馆住宿	Hotel	100.4	102.3	100.6
其他住宿	Other	102.2	105.3	106.1
美容美发洗浴	Making-up Hair Salon Bathing	98.6	108.9	104.9
美容	Making-up	98.8	104.7	104.1
美发	Hair Salon	96.5	111.7	104.1
洗浴	Bathing	104.3	111.6	109.3
养老服务	Pension Service	106.5	101.3	103.1
金融保险	Finance and Insurance	100.0	100.0	100.0
金融服务	Financial Services	100.0	100.0	100.0
车辆保险	Vehicle Insurance	100.0	100.0	100.0
旅行保险	Travel Insurance	100.0	100.0	100.0
其他服务类	Other Service Classes	100.6	100.6	101.1
中介服务	Intermediary Service	101.1	101.1	102.1
其他服务	Other Services	100.0	100.0	100.0

Continued

(same month of preceding year=100)

4 月 April	5 月 May	6 月 June	7 月 July	8 月 August	9 月 September	10 月 October	11 月 November	12 月 December
111.0	111.0	104.5	104.5	100.1	100.0	100.0	100.0	100.0
112.7	112.7	105.6	105.6	100.0	100.0	100.0	100.0	100.0
108.2	108.2	102.6	102.6	100.1	100.0	100.0	100.0	100.0
102.5	102.5	100.5	100.5	100.1	100.0	100.0	100.0	100.0
102.5	102.5	100.5	100.5	100.1	100.0	100.0	100.0	100.0
109.0	109.1	102.7	102.7	100.0	100.1	100.1	100.1	100.1
109.0	109.1	102.7	102.7	100.0	100.1	100.1	100.1	100.1
106.7	106.7	103.8	103.8	100.0	100.0	100.0	100.0	100.2
100.3	**100.3**	**100.5**	**100.9**	**100.4**	**99.9**	**100.7**	**100.8**	**101.0**
98.0	98.4	98.2	98.8	98.1	97.1	98.7	99.3	99.7
96.5	97.2	97.1	98.1	96.8	94.9	97.6	98.6	99.7
96.9	97.5	97.0	99.0	97.3	95.1	97.1	98.1	101.3
101.3	100.8	101.3	101.3	101.4	101.3	101.2	101.1	101.4
91.8	93.4	93.6	93.4	91.8	88.9	95.5	97.5	94.7
100.0	100.3	100.2	100.5	100.6	100.6	100.6	100.5	100.6
99.8	99.8	99.6	99.7	99.6	99.8	100.0	100.3	99.7
99.5	99.7	100.1	100.2	100.1	100.1	100.0	100.0	99.9
100.0	99.8	99.3	99.3	99.0	99.2	99.7	100.2	99.3
100.0	100.0	99.6	99.9	100.2	101.1	101.0	100.9	100.8
102.3	102.0	102.5	102.7	102.5	102.5	102.4	102.0	102.2
103.7	101.9	103.1	102.9	102.5	103.2	102.7	102.0	102.2
101.8	100.8	101.4	101.3	100.5	100.7	100.4	100.2	100.7
107.5	104.2	106.5	105.9	106.3	108.3	107.4	105.5	105.3
104.7	104.7	104.7	105.5	105.1	104.8	104.9	103.8	104.1
104.1	104.1	104.1	104.1	103.8	103.2	103.0	101.7	101.7
104.0	103.9	103.9	105.7	105.2	105.2	105.5	104.5	104.5
108.3	108.3	108.4	108.4	108.4	108.4	108.6	107.4	109.6
102.7	103.0	103.9	104.0	104.0	104.0	104.0	104.0	104.0
100.0	99.8	99.8	99.8	99.8	99.8	99.8	99.8	99.8
100.0	100.0	100.0	100.0	100.0	100.0	100.0	100.0	100.0
100.0	99.7	99.7	99.7	99.7	99.7	99.7	99.7	99.7
100.0	100.0	100.0	100.0	100.0	100.0	100.0	100.0	100.0
101.0	101.0	101.9	101.8	101.6	101.5	101.5	101.5	101.5
101.9	101.9	101.9	101.8	101.4	101.2	101.2	101.2	101.2
100.0	100.0	101.9	101.9	101.9	101.9	101.9	101.9	101.9

4-4 居民消费价格分类指数
Consumer Price Indices by Category

(上年＝100)　　(preceding year=100)

指　标	Item	2018
居民消费价格总指数	**Consumer Price Index**	**101.9**
非食品烟酒价格指数	**Non-food Tobacco and Alcohol Price Index**	**102.0**
服务价格指数	**Items of Service Price Index**	**102.6**
工业品价格指数	**Industrial Product Price Index**	**101.4**
消费品价格指数	**Consumable Price Index**	**101.6**
扣除食品和能源价格指数	**Deduction Food and Energy Price Index**	**101.8**
扣除鲜菜鲜果总指数	**Deduction Fresh Vegetables Fresh Fruit General Index**	**101.7**
食品烟酒	**Food, Tobacco and Liquor**	**101.8**
食品	Food	101.6
粮食	Grain	100.9
薯类	Tubers	109.1
豆类	Beans	99.9
食用油	Edible Oil and Fats	99.9
菜	Vegetables	106.7
畜肉类	Meal, Poultry and Processed Products	96.3
猪肉	Pork	92.7
牛肉	Beef	103.6
羊肉	Mutton	116.1
畜肉副产品	Animal By-products	94.6
禽肉类	Poultry	105.2
水产品	Aquatic Products	98.6
淡水鱼	Fish in Fresh Water	95.6
海水鱼	Fish in Sea Water	102.9
虾蟹类	Decapod Crustacean	103.7
蛋类	Eggs	110.1
奶类	Milk	102.3
干鲜瓜果类	Dried and Fresh Melons and Fruits	106.0
糖果糕点类	Confectionery	101.7
调味品	Flavoring	102.0
其他食品类	Other Food Categories	100.5
茶及饮料	Tea and Beverages	100.9
烟酒	Tobacco, Liquor	100.6
烟草	Tobacco	100.0
酒类	Liquor	101.7
在外餐饮	Dining Out	103.1
衣着	**Clothing**	**100.8**
服装	Garments	100.6
男式服装	Men's Garment	100.9
女式服装	Women's Dress	101.0
儿童服装	Children's Garment	98.7
服装材料	Clothing Material	100.8
其他衣着及配件	Other Clothing and Accessories	99.8
衣着加工服务费	Clothing Processing	105.2
鞋类	The Footwear	101.1
鞋	Shoes	101.0
鞋类加工服务	Footwear Processing Service	102.7

4-4 续表 Continued

(上年＝100) (preceding year=100)

指　标	Item	2018
居住	**Residence**	**102.5**
租赁房房租	Tenancy	103.1
住房保养维修及管理	Housing Maintenance and Management	103.5
水电燃料	Water, Electricity and Fuels	101.9
自有住房	Self-owned House	102.4
生活用品及服务	**Daily Necessities and Services**	**101.3**
家具及室内装饰品	Furniture and Interior Decorations	102.5
家具	Furniture	102.8
室内装饰品	Interior Decorations	99.8
家用器具	Household Appliances	99.6
家用纺织品	Home Textiles	99.5
家庭日用杂品	Household Articles for Daily Use	101.4
个人护理用品	Personal Care Products	101.2
家庭服务	Household Service	107.1
交通和通信	**Transport and Communications**	**102.2**
交通	Transport	104.0
交通工具	Transport Facility	99.0
交通工具使用燃料	Fuels for Transport Facility	112.7
交通工具使用及维修费	Use and Maintenance of Transport Facility	101.9
交通费	Traffic Fee	103.3
通信	Communication	99.4
通信工具	Communication Facility	96.5
通信服务	Communication Service	100.3
邮递服务	Monthly Renting Fee	100.0
教育文化和娱乐	**Education, Culture and Recreation**	**101.5**
教育	Education	102.0
教育用品	Education Supplies	100.8
教育服务	Education Services	102.2
文化娱乐类	Cultural Entertainment	100.7
医疗保健	**Health Care**	**103.5**
药品及医疗器具	Medicines and Medical Devices	102.3
中药	Traditional Chinese Medicine	104.4
西药	Western Medicine	101.6
滋补保健品	Tonic and Healthy Goods	102.0
医疗卫生器具	Medical Appliance	100.3
保健器具	Healthy Appliance	99.7
医疗服务	Medical Services	104.2
综合医疗类	Integrated Medical Services	108.9
诊断类	Diagnosis of Class	99.9
治疗类	Treatment of Class	105.1
康复类	Rehabilitation Class	101.1
中医医疗服务类	TCM Medical Services	104.1
其他医疗服务	Other Medical Services	103.3
其他用品和服务	**Other Supplies and Services**	**100.6**
其他用品类	Other Supplies	98.7
其他服务类	Other Service Classes	102.3

4-5 主要城市居民消费价格总指数(1987-2018年)
Major Urban Consumer Price Index(1987-2018)

(上年=100) (preceding year=100)

年 份 Year	武汉市 Wuhan	黄石市 Huangshi	十堰市 Shiyan	宜昌市 Yichang	襄阳市 Xiangyang	孝感市 Xiaogan	荆州市 Jingzhou	咸宁市 Xianning
1987	108.2	108.2	106.4	107.5	107.7	111.3	109.9	
1988	120.5	122.2	120.0	126.8	119.7	116.9	120.7	
1989	113.4	117.4	112.3	116.1	113.3	114.9	113.9	113.9
1990	103.0	102.6	107.1	104.1	103.9	102.5	104.4	103.4
1991	107.3	107.8	109.5	107.0	107.4	105.0	105.0	107.4
1992	111.4	111.8	108.2	110.8	111.8	110.5	107.4	110.3
1993	119.8	120.5	119.9	121.8	117.3	111.3	119.8	120.0
1994	126.3	125.9	128.1	136.6	124.8	122.0	127.2	125.6
1995	118.4	120.0	119.8	124.1	118.6	115.5	117.4	122.1
1996	112.2	108.0	110.0	109.6	110.4	108.3	107.3	108.8
1997	103.1	101.0	102.9	101.5	104.4	102.3	99.2	101.5
1998	97.4	97.1	98.4	100.8	97.8	99.2	99.2	98.0
1999	96.1	94.7	97.7	101.5	97.8	97.5	98.0	99.8
2000	100.6	96.9	98.8	101.3	99.8	99.0	100.6	98.6
2001	99.5	98.3	98.8	99.5	99.1	99.1	99.8	99.5
2002	98.6	100.8	98.3	101.2	100.0	99.2	99.8	100.0
2003	102.3	101.4	101.6	104.5	102.5	101.9	102.1	101.3
2004	103.3	104.1	103.6	104.0	104.4	105.0	104.2	106.0
2005	102.7	101.9	102.1	102.4	101.9	101.9	101.5	102.0
2006	101.4	101.3	101.4	101.2	101.3	102.8	102.0	103.2
2007	104.1	104.8	105.8	106.4	105.1	104.7	105.3	106.4
2008	105.7	106.8	106.3	105.1	105.2	106.9	106.4	108.4
2009	99.4	99.5	100.8	100.1	98.7	99.2	98.8	99.3
2010	103.0	102.2	102.7	103.1	102.1	103.2	102.4	103.1
2011	105.2	105.3	106.0	106.8	105.8	105.6	105.3	105.7
2012	102.8	103.1	102.4	103.4	102.8	103.1	102.7	102.8
2013	102.4	102.5	103.4	103.3	102.9	103.1	103.1	102.8
2014	101.9	102.2	101.5	102.2	101.5	102.0	102.1	101.8
2015	101.4	101.6	101.4	101.5	102.0	101.3	101.5	101.4
2016	102.4	102.1	101.9	102.3	102.2	102.2	101.8	101.7
2017	101.9	101.5	101.8	101.1	101.4	101.4	101.9	101.5
2018	101.9	102.6	102.3	101.7	102.9	101.6	101.5	102.7

4-6 主要城市居民消费价格分类指数(2018年)
Major Urban Consumer Price Indices by Category(2018)

(上年＝100) (preceding year=100)

指 标	Item	武汉市 Wuhan	黄石市 Huangshi	十堰市 Shiyan	宜昌市 Yichang
居民消费价格总指数	**Consumer Price Index**	**101.9**	**102.6**	**102.3**	**101.7**
非食品烟酒价格指数	**Non-food Tobacco and Alcohol Price Index**	**101.9**	**103.2**	**102.3**	**102.1**
服务价格指数	**Items of Service Price Index**	**102.3**	**104.6**	**103.8**	**102.8**
工业品价格指数	**Industrial Product Price Index**	**101.4**	**101.6**	**100.7**	**101.3**
消费品价格指数	**Consumable Price Index**	**101.6**	**101.4**	**101.4**	**101.0**
扣除食品和能源价格指数	**Deduction Food and Energy Price Index**	**101.7**	**103.0**	**102.2**	**101.8**
扣除鲜菜鲜果总指数	**Deduction Fresh Vegetables Fresh Fruit General Index**	**101.6**	**102.5**	**102.3**	**101.7**
食品烟酒	**Food, Tobacco and Liquor**	**101.9**	**101.1**	**102.2**	**100.7**
食品	Food	101.7	100.1	101.6	100.0
粮食	Grain	99.9	101.9	99.9	101.9
薯类	Tubers	113.8	114.1	106.7	104.6
豆类	Beans	99.9	99.1	101.0	99.9
食用油	Edible Oil and Fats	98.5	100.0	99.7	100.3
菜	Vegetables	106.9	105.5	99.9	102.6
畜肉类	Meal, Poultry and Processed Products	97.2	94.3	97.5	96.5
禽肉类	Poultry	103.7	100.3	104.6	101.7
水产品	Aquatic Products	95.9	97.1	102.9	98.6
蛋类	Eggs	107.1	113.8	112.2	108.4
奶类	Milk	103.5	98.5	106.5	100.9
干鲜瓜果类	Dried and Fresh Melons and Fruits	107.7	102.7	104.6	97.1
糖果糕点类	Confectionery	100.7	99.2	103.2	103.9
调味品	Flavoring	104.2	104.1	104.6	94.5
其他食品类	Other Food Categories	99.3	99.7	104.1	103.2
茶及饮料	Tea and Beverages	100.4	99.2	101.5	100.5
烟酒	Tobacco, Liquor	100.4	101.3	102.0	99.7
烟草	Tobacco	100.0	100.0	100.0	100.0
酒类	Liquor	101.1	104.1	105.6	99.1
在外餐饮	Dining Out	103.0	104.0	103.7	103.0
衣着	**Clothing**	**101.7**	**101.8**	**100.2**	**101.4**
服装	Garments	100.9	102.6	101.0	101.5
男式服装	Men's Garment	101.8	101.3	101.1	101.4
女式服装	Women's Dress	101.1	102.0	101.6	104.3
儿童服装	Children's Garment	97.6	107.7	98.4	91.2
服装材料	Clothing Material	101.6	100.0	100.0	100.0
其他衣着及配件	Other Clothing and Accessories	99.7	97.1	99.7	102.0
衣着加工服务费	Clothing Processing	107.8	104.3	100.0	100.0
鞋类	The Footwear	103.3	99.1	97.7	101.1
居住	**Residence**	**102.0**	**103.2**	**101.6**	**101.0**
租赁房房租	Tenancy	101.4	103.0	101.2	103.8
住房保养维修及管理	Housing Maintenance and Management	103.9	101.6	100.3	100.5
水电燃料	Water, Electricity and Fuels	101.7	102.3	100.6	102.5
自有住房	Self-owned House	101.5	104.2	102.5	100.0
生活用品及服务	**Daily Necessities and Services**	**102.1**	**100.9**	**101.0**	**99.6**
家具及室内装饰品	Furniture and Interior Decorations	103.8	104.3	100.5	104.2
家具	Furniture	104.3	105.0	100.6	104.8
室内装饰品	Interior Decorations	99.7	100.0	100.0	101.0

4-6 续表 1 Continued

(上年＝100) (preceding year=100)

指　　标	Item	武汉市 Wuhan	黄石市 Huangshi	十堰市 Shiyan	宜昌市 Yichang
家用器具	Household Appliances	99.3	100.1	100.3	99.0
家用纺织品	Home Textiles	100.3	99.6	100.9	91.7
家庭日用杂品	Household Articles for Daily Use	102.0	99.9	101.9	99.9
个人护理用品	Personal Care Products	101.5	98.5	101.1	99.0
家庭服务	Household Service	111.0	107.0	102.0	103.2
交通和通信	**Transpor and Communication**	**102.2**	**102.2**	**103.6**	**102.2**
交通	Transport	104.1	104.3	106.3	103.7
交通工具	Transport Facility	100.1	99.4	100.1	98.7
交通工具使用燃料	Fuels for Transport Facility	112.4	112.6	112.6	112.8
交通工具使用及维修费	Use and Maintenance of Transport Facility	101.6	99.8	100.0	101.5
交通费	Traffic Fee	103.1	105.3	112.9	103.5
通信	Communication	99.3	98.9	99.2	100.0
通信工具	Communication Facility	96.9	94.7	97.1	97.6
通信服务	Communication Service	100.0	100.0	100.0	100.7
教育文化和娱乐	**Education, Culture and Recreation**	**101.1**	**102.2**	**101.6**	**101.2**
教育	Education	102.2	101.5	102.7	102.9
教育用品	Education Supplies	100.2	99.9	99.6	104.0
教育服务	Education Services	102.4	101.6	103.0	102.7
文化娱乐类	Cultural Entertainment	99.6	103.4	100.0	98.7
文娱耐用消费品	Durable Consumer Goods for Recreational	97.5	91.7	100.4	98.7
其他文娱用品	Other Entertainment Products	99.5	99.9	100.5	102.4
文化娱乐服务	Cultural and Recreational Services	100.0	108.7	99.5	101.2
旅游	Tourism	100.4	108.2	99.9	95.0
医疗保健	**Medicine**	**103.0**	**109.6**	**108.1**	**110.0**
药品及医疗器具	Medicines and Medical Devices	101.0	105.3	97.5	101.8
中药	Traditional Chinese Medicine	102.0	109.6	99.7	103.7
西药	Western Medicine	101.0	104.3	94.9	100.9
滋补保健品	Tonic and Healthy Goods	100.0	104.2	101.0	102.5
医疗卫生器具	Medical Appliance	99.9	102.5	99.9	100.1
保健器具	Healthy Appliance	99.2	100.0	100.0	100.0
医疗服务	Medical Services	104.2	112.5	115.0	115.7
综合医疗类	Integrated Medical Services	106.8	120.7	136.7	128.3
诊断类	Diagnosis of Class	100.2	99.3	101.3	100.4
治疗类	Treatment of Class	105.5	117.0	113.0	121.0
康复类	Rehabilitation Class	101.9	94.1	100.0	100.0
中医医疗服务类	TCM Medical Services	105.4	100.0	100.0	122.6
其他医疗服务	Other Medical Services	102.9	128.5	118.3	117.1
其他用品和服务	**Other Supplies and Services**	**100.4**	**102.7**	**99.2**	**100.4**
其他用品类	Other Supplies	97.8	101.1	98.6	98.6
首饰手表	Jewelry Watches	96.6	101.9	97.2	97.7
其他杂项用品	Other Miscellaneous Goods	99.7	99.7	101.0	99.9
其他服务类	Other Service Classes	102.6	104.1	99.9	101.9
旅馆住宿	The Hotel Accommodation	104.5	97.5	99.6	101.5
美容美发洗浴	Making-up Hair Salon Bathing	104.3	102.5	99.9	105.3
养老服务	Pension Service	104.0	109.0	100.0	100.0
金融保险	Finance and Insurance	99.9	99.9	99.9	99.8
其他服务类	Other Service Classes	100.0	117.6	100.0	100.0

4-6 续表 2 Continued

(上年＝100) (preceding year=100)

指　标	Item	襄阳市 Xiangyang	孝感市 Xiaogan	荆州市 Jingzhou	咸宁市 Xianning
居民消费价格总指数	**Consumer Price Index**	**102.9**	**101.6**	**101.5**	**102.7**
非食品烟酒价格指数	**Non-food Tobacco and Alcohol Price Index**	**102.8**	**101.7**	**101.7**	**102.6**
服务价格指数	**Items of Service Price Index**	**103.5**	**104.1**	**103.3**	**102.7**
工业品价格指数	**Industrial Product Price Index**	**101.9**	**99.3**	**100.0**	**102.5**
消费品价格指数	**Consumable Price Index**	**102.5**	**100.3**	**100.5**	**102.6**
扣除食品和能源价格指数	**Deduction Food and Energy Price Index**	**103.0**	**101.6**	**101.2**	**102.4**
扣除鲜菜鲜果总指数	**Deduction Fresh Vegetables Fresh Fruit General Index**	**102.7**	**101.2**	**101.0**	**102.5**
食品烟酒	**Food Tobacco and Alcohol**	**103.2**	**101.4**	**101.0**	**102.8**
食品	Food	101.5	101.2	101.3	102.9
粮食	Grain	101.1	100.1	99.2	101.8
薯类	Tubers	108.8	94.3	100.9	123.3
豆类	Beans	101.0	97.2	98.1	101.2
食用油	Cooking Oil	98.4	96.7	99.5	100.3
菜	Vegetables	108.7	103.9	112.4	108.7
畜肉类	Meal, Poultry and Processed Products	95.8	95.9	94.3	97.9
禽肉类	Poultry	105.7	105.6	104.5	108.9
水产品	Aquatic Products	100.2	88.6	94.1	97.7
蛋类	Eggs	106.9	116.7	109.3	120.3
奶类	Dairy	99.3	101.2	98.7	103.7
干鲜瓜果类	Dried and Fresh Melons and Fruits	105.7	118.8	108.5	103.3
糖果糕点类	Confectionery	102.8	102.4	102.0	102.7
调味品	Flavoring	98.8	102.4	100.8	103.4
其他食品类	Other Food Categories	99.7	100.8	102.3	100.2
茶及饮料	Tea and Beverages	101.6	102.9	103.0	109.6
烟酒	Tobacco, Liquor	101.2	101.3	101.0	101.4
烟草	Tobacco	100.4	100.0	100.0	100.0
酒类	Liquor	102.3	103.5	102.7	103.8
在外餐饮	Dining Out	108.7	102.0	100.0	102.4
衣着	**Clothing**	**102.9**	**97.3**	**96.5**	**100.7**
服装	Garments	103.7	98.8	95.4	99.8
男式服装	Men's Garment	103.2	98.3	99.3	100.3
女式服装	Women's Dress	104.0	99.7	93.3	99.4
儿童服装	Children's Garment	104.1	97.2	94.3	100.1
服装材料	Clothing Material	100.0	100.0	100.0	108.0
其他衣着及配件	Other Clothing and Accessories	103.2	100.8	100.0	103.1
衣着加工服务费	Clothing Processing	107.3	101.0	100.0	108.3
鞋类	The Footwear	100.0	91.2	99.2	101.8
居住	**Residence**	**104.0**	**103.4**	**101.6**	**104.8**
租赁房房租	Tenancy	104.4	108.8	109.3	106.9
住房保养维修及管理	Housing Maintenance and Management	100.9	101.0	99.5	105.8
水电燃料	Water, Electricity and Fuels	102.7	99.5	102.1	103.0
自有住房	Self-owned House	105.3	105.1	100.5	105.1
生活用品及服务	**Daily Necessities and Services**	**100.0**	**99.5**	**100.2**	**102.3**
家具及室内装饰品	Furniture and Interior Decorations	101.1	104.3	99.9	103.1
家具	Furniture	101.2	104.8	100.3	103.4
室内装饰品	Interior Decorations	100.7	99.6	96.7	100.2

4-6 续表 3 Continued

(上年＝100) (preceding year=100)

指 标	Item	襄阳市 Xiangyang	孝感市 Xiaogan	荆州市 Jingzhou	咸宁市 Xianning
家用器具	Household Appliances	97.4	100.5	98.5	100.5
家用纺织品	Household Textiles	101.7	96.9	98.9	105.1
家庭日用杂品	Household Groceries	100.1	97.0	101.4	103.4
个人护理用品	Personal Care Products	101.1	99.2	101.4	101.9
家庭服务	Household Service	102.5	99.1	101.7	100.1
交通和通信	**Transport and Communications**	**104.1**	**101.5**	**101.6**	**102.1**
交通	Transport	105.4	104.6	103.4	103.5
交通工具	Transportation Means	99.0	99.0	98.4	100.6
交通工具使用燃料	Fuel	112.5	112.6	112.8	112.8
交通工具使用及维修费	Vehicle Using and Maintenance Fee	103.2	109.3	100.0	100.0
交通费	Bicycle	107.6	102.0	103.9	102.3
通信	Communication	102.2	96.8	98.8	100.5
通信工具	Communication Tools	97.0	86.3	94.6	102.4
通信服务	Communication Service	104.5	100.0	100.1	99.7
教育文化和娱乐	**Education, Culture and Recreation**	**101.8**	**101.5**	**100.3**	**101.5**
教育	Education	100.8	101.2	101.0	102.5
教育用品	Education Supplies	100.4	100.0	100.3	104.4
教育服务	Education Services	100.8	101.3	101.0	102.3
文化娱乐类	Cultural Entertainment	103.3	101.9	99.2	100.3
文娱耐用消费品	Durable Consumer Goods for Recreational	97.2	99.6	97.3	100.2
其他文娱用品	Other Entertainment Products	103.1	100.4	100.7	99.1
文化娱乐服务	Cultural and Recreational Services	102.8	100.4	99.7	99.6
旅游	Tourism	106.5	104.2	99.5	101.6
医疗保健	**Medicine**	**101.0**	**105.9**	**111.2**	**103.4**
药品及医疗器具	Medicines and Medical Devices	102.5	100.6	105.0	103.7
中药	Traditional Chinese Medicine	107.7	106.5	104.9	109.4
西药	Western Medicine	100.1	97.3	105.5	101.9
滋补保健品	Tonic and Healthy Goods	102.5	102.3	104.9	102.5
医疗卫生器具	Medical Appliance	100.0	98.2	100.0	102.1
保健器具	Healthy Appliance	98.8	100.0	100.3	100.0
医疗服务	Medical Services	100.0	109.6	115.5	103.1
综合医疗类	Integrated Medical Services	100.0	136.4	139.6	121.6
诊断类	Diagnosis of Class	99.9	91.3	102.8	80.5
治疗类	Treatment of Class	100.0	107.8	113.6	108.1
康复类	Rehabilitation Class	100.0	103.5	106.8	100.0
中医医疗服务类	TCM Medical Services	100.0	105.4	102.8	119.9
其他医疗服务	Other Medical Services	100.0	100.0	100.0	100.0
其他用品和服务	**Other Supplies and Services**	**101.6**	**98.5**	**99.1**	**98.2**
其他用品类	Other Supplies	97.4	96.4	96.7	98.0
首饰手表	Jewelry and Watches	96.0	94.3	94.6	96.5
其他杂项用品	Other Miscellaneous Goods	99.8	99.4	100.1	100.3
其他服务类	Other Service Classes	105.5	100.2	101.4	98.3
旅馆住宿	Hotel Accommodation	100.5	101.3	108.1	92.8
美容美发洗浴	Making-up Hair Salon Bathing	118.8	100.0	100.4	99.1
养老服务	Pension Service	100.0	100.0	100.0	100.0
金融保险	Finance and Insurance	99.8	99.8	99.7	99.9
其他服务类	Other Service Classes	100.0	100.0	100.0	102.6

4-7 商品零售价格分类指数(2018年)
Retail Price Indices by Category(2018)

(上年＝100) (preceding year=100)

指 标	Item	全 省 Province	城 市 Urban Areas	农 村 Rural Areas
商品零售价格指数	**Retail Price Index**	**101.2**	**101.2**	**101.6**
食品	**Food**	**101.9**	**101.8**	**102.0**
粮食	Grain	100.7	100.3	102.2
大米	Rice	100.4	99.9	102.3
面粉	Flour	101.4	100.1	103.9
粮食制品	Grain Products	101.4	101.3	101.7
薯类	Tubers	108.9	109.5	107.5
豆类	Beans	99.9	99.9	99.7
干豆	Dried Beans	98.7	99.2	97.0
豆制品	Bean Products	100.0	100.0	100.0
食用油	Edible Oil and Fats	99.6	99.5	100.1
食用植物油	Edible Vegetable Oil	99.9	99.7	100.8
植物油制品	Vegetable Oil Processed Products	91.4	91.5	91.2
菜	Vegetables	106.2	106.1	107.2
鲜菜	Fresh Vegetables	106.8	106.6	108.1
干菜及菜制品	Dried Vegetables and Vegetable Products	100.0	100.2	98.5
畜肉类	Meal, Poultry and Processed Products	96.4	96.4	96.0
猪肉	Pork	92.5	92.4	92.8
牛肉	Beef	104.3	104.2	105.0
羊肉	Mutton	116.0	116.3	114.3
畜肉副产品	Animal By-products	94.8	95.2	93.0
禽肉类	Poultry	104.6	103.7	109.7
鸡	Chicken	104.8	103.0	114.2
鸭	Duck	107.7	108.1	105.3
水产品	Aquatic Products	99.0	98.5	102.4
淡水鱼	Fish in Fresh Water	94.7	93.7	100.4
海水鱼	Fish in Sea Water	101.5	100.9	104.4
虾蟹类	Decapod Crustacean	104.7	104.5	109.0
蛋类	Eggs	110.2	109.2	114.8
鸡蛋	Chicken's Eggs	110.9	109.9	115.7
其他蛋及制品	Other Eggs and Products	104.2	103.7	106.9
奶类	Milk	102.4	102.7	100.9
鲜奶	Fresh Milk	102.5	102.8	100.5
酸奶	Yogurt	99.2	99.0	100.5
奶粉	Milk Powder	103.7	104.1	101.6
干鲜瓜果类	Dried and Fresh Melons and Fruits	106.5	106.9	103.8
鲜瓜果	Fresh Fruits	108.9	109.6	104.7
坚果	Nuts	98.4	98.1	100.2
瓜果制品	Melon and Fruit Products	102.3	102.4	101.2
糖果糕点类	Confectionery	101.7	101.4	103.3
食糖	Sugar	103.4	102.8	105.3
糖果	Candy	101.4	101.7	100.2
糕点	Pastry	101.3	100.8	104.7
调味品	Flavoring	102.0	102.0	101.7
食用盐	Salt	97.7	96.8	100.8
酱油	Soy Sauce	101.9	102.2	100.3

4-7 续表 1 Continued

(上年＝100) (preceding year=100)

指　　标	Item	全　省 Province	城　市 Urban Areas	农　村 Rural Areas
食醋	Vinegar	106.3	106.9	102.3
调味酱	Bechamel	101.1	101.0	101.3
味精	Monosodium Glutamate	99.6	99.4	100.4
其他食品类	Other Food Categories	100.8	100.7	101.5
方便食品	Convenience Foods	99.4	99.3	99.9
淀粉及制品	Starch and Products	101.1	100.8	103.6
膨化食品	Puffed Food	102.5	102.4	103.0
在外餐饮	Dining Out	103.2	103.4	101.9
正餐	Dinner	103.2	103.4	101.8
快餐	Fast Food	101.7	101.6	102.2
地方小吃	Local Snacks	107.3	108.2	101.6
饮料、烟酒	**Beverages, Tobacco and Liquor**	**101.0**	**101.1**	**100.9**
茶及饮料	Tea and Beverages	101.5	101.6	101.2
茶叶	Tea	103.2	103.3	102.2
固体咖啡	Solid Coffee	101.1	101.1	101.2
饮用水	Drinking Water	99.9	99.8	100.0
果汁饮料	Fruit Juice Beverages	101.5	101.5	100.6
烟草	Tobacco	100.0	100.0	100.1
酒类	Liquor	101.7	101.8	101.6
白酒	Distilled Spirit	101.5	101.7	101.1
葡萄酒	Wine	100.5	100.6	98.5
啤酒	Beer	102.2	102.2	102.4
服装、鞋帽	**Garments, Shoes and Hats**	**100.6**	**100.8**	**99.7**
服装	Garments	100.8	100.9	100.1
男式服装	Men's Garment	100.9	101.4	98.7
男士西服	Men's Suits	100.9	101.6	96.2
男士冬衣	Men's Clothes	99.4	100.4	94.4
男士夹克衫	Men's Jacket	101.2	101.1	101.8
男士毛线衣	Men's Knitted Woolen Clothes	101.3	101.8	98.9
男士运动装	Men's Sport Clothing	101.4	100.4	106.8
男士衬衫T恤	Men's Shirt T-shirts	100.8	101.2	99.6
男士裤子	Men's Trousers	102.0	102.7	97.9
男士内衣	Men's Underwear	100.3	100.8	98.3
女式服装	Women's Dress	101.2	101.3	100.8
女式外套	Women's Overcoat	101.8	101.4	103.6
女士冬衣	Women's Clothes	101.3	101.9	97.7
女士毛线衣	Women's Knitted Woolen Clothes	100.2	100.6	98.0
女士运动装	Women's Sports Wear	102.8	102.5	104.2
女士衬衫T恤	Women's Shirt T-shirts	102.3	100.6	108.7
女士裤子	Women's Trousers	100.8	101.1	99.2
女士裙子	Skirt	101.4	101.6	99.7
女士内衣	Women's Underwear	100.0	100.7	96.7
儿童服装	Children's Garment	99.0	98.6	100.6
婴幼服装	Infants Clothing	99.6	99.4	100.7
儿童上衣	Children's Suits	99.1	98.6	101.3
儿童裤子	Children's Trousers	98.7	98.3	100.6
儿童裙子	Children's Skirt	98.6	98.7	97.7

4-7 续表 2 Continued

(上年＝100) (preceding year=100)

指　　标	Item	全　省 Province	城　市 Urban Areas	农　村 Rural Areas
鞋袜帽	Footwear, Socks and Hats	100.1	100.3	98.9
鞋	Shoes	100.2	100.4	98.9
男鞋	Men's Shoes	99.6	100.0	97.5
女鞋	Women's Shoes	100.2	100.4	98.3
童鞋	Children's Shoes	101.6	101.5	102.2
袜子	Socks and Stockings	99.8	100.1	98.5
帽子	Hats	99.0	98.9	99.3
其他衣着配件	Other Clothing and Accessories	100.2	100.6	97.5
纺织品	**Textiles**	**99.7**	**100.0**	**98.8**
服装材料	Clothing Material	101.0	101.2	100.3
床上用品	Bed Articles	99.1	99.3	98.2
被子	Quilts	98.8	98.7	99.5
床单被套	Bed Sets	98.6	99.1	96.2
家用电器及音像器材	**Household Appliances, Music and Video Equipment**	**99.0**	**98.7**	**100.2**
家庭设备	Household Facilities	99.5	99.2	100.7
洗衣机	Washing Machine	98.8	98.7	99.2
电冰箱(柜)	Refrigerator	98.8	98.3	101.3
吸排油烟机	Smoke Exhauster	100.7	100.7	100.5
空调器	Air Conditioner	100.5	100.4	100.9
热水器	Shower Heater	99.6	99.6	99.9
炉具灶具	Cooking Stove	97.2	97.0	99.1
微波炉	Microwave Oven	99.8	99.8	100.1
厨房小家电	Kitchen Appliances	99.3	99.0	103.0
生活小家电	Household Appliance	98.6	98.3	101.2
文娱用耐用消费品	Durable Consumer Goods for Recreational	98.1	97.9	99.4
电视机	Television	97.3	96.8	99.4
照相机	Camera	99.8	99.9	99.7
音响	Audio	98.4	98.4	99.1
专业音像器材	Audiovisual Equipment	99.1	98.9	100.1
专业音响器材	Professional Audio Equipment	100.0	100.0	100.1
专业声像器材	Professional Audio-visual Equipment	97.8	97.4	100.2
文化办公用品	**Cultural and Office Goods**	**98.9**	**98.7**	**100.6**
纸张文具	Paper Stationery	101.3	101.6	99.8
台式计算机	Desktop Computer	98.2	97.6	101.1
笔记本平板	Portable Computer	97.5	97.0	101.4
电脑附件	Computer Accessories	100.1	100.2	99.5
打印复印机	Printer Copier	98.1	97.8	100.5
教学设备	Teaching Equipment	99.5	99.3	100.4
日用品	**Articles for Daily Use**	**100.8**	**100.8**	**100.8**
日用百货	General Merchandise for Daily Use	100.6	100.5	101.2
电动自行车	Electric Bicycle	100.5	100.4	100.8
自行车	Bicycle	101.0	101.2	99.9
雨具	Rain Gear	102.5	102.8	100.4
护理器具	Care Tools	100.1	99.7	101.6
清洁用纸	Cleaning Paper	100.1	99.1	103.5
化妆器具	Makeup Tools	100.0	100.0	100.2

4-7 续表 3 Continued

(上年＝100)　　(preceding year=100)

指　标	Item	全　省 Province	城　市 Urban Areas	农　村 Rural Areas
厨具餐具茶具	Kitchenware Cooking-set Tea-set	100.3	100.2	100.5
厨具	Kitchenware	99.9	99.9	100.0
餐具	Cooking-set	101.0	100.9	101.4
茶具	Tea-set	99.5	99.3	100.3
清洗用品	Cleaning Supplies	101.9	102.3	100.3
其他日用品	Other Daily Necessities	100.1	99.9	100.8
灯具	Lamp	100.0	99.7	101.1
箱包	Luggage and Bags	99.9	99.9	100.1
母婴用品	Maternal and Child Supplies	99.9	100.0	99.7
眼镜	Glasses	99.9	99.8	101.0
其他护理用品	Other Nursing Supplies	99.2	98.9	101.1
其他日用杂品	Other Daily Groceries	101.4	101.0	102.4
体育娱乐用品	**Sports and Recreation Articles**	**101.2**	**101.3**	**100.5**
体育户外用品	Sports Outdoor Goods	100.4	100.3	100.7
娱乐用品	Amusement Articles	101.8	102.1	100.4
乐器	Musical Instrument	101.7	102.2	98.4
游戏用品和玩具	Game Supplies and Toys	100.0	99.9	100.5
园艺花卉及用品	Gardening Flowers and Articles	99.9	99.8	100.3
宠物及用品	Pets and Supplies	100.3	100.0	101.9
交通、通信用品	**Transport and Communication Appliances**	**98.1**	**98.0**	**99.2**
交通运输机械	Machinery of Communications and Transportation	99.3	99.4	99.1
小型汽车	Compact Car	98.5	98.5	98.5
大中型客车	Large and Medium Passenger Vehicle	100.3	100.3	100.3
交通工具零配件	Vehicle Spare Parts	100.2	100.4	99.3
通信器材	Apparatus of Communication	96.4	96.0	99.4
固定电话机	Stationary Telephone	99.6	99.6	99.6
移动电话机	Mobile Telephone	95.9	95.4	99.3
家具	**Furniture**	**103.1**	**103.4**	**101.0**
柜	Cupboard	103.9	104.2	102.0
床	Beds	101.3	101.4	100.4
桌	Desks	104.7	105.5	100.7
椅	Chairs	103.3	103.0	104.9
沙发	Sofas	102.8	103.3	98.5
化妆品	**Cosmetic Products**	**101.6**	**101.4**	**102.9**
清洁化妆品	Cleaning Cosmetics	101.9	101.9	102.2
护肤化妆品	Skin Care Cosmetics	101.5	100.8	104.6
彩妆化妆品	Make-up Cosmetics	99.7	99.6	101.3
清洁类护理用品	Cleaning Supplies	102.8	102.8	102.9
护发美发用品	Hair Care Products	101.5	101.6	100.6
金银饰品	**Jewel of Gold and Silver**	**97.2**	**96.9**	**99.5**
金饰品	Gold Ornaments	98.2	98.0	99.6
银饰品	Silver Ornaments	101.4	101.7	99.7
铂金饰品	Platinum Ornaments	93.1	92.4	99.0
中西药品及医疗保健用品	**Traditional Chinese and Western Medicines and Health**	**102.3**	**101.9**	**103.9**
医疗卫生器具	Medical Appliance	100.4	100.4	100.6
中药	Traditional Chinese Medicine	104.1	103.9	105.3
中药材	Chinese Herbal Material	104.9	105.5	103.0
中成药	Chinese Patent Drugs	103.8	103.2	106.7

4-7 续表 4 Continued

(上年=100) (preceding year=100)

指　　标	Item	全　省 Province	城　市 Urban Areas	农　村 Rural Areas
西药	Western Medicine	101.3	100.9	103.1
抗微生物药	Antimicrobial Agents	99.0	98.5	101.1
消化系统用药	Digestive System	101.0	100.8	102.1
呼吸系统用药	Respiratory System	102.8	102.5	104.1
解热镇痛药	Antipyretic Analgesics	102.3	102.9	98.7
抗肿瘤药	Antineoplastic Agents	102.6	100.4	115.6
激素及影响内分泌药	Hormones and Endocrine Agents	99.7	98.2	103.4
心血管系统用药	Cardiovascular System	100.8	100.1	104.9
血液系统用药	Blood System Medication	102.4	103.1	99.0
治疗精神障碍药	Drugs for The Treatment of Mental Disorders	99.4	99.3	100.0
神经系统用药	Drugs for Nervous System	102.0	101.9	102.6
消毒防腐及创伤外科用药	Disinfectant and Preservative and Trauma Surgery Medicine	104.4	104.3	104.8
泌尿系统用药	Urinary System Drugs	101.5	100.3	105.3
维生素、矿物质类药	Vitamin	107.1	105.6	112.7
调节水、电解质及酸碱平衡药	Adjust Water, Electrolyte and Acid-base Balance	97.6	97.4	98.4
保健器具及用品	Healthy Appliances and Articles	101.6	101.0	104.5
保健器具	Healthy Appliance	99.7	99.6	100.3
滋补保健用品	Tonic and Healthy Goods	102.3	101.5	106.5
书报杂志及电子出版物	**Books, Newspapers, Magazines and Electronic Publications**	**100.4**	**100.5**	**100.4**
教材及参考书	Texts and Reference Books	101.0	101.0	100.8
工具书	Reference Book	100.0	100.0	100.0
教材	Text-book	100.3	100.4	100.0
参考资料	The Resources	102.0	101.9	102.8
书报杂志	Newspapers and Magazines	100.0	100.0	100.0
计算机办公软件	Computer Office Software	100.1	100.1	100.0
燃料	**Fuels**	**108.2**	**108.4**	**107.0**
煤炭及制品	Coal and Its Products	104.3	105.0	102.3
原煤	Coal	106.8	106.8	106.8
煤制品	Coal Products	103.4	104.2	101.2
石油及制品	Oil and Its Products	108.8	108.8	108.5
管道燃气	Pipeline Gas	100.3	100.4	99.0
液化石油气	Liquefied Petroleum Gas	108.1	108.6	104.3
汽油	Gasoline	112.9	112.9	112.9
柴油	Diesel Oil	114.3	114.3	114.3
建筑材料及五金电料	**Building Materials and Hardware**	**102.1**	**101.8**	**103.3**
建筑装潢材料	Building Decoration Materials	102.0	101.6	104.0
木地板	Wood Floor	102.0	101.8	103.0
瓷砖	Ceramic Tile	101.5	100.9	103.7
水泥	Cement	110.4	109.5	112.7
涂料	Paint	99.7	99.2	101.7
板材	Board	102.6	102.3	104.2
管材	Pipe	101.4	100.7	105.6
厨卫设备	Kitchen Equipment	99.2	99.1	99.7
门窗	Doors and Windows	101.0	100.6	102.0
五金水暖	Hardware Plumbing	102.2	102.5	100.8
家用手工工具	Hand Tools for Household Use	100.6	100.6	100.5
配电附件	The Power Distribution in Attachment	103.2	103.7	100.5
水暖器材	Plumbing Equipment	102.3	102.5	101.2

4-8 商品零售价格分类指数
Retail Price Indices by Category

(上年＝100) (preceding year=100)

指 标	Item	2018
商品零售价格指数	**Retail Price Index**	**101.2**
食品	**Food**	**101.9**
粮食	Grain	100.7
薯类	Tubers	108.9
豆类	Beans	99.9
食用油	Edible Oil and Fats	99.6
菜	Vegetables	106.2
畜肉类	Meal, Poultry and Processed Products	96.4
猪肉	Pork	92.5
牛肉	Beef	104.3
羊肉	Mutton	116.0
畜肉副产品	Animal By-products	94.8
禽肉类	Poultry	104.6
水产品	Aquatic Products	99.0
淡水鱼	Fish in Fresh Water	94.7
海水鱼	Fish in Sea Water	101.5
虾蟹类	Decapod Crustacean	104.7
蛋类	Eggs	110.2
奶类	Milk	102.4
干鲜瓜果类	Dried and Fresh Melons and Fruits	106.5
糖果糕点类	Confectionery	101.7
调味品	Flavoring	102.0
其他食品类	Other Food Categories	100.8
在外餐饮	Dining Out	103.2
饮料、烟酒	**Beverages, Tobacco and Liquor**	**101.0**
茶及饮料	Tea and Beverages	101.5
茶叶	Tea	103.2
固体咖啡	Solid Coffee	101.1
饮用水	Drinking Water	99.9
果汁饮料	Fruit Juice Beverages	101.5
烟草	Tobacco	100.0
酒类	Liquor	101.7
服装、鞋帽	**Garments, Shoes and Hats**	**100.6**
服装	Garments	100.8
男式服装	Men's Garment	100.9
女式服装	Women's Dress	101.2
儿童服装	Children's Garment	99.0
鞋袜帽	Footwear, Socks and Hats	100.1
鞋	Shoes	100.2
袜子	Socks and Stockings	99.8
帽子	Hats	99.0
其他衣着配件	Other Clothing and Accessories	100.2

4-8 续表 Continued

(上年＝100) (preceding year=100)

指　标	Item	2018
纺织品	**Textiles**	**99.7**
服装材料	Clothing Material	101.0
床上用品	Bed Articles	99.1
家用电器及音像器材	**Household Appliances, Music and Video Equipment**	**99.0**
家庭设备	Household Facilities	99.5
文娱用耐用消费品	Durable Consumer Goods for Recreational	98.1
专业音像器材	Audiovisual Equipment	99.1
文化办公用品	**Cultural and Office Goods**	**98.9**
日用品	**Articles for Daily Use**	**100.8**
日用百货	General Merchandise for Daily Use	100.6
厨具餐具茶具	Kitchenware Cooking-set Tea-set	100.3
清洗用品	Cleaning Supplies	101.9
其他日用品	Other Daily Necessities	100.1
体育娱乐用品	**Sports and Recreation Articles**	**101.2**
体育户外用品	Sports Outdoor Goods	100.4
娱乐用品	Amusement Articles	101.8
交通、通信用品	**Transport and Communication Appliances**	**98.1**
交通运输机械	Machinery of Communications and Transportation	99.3
通信器材	Apparatus of Communication	96.4
家具	**Furniture**	**103.1**
化妆品	**Cosmetic Products**	**101.6**
金银饰品	**Jewel of Gold and Silver**	**97.2**
中西药品及医疗保健用品	**Traditional Chinese and Western Medicines and Health**	**102.3**
医疗卫生器具	Medical Appliance	100.4
中药	Traditional Chinese Medicine	104.1
西药	Western Medicine	101.3
保健器具及用品	Healthy Appliances and Articles	101.6
书报杂志及电子出版物	**Books, Newspapers, Magazines and Electronic Publications**	**100.4**
教材及参考书	Texts and Reference Books	101.0
书报杂志	Newspapers and Magazines	100.0
计算机办公软件	Computer Office Software	100.1
燃料	**Fuels**	**108.2**
煤炭及制品	Coal and Its Products	104.3
石油及制品	Oil and Its Products	108.8
建筑材料及五金电料	**Building Materials and Hardware**	**102.1**
建筑装潢材料	Building Decoration Materials	102.0
五金水暖	Hardware Plumbing	102.2

4-9 分月商品零售价格分类指数(2018年)

(上年同月＝100)

指　标	Item	1 月 January	2 月 February	3 月 March
商品零售价格指数	**Retail Price Index**	**100.9**	**101.8**	**101.1**
食品	**Food**	**99.9**	**104.7**	**101.9**
粮食	Grain	101.2	101.3	101.3
薯类	Tubers	102.9	108.4	104.5
豆类	Beans	98.5	99.4	99.7
食用油	Edible Oil and Fats	100.3	99.9	99.8
菜	Vegetables	97.1	117.9	107.3
畜肉类	Meal, Poultry and Processed Products	92.9	97.8	93.3
猪肉	Pork	88.2	94.4	87.8
牛肉	Beef	100.9	105.2	103.8
羊肉	Mutton	115.1	120.5	118.2
畜肉副产品	Animal By-products	94.7	96.4	95.5
禽肉类	Poultry	101.1	104.7	104.7
水产品	Aquatic Products	104.4	108.6	103.0
淡水鱼	Fish in Fresh Water	105.6	112.7	101.4
海水鱼	Fish in Sea Water	103.4	103.6	102.7
虾蟹类	Decapod Crustacean	102.6	110.4	108.2
蛋类	Eggs	108.8	112.0	115.4
奶类	Milk	102.6	102.0	102.7
干鲜瓜果类	Dried and Fresh Melons and Fruits	107.3	108.6	107.3
糖果糕点类	Confectionery	102.2	102.0	102.1
调味品	Flavoring	102.7	103.3	103.5
其他食品类	Other Food Categories	100.5	100.4	100.7
在外餐饮	Dining Out	100.9	102.7	102.8
饮料、烟酒	**Beverages, Tobacco and Liquor**	**101.2**	**100.9**	**101.1**
茶及饮料	Tea and Beverages	100.7	100.4	100.9
茶叶	Tea	101.2	102.0	102.6
固体咖啡	Solid Coffee	100.0	99.7	101.4
饮用水	Drinking Water	97.3	97.9	98.5
果汁饮料	Fruit Juice Beverages	99.6	99.4	99.1
烟草	Tobacco	100.0	100.0	100.0
酒类	Liquor	102.6	102.1	102.3
服装、鞋帽	**Garments, Shoes and Hats**	**101.2**	**100.8**	**100.3**
服装	Garments	101.3	100.9	100.3
男式服装	Men's Garment	101.8	101.3	100.4
女式服装	Women's Dress	101.3	101.3	100.7
儿童服装	Children's Garment	100.3	98.9	99.0
鞋袜帽	Footwear, Socks and Hats	100.9	100.4	100.2
鞋	Shoes	101.1	100.5	100.3
袜子	Socks and Stockings	100.1	100.4	100.4

Retail Price Indices by Category and Month(2018)

(same month of preceding year=100)

4 月 April	5 月 May	6 月 June	7 月 July	8 月 August	9 月 September	10 月 October	11 月 November	12 月 December
100.6	**100.7**	**101.0**	**101.3**	**101.2**	**101.7**	**102.0**	**101.6**	**101.1**
100.1	**99.7**	**100.5**	**101.2**	**101.8**	**103.5**	**103.2**	**102.9**	**102.8**
101.2	101.1	100.9	100.6	100.4	100.3	99.9	100.1	100.1
102.5	108.3	112.8	114.7	114.7	110.1	108.0	109.6	111.6
99.6	99.8	99.9	99.9	100.1	100.4	100.4	100.4	100.4
99.9	99.7	99.9	99.8	99.3	99.1	99.2	99.2	99.1
104.4	105.7	108.9	109.7	102.5	110.0	106.6	101.2	103.9
90.6	90.8	93.6	95.4	99.2	100.9	101.4	100.9	100.0
84.0	84.2	88.2	91.0	97.0	99.4	100.2	99.3	97.2
103.5	103.6	104.0	104.1	104.0	104.5	105.4	105.5	106.8
117.4	117.0	117.0	116.8	117.1	117.0	113.6	110.2	112.8
90.6	90.4	91.7	93.5	95.5	96.5	97.0	98.0	97.6
104.7	104.7	104.9	105.9	105.6	104.9	104.6	104.7	105.2
97.8	96.2	94.8	94.3	95.6	96.9	97.3	99.5	100.6
92.4	89.9	87.2	86.9	88.3	91.0	92.3	95.2	97.0
101.7	100.5	100.4	98.9	100.8	101.1	100.5	102.0	102.3
103.3	103.1	104.0	104.1	104.2	102.3	102.4	104.9	106.8
111.8	114.8	114.8	110.5	111.4	107.1	107.7	107.0	104.1
101.5	101.3	101.4	101.9	102.6	103.3	103.2	103.1	103.2
105.1	99.5	98.8	101.9	105.9	111.2	110.9	113.1	109.8
101.8	101.8	102.0	102.0	101.5	101.6	101.1	100.9	101.3
102.3	102.1	102.3	101.3	101.6	101.4	101.3	101.2	100.8
100.5	100.9	100.9	100.8	100.8	101.1	101.1	101.0	100.9
102.6	102.8	102.8	103.0	103.8	104.0	104.2	104.5	104.4
100.9	**100.7**	**100.6**	**100.9**	**100.9**	**101.1**	**101.3**	**101.6**	**101.5**
101.0	101.2	101.2	101.7	101.7	102.2	102.3	102.7	102.5
103.3	103.8	103.2	103.8	103.7	103.9	103.6	103.5	103.5
101.1	101.2	101.5	100.9	100.9	102.1	101.9	100.9	101.4
98.4	98.4	99.5	100.0	100.7	101.4	101.8	102.7	101.9
99.9	98.6	98.7	100.0	101.1	102.4	104.0	107.3	107.3
100.0	100.0	100.0	100.0	99.9	100.0	100.1	100.2	100.3
101.6	101.0	100.9	101.3	101.3	101.6	101.8	102.3	102.1
99.9	**100.3**	**100.0**	**100.1**	**99.9**	**100.9**	**101.3**	**100.9**	**101.5**
100.2	100.5	100.1	100.2	100.1	101.2	101.6	101.1	101.9
100.2	100.6	100.4	100.6	100.4	101.3	101.6	100.7	101.8
100.5	101.1	100.5	100.8	100.8	102.0	102.1	101.7	102.4
99.0	98.3	98.1	97.7	97.3	98.6	99.8	99.8	100.8
99.2	99.8	99.8	99.9	99.3	100.3	100.7	100.3	100.5
99.2	100.0	100.1	100.0	99.4	100.5	100.8	100.1	100.4
99.0	98.6	98.5	99.4	98.6	99.4	100.4	101.7	100.9

4-9 续表

(上年同月=100)

指　　标	Item	1 月 January	2 月 February	3 月 March
帽子	Hats	98.5	98.3	97.2
其他衣着配件	Other Clothing and Accessories	100.6	100.7	100.1
纺织品	**Textiles**	**99.7**	**99.5**	**100.0**
服装材料	Clothing Material	100.4	100.4	100.4
床上用品	Bed Articles	99.4	99.1	99.9
家用电器及音像器材	**Household Appliances, Music and Video Equipment**	**99.6**	**99.4**	**99.7**
家庭设备	Household Facilities	100.1	100.0	100.4
文娱用耐用消费品	Durable Consumer Goods for Recreational	98.8	98.3	98.5
专业音像器材	Audiovisual Equipment	99.6	99.5	99.5
文化办公用品	**Cultural and Office Goods**	**99.7**	**99.7**	**99.5**
日用品	**Articles for Daily Use**	**100.5**	**100.6**	**100.6**
日用百货	General Merchandise for Daily Use	100.7	101.1	101.0
厨具餐具茶具	Kitchenware Cooking-set Tea-set	100.2	99.8	100.2
清洗用品	Cleaning Supplies	100.3	100.9	100.9
其他日用品	Other Daily Necessities	100.6	100.3	100.0
体育娱乐用品	**Sports and Recreation Articles**	**100.5**	**100.7**	**100.8**
体育户外用品	Sports Outdoor Goods	100.2	100.0	100.1
娱乐用品	Amusement Articles	100.7	101.3	101.4
交通、通信用品	**Transport and Communication Appliances**	**98.6**	**98.5**	**98.2**
交通运输机械	Machinery of Communications and Transportation	98.4	98.5	98.6
通信器材	Apparatus of Communication	98.9	98.4	97.6
家具	**Furniture**	**104.8**	**104.2**	**104.0**
化妆品	**Cosmetic Products**	**102.7**	**102.1**	**102.2**
金银饰品	**Jewel of Gold and Silver**	**100.4**	**96.4**	**97.7**
中西药品及医疗保健用品	**Traditional Chinese and Western Medicines and Health**	**102.5**	**102.3**	**102.3**
医疗卫生器具	Medical Appliance	100.5	100.5	100.6
中药	Traditional Chinese Medicine	104.8	104.5	104.9
西药	Western Medicine	101.0	100.8	100.9
保健器具及用品	Healthy Appliances and Articles	102.7	102.8	101.3
书报杂志及电子出版物	**Books, Newspapers, Magazines and Electronic Publications**	**100.4**	**100.4**	**100.5**
教材及参考书	Texts and Reference Books	100.9	101.0	101.1
书报杂志	Newspapers and Magazines	100.0	100.0	100.0
计算机办公软件	Computer Office Software	100.1	100.1	100.1
燃料	**Fuels**	**105.2**	**105.3**	**104.3**
煤炭及制品	Coal and Its Products	105.7	106.1	106.1
石油及制品	Oil and Its Products	105.1	105.2	104.0
建筑材料及五金电料	**Building Materials and Hardware**	**102.3**	**102.5**	**102.5**
建筑装潢材料	Building Decoration Materials	102.3	102.5	102.4
五金水暖	Hardware Plumbing	102.3	102.4	102.7

Continued

(same month of preceding year=100)

4 月 April	5 月 May	6 月 June	7 月 July	8 月 August	9 月 September	10 月 October	11 月 November	12 月 December
98.9	98.9	99.0	99.3	99.4	99.6	99.5	99.4	100.0
100.3	99.9	100.1	100.1	100.2	100.1	100.2	100.3	100.2
100.5	**99.8**	**100.1**	**99.8**	**98.0**	**99.6**	**99.4**	**99.7**	**100.4**
100.3	101.5	102.0	101.7	101.7	101.5	100.2	100.7	101.5
100.6	98.9	99.2	98.9	96.1	98.7	99.1	99.2	99.8
99.5	**99.7**	**99.4**	**99.2**	**98.9**	**98.0**	**98.1**	**98.0**	**98.0**
100.1	100.1	99.9	99.6	99.0	98.3	98.8	98.7	98.8
98.7	99.2	98.9	98.6	98.6	97.4	97.0	96.8	96.7
99.5	99.4	98.5	99.0	98.9	98.6	98.7	99.0	98.5
99.6	**99.6**	**98.9**	**98.8**	**98.6**	**98.3**	**98.2**	**98.2**	**98.0**
100.5	**100.5**	**100.8**	**101.0**	**100.9**	**101.0**	**101.2**	**100.9**	**100.7**
100.8	100.5	100.3	100.6	100.6	100.6	100.8	100.5	100.2
100.7	100.8	101.0	100.7	100.1	100.0	99.6	99.9	100.2
100.7	101.1	102.0	102.8	102.7	103.0	103.8	102.7	102.4
100.0	99.8	99.9	99.8	99.8	100.1	100.2	100.2	99.9
100.8	**100.9**	**102.0**	**101.4**	**101.2**	**101.2**	**101.4**	**101.7**	**101.6**
100.2	100.6	101.4	100.3	100.0	100.1	100.3	100.7	100.6
101.3	101.2	102.4	102.2	102.1	102.1	102.4	102.4	102.4
97.8	**98.0**	**97.8**	**97.6**	**97.4**	**97.3**	**98.1**	**99.1**	**99.1**
98.9	99.5	99.5	99.5	99.7	99.8	99.8	99.9	99.9
96.2	96.0	95.4	94.9	94.3	93.9	95.6	98.1	97.9
103.4	**103.6**	**102.9**	**102.9**	**103.0**	**103.0**	**101.8**	**101.8**	**101.6**
102.0	**101.9**	**101.8**	**101.4**	**101.4**	**101.3**	**100.8**	**100.7**	**100.4**
95.9	**96.7**	**96.5**	**97.7**	**96.1**	**94.1**	**97.2**	**97.9**	**99.6**
101.9	**101.5**	**101.9**	**102.1**	**102.5**	**102.6**	**102.6**	**102.7**	**102.6**
100.5	100.5	100.4	100.5	100.4	100.3	100.3	100.4	100.4
104.4	103.4	103.6	104.1	104.1	103.9	103.9	104.0	103.8
100.6	100.5	100.9	100.9	101.7	101.9	102.1	102.1	102.2
100.9	100.9	101.1	101.2	101.5	101.8	101.7	101.6	101.6
100.5	**100.5**	**100.5**	**100.5**	**100.4**	**100.4**	**100.4**	**100.4**	**100.4**
101.1	101.1	101.1	101.0	101.0	100.9	100.9	100.8	100.8
100.0	100.0	100.0	100.0	100.0	100.0	100.0	100.0	100.0
100.2	100.2	100.1	100.0	100.0	100.0	100.0	100.0	100.0
106.2	**108.5**	**110.4**	**112.3**	**110.9**	**112.1**	**113.4**	**108.1**	**102.1**
104.9	104.9	104.8	104.1	103.5	103.3	103.2	102.7	102.5
106.4	109.0	111.3	113.6	112.1	113.5	115.0	109.0	102.1
102.6	**102.4**	**102.1**	**102.0**	**102.0**	**102.1**	**101.9**	**101.6**	**101.0**
102.5	102.2	102.0	101.9	101.9	102.0	101.7	101.6	101.1
102.6	102.7	102.3	102.2	102.3	102.5	102.4	101.7	100.7

4-10 主要城市商品零售价格总指数(1987-2018年)
Major Cities in Overall Retail Price Index(1987-2018)

(上年＝100) (preceding year=100)

年 份 Year	武汉市 Wuhan	黄石市 Huangshi	十堰市 Shiyan	宜昌市 Yichang	襄阳市 Xiangyang	孝感市 Xiaogan	荆州市 Jingzhou	咸宁市 Xianning
1987	108.2	108.6	105.6	107.2	107.0	109.9	110.4	
1988	121.8	122.7	121.4	127.6	120.4	121.0	122.0	
1989	113.9	117.4	111.6	116.7	112.8	116.8	113.9	116.8
1990	102.5	101.2	105.1	103.2	102.3	104.5	103.7	101.8
1991	106.7	107.2	106.6	105.6	105.6	105.6	104.8	104.4
1992	110.0	109.2	108.8	109.9	107.5	102.8	106.6	107.9
1993	118.8	116.7	116.4	119.5	113.1	102.5	114.8	115.6
1994	124.1	122.3	120.4	127.5	123.2	120.4	122.5	127.7
1995	114.0	115.6	117.0	119.1	113.9	119.5	124.6	117.7
1996	106.0	106.6	108.4	106.3	106.6	107.7	106.3	105.9
1997	100.7	100.1	101.2	99.9	101.4	101.4	100.9	101.4
1998	96.2	96.3	96.6	96.3	97.6	97.9	96.9	97.2
1999	93.7	94.7	95.6	99.8	95.3	97.1	96.9	96.4
2000	97.4	96.9	98.0	101.7	97.5	98.7	99.9	97.9
2001	96.0	97.2	97.7	99.9	97.6	99.3	97.9	97.9
2002	97.7	99.0	99.5	102.5	98.8	99.6	98.4	98.4
2003	100.4	100.4	100.6	102.4	99.1	100.0	100.5	101.4
2004	101.0	102.2	102.9	103.6	103.5	103.3	104.1	104.9
2005	100.9	100.6	100.9	102.1	100.3	101.3	101.8	101.8
2006	100.7	100.5	101.3	101.2	100.0	102.3	101.1	101.2
2007	103.0	103.4	104.5	104.8	103.6	102.9	106.3	105.9
2008	105.1	107.0	106.3	105.1	104.7	105.9	106.7	108.0
2009	98.4	98.8	99.9	99.8	98.1	99.5	97.0	98.8
2010	103.1	102.5	103.3	102.1	102.8	103.5	102.0	103.5
2011	105.6	105.5	105.0	105.4	105.7	105.6	105.2	105.9
2012	102.3	102.3	101.7	102.4	103.2	103.2	102.4	102.4
2013	100.9	101.1	102.8	101.7	102.2	102.7	102.0	102.2
2014	100.5	101.3	100.5	101.0	101.2	101.2	100.7	100.9
2015	100.0	100.4	100.3	100.6	101.5	100.3	100.7	100.4
2016	101.3	99.5	100.7	100.2	100.6	101.5	100.5	100.0
2017	100.1	100.7	101.2	100.1	99.6	100.4	101.1	102.2
2018	101.4	100.9	100.8	101.2	101.6	99.7	100.4	103.0

4-11 主要城市商品零售价格分类指数(2018年)
Major Cities in the Retail Price Indices by Category(2018)

(上年＝100) (preceding year=100)

指 标	Item	武汉市 Wuhan	黄石市 Huangshi	十堰市 Shiyan	宜昌市 Yichang
商品零售价格指数	**Retail Price Index**	**101.4**	**100.9**	**100.8**	**101.2**
食品	**Food**	**101.8**	**100.6**	**101.9**	**100.3**
粮食	Grain	99.9	101.9	99.9	101.9
薯类	Tubers	113.8	114.1	106.7	104.6
豆类	Beans	99.9	99.1	101.0	99.9
食用油	Edible Oil and Fats	98.5	100.0	99.7	100.3
菜	Vegetables	107.0	105.5	99.9	102.6
畜肉类	Meal, Poultry and Processed Products	96.8	94.3	97.5	96.5
猪肉	Pork	93.5	92.5	93.0	90.7
牛肉	Beef	102.0	97.3	114.3	104.2
羊肉	Mutton	117.7	111.9	114.6	123.8
畜肉副产品	Animal By-products	95.1	88.9	96.6	95.5
禽肉类	Poultry	103.5	100.3	104.6	101.7
水产品	Aquatic Products	95.9	97.1	102.9	98.6
淡水鱼	Fish in Fresh Water	94.3	93.6	103.1	95.9
海水鱼	Fish in Sea Water	99.9	98.9	100.5	102.6
虾蟹类	Decapod Crustacean	100.4	106.8	104.0	99.2
蛋类	Eggs	107.1	113.8	112.2	108.4
奶类	Milk	103.5	98.5	106.5	100.9
干鲜瓜果类	Dried and Fresh Melons and Fruits	107.3	102.7	104.6	97.1
糖果糕点类	Confectionery	100.7	99.2	103.2	103.9
调味品	Flavoring	103.6	104.1	104.6	94.5
其他食品类	Other Food Categories	99.3	99.7	104.1	103.2
在外餐饮	Dining Out	103.0	104.0	103.7	103.0
饮料、烟酒	**Beverages, Tobacco and Liquor**	**100.6**	**101.7**	**102.9**	**99.7**
茶及饮料	Tea and Beverages	100.4	99.2	101.5	100.5
茶叶	Tea	100.0	101.6	100.0	105.8
固体咖啡	Solid Coffee	100.9	101.4	102.2	100.3
饮用水	Drinking Water	99.1	95.0	100.6	102.2
果汁饮料	Fruit Juice Beverages	101.4	99.6	103.3	100.0
烟草	Tobacco	100.0	100.0	100.0	100.0
酒类	Liquor	101.1	104.1	105.6	99.1
服装、鞋帽	**Garments, Shoes and Hats**	**101.4**	**101.5**	**100.3**	**101.4**
服装	Garments	101.2	102.6	101.0	101.5
男式服装	Men's Garment	101.8	101.3	101.1	101.4
女式服装	Women's Dress	101.1	102.0	101.6	104.3
儿童服装	Children's Garment	97.6	107.7	98.4	91.2
鞋袜帽	Footwear, Socks and Hats	102.2	98.8	97.8	101.3
鞋	Shoes	103.3	99.0	97.7	101.1
袜子	Socks and Stockings	99.3	97.4	97.6	104.6

4-11 续表 1 Continued

(上年＝100) (preceding year=100)

指　　标	Item	武汉市 Wuhan	黄石市 Huangshi	十堰市 Shiyan	宜昌市 Yichang
帽子	Hats	98.2	96.0	99.6	99.7
其他衣着配件	Other Clothing and Accessories	101.4	98.2	104.1	98.8
纺织品	**Textiles**	**100.8**	**99.9**	**100.9**	**93.6**
服装材料	Clothing Material	101.6	100.0	100.0	100.0
床上用品	Bed Articles	100.3	99.8	101.4	90.5
家用电器及音像器材	**Household Appliances, Music and Video Equipment**	**98.6**	**94.9**	**100.9**	**99.0**
家庭设备	Household Facilities	99.4	99.9	100.2	99.2
文娱用耐用消费品	Durable Consumer Goods for Recreational	97.3	88.4	102.3	98.6
专业音像器材	Audiovisual Equipment	99.1	92.8	99.5	100.0
文化办公用品	**Cultural and Office Goods**	**98.0**	**100.2**	**99.5**	**101.1**
日用品	**Articles for Daily Use**	**101.2**	**99.7**	**102.2**	**102.3**
日用百货	General Merchandise for Daily Use	101.6	100.0	100.9	98.4
厨具餐具茶具	Kitchenware Cooking-set Tea-set	100.1	102.7	102.8	100.9
清洗用品	Cleaning Supplies	102.6	97.4	105.5	109.2
其他日用品	Other Daily Necessities	99.9	99.7	100.1	100.3
体育娱乐用品	**Sports and Recreation Articles**	**101.1**	**99.3**	**100.9**	**105.9**
体育户外用品	Sports Outdoor Goods	100.5	98.5	102.1	100.7
娱乐用品	Amusement Articles	101.6	99.9	100.1	109.7
交通、通信用品	**Transport and Communication Appliances**	**98.6**	**97.3**	**98.4**	**98.6**
交通运输机械	Machinery of Communications and Transportation	99.7	99.3	99.5	99.3
通信器材	Apparatus of Communication	97.1	95.0	97.1	97.6
家具	**Furniture**	**104.3**	**105.0**	**100.6**	**104.8**
化妆品	**Cosmetic Products**	**102.1**	**98.4**	**101.7**	**98.7**
金银饰品	**Jewel of Gold and Silver**	**95.9**	**103.3**	**94.8**	**97.4**
中西药品及医疗保健用品	**Traditional Chinese and Western Medicines and Health**	**101.2**	**105.0**	**97.5**	**101.8**
医疗卫生器具	Medical Appliance	99.9	102.5	99.9	100.1
中药	Traditional Chinese Medicine	102.0	109.6	99.7	103.7
西药	Western Medicine	101.0	104.3	94.9	100.9
保健器具及用品	Healthy Appliances and Articles	99.8	103.2	100.7	102.2
书报杂志及电子出版物	**Books, Newspapers, Magazines and Electronic Publications**	**100.1**	**100.2**	**99.8**	**101.8**
教材及参考书	Texts and Reference Books	100.2	99.9	99.6	104.0
书报杂志	Newspapers and Magazines	100.0	100.0	100.0	100.0
计算机办公软件	Computer Office Software	100.0	101.2	100.0	100.0
燃料	**Fuels**	**108.3**	**108.8**	**106.1**	**110.3**
煤炭及制品	Coal and Its Products	102.2	102.2	102.2	105.3
石油及制品	Oil and Its Products	109.2	109.6	106.6	111.0
建筑材料及五金电料	**Building Materials and Hardware**	**102.8**	**101.1**	**100.4**	**100.8**
建筑装潢材料	Building Decoration Materials	101.8	101.5	100.5	101.1
五金水暖	Hardware Plumbing	105.6	99.9	100.2	100.1

4-11 续表 2 Continued

(上年＝100) (preceding year=100)

指 标	Item	襄阳市 Xiangyang	孝感市 Xiaogan	荆州市 Jingzhou	咸宁市 Xianning
商品零售价格指数	**Retail Price Index**	**101.6**	**99.7**	**100.4**	**103.0**
食品	**Food**	**102.5**	**101.5**	**100.8**	**102.7**
粮食	Grain	101.1	100.1	99.2	101.8
薯类	Tubers	108.8	94.3	100.9	123.3
豆类	Beans	101.0	97.2	98.1	101.2
食用油	Cooking Oil	98.4	96.7	99.5	100.3
菜	Vegetables	108.7	103.9	112.4	108.7
畜肉类	Meal, Poultry and Processed Products	95.8	95.9	94.3	97.9
猪肉	Pork	91.7	92.0	89.8	90.9
牛肉	Beef	106.0	109.8	102.6	112.1
羊肉	Mutton	115.0	100.1	114.3	114.2
畜肉副产品	Animal By-products	93.2	101.8	96.4	102.7
禽肉类	Poultry	105.7	105.6	104.0	108.9
水产品	Aquatic Products	100.2	88.6	94.1	97.7
淡水鱼	Fish in Fresh Water	98.4	83.8	90.4	92.8
海水鱼	Fish in Sea Water	108.1	95.2	105.9	107.2
虾蟹类	Decapod Crustacean	109.2	116.1	108.8	114.4
蛋类	Eggs	106.9	116.7	109.3	120.3
奶类	Dairy	99.3	101.2	98.7	103.7
干鲜瓜果类	Dried and Fresh Melons and Fruits	105.7	118.8	108.7	103.3
糖果糕点类	Confectionery	102.8	102.4	102.0	102.7
调味品	Flavoring	98.8	102.4	100.8	103.4
其他食品类	Other Food Categories	99.7	100.8	102.3	100.2
在外餐饮	Dining Out	108.7	102.0	100.0	102.4
饮料、烟酒	**Beverages, Tobacco and Liquor**	**101.4**	**102.1**	**100.8**	**103.3**
茶及饮料	Tea and Beverages	101.6	102.9	102.8	109.6
茶叶	Tea	106.3	99.4	103.5	137.8
固体咖啡	Solid Coffee	99.5	101.4	102.9	101.3
饮用水	Drinking Water	98.5	106.6	99.3	100.7
果汁饮料	Fruit Juice Beverages	100.5	101.2	105.7	100.1
烟草	Tobacco	100.4	100.0	100.0	100.0
酒类	Liquor	102.3	103.5	101.4	103.8
服装、鞋帽	**Garments, Shoes and Hats**	**102.9**	**97.3**	**97.8**	**100.4**
服装	Garments	103.8	98.8	95.4	99.8
男式服装	Men's Garment	103.2	98.3	99.4	100.3
女式服装	Women's Dress	104.0	99.7	93.3	99.4
儿童服装	Children's Garment	104.1	97.2	94.3	100.1
鞋袜帽	Footwear, Socks and Hats	100.5	92.2	99.2	102.0
鞋	Shoes	100.0	91.0	99.2	101.5
袜子	Socks and Stockings	105.0	100.9	100.0	104.9

4-11 续表 3 Continued

(上年＝100) (preceding year=100)

指　标	Item	襄阳市 Xiangyang	孝感市 Xiaogan	荆州市 Jingzhou	咸宁市 Xianning
帽子	Hats	100.0	101.5	100.0	101.2
其他衣着配件	Other Clothing and Accessories	100.0	100.5	100.0	100.6
纺织品	**Textiles**	**101.3**	**97.5**	**98.9**	**106.4**
服装材料	Clothing Material	100.0	100.0	100.0	108.0
床上用品	Bed Articles	101.9	96.3	98.4	105.5
家用电器及音像器材	**Household Appliances, Music and Video Equipment**	**97.9**	**100.1**	**98.8**	**100.0**
家庭设备	Household Facilities	97.4	100.5	98.6	100.5
文娱用耐用消费品	Durable Consumer Goods for Recreational	98.4	99.6	98.9	99.4
专业音像器材	Audiovisual Equipment	99.4	99.9	99.4	99.3
文化办公用品	**Cultural and Office Goods**	**98.5**	**99.9**	**97.8**	**100.7**
日用品	**Articles for Daily Use**	**100.0**	**97.9**	**100.2**	**101.9**
日用百货	General Merchandise for Daily Use	99.6	99.1	100.3	103.3
厨具餐具茶具	Kitchenware Cooking-set Tea-set	100.2	92.9	99.8	104.1
清洗用品	Wash Articles	99.8	98.1	101.2	100.1
其他日用品	Other Daily Necessities	100.4	99.1	99.4	100.4
体育娱乐用品	**Sports and Recreation Articles**	**101.1**	**100.1**	**100.0**	**99.1**
体育户外用品	Sports Outdoor Goods	100.6	99.8	98.5	98.6
娱乐用品	Amusement Articles	101.5	100.4	101.0	99.5
交通、通信用品	**Transportation and Communication Appliances**	**98.3**	**94.2**	**97.7**	**100.8**
交通运输机械	Machinery of Communications and Transportation	99.2	99.4	99.5	99.4
通信器材	Apparatus of Communication	97.2	87.1	95.6	102.6
家具	**Furniture**	**101.2**	**104.8**	**100.3**	**103.4**
化妆品	**Cosmetic Products**	**101.4**	**99.4**	**102.7**	**101.9**
金银饰品	**Jewel of Gold and Silver**	**95.7**	**93.7**	**92.7**	**96.0**
中西药品及医疗保健用品	**Traditional Chinese and Western Medicines and Health**	**102.9**	**100.9**	**104.1**	**104.6**
医疗卫生器具	Medical Appliance	100.0	98.2	100.0	102.1
中药	Traditional Chinese Medicine	107.7	106.5	104.5	109.4
西药	Western Medicine	100.1	97.3	105.5	101.9
保健器具及用品	Healthy Appliances and Articles	101.9	101.9	103.5	101.8
书报杂志及电子出版物	**Books, Newspapers, Magazines and Electronic Publications**	**100.2**	**100.0**	**100.1**	**103.4**
教材及参考书	Texts and Reference Books	100.4	100.0	100.3	104.4
书报杂志	Newspapers and Magazines	100.0	100.0	100.0	100.0
计算机办公软件	Computer Office Software	100.0	100.0	100.0	100.0
燃料	**Fuels**	**110.1**	**106.3**	**108.4**	**110.8**
煤炭及制品	Coal and Its Products	122.8	102.2	104.8	107.6
石油及制品	Oil and Its Products	108.5	106.8	108.9	111.4
建筑材料及五金电料	**Building Materials and Hardware**	**101.3**	**99.6**	**99.3**	**107.3**
建筑装潢材料	Building Decoration Materials	101.7	101.2	99.0	108.3
五金水暖	Hardware Plumbing	100.2	95.2	100.0	104.4

4-12 农业生产资料价格分类指数(2018年)
Price Indices for Means of Agricultural Production by Category(2018)

(上年=100) (preceding year=100)

指 标	Item	全 省 Province	城 市 Urban Areas	农 村 Rural Areas
农业生产资料价格指数	**Price Index for Means of Agricultural Production**	**100.9**		**100.9**
农用手工工具	Agricultural Craft Tool	100.3		100.3
饲料	Forage	98.7		98.7
混合饲料	Mixed Forage	99.1		99.1
其他饲料	Others Forage	98.1		98.1
仔畜幼禽及产品畜	Newborn Animal	96.0		96.0
仔畜	Newborn Animal, Poult, Animals for Products	92.4		92.4
幼禽	Poult	106.5		106.5
产品畜	Animals for Products	98.7		98.7
半机械化农具	Semi-mechanized Farm Tools	99.4		99.4
机械化农具	Mechanized Farm Machinery	101.5		101.5
化学肥料	Chemical Fertilizer	103.9		103.9
氮肥	Nitrogenous Fertilizer	105.7		105.7
磷肥	Phosphate Fertilizer	103.6		103.6
钾肥	Potash Fertilizer	100.3		100.3
复合肥料	Compounded Fertilizer	102.5		102.5
农药及农药器械	Pesticide & Its Appliances	101.8		101.8
化学农药	Chemical Pesticide	102.0		102.0
杀虫剂	Insecticide	101.6		101.6
杀菌剂	Disinfectant	103.0		103.0
除草剂	Herbicide	102.3		102.3
生长调节剂	Growth Regulator	101.0		101.0
农药器械	Pesticide Apparatus	99.9		99.9
农用机油	Oil for Farm Machinery	112.4		112.4
农用柴油	Agricultural Diesel	114.3		114.3
润滑油	Lubricating Oil	100.8		100.8
其他农用生产资料	Other Agricultural Productions	99.8		99.8
农用种子	Seeds for Farm	100.0		100.0
农用薄膜	Agricultural Films	99.0		99.0
未列名的其他农用生产资料	Other Agricultural Means of Production Not Listed	99.6		99.6
农业生产服务	Agricultural Production Service	100.3		100.3
排灌费	Irrigation Costs	102.4		102.4
机械作业费	Machinery Operating Costs	98.9		98.9
农业用电	Electricity Consumed	100.0		100.0
农业用工	Agricultural Labor	101.4		101.4

4-13 分月农业生产资料价格指数(2018年)

(上年同月=100)

指　　标	Item	1 月 January	2 月 February	3 月 March
农业生产资料价格指数	**Price Index for Means of Agricultural Production**	**99.4**	**99.3**	**99.1**
农用手工工具	Agricultural Craft Tool	99.5	99.5	100.0
饲料	Forage	96.9	96.9	96.9
混合饲料	Mixed Forage	96.6	96.6	96.7
其他饲料	Others Forage	97.5	97.4	97.2
仔畜幼禽及产品畜	Newborn Animal	93.2	94.8	89.0
仔畜	Newborn Animal, Poult, Animals for Products	94.0	92.5	87.2
幼禽	Poult	92.4	100.3	101.4
产品畜	Animals for Products	92.0	97.3	87.1
半机械化农具	Semi-mechanized Farm Tools	98.8	98.8	98.8
机械化农具	Mechanized Farm Machinery	100.5	100.4	101.6
化学肥料	Chemical Fertilizer	102.9	102.0	102.4
氮肥	Nitrogenous Fertilizer	105.5	103.4	104.8
磷肥	Phosphate Fertilizer	105.2	105.0	103.4
钾肥	Potash Fertilizer	100.3	100.3	99.2
复合肥料	Compounded Fertilizer	99.7	99.5	100.0
农药及农药器械	Pesticide & Its Appliances	100.8	100.8	101.2
化学农药	Chemical Pesticide	100.8	100.9	101.4
杀虫剂	Insecticide	101.5	101.5	101.9
杀菌剂	Disinfectant	104.0	104.0	104.3
除草剂	Herbicide	98.4	98.6	99.3
生长调节剂	Growth Regulator	100.0	100.0	100.0
农药器械	Pesticide Apparatus	100.2	100.2	100.0
农用机油	Oil for Farm Machinery	106.5	106.6	104.7
农用柴油	Agricultural Diesel	107.3	107.5	105.3
润滑油	Lubricating Oil	101.1	100.6	100.8
其他农用生产资料	Other Agricultural Productions	98.9	99.0	99.6
农用种子	Seeds for Farm	99.5	99.5	100.2
农用薄膜	Agricultural Films	97.6	97.6	97.8
未列名的其他农用生产资料	Other Agricultural Means of Production Not Listed	96.2	97.4	97.6
农业生产服务	Agricultural Production Service	99.5	99.5	99.6
排灌费	Irrigation Costs	100.0	100.0	100.0
机械作业费	Machinery Operating Costs	95.8	95.8	95.8
农业用电	Electricity Consumed	100.0	100.0	100.0
农业用工	Agricultural Labor	102.5	102.5	102.5

Price Indices for Means of Agricultural Production by Month(2018)

(same month of preceding year=100)

4 月 April	5 月 May	6 月 June	7 月 July	8 月 August	9 月 September	10 月 October	11 月 November	12 月 December
99.9	**101.0**	**101.2**	**101.2**	**101.4**	**102.0**	**102.4**	**102.2**	**101.6**
99.8	100.1	100.4	100.5	100.6	100.8	100.7	100.7	100.8
97.5	99.4	99.4	98.5	99.1	99.6	100.1	100.1	100.3
97.1	99.7	99.7	99.4	100.3	100.4	100.9	100.9	101.0
98.1	98.9	99.0	97.2	97.3	98.3	98.9	98.8	99.3
89.1	91.7	95.4	96.9	98.4	101.1	102.0	102.8	100.1
87.4	88.8	91.0	92.6	94.0	95.2	96.6	96.7	94.2
101.4	101.8	101.8	101.8	102.4	119.0	119.0	119.0	119.0
87.0	93.1	102.2	103.8	106.2	104.4	104.6	107.7	103.1
99.0	99.0	99.0	99.0	99.0	100.2	100.2	100.2	100.2
101.5	101.6	102.0	101.6	101.8	101.7	101.8	101.7	101.9
104.6	104.5	104.0	103.8	103.7	104.2	104.6	105.0	104.5
106.9	106.2	105.9	105.3	105.2	105.8	106.4	107.1	106.4
103.4	104.1	102.9	102.9	103.3	103.3	103.2	103.4	103.2
100.3	100.4	100.5	100.5	100.4	100.5	100.5	100.4	100.3
103.4	103.5	102.9	102.9	103.0	103.5	103.9	104.0	103.7
102.5	102.5	102.3	102.0	102.3	101.9	101.9	102.0	102.0
102.7	102.7	102.5	102.2	102.5	102.1	102.1	102.2	102.2
102.3	101.8	102.2	101.7	102.0	101.2	101.2	101.2	101.2
105.5	106.5	103.0	101.4	101.8	101.3	101.5	101.5	101.5
102.1	102.5	103.0	103.5	104.0	104.0	104.0	104.2	104.2
100.8	100.8	100.8	100.8	101.4	101.4	101.4	102.1	102.1
100.0	99.8	99.8	99.8	99.6	99.8	99.8	99.8	99.8
107.7	113.3	116.8	121.8	119.1	120.3	121.6	112.3	100.2
108.8	115.4	119.4	125.4	122.0	123.5	124.8	114.1	100.2
100.7	100.6	100.6	100.7	101.0	100.8	100.8	100.8	100.8
98.7	99.3	99.2	100.3	100.3	100.5	100.8	100.8	100.8
98.8	98.9	98.9	100.4	100.4	100.6	101.1	101.1	101.1
97.9	99.7	99.7	99.7	99.7	100.0	99.7	99.7	99.7
98.9	101.4	100.4	100.4	100.5	100.5	100.5	100.6	100.6
99.7	100.8	100.5	100.5	100.3	100.9	100.9	100.9	100.9
103.1	103.1	103.1	103.1	103.0	103.1	103.1	103.2	103.2
95.5	99.6	99.6	99.6	99.6	101.4	101.4	101.4	101.4
100.0	100.0	100.0	100.0	100.0	100.0	100.0	100.0	100.0
102.5	101.9	100.9	100.9	100.5	100.5	100.6	100.6	100.6

4-14 农业生产资料价格分类指数
Price Indices for Means of Agricultural Production by Category

(上年＝100) (preceding year=100)

指 标	Item	2013	2014	2015	2016	2017	2018
农业生产资料价格指数	**Price Indices for Means of Agricultural Production**	**103.1**	**97.9**	**100.4**	**100.3**	**100.9**	**100.9**
农用手工工具	Agricultural Craft Tool	103.0	104.0	102.0	101.2	99.7	100.3
饲料	Forage	107.3	102.1	97.3	98.6	100.6	98.7
混合饲料	Mixed Forage	106.4	102.1	97.6	99.7	100.7	99.1
其他	Others	108.8	102.0	96.7	96.9	100.4	98.1
仔畜幼禽及产品畜	Animals for Products	101.6	94.6	110.1	119.7	93.5	96.0
半机械化农具	Semi-mechanized Farm Tools	102.0	101.3	100.3	100.0	99.6	99.4
机械化农具	Mechanized Farm Machinery	100.5	99.8	99.6	99.7	100.8	101.5
化学肥料	Chemical Fertilizer	102.2	94.0	99.0	96.6	102.5	103.9
氮肥	Nitrogenous Fertilizer	104.2	92.6	99.0	95.9	105.3	105.7
磷肥	Phosphate Fertilizer	100.0	99.4	100.2	96.6	103.8	103.6
钾肥	Potash Fertilizer	100.2	93.4	98.0	100.3	100.3	100.3
复合肥料	Compounded Fertilizer	99.4	93.6	97.9	96.6	99.3	102.5
农药及农药械	Pesticide & Its Appliances	100.2	100.2	100.7	100.3	100.4	101.8
化学农药	Chemical Pesticide	100.1	100.3	100.8	100.5	100.5	102.0
杀虫剂	Insecticide	99.2	99.6	101.4	101.2	100.8	101.6
杀菌剂	Disinfectant	102.0	100.0	100.4	101.0	102.2	103.0
除草剂	Herbicide	100.4	102.8	99.9	99.4	99.3	102.3
农药器械	Pesticide Apparatus	100.8	99.2	99.6	98.1	99.6	99.9
农用机油	Oil for Farm Machinery	105.3	99.7	89.5	95.4	110.4	112.4
其他农业生产资料	Other Agricultural Productions	104.4	99.7	100.5	100.0	100.9	99.8
农用种子	Seeds for Farm	105.4	99.3	101.0	100.0	100.7	100.0
农用薄膜	Agricultural Films	101.6	101.3	98.0	99.8	101.3	99.0
农业生产服务	Agricultural Production Service	107.3	103.6	101.8	103.7	100.7	100.3
排灌费	Irrigation Costs	100.5	100.8	100.2	100.0	100.0	102.4
机械作业费	Machinery Operating Costs	110.2	103.0	104.9	103.3	97.7	98.9
农业用电	Electricity Consumed	102.4	100.3	99.9	100.0	100.0	100.0
农业用工	Agricultural Labor	118.5	111.1	103.0	108.2	104.2	101.4

4-15 工业生产者出厂价格分类指数(1993-2018年)
Producer Price Indices for Industrial Producers by Category(1993-2018)

(上年＝100) (preceding year=100)

年份 Year	工业生产者出厂价格指数 Producer Price Indices for Industrial Products	轻工业 Light Industry	以农产品为原料 Agricultural products as raw materials	以非农产品为原料 Non-agricultural Products as Raw Materials	重工业 Heavy Industry	采掘 Mining & Quarrying Industry	原料 Raw Materials Industry	加工 Processing Industry	生产资料 Means of Production	生活资料 Consumer Goods
1993	125.2	110.5	110.9	108.3	137.0	123.1	148.8	123.5	134.5	111.0
1994	126.2	127.9	131.4	111.1	125.1	113.0	138.5	111.4	124.3	129.3
1995	113.1	121.8	123.2	115.6	106.4	114.9	100.1	113.9	108.4	120.3
1996	102.7	101.1	101.1	101.3	103.8	105.6	103.7	103.7	103.4	101.4
1997	98.7	98.0	98.2	97.0	99.2	97.7	100.4	98.8	98.8	98.5
1998	96.2	95.3	95.5	94.5	97.1	97.4	95.0	99.2	97.0	95.3
1999	97.8	97.3	97.1	96.9	98.3	100.4	97.7	98.6	98.0	97.5
2000	101.6	98.6	97.9	101.3	103.5	114.8	107.8	98.6	103.3	97.6
2001	98.9	97.7	98.2	94.3	99.6	104.0	100.0	98.7	99.4	97.7
2002	98.2	97.7	97.9	95.8	98.4	101.9	99.2	97.5	98.0	98.5
2003	103.5	101.9	103.7	99.6	104.5	118.6	108.9	99.5	104.3	100.8
2004	105.7	105.3	107.4	102.3	106.0	118.1	109.5	102.3	106.4	103.1
2005	104.5	100.9	100.5	101.4	106.5	120.6	109.8	102.9	105.9	99.4
2006	102.9	101.3	100.8	102.3	103.8	115.8	106.0	101.3	103.7	99.9
2007	103.9	104.5	104.8	103.9	103.5	105.9	105.7	102.0	104.0	103.3
2008	106.1	106.0	106.0	105.9	106.2	111.4	108.3	104.4	106.3	105.2
2009	95.6	97.2	97.4	96.8	94.7	81.3	94.1	96.4	94.7	98.9
2010	104.9	103.5	105.3	101.4	105.6	119.2	109.1	101.8	105.8	101.9
2011	106.6	109.6	111.1	104.0	105.5	120.2	106.8	103.7	107.3	104.5
2012	100.3	101.9	101.9	102.0	99.8	101.8	98.7	100.1	99.5	102.6
2013	99.2	101.6	101.8	101.0	98.3	96.5	97.6	98.8	98.1	101.7
2014	98.4	99.9	100.0	99.5	97.9	96.0	96.6	98.7	97.8	100.1
2015	96.7	99.3	99.3	99.3	95.7	84.5	93.0	97.9	95.2	100.5
2016	99.0	99.9	99.6	101.0	98.5	97.7	99.0	98.4	98.4	100.2
2017	105.6	102.9	102.5	104.9	107.0	115.3	111.0	105.4	107.6	101.3
2018	104.2	101.9	101.8	102.5	105.4	107.0	107.7	104.6	105.6	101.2

4-16 按工业部门分工业生产者出厂价格指数(1993-2018年)
Producer Price Indices for Industrial Producers by Sector(1993-2018)

(上年＝100) (preceding year=100)

年 份 Year	冶金工业 Metallurgical Industry	电力工业 Power Industry	煤炭及炼焦工业 Coal and Coking Industry	化学工业 Chemical Industry	机械工业 Machine Manufacturing Industry
1993	166.3	119.1	114.5	105.5	123.0
1994	113.0	176.4	118.6	115.6	109.3
1995	92.7	110.6	119.9	127.4	107.9
1996	102.2	110.3	118.9	105.5	101.6
1997	95.8	112.3	98.4	93.7	100.3
1998	92.4	101.9	95.2	92.7	100.4
1999	96.2	101.3	97.7	95.4	99.0
2000	103.1	103.2	97.8	96.9	98.9
2001	99.0	100.9	113.2	98.1	98.3
2002	97.9	102.3	119.3	99.0	97.0
2003	110.5	104.4	122.3	101.7	98.0
2004	115.8	100.7	118.2	106.3	99.8
2005	108.6	103.6	116.9	107.3	100.7
2006	102.5	102.1	98.2	100.3	102.2
2007	109.7	102.6	104.1	107.1	101.5
2008	112.3	102.4	126.6	110.3	102.7
2009	86.8	103.8	100.6	92.8	97.8
2010	112.3	102.6	108.4	105.0	99.7
2011	107.8	103.1	118.3	108.6	100.0
2012	94.0	103.3	103.3	100.6	100.9
2013	95.5	100.8	93.5	98.4	99.4
2014	93.1	100.1	94.2	98.7	99.4
2015	89.7	98.9	91.8	98.5	99.5
2016	99.7	97.3	94.8	97.6	99.0
2017	122.1	100.8	133.3	107.1	101.4
2018	108.4	100.5	104.4	106.0	101.2

4-16 续表 Continued

(上年＝100) (preceding year=100)

年 份 Year	建筑材料工业 Building Material Industry	森林工业 Timber Industry	食品工业 Food Industry	纺织工业 Textile Industry	造纸工业 Paper Industry
1993	139.6	134.0	117.1	106.1	105.6
1994	107.7	111.7	121.8	142.7	99.9
1995	105.4	91.5	123.6	120.4	150.7
1996	104.3	104.3	105.2	96.5	97.5
1997	98.4	96.6	94.8	104.2	92.6
1998	99.3	96.7	96.9	93.4	93.1
1999	98.8	97.4	98.3	96.3	96.4
2000	98.4	95.6	94.2	104.0	100.1
2001	98.5	94.8	98.4	96.3	100.2
2002	99.0	95.8	100.0	93.2	98.1
2003	100.0	98.4	102.5	106.8	99.3
2004	103.9	100.0	107.8	108.7	99.4
2005	101.7	100.3	101.2	99.6	102.5
2006	105.0	100.3	100.0	102.4	100.2
2007	106.2	104.8	106.4	99.0	99.5
2008	107.9	106.0	108.5	101.6	106.2
2009	99.3	100.1	99.3	96.3	94.5
2010	101.0	101.3	103.2	113.4	101.9
2011	113.5	104.5	109.2	119.0	107.3
2012	98.9	102.7	103.5	96.7	100.1
2013	98.4	102.7	102.0	99.4	100.6
2014	100.5	101.4	100.4	98.6	98.9
2015	96.0	99.7	100.0	97.0	98.4
2016	100.1	100.9	99.7	98.7	99.3
2017	107.9	100.8	100.8	107.9	106.3
2018	112.8	102.2	100.6	103.5	111.1

4-17 分月工业生产者出厂价格指数(2018年)

(上年同月＝100)

类 别	Item	全 年 Annual Year	1 月 January	2 月 February	3 月 March
工业生产者出厂价格指数	**Producer Price Indices for Industrial Products**	**104.2**	**105.0**	**104.4**	**103.8**
#轻工业	#Light Industry	101.9	102.1	102.0	101.5
以农产品为原料	Agricultural products as raw materials	101.8	101.9	101.8	101.4
以非农产品为原料	Non-agricultural Products as Raw Materials	102.5	103.4	102.9	102.0
重工业	Heavy Industry	105.4	106.4	105.6	104.9
采掘	Mining and Quarrying	107.0	107.6	105.6	103.5
原料	Raw Material	107.7	109.0	108.0	106.5
加工	Processing	104.6	105.5	105.0	104.4
#生产资料	# Means of Production	105.6	106.6	105.8	105.0
采掘	Mining and Quarrying	107.0	107.6	105.6	103.5
原料	Raw Material	107.2	108.4	107.4	106.0
加工	Processing	105.0	106.1	105.4	104.8
生活资料	Consumer Goods	101.2	101.3	101.2	100.8
食品	Food	100.5	100.8	100.9	100.2
衣着	Clothing	101.3	101.2	101.5	101.3
一般日用品	Articles for Daily Use	103.6	104.1	104.2	103.2
耐用消费品	Durable Consumers' Goods	101.1	100.4	99.3	100.4
按工业部门分	**Grouped by Department of Industry**				
冶金工业	Metallurgical Industry	108.4	112.7	110.0	107.9
电力工业	Power Industry	100.5	101.7	101.5	101.1
煤炭及炼焦工业	Coal and Coking Industry	104.4	106.6	106.1	106.8
石油工业	Petroleum Industry	118.1	110.0	110.1	107.9
化学工业	Chemical Industry	106.0	107.3	106.5	105.7
机械工业	Machine Building Industry	101.2	101.5	101.4	101.5
建筑材料工业	Building Material Industry	112.8	114.3	113.3	111.0
森林工业	Timber Industry	102.2	102.1	102.1	102.1
食品工业	Food Industry	100.6	100.6	100.8	100.2
纺织工业	Textile Industry	103.5	104.2	102.9	102.9
缝纫工业	Tailoring Industry	101.0	100.6	101.0	100.9
皮革工业	Leather Industry	103.9	106.0	105.8	104.6
造纸工业	Paper Industry	111.1	111.0	110.8	110.9
文教艺术用品工业	Cultural, Educational and Handicraft Articles	101.9	103.5	103.7	103.5
其他工业	Other Industry	100.6	100.6	100.7	99.6

Producer Price Indices for Industrial Producers by Month(2018)

(same month of preceding year=100)

4 月 April	5 月 May	6 月 June	7 月 July	8 月 August	9 月 September	10 月 October	11 月 November	12 月 December
103.9	**104.6**	**105.1**	**105.2**	**104.7**	**104.2**	**104.3**	**103.7**	**102.1**
101.7	102.2	102.4	102.3	102.2	102.0	101.9	101.6	101.0
101.6	102.1	102.3	102.1	102.0	102.0	101.9	101.5	100.8
102.1	102.7	102.9	103.4	103.1	102.0	102.0	101.8	101.6
105.0	105.8	106.4	106.6	106.0	105.3	105.4	104.7	102.6
104.3	105.0	106.6	108.7	109.5	108.6	109.0	108.5	107.5
107.2	109.0	110.2	110.5	108.9	108.6	107.8	105.6	101.7
104.4	104.9	105.2	105.3	104.9	104.2	104.5	104.2	102.6
105.3	106.0	106.7	106.8	106.2	105.6	105.6	104.8	102.6
104.3	105.0	106.6	108.7	109.5	108.6	109.0	108.5	107.5
106.7	108.6	109.7	110.1	108.4	108.2	107.6	105.2	101.2
104.9	105.4	105.9	105.9	105.5	104.7	104.9	104.4	102.7
100.8	101.3	101.3	101.3	101.3	101.2	101.2	101.2	100.9
100.2	100.6	100.7	100.5	100.4	100.5	100.5	100.4	100.1
101.2	101.2	101.3	101.3	101.6	101.4	101.4	101.3	101.0
103.3	104.3	103.6	103.9	103.7	103.3	103.3	103.2	103.1
100.4	101.0	101.5	101.8	101.9	101.4	101.9	101.8	101.5
107.9	109.6	111.2	110.8	109.1	105.6	106.6	106.4	103.9
100.9	101.0	100.8	100.9	100.0	99.8	99.6	99.7	99.3
106.8	105.3	105.8	104.9	104.0	102.4	103.1	100.8	100.8
112.0	119.2	121.8	127.5	126.9	129.9	129.6	119.4	105.9
106.0	106.4	107.1	107.0	106.3	106.1	105.9	104.8	103.4
101.5	101.5	101.6	101.5	101.1	100.9	100.8	100.9	100.7
110.3	111.9	112.7	114.5	115.3	115.2	114.8	114.2	106.9
102.6	102.9	102.8	102.8	103.0	102.4	101.7	101.1	100.7
100.4	100.8	100.9	100.7	100.6	100.7	100.6	100.7	100.4
102.6	103.4	104.1	103.9	104.7	104.9	105.3	103.1	100.7
100.9	100.9	100.7	100.8	101.3	101.2	101.2	101.2	101.1
103.5	103.8	106.3	105.7	103.9	103.1	102.9	101.6	100.1
114.0	116.1	115.7	114.3	111.2	109.6	107.3	106.7	106.2
103.4	103.6	101.6	101.7	101.5	100.2	100.1	100.1	99.9
99.1	99.2	99.2	100.2	100.5	101.1	101.7	101.8	103.2

4-18 分行业工业生产者出厂价格指数(2018年)

(上年同月=100)

类　别	Item	全　年 Annual Year	1 月 January	2 月 February
煤炭开采和洗选业	Coal Mining and Selecting Industry	104.4	106.6	106.1
烟煤和无烟煤的开采洗选	The Bituminous Coal and Anthracite Coals Mining and Dressing	104.4	106.6	106.1
石油和天然气开采业	Oil and Gas industry	126.1	113.3	106.7
石油开采	Oil Drilling	126.1	113.3	106.7
黑色金属矿采选业	Black Metal Mineral Mining and Selecting Industry	108.2	113.4	109.0
铁矿采选	The Iron Mineral Mining and Selecting	108.2	113.4	109.0
有色金属矿采选业	Colored Metal Mineral Mining and Selecting	105.3	114.2	107.9
常用有色金属矿采选	The Regular Colored Metal Mineral Mining and Selecting	107.4	116.8	111.5
贵金属矿采选	The Precious Metal Mineral Mining and Selecting	98.7	105.4	96.5
非金属矿采选业	Non-Metal Mineral Mining and Selecting	104.3	101.6	102.1
土砂石开采	Soil Sand Mining	105.8	103.0	103.0
化学矿采选	Chemical Mineral Mining and Selecting	101.0	98.1	99.3
采盐	Salt Mining	113.3	119.4	120.6
石棉及其他非金属矿采选	Asbestos and Other Non-Metal Mineral Mining and Selecting	101.4	94.3	94.7
农副食品加工业	Farm and Side-Line Food Processed Industry	100.5	100.5	100.8
谷物磨制	Corn Whetted	101.2	102.1	102.4
饲料加工	Forage Processed	102.9	99.2	99.7
植物油加工	Planting-Oil Processed	98.8	95.5	95.8
屠宰及肉类加工	Slaughtered Meta and Meat Processes	96.1	103.2	103.7
水产品加工	Fishery Product Processed	101.0	102.8	102.0
蔬菜、水果和坚果加工	Vegetable, Fruit and Nut Processing	100.6	101.5	100.9
其他农副食品加工	Other Farm and Side-line Food Processed	103.5	101.9	102.4
食品制造业	Manufacture of Foods	102.0	101.4	101.4
焙烤食品制造	Baked Food Manufacturing	99.1	99.4	99.4
糖果、巧克力及蜜饯制造	Made of Candy, Chocolate and Preserves	102.5	103.1	103.1
方便食品制造	Convenient Food Manufacturing	100.9	100.4	100.8
乳制品制造	Dairy Products Manufacturing	100.2	102.4	101.9
罐头食品制造	Dairy Products Manufacturing	101.2	97.5	97.5
调味品、发酵制品制造	Condiment, Ferment Product Manufacturing	105.0	100.3	100.7
其他食品制造	Other Food Manufacturing	106.2	107.1	106.4
酒、饮料和精制茶制造业	Manufacture of Liquor, Beverages and Refined Tea	100.7	100.8	101.1
酒的制造	Wine Manufacturing	100.0	100.5	100.5
饮料制造	Beverage Manufacturing	100.8	100.3	102.4
精制茶加工	Refined-tea Process	103.0	102.2	101.6
烟草制品业	Manufacture of Tobacco	100.5	100.0	100.0
卷烟制造	Cigarette Manufacturing	100.4	100.0	100.0
其他烟草制品制造	Other Tobacco Products Manufacturing	101.9	100.0	100.0

Producer Price Indices for Industrial Producers by Industry(2018)

(same month of preceding year=100)

3 月 March	4 月 April	5 月 May	6 月 June	7 月 July	8 月 August	9 月 September	10 月 October	11 月 November	12 月 December
106.8	106.8	105.3	105.8	104.9	104.0	102.4	103.1	100.8	100.8
106.8	106.8	105.3	105.8	104.9	104.0	102.4	103.1	100.8	100.8
109.3	116.9	131.9	141.7	148.3	142.2	146.4	147.1	118.7	100.2
109.3	116.9	131.9	141.7	148.3	142.2	146.4	147.1	118.7	100.2
102.4	102.6	102.2	105.1	109.5	111.8	109.2	109.2	111.9	112.0
102.4	102.6	102.2	105.1	109.5	111.8	109.2	109.2	111.9	112.0
107.9	107.4	108.3	110.5	107.6	104.1	100.8	99.2	99.7	98.3
110.9	110.4	111.2	113.7	110.4	105.6	101.8	100.3	100.1	98.4
98.2	97.6	99.0	100.2	98.7	99.2	97.4	96.0	99.1	97.7
102.1	102.8	103.3	102.9	104.0	105.3	106.2	107.0	107.4	107.6
103.1	103.5	103.6	104.4	105.8	108.1	108.7	108.6	108.8	109.0
99.2	100.5	101.6	100.0	100.7	101.3	102.3	102.9	103.7	102.9
120.6	115.4	115.8	106.8	106.1	102.8	105.3	115.5	115.5	116.7
94.5	98.6	99.4	101.7	103.5	105.1	105.4	105.5	106.4	109.0
99.9	100.4	100.7	101.0	100.8	100.6	100.8	100.6	100.5	99.8
102.4	101.6	101.3	100.9	101.1	100.7	101.0	100.7	100.8	99.6
101.0	102.6	103.8	103.9	104.2	103.3	103.7	104.1	104.6	104.5
95.8	99.0	100.7	102.0	100.7	100.0	99.6	99.2	99.0	98.5
94.6	94.1	92.8	94.3	94.8	95.9	97.4	96.0	93.5	92.4
101.7	101.2	100.8	101.1	100.8	101.6	100.8	100.4	99.7	99.0
100.6	100.5	101.4	101.6	99.2	99.7	99.9	100.0	100.2	101.4
102.3	102.2	103.1	102.9	102.9	103.5	103.7	104.0	106.3	106.2
101.3	101.1	102.4	102.4	102.3	102.3	102.1	102.0	102.6	103.1
99.4	99.7	98.6	98.7	99.5	99.3	98.8	98.7	98.9	99.1
103.1	103.1	103.1	103.1	103.1	103.8	99.9	99.9	99.9	104.2
100.6	100.9	101.3	100.9	100.7	101.2	101.0	100.4	101.2	101.4
102.1	96.1	97.9	99.5	100.3	100.4	99.6	100.5	100.6	101.0
100.6	104.7	105.1	105.5	100.2	100.5	101.0	100.9	101.3	100.3
102.0	102.2	103.1	103.6	106.4	105.9	108.3	108.6	109.8	109.6
102.6	101.4	107.7	106.7	106.7	106.3	106.7	106.6	107.9	108.3
100.5	100.4	101.3	100.7	100.7	100.3	100.4	100.7	100.9	101.1
99.8	99.7	99.8	99.7	99.7	99.3	100.0	100.1	100.3	100.3
101.4	101.4	102.4	100.0	100.4	99.8	98.9	100.1	100.6	101.7
101.6	101.2	104.4	104.6	104.2	104.0	103.5	103.3	103.0	102.9
100.0	100.3	100.6	100.5	100.5	100.5	100.5	101.1	101.1	101.1
100.0	100.0	100.3	100.3	100.3	100.3	100.3	101.0	101.0	101.0
100.0	103.7	103.7	103.0	101.9	101.9	102.2	102.2	102.1	101.6

4-18 续表 1

(上年同月=100)

类别	Item	全年 Annual Year	1月 January	2月 February
纺织业	Manufacture of Textile	103.5	104.2	102.9
棉纺织及印染精加工	Cotton Textiles and Dyeing and Finishing Processing	102.8	103.3	101.5
麻纺织及染整精加工	Hemp and Dyeing and Finishing	109.0	101.7	101.4
家用纺织制成品制造	Domestic Textile Manufactured Goods	105.0	105.4	105.6
非家用纺织制成品制造	Non-domestic Textile Manufactured Goods	104.5	108.1	108.0
纺织服装、服饰业	Manufacture of Textile, Wearing Apparel and Accessories	100.9	100.5	100.9
机织服装制造	Woven Clothing Manufacturing	101.0	100.5	101.0
针织或钩针编织服装制造	Knitting or Crochet Clothing Manufacturing	99.2	100.2	99.5
皮革、毛皮、羽毛及其制品和制鞋业	Manufacture of Leather, Fur, Feather and Related Products and Footware	103.4	104.8	104.6
毛皮鞣制及制品加工	Fur Tanning and Processing of Products	104.2	107.7	107.3
制鞋业	Shoemaking	102.7	102.7	102.6
木材加工及木、竹、藤、棕草制品业	Processing of Timber, Manufacture of Wood, Bamboo, Palm and Straw Products	102.6	102.3	102.4
木材加工	Wood Processing	101.6	101.4	100.6
人造板制造	Artificial Plank Manufacturing	102.2	101.9	102.1
木制品制造	Timber Product Manufacturing	103.9	103.6	103.7
家具制造业	Manufacture of Furniture	101.1	101.0	101.2
木质家具制造	Timber Furniture Manufacture	100.3	101.1	101.1
其他家具制造	Other Furniture Manufacturing	102.6	100.8	101.3
造纸和纸制品业	Manufacture of Paper and Paper Products	111.1	111.0	110.8
造纸	Paper Making	112.9	117.1	117.4
纸制品制造	Paper Products Manufacturing	109.1	105.1	104.5
印刷和记录媒介复制业	Printing and Reproduction of Recording Media	102.3	104.1	104.4
印刷	Painting	102.3	104.1	104.4
文教、工美、体育和娱乐用品制造业	Manufacture of Articles for Culture, Education, Arts and Crafts, Sport and Entertainment Activities	99.9	101.4	99.7
工艺美术品制造	Culture Articles Manufacturing	100.2	102.2	99.8
玩具制造	Toy manufacturing	99.0	99.0	99.2
石油加工、炼焦及核燃料加工业	Processing of Petroleum, Coking and Processing of Nuclear Fuel	119.2	110.7	111.0
精炼石油产品的制造	Refined Coking Petroleum Manufacturing	119.7	111.0	111.2
化学原料及化学制品制造业	Manufacture of Raw Chemical Materials and Products	107.5	109.2	108.4
基础化学原料制造	Basic Chemical Material Manufacturing	110.2	113.3	110.1

Continued

(same month of preceding year=100)

3 月 March	4 月 April	5 月 May	6 月 June	7 月 July	8 月 August	9 月 September	10 月 October	11 月 November	12 月 December
102.9	102.6	103.4	104.1	103.9	104.7	104.9	105.3	103.1	100.7
101.5	101.3	101.9	103.0	103.4	104.2	105.2	104.9	103.0	100.8
109.0	107.4	106.7	106.2	111.0	110.8	111.2	114.1	112.9	115.6
105.1	104.3	104.3	104.6	107.0	106.6	105.0	104.8	103.8	103.8
106.3	106.4	108.3	108.0	103.1	104.2	101.8	104.6	100.6	95.6
100.9	100.7	100.7	100.6	100.7	101.3	101.1	101.2	101.1	101.0
101.1	101.0	100.9	100.8	100.9	101.6	101.4	101.3	101.2	100.9
97.9	98.4	99.2	98.7	98.6	98.0	98.6	99.3	100.8	101.7
103.7	103.3	103.4	104.8	104.6	103.3	102.8	102.7	101.9	100.9
105.2	103.5	104.1	107.9	107.0	104.1	103.0	102.7	100.7	98.2
102.5	103.0	102.8	102.6	102.8	102.7	102.6	102.7	102.8	102.8
102.4	103.1	103.6	103.4	103.4	103.5	102.9	102.2	101.4	100.8
101.1	103.5	103.9	102.8	102.0	102.2	102.3	101.8	98.9	98.5
102.1	102.2	102.8	102.7	102.8	103.0	102.4	101.8	101.5	101.2
103.7	104.3	104.8	105.0	105.2	105.2	104.3	103.3	102.5	101.3
101.0	100.8	100.8	101.1	101.5	101.7	101.5	100.6	101.0	101.5
100.8	100.6	99.7	99.9	100.1	100.3	100.2	99.1	99.8	100.6
101.4	101.1	102.6	103.1	103.8	103.9	103.8	103.1	103.1	103.2
110.9	114.0	116.1	115.7	114.3	111.2	109.6	107.3	106.7	106.2
117.8	118.9	122.7	120.5	118.1	113.6	106.5	102.3	102.8	103.1
104.2	109.2	109.8	111.0	110.4	108.7	113.0	112.9	110.8	109.3
104.2	104.1	104.3	102.0	102.1	101.8	100.4	100.3	100.1	99.9
104.2	104.1	104.3	102.0	102.1	101.8	100.4	100.3	100.1	99.9
98.2	96.7	96.6	96.9	99.8	100.4	99.4	101.9	103.4	104.8
98.2	96.2	96.0	96.3	100.1	100.7	99.4	102.9	104.6	106.4
98.3	98.3	98.3	98.6	98.6	99.6	99.3	98.9	100.0	99.8
108.1	112.7	120.0	122.7	129.0	128.8	131.9	131.0	121.1	106.2
108.2	113.0	120.4	123.4	129.9	129.6	132.8	131.7	121.5	106.2
107.4	107.6	107.7	109.1	109.1	107.8	107.6	107.4	105.5	103.6
109.3	111.7	112.5	114.7	114.8	113.5	111.0	109.2	104.1	100.7

4-18 续表 2

(上年同月=100)

类　别	Item	全　年 Annual Year	1 月 January	2 月 February
肥料制造	Fertilizer Manufacture	108.7	108.0	108.5
农药制造	Insecticide Manufacture	120.0	125.6	123.5
涂料、油墨、颜料及类似产品制造	Coating, Printing Ink, Pigment and The Similar Products Manufacture	101.2	110.6	107.3
合成材料制造	Compounded Material Manufacture	105.8	111.1	110.3
专用化学产品制造	Specialized Chemical Product Manufacture	101.5	101.0	101.8
炸药、火工及焰火产品制造	The Manufacture of Explosives, Firework and Fireworks	98.1	97.7	97.6
日用化学产品制造	Daily Chemical Product Manufacture	100.5	101.1	101.1
医药制造业	Manufacture of Medicines	103.2	104.4	103.9
化学药品原药制造	Original Medicine of Chemical Medicine Manufacture	110.3	108.1	110.2
化学药品制剂制造	Chemical Medicine Agent Manufacture	102.3	106.9	106.6
中成药生产	Medium Patent Manufacture	102.2	104.8	104.0
兽用药品制造	Medicine in Herbs Manufacture	99.7	96.8	96.2
生物药品制造	Biology, Bio-chemical Product Manufacture	101.5	101.2	97.8
卫生材料及医药用品制造	Sanitary Materials and Medical Supplies Manufacturing	101.2	101.5	101.5
化学纤维制造业	Manufacture of Chemical Fibres	108.2	105.2	105.8
纤维素纤维原料及纤维制造	Cellulose Fiber Raw Materials and Fiber Manufacturing	96.6	93.1	93.5
合成纤维制造	Synthetic Fiber Manufacturing	119.5	117.6	118.5
橡胶和塑料制品业	Manufacture of Rubber and Plastics Products	102.8	104.0	102.7
橡胶制品业	Manufacture of Rubber	99.4	102.3	97.6
塑料制品业	Manufacture of Plastics	103.7	104.4	104.0
非金属矿物制品业	Manufacture of Non-metallic Mineral Products	112.4	114.4	113.4
水泥、石灰和石膏的制造	Cement, Lime and Gypsum Manufacture	127.8	136.6	131.5
石膏、水泥制品及类似制品制造	Cement and Gypsum Product Manufacture	118.5	118.3	118.5
砖瓦、石材及其他建筑材料制造	Brick, Stone Material and Other Buildings Material Manufacture	102.5	101.9	102.2
玻璃制造	Glass Manufacturing	101.5	112.0	110.2
玻璃制品制造	Glass Goods Manufacturing	100.3	98.6	100.0
耐火材料制品制造	Refractory Products Manufacturing	102.7	97.9	99.8
石墨及其他非金属矿物制品制造	Graphite and Other Non-metal Mineral Product Manufacture	100.8	101.3	101.7
黑色金属冶炼及压延加工业	Smelting and Pressing of Ferrous Metals	110.3	116.1	113.3
炼铁	Ironmaking	105.1	111.8	111.5
炼钢	Steel Making	110.6	120.3	118.5
钢压延加工	Pressed Steel Processing	109.8	115.9	112.0
铁合金冶炼	Iron-alloy Smeltering	118.4	105.5	113.2

Continued

(same month of preceding year=100)

3 月 March	4 月 April	5 月 May	6 月 June	7 月 July	8 月 August	9 月 September	10 月 October	11 月 November	12 月 December
108.4	107.9	108.0	107.7	108.0	107.5	109.5	111.5	110.1	109.0
118.2	120.0	119.7	130.7	125.9	126.8	124.8	114.7	111.7	105.3
103.8	101.7	99.4	100.7	102.1	100.8	97.3	98.0	96.3	97.4
107.5	105.6	108.4	111.7	110.4	103.8	103.6	101.7	101.9	96.0
101.2	101.5	100.6	101.7	101.8	101.2	100.6	102.1	102.1	102.4
97.0	97.5	97.6	97.9	97.5	98.2	98.3	98.5	99.2	99.9
101.1	101.1	101.1	101.3	101.3	101.3	101.3	98.4	98.4	98.4
102.9	102.2	103.4	102.5	102.5	103.0	103.0	103.1	103.5	103.5
111.3	112.0	113.5	108.6	109.4	110.0	108.9	107.8	112.6	111.9
101.7	101.1	102.3	101.5	101.2	101.4	101.4	101.7	101.0	101.1
103.3	101.3	101.8	101.4	101.1	101.6	101.6	101.7	101.8	101.8
97.0	96.3	97.8	98.3	98.6	101.0	101.5	102.7	105.0	106.2
98.8	97.5	101.3	102.3	101.9	102.9	104.1	105.3	101.9	102.6
101.2	101.3	101.2	101.1	101.3	101.1	101.0	101.2	100.9	100.7
105.1	110.1	110.8	110.4	110.2	108.5	110.4	107.0	109.3	106.2
91.6	96.3	96.6	100.6	97.1	94.3	98.0	98.0	100.7	100.3
119.4	124.5	125.3	119.9	123.2	122.6	122.4	115.3	116.8	111.2
102.8	104.0	103.2	103.9	103.5	103.2	102.5	102.0	101.6	100.8
97.3	98.6	99.3	99.5	99.9	99.3	99.9	100.2	99.3	99.4
104.2	105.4	104.2	105.0	104.3	104.2	103.1	102.5	102.1	101.1
110.9	110.1	111.7	112.3	113.9	114.5	114.6	114.1	113.4	106.2
119.9	117.8	125.7	126.9	133.5	134.6	135.1	133.2	133.3	111.8
118.8	118.2	117.7	119.4	120.0	121.0	119.9	120.0	118.7	111.7
102.7	102.4	103.1	102.9	102.5	102.7	103.0	103.2	102.3	101.4
111.3	108.0	99.8	100.2	101.9	101.5	98.0	96.7	90.8	90.0
99.8	99.8	99.6	98.8	98.9	99.5	103.2	102.4	101.5	101.2
100.0	100.9	102.6	103.0	103.2	104.9	105.4	105.2	105.2	104.9
100.1	100.0	100.0	100.6	100.6	100.5	100.2	100.4	100.7	103.6
110.7	111.2	113.5	115.3	113.9	111.5	106.9	107.2	105.6	100.8
107.5	105.8	101.5	101.9	105.4	107.0	101.5	99.9	104.5	104.4
115.4	114.1	114.7	112.4	109.4	103.8	106.5	106.9	106.4	102.8
108.9	109.8	112.9	116.0	114.4	112.8	106.6	106.9	105.0	99.3
120.3	123.3	123.4	124.0	129.4	126.5	115.0	116.1	113.0	112.3

4-18 续表 3

(上年同月=100)

类　别	Item	全　年 Annual Year	1 月 January	2 月 February
有色金属冶炼及压延加工业	Smelting and Pressing of Non-ferrous Metals	107.1	112.4	108.3
常用有色金属冶炼	General Non-ferrous Metal Coking	105.6	116.0	110.3
贵金属冶炼	Precious Metal Smeltering	94.6	99.0	96.5
有色金属合金制造	Non-ferrous Metal Alloy Manufacture	138.6	119.7	117.5
有色金属压延加工	Non-ferrous Metal Pressing Processing	104.2	110.6	107.2
金属制品业	Manufacture of Metal Products	104.0	104.8	103.9
结构性金属制品制造	Structural Metal Product	103.9	104.3	103.6
金属工具制造	Metal Tools Manufacture	104.5	103.0	103.4
集装箱及金属包装容器制造	Container and Metal Packing Container Manufacture	104.4	103.9	103.4
金属丝绳及其制品的制造	Metal Silk Rope and Its Product Manufacture	111.7	120.3	112.7
金属表面处理及热处理加工	Metal Surface Treatment and Heat Treatment Processing	100.8	101.4	101.4
金属制日用品制造	Metal Producing Manufacture	102.9	101.1	102.1
其他金属制品制造	Other Metal Product Manufacture	102.3	103.2	102.9
通用设备制造业	Manufacture of General Purpose Machinery	101.2	100.5	100.7
锅炉及原动机制造	Boiler and Original Motor	100.2	100.0	100.3
金属加工机械制造	Metal Process and Machinery Manufacture	100.6	100.6	100.8
物料搬运设备制造	Material Handling Equipment Manufacturing	100.6	99.9	100.5
泵、阀门、压缩机及类似机械的制造	Pump, Valve, Compressor and Its Similar Mechanical Manufacture	99.9	98.0	98.3
轴承、齿轮和传动部件制造	Manufacturing of Bearings, Gears and Transmission Parts	104.1	104.5	102.4
烘炉、风机、衡器、包装等设备制造	Ovens, Fans, Scales, Packaging and Other Equipment Manufacturing	102.4	99.9	100.6
通用零部件制造	General Parts Manufacturing	102.4	103.3	103.4
其他通用设备制造业	Other General Equipment Manufacturing	99.5	99.6	100.1
专用设备制造业	Manufacture of Special Purpose Machinery	108.0	106.4	109.5
矿山、冶金、建筑专用设备制造	Ore Mountain, Metallurgy, Building Special Equipment Manufacture	115.5	111.4	118.6
化工、木材、非金属加工专用设备制造	Chemical Engineering, Timber, Non-Metal Processed Special Equipments Manufacture	100.7	99.7	100.3
食品、饮料、烟草及饲料生产专用设备制造	The Food, Beverage, Tobacco and Fodder Production Special Equipments Manufacture	100.1	98.9	99.4
农、林、牧、渔专用机械制造	Agriculture, Forestry Animal Husbandry and Fishery Specific Machinery Manufacture	99.7	104.5	102.4
环保、社会公共安全及其他专用设备制造	Environment Protection, Public Social Secure and Other Specific Equipment Manufacture	102.9	105.8	104.1
汽车制造业	Manufacture of Automobiles	100.5	100.8	100.2
汽车整车制造	The Car is Made by Car	100.6	100.0	99.3
改装汽车制造	Refitted Automobiles	102.7	104.1	104.8
汽车车身、挂车制造	Car Body, Trailer Manufacturing	98.7	105.0	105.1
汽车零部件及配件制造	Auto Parts and Accessories Manufacturing	100.2	101.2	100.6
铁路、船舶、航空航天和其他运输设备制造业	Manufacturing of Railways, Ships, Aerospace and Other Transport Equipment	100.6	100.2	100.1
铁路运输设备制造	Railway Transport Equipment Manufacturing	100.8	100.1	100.4
船舶及相关装置制造	Ship and Related Equipment Manufacturing	100.3	100.2	100.0

Continued

(same month of preceding year=100)

3 月 March	4 月 April	5 月 May	6 月 June	7 月 July	8 月 August	9 月 September	10 月 October	11 月 November	12 月 December
107.7	106.8	108.8	110.0	109.1	106.3	101.1	105.3	105.4	105.5
108.7	106.7	110.1	113.1	107.6	104.3	101.4	98.5	97.7	95.7
93.9	92.6	94.4	94.0	95.2	92.3	90.6	94.1	93.7	98.6
129.9	129.8	128.7	126.6	143.2	143.3	114.7	160.2	171.8	169.5
105.3	105.8	106.9	107.3	106.3	103.0	99.5	100.3	99.2	100.5
103.8	103.9	104.1	104.7	104.6	104.1	103.9	103.4	103.7	102.9
103.4	103.7	103.8	104.6	103.9	103.8	103.4	103.6	104.7	104.1
104.8	104.9	106.4	106.2	106.1	105.2	104.8	103.7	103.0	103.0
104.1	103.8	104.7	105.3	106.5	104.7	104.1	104.6	104.2	103.4
112.2	111.0	110.9	116.1	114.1	111.2	110.5	109.3	109.1	104.9
101.4	100.9	100.1	100.6	100.6	100.6	100.6	100.6	100.6	100.8
101.9	102.8	104.2	103.2	104.0	103.2	103.6	103.2	103.4	102.7
102.4	102.5	102.3	102.2	102.5	102.7	102.7	101.6	101.5	101.2
100.6	100.9	101.4	101.5	101.9	101.3	101.8	101.7	101.2	101.1
100.2	100.3	100.1	100.4	100.0	100.5	100.4	100.2	100.2	100.3
100.5	100.5	100.5	100.6	100.6	100.6	100.6	100.7	100.8	100.8
100.0	100.2	100.5	100.4	100.9	100.5	101.1	101.0	100.9	100.9
98.6	98.4	98.9	99.6	100.6	101.2	101.5	101.8	101.0	100.6
103.1	104.6	105.4	104.5	103.9	103.9	104.8	104.5	104.2	103.1
100.6	101.6	103.2	103.9	105.3	101.6	104.0	103.1	102.4	103.0
103.1	102.6	103.1	102.8	102.7	102.6	101.7	101.7	101.0	100.6
99.6	99.6	99.0	99.0	99.5	99.7	100.3	100.3	99.0	98.9
109.4	109.6	110.2	111.7	108.6	108.0	106.5	106.0	105.5	105.4
118.2	118.8	119.9	123.6	118.4	116.9	113.3	110.3	109.2	109.6
100.7	100.9	101.3	101.0	99.0	99.0	99.4	102.6	102.7	102.3
101.3	100.5	100.5	100.0	100.0	100.0	100.1	100.1	100.1	100.1
100.2	100.3	100.3	101.1	96.6	96.3	97.3	98.5	99.7	99.7
103.2	103.2	103.0	101.9	101.8	102.4	102.9	103.4	102.6	101.3
100.5	100.6	100.6	100.7	100.7	100.3	100.3	100.2	100.6	100.4
100.2	100.2	100.9	101.6	101.5	101.1	100.8	100.4	100.6	100.7
104.6	106.4	100.8	102.3	102.4	101.6	101.7	101.1	101.9	101.4
102.2	102.0	101.9	99.5	97.5	95.7	95.5	93.6	92.9	94.9
100.2	100.2	100.3	99.8	99.9	99.6	99.7	100.1	100.7	100.3
100.1	100.6	100.5	100.5	100.7	100.7	100.8	100.7	100.9	100.8
100.3	101.2	101.0	101.0	101.0	101.0	101.0	101.0	101.0	101.0
100.0	100.1	100.2	100.2	100.5	100.5	100.6	100.5	100.8	100.6

4-18 续表 4

(上年同月＝100)

类 别	Item	全 年 Annual Year	1 月 January	2 月 February
电气机械及器材制造业	Electricity Machine and Its Equipment Manufacture	102.2	103.4	102.7
电机制造	Electric Engineering Manufacture	101.0	100.8	101.0
输配电及控制设备制造	Electricity Mixed and Control Equipments Manufacture	100.3	100.0	99.9
电线、电缆、光缆及电工器材制造	Wire, Cable, Fiber Optic Cable and the Electric Device Manufacture	106.4	111.6	110.6
电池制造	Battery Manufacture	103.3	106.2	105.0
家用电力器具制造	Electric Power Apparatus Manufacture	100.0	98.8	98.2
非电力家用器具制造	Non-electric Household Appliance Manufacturing	103.0	104.3	103.3
照明器具制造	Light Manufacture	101.0	101.3	101.0
计算机、通信和其他电子设备制造业	Manufacture of Computers, Communication and Other Electronic Equipment	99.2	100.1	100.1
计算机制造	Computer Manufacturing	99.6	101.6	101.7
通信设备制造	Tele-communication Equipment Manufacture	100.5	101.1	100.7
广播电视设备制造	Radio and Television Equipment Manufacturing	99.8	99.5	99.1
电子器件制造	Electronic Appliances	95.9	96.5	97.1
电子元件制造	Electronic Components	100.7	101.1	101.4
仪器仪表制造业	Manufacture of Measuring Instruments and Machinery	100.2	100.1	100.4
通用仪器仪表制造	General Instrument and Meters	100.2	100.1	100.4
废弃资源综合利用业	Utilization of Waste Resources	122.2	122.0	123.6
金属废料和碎屑加工处理	Metal Waste and Debris Processing	122.2	122.0	123.6
电力、热力的生产和供应业	Production and Supply of Electric Power and Heat Power	100.3	101.4	101.1
电力生产	Electric Power Production	101.5	101.2	101.6
电力供应	Electric Power Supply	99.2	101.1	101.0
热力生产和供应	Thermal Production and Supply	103.3	108.2	98.3
燃气生产和供应业	Production and Supply of Gas	102.6	100.5	103.1
燃气生产和供应业	Production and Supply of Gas	102.6	100.5	103.1
水的生产和供应业	Production and Supply of Water	100.0	100.2	100.2
自来水的生产和供应	Tapping-water Production and Supply	100.0	100.2	100.2

Continued

(same month of preceding year=100)

3 月 March	4 月 April	5 月 May	6 月 June	7 月 July	8 月 August	9 月 September	10 月 October	11 月 November	12 月 December
102.5	102.8	103.1	103.2	102.8	101.9	100.9	101.3	101.1	100.7
101.6	101.5	101.1	101.5	101.3	101.3	100.8	100.2	100.1	100.5
100.0	100.1	100.3	99.9	99.9	99.9	100.1	100.7	101.2	100.8
109.7	109.3	109.8	109.0	106.4	103.4	103.0	102.6	102.1	100.6
105.2	105.4	106.2	106.5	105.6	102.4	99.1	99.6	99.7	99.9
97.6	98.9	99.0	99.9	101.0	102.2	100.7	101.7	100.8	101.2
104.2	104.5	101.8	102.6	102.8	102.8	102.8	102.8	105.2	98.7
100.7	100.1	102.1	101.7	101.8	100.9	100.1	101.0	100.7	100.8
100.8	99.9	98.8	98.0	98.5	98.7	98.7	98.7	99.0	98.9
102.7	101.7	99.7	99.2	99.0	98.3	98.6	97.1	97.6	97.8
101.6	100.1	99.5	98.2	98.9	100.4	100.8	102.0	101.9	101.0
98.7	102.1	97.6	97.3	97.3	97.4	97.4	102.3	102.3	107.1
97.2	97.0	95.9	95.3	96.3	95.2	95.0	94.5	95.1	95.7
102.0	101.5	101.7	101.1	101.5	101.8	99.4	98.7	98.9	99.1
100.4	100.3	100.2	100.3	100.1	100.1	100.1	100.1	100.1	100.0
100.4	100.3	100.2	100.3	100.1	100.1	100.1	100.1	100.1	100.0
116.1	113.5	123.0	125.7	124.8	126.3	125.1	127.2	126.8	114.1
116.1	113.5	123.0	125.7	124.8	126.3	125.1	127.2	126.8	114.1
100.8	100.7	100.7	100.6	100.9	100.0	99.7	99.5	99.5	99.1
101.3	101.4	101.6	102.2	102.5	101.2	101.3	101.3	101.3	101.3
100.5	100.3	99.7	99.1	99.2	98.8	98.3	97.8	97.8	97.0
99.0	99.1	106.4	103.8	107.9	103.5	103.1	103.1	103.0	105.6
103.6	102.1	103.0	100.6	100.8	100.4	101.1	105.3	104.9	106.5
103.6	102.1	103.0	100.6	100.8	100.4	101.1	105.3	104.9	106.5
100.1	100.0	100.0	100.0	100.0	100.0	100.0	100.0	100.0	100.0
100.1	100.0	100.0	100.0	100.0	100.0	100.0	100.0	100.0	100.0

4-19 分月工业生产者出厂价格环比指数(2018年)

(上月=100)

类　别	Item	全　年 Annual Year	1 月 January	2 月 February
全部工业品	**Total Industrial Products**	**102.1**	**100.6**	**100.0**
#轻工业	Light Industry	101.0	100.4	100.2
以农产品为原料	Agricultural products as raw materials	100.8	100.3	100.1
以非农产品为原料	Non-agricultural Products as Raw Materials	101.6	101.0	100.4
重工业	Heavy Industry	102.6	100.7	100.0
采掘	Mining and Quarrying	107.5	102.3	99.7
原料	Raw Material	101.7	100.8	100.1
加工	Processing	102.6	100.6	99.9
#生产资料	Means of Production	102.6	100.7	100.0
采掘	Mining and Quarrying	107.5	102.3	99.7
原料	Raw Material	101.2	100.9	100.2
加工	Processing	102.7	100.6	100.0
生活资料	Consumer Goods	100.9	100.3	100.1
食品	Food	100.1	100.3	100.1
衣着	Clothing	101.0	100.0	100.3
一般日用品	Articles for Daily Use	103.1	100.9	100.1
耐用消费品	Durable Consumers' Goods	101.5	100.1	99.9
按工业部门分	**Grouped by Department of Industry**			
冶金工业	Metallurgical Industry	103.9	100.9	99.7
电力工业	Power Industry	99.3	100.1	100.2
煤炭及炼焦工业	Coal and Coking Industry	100.8	100.4	100.0
石油工业	Petroleum Industry	105.9	103.3	100.4
化学工业	Chemical Industry	103.4	101.4	100.3
机械工业	Machine Building Industry	100.7	100.2	100.2
建筑材料工业	Building Material Industry	106.9	101.0	98.9
森林工业	Timber Industry	100.7	100.4	100.1
食品工业	Food Industry	100.4	100.3	100.2
纺织工业	Textile Industry	100.7	100.3	99.8
缝纫工业	Tailoring Industry	101.1	99.9	100.3
皮革工业	Leather Industry	100.1	101.2	100.2
造纸工业	Paper Industry	106.2	100.5	100.1
文教艺术用品工业	Cultural, Educational and Handicraft Articles	99.9	99.8	100.2
其他工业	Other Industry	103.2	100.5	100.0

Producer Price Chain Index for Industrial Producers by Month(2018)

(preceding month=100)

3 月 March	4 月 April	5 月 May	6 月 June	7 月 July	8 月 August	9 月 September	10 月 October	11 月 November	12 月 December
99.8	**100.0**	**100.4**	**100.3**	**100.1**	**100.2**	**100.6**	**100.7**	**99.9**	**99.4**
99.7	100.2	100.3	100.0	100.2	100.3	100.4	100.1	99.7	99.6
99.7	100.3	100.3	100.0	100.1	100.2	100.5	100.1	99.7	99.5
99.8	99.6	100.2	100.2	100.3	100.4	100.1	100.1	99.8	99.8
99.9	99.9	100.4	100.4	100.1	100.2	100.7	100.9	100.0	99.3
99.1	100.8	100.9	99.1	100.9	101.9	101.7	101.9	99.7	99.3
99.1	99.9	100.9	100.7	100.1	100.5	101.3	101.4	99.1	97.8
100.2	99.8	100.2	100.4	100.1	100.0	100.5	100.7	100.4	99.8
99.9	99.9	100.4	100.4	100.1	100.3	100.8	100.9	99.9	99.2
99.1	100.8	100.9	99.1	100.9	101.9	101.7	101.9	99.7	99.3
99.2	99.9	101.0	100.7	100.1	100.5	101.3	101.4	98.8	97.5
100.1	99.9	100.2	100.4	100.1	100.1	100.7	100.7	100.2	99.7
99.7	100.1	100.3	100.0	100.2	100.1	100.2	100.1	100.0	99.9
99.4	100.2	100.2	99.8	100.1	100.0	100.4	100.0	99.9	99.8
99.8	100.0	100.1	99.9	100.2	100.3	99.9	100.2	100.1	100.0
99.9	100.2	100.9	99.9	100.3	100.2	100.1	100.2	100.4	100.0
100.4	99.5	100.1	100.7	100.4	100.3	99.9	100.5	99.9	99.8
100.5	99.3	100.1	100.5	100.1	101.3	101.1	101.8	100.0	98.6
99.9	99.8	100.0	99.9	100.3	99.7	99.7	100.1	100.0	99.6
100.0	100.4	99.7	100.4	99.6	100.2	100.0	100.0	100.0	100.0
97.6	102.0	104.6	101.1	101.8	101.3	103.7	104.1	95.4	91.3
100.0	99.7	100.1	100.4	100.0	99.9	101.0	100.9	100.1	99.7
100.1	99.9	100.0	100.3	100.0	99.9	100.1	100.2	100.1	99.8
98.7	99.9	101.7	100.5	100.5	100.1	101.1	101.5	101.6	101.0
100.1	100.3	100.1	99.9	99.9	100.3	100.0	100.1	99.6	99.8
99.4	100.3	100.1	99.8	100.1	100.0	100.4	100.0	100.0	99.8
100.1	99.8	100.4	100.7	100.4	101.0	101.0	100.6	98.4	98.3
99.8	100.0	100.1	99.9	100.2	100.4	99.9	100.2	100.1	100.2
99.9	100.3	100.2	99.8	100.8	99.5	100.1	100.1	99.6	98.6
100.8	102.2	103.0	100.4	99.7	99.9	101.7	99.1	99.2	99.3
100.0	99.9	100.3	100.1	100.1	100.1	99.9	100.1	99.6	99.9
99.8	100.0	99.9	100.2	100.4	100.8	101.0	100.2	100.2	100.2

4-20　分行业工业生产者出厂价格环比指数(2018年)

(上月＝100)

类　别	Item	全　年 Annual Year	1 月 January	2 月 February
煤炭开采和洗选业	Coal Mining and Selecting Industry	100.8	100.4	100.0
烟煤和无烟煤的开采洗选	The Bituminous Coal and Anthracite Coals Mining and Dressing	100.8	100.4	100.0
石油和天然气开采业	Oil and Gas industry	100.2	104.9	94.7
石油开采	Oil Drilling	100.2	104.9	94.7
黑色金属矿采选业	Black Metal Mineral Mining and Selecting Industry	112.0	103.1	99.9
铁矿采选	The Iron Mineral Mining and Selecting	112.0	103.1	99.9
有色金属矿采选业	Colored Metal Mineral Mining and Selecting	98.3	105.2	97.2
常用有色金属矿采选	The Regular Colored Metal Mineral Mining and Selecting	98.4	105.7	98.7
贵金属矿采选	The Precious Metal Mineral Mining and Selecting	97.7	103.5	92.8
非金属矿采选业	Non-Metal Mineral Mining and Selecting	107.6	101.5	100.4
土砂石开采	Soil Sand Mining	109.0	99.9	100.3
化学矿采选	Chemical Mineral Mining and Selecting	102.9	101.3	100.6
采盐	Salt Mining	116.7	117.0	101.0
石棉及其他非金属矿采选	Asbestos and Other Non-Metal Mineral Mining and Selecting	109.0	100.1	99.8
农副食品加工业	Farm and Side-Line Food Processed Industry	99.8	100.2	100.1
谷物磨制	Corn Whetted	99.6	100.2	100.6
饲料加工	Forage Processed	104.5	100.2	100.4
植物油加工	Planting-Oil Processed	98.5	99.8	99.8
屠宰及肉类加工	Slaughtered Meta and Meat Processes	92.4	101.5	99.4
水产品加工	Fishery Product Processed	99.0	100.1	99.9
蔬菜、水果和坚果加工	Vegetable, Fruit and Nut Processing	101.4	99.0	99.6
其他农副食品加工	Other Farm and Side-line Food Processed	106.2	100.5	100.1
食品制造业	Manufacture of Foods	103.1	101.6	100.0
焙烤食品制造	Baked Food Manufacturing	99.1	100.0	100.0
糖果、巧克力及蜜饯制造	Made of Candy, Chocolate and Preserves	104.2	106.0	100.0
方便食品制造	Convenient Food Manufacturing	101.4	100.7	100.2
乳制品制造	Dairy Products Manufacturing	101.0	99.8	100.1
罐头食品制造	Dairy Products Manufacturing	100.3	100.0	100.0
调味品、发酵制品制造	Condiment, Ferment Product Manufacturing	109.6	100.2	100.3
其他食品制造	Other Food Manufacturing	108.3	104.7	99.8
酒、饮料和精制茶制造业	Manufacture of Liquor, Beverages and Refined Tea	101.1	100.1	100.6
酒的制造	Wine Manufacturing	100.3	100.0	100.1
饮料制造	Beverage Manufacturing	101.7	100.4	102.6
精制茶加工	Refined-tea Process	102.9	100.0	99.8
烟草制品业	Manufacture of Tobacco	101.1	100.0	100.0
卷烟制造	Cigarette Manufacturing	101.0	100.0	100.0
其他烟草制品制造	Other Tobacco Products Manufacturing	101.6	100.0	100.0

Producer Price Chain Indices for Industrial Producers by Industry(2018)

(preceding month=100)

3 月 March	4 月 April	5 月 May	6 月 June	7 月 July	8 月 August	9 月 September	10 月 October	11 月 November	12 月 December
100.0	100.4	99.7	100.4	99.6	100.2	100.0	100.0	100.0	100.0
100.0	100.4	99.7	100.4	99.6	100.2	100.0	100.0	100.0	100.0
98.6	107.0	109.9	100.3	103.3	100.8	105.5	105.7	87.5	85.3
98.6	107.0	109.9	100.3	103.3	100.8	105.5	105.7	87.5	85.3
97.3	100.8	100.5	97.0	101.3	104.2	104.0	102.7	100.9	100.1
97.3	100.8	100.5	97.0	101.3	104.2	104.0	102.7	100.9	100.1
99.3	99.1	99.6	102.5	98.5	99.3	97.3	102.2	98.8	99.5
98.9	98.4	99.5	103.3	98.2	98.9	96.7	103.3	98.6	98.6
100.3	101.5	100.0	99.7	99.5	100.6	99.3	98.9	99.8	102.2
100.1	100.3	100.5	99.8	100.9	101.2	100.5	101.0	100.8	100.4
100.3	100.3	100.9	101.0	101.4	102.3	100.6	100.4	100.5	100.8
99.9	99.9	99.8	98.1	100.2	100.6	100.6	100.6	101.8	99.5
100.0	95.7	100.3	96.6	99.3	96.9	100.0	109.7	100.0	101.0
100.1	104.3	100.8	100.8	101.8	100.2	100.0	100.2	100.0	100.6
99.1	100.5	99.9	99.9	100.1	100.2	100.6	99.9	99.9	99.5
100.0	100.4	100.0	99.6	100.1	99.5	100.6	99.8	100.0	98.8
100.6	100.8	100.6	99.9	99.8	99.8	100.3	100.8	100.9	100.3
100.1	101.4	100.1	100.3	99.1	99.8	99.7	99.7	99.4	99.3
91.0	99.3	97.4	100.1	101.8	102.5	103.9	98.8	97.5	99.4
99.9	100.0	99.6	100.1	99.9	100.4	99.6	99.7	99.8	100.1
99.9	100.2	100.9	100.0	100.3	100.3	99.9	100.1	100.1	101.1
99.7	100.1	100.5	100.4	100.5	101.1	100.7	100.4	102.0	100.1
99.9	100.0	101.3	99.8	100.4	99.7	99.5	100.1	100.3	100.6
100.1	100.4	99.0	99.9	100.1	99.8	99.5	99.9	100.2	100.3
100.0	100.0	100.0	100.0	100.0	97.9	96.3	100.0	100.0	104.3
100.0	99.9	100.2	100.1	99.7	100.2	99.8	100.0	100.3	100.1
100.1	97.9	101.6	100.5	100.8	99.9	99.1	100.7	100.1	100.5
101.0	100.5	100.2	100.0	100.0	100.0	100.0	100.0	100.0	98.7
101.3	100.6	101.3	99.7	103.1	100.2	101.1	100.9	100.5	100.1
97.7	99.8	106.4	98.8	99.7	99.6	100.0	99.8	100.9	100.9
99.7	100.1	100.8	99.3	100.0	99.7	100.4	100.2	100.0	100.1
99.8	99.8	99.9	99.9	99.9	99.9	100.7	100.1	100.2	100.0
99.3	100.5	101.1	97.1	100.5	99.4	99.9	100.9	99.7	100.6
100.0	100.5	103.3	100.1	100.1	99.7	100.0	99.8	99.8	99.9
100.0	100.3	100.3	99.9	99.9	100.0	100.0	100.6	100.0	100.0
100.0	100.0	100.3	100.0	100.0	100.0	100.0	100.7	100.0	100.0
100.0	103.7	100.0	99.3	99.0	99.9	100.3	100.0	100.0	99.5

4-20 续表 1

(上月=100)

类 别	Item	全 年 Annual Year	1 月 January	2 月 February
纺织业	Manufacture of Textile	100.7	100.3	99.8
棉纺织及印染精加工	Cotton Textiles and Dyeing and Finishing Processing	100.8	99.9	99.7
麻纺织及染整精加工	Hemp and Dyeing and Finishing	115.6	105.1	98.4
家用纺织制成品制造	Domestic Textile Manufactured Goods	103.8	101.2	100.2
非家用纺织制成品制造	Non-domestic Textile Manufactured Goods	95.6	100.4	100.1
纺织服装、服饰业	Manufacture of Textile, Wearing Apparel and Accessories	101.0	99.8	100.3
机织服装制造	Woven Clothing Manufacturing	100.9	99.7	100.4
针织或钩针编织服装制造	Knitting or Crochet Clothing Manufacturing	101.7	101.1	99.6
皮革、毛皮、羽毛及其制品和制鞋业	Manufacture of Leather, Fur, Feather and Related Products and Footware	100.9	101.1	100.2
毛皮鞣制及制品加工	Fur Tanning and Processing of Products	98.2	99.9	100.2
制鞋业	Shoemaking	102.8	102.0	100.2
木材加工及木、竹、藤、棕草制品业	Processing of Timber, Manufacture of Wood, Bamboo, Palm and Straw Products	100.8	100.6	100.1
木材加工	Wood Processing	98.5	100.0	100.1
人造板制造	Artificial Plank Manufacturing	101.2	100.1	100.1
木制品制造	Timber Product Manufacturing	101.3	101.8	100.1
家具制造业	Manufacture of Furniture	101.5	99.8	100.2
木质家具制造	Timber Furniture Manufacture	100.6	99.7	100.0
其他家具制造	Other Furniture Manufacturing	103.2	100.0	100.5
造纸和纸制品业	Manufacture of Paper and Paper Products	106.2	100.5	100.1
造纸	Paper Making	103.1	100.4	100.5
纸制品制造	Paper Products Manufacturing	109.3	100.6	99.7
印刷和记录媒介复制业	Printing and Reproduction of Recording Media	99.9	99.7	100.2
印刷	Painting	99.9	99.7	100.2
文教、工美、体育和娱乐用品制造业	Manufacture of Articles for Culture, Education, Arts and Crafts, Sport and Entertainment Activities	104.8	101.8	98.9
工艺美术品制造	Culture Articles Manufacturing	106.4	102.2	98.6
玩具制造	Toy manufacturing	99.8	100.6	100.2
石油加工、炼焦及核燃料加工业	Processing of Petroleum, Coking and Processing of Nuclear Fuel	106.2	103.6	100.6
精炼石油产品的制造	Refined Coking Petroleum Manufacturing	106.2	103.7	100.6
化学原料及化学制品制造业	Manufacture of Raw Chemical Materials and Products	103.6	101.8	100.3
基础化学原料制造	Basic Chemical Material Manufacturing	100.7	101.8	99.3

Continued

(preceding month=100)

3 月 March	4 月 April	5 月 May	6 月 June	7 月 July	8 月 August	9 月 September	10 月 October	11 月 November	12 月 December
100.1	99.8	100.4	100.7	100.4	101.0	101.0	100.6	98.4	98.3
100.4	100.1	100.2	101.0	100.3	100.7	101.1	100.2	98.6	98.6
103.8	100.0	101.9	100.3	102.9	99.4	100.6	100.7	100.5	101.2
100.5	99.3	100.2	100.1	101.3	100.2	100.2	100.3	100.2	100.2
97.5	99.1	100.9	99.8	99.7	103.1	100.7	102.4	96.5	95.6
99.8	100.0	100.1	99.9	100.2	100.4	99.9	100.2	100.1	100.2
99.9	99.9	100.0	99.9	100.2	100.5	99.9	100.2	100.1	100.2
98.9	100.5	102.0	100.0	99.5	99.6	99.9	99.9	100.0	100.6
99.9	100.4	100.1	99.9	100.5	99.6	100.0	100.1	99.8	99.1
99.8	100.4	100.3	99.7	101.2	99.1	100.1	100.2	99.4	97.8
99.9	100.4	100.0	100.0	100.0	100.0	100.0	100.0	100.2	100.0
100.2	100.4	100.2	99.9	99.9	100.3	100.0	100.0	99.5	99.6
100.6	100.0	100.0	99.0	99.2	100.1	100.0	100.1	99.5	100.0
100.2	100.3	100.3	100.0	100.1	100.3	100.0	100.3	99.8	99.6
100.0	100.9	100.2	100.2	100.0	100.4	100.1	99.5	98.9	99.2
99.7	99.9	100.0	100.4	100.3	100.1	100.1	100.4	100.2	100.6
99.4	99.9	99.5	100.2	100.0	100.1	100.1	100.5	100.3	100.8
100.2	99.9	100.8	100.6	100.7	100.2	100.0	100.1	100.0	100.2
100.8	102.2	103.0	100.4	99.7	99.9	101.7	99.1	99.2	99.3
101.6	100.8	104.8	100.1	99.4	99.7	99.8	98.0	98.7	99.3
100.0	103.7	101.2	100.7	100.0	100.1	103.5	100.3	99.8	99.4
100.1	100.0	100.3	100.1	100.1	100.0	99.9	100.0	99.6	99.9
100.1	100.0	100.3	100.1	100.1	100.0	99.9	100.0	99.6	99.9
99.2	100.4	99.0	100.1	100.3	102.3	100.1	101.5	100.5	100.5
99.1	100.6	98.7	100.1	100.5	103.0	100.2	101.8	100.8	100.8
99.4	99.7	100.1	100.1	99.9	100.3	99.7	100.4	99.7	99.7
97.2	102.1	104.6	101.6	101.8	101.5	103.9	104.0	95.6	90.6
97.1	102.2	104.8	101.7	101.8	101.5	104.0	104.1	95.4	90.4
99.9	99.3	99.9	100.6	100.0	99.8	101.4	101.1	99.9	99.6
99.6	100.2	100.2	101.3	99.5	100.3	101.0	101.2	98.5	97.9

4-20 续表 2

(上月=100)

类　别	Item	全　年 Annual Year	1 月 January	2 月 February
肥料制造	Fertilizer Manufacture	109.0	103.4	100.8
农药制造	Insecticide Manufacture	105.3	100.5	99.2
涂料、油墨、颜料及类似产品制造	Coating, Printing Ink, Pigment and The Similar Products Manufacture	97.4	99.9	101.5
合成材料制造	Compounded Material Manufacture	96.0	99.6	101.2
专用化学产品制造	Specialized Chemical Product Manufacture	102.4	100.3	100.3
炸药、火工及焰火产品制造	The Manufacture of Explosives, Firework and Fireworks	99.9	100.1	100.1
日用化学产品制造	Daily Chemical Product Manufacture	98.4	101.1	100.0
医药制造业	Manufacture of Medicines	103.5	100.4	100.0
化学药品原药制造	Original Medicine of Chemical Medicine Manufacture	111.9	100.2	100.8
化学药品制剂制造	Chemical Medicine Agent Manufacture	101.1	100.8	100.6
中成药生产	Medium Patent Manufacture	101.8	100.2	100.3
兽用药品制造	Medicine in Herbs Manufacture	106.2	100.4	100.2
生物药品制造	Biology, Bio-chemical Product Manufacture	102.6	100.4	97.5
卫生材料及医药用品制造	Sanitary Materials and Medical Supplies Manufacturing	100.7	99.9	100.0
化学纤维制造业	Manufacture of Chemical Fibres	106.2	100.9	102.0
纤维素纤维原料及纤维制造	Cellulose Fiber Raw Materials and Fiber Manufacturing	100.3	100.7	101.8
合成纤维制造	Synthetic Fiber Manufacturing	111.2	101.1	102.2
橡胶和塑料制品业	Manufacture of Rubber and Plastics Products	100.8	100.0	100.2
橡胶制品业	Manufacture of Rubber	99.4	99.7	99.7
塑料制品业	Manufacture of Plastics	101.1	100.1	100.2
非金属矿物制品业	Manufacture of Non-metallic Mineral Products	106.2	101.1	99.0
水泥、石灰和石膏的制造	Cement, Lime and Gypsum Manufacture	111.8	102.1	96.0
石膏、水泥制品及类似制品制造	Cement and Gypsum Product Manufacture	111.7	102.0	100.0
砖瓦、石材及其他建筑材料制造	Brick, Stone Material and Other Buildings Material Manufacture	101.4	100.0	100.1
玻璃制造	Glass Manufacturing	90.0	100.5	99.3
玻璃制品制造	Glass Goods Manufacturing	101.2	99.8	100.2
耐火材料制品制造	Refractory Products Manufacturing	104.9	100.5	100.4
石墨及其他非金属矿物制品制造	Graphite and Other Non-metal Mineral Product Manufacture	103.6	100.3	100.7
黑色金属冶炼及压延加工业	Smelting and Pressing of Ferrous Metals	100.8	99.7	100.0
炼铁	Ironmaking	104.4	97.7	100.4
炼钢	Steel Making	102.8	97.3	101.2
钢压延加工	Pressed Steel Processing	99.3	100.4	99.1
铁合金冶炼	Iron-alloy Smeltering	112.3	101.0	107.2

Continued

(preceding month=100)

3 月 March	4 月 April	5 月 May	6 月 June	7 月 July	8 月 August	9 月 September	10 月 October	11 月 November	12 月 December
101.4	99.0	99.5	100.0	100.0	99.2	101.9	101.8	100.6	101.1
94.1	99.3	99.1	102.9	101.1	100.7	101.9	102.7	101.5	102.3
99.9	98.6	98.0	100.9	99.8	100.5	98.9	99.8	100.1	99.5
96.3	97.3	101.9	100.8	100.8	99.4	104.8	100.5	98.7	94.9
100.2	100.0	100.1	100.2	99.9	100.0	100.6	100.7	100.4	99.7
99.9	99.9	100.0	100.2	99.8	100.1	99.9	99.9	100.0	100.0
100.0	100.0	100.0	100.1	100.0	100.0	100.0	97.2	100.0	100.0
100.4	100.0	100.9	99.8	100.3	100.4	100.1	100.4	100.6	100.3
100.8	101.6	101.1	99.3	101.7	100.6	99.2	100.9	104.9	100.4
100.2	100.0	100.4	99.0	99.8	100.1	99.9	100.3	100.1	100.0
100.3	100.0	100.3	99.8	100.0	100.5	100.2	100.1	100.0	100.1
101.2	99.5	100.2	100.1	99.8	102.0	99.3	100.4	101.6	101.3
100.9	98.4	103.8	100.9	100.0	100.4	102.0	100.4	97.4	100.9
100.0	100.1	100.2	100.2	100.2	100.1	99.9	100.3	99.9	99.9
100.5	100.4	99.5	99.7	100.8	102.0	103.1	100.0	100.0	97.2
100.2	99.9	98.6	101.2	98.8	99.6	104.0	100.4	97.7	97.5
100.8	100.9	100.3	98.4	102.4	103.9	102.4	99.7	101.8	96.9
100.2	100.6	99.2	100.6	99.7	100.0	100.4	100.3	99.9	99.7
99.7	100.2	99.7	99.9	100.1	99.8	100.0	100.2	100.2	100.0
100.4	100.7	99.1	100.8	99.6	100.0	100.5	100.3	99.9	99.7
98.7	99.7	101.7	100.4	100.4	99.9	101.3	101.4	101.6	101.0
93.4	99.4	106.0	100.3	100.4	98.7	103.8	102.9	106.5	102.5
101.7	99.9	101.0	101.5	100.8	100.7	99.7	102.1	100.9	101.0
100.1	100.0	100.4	99.9	100.1	100.3	100.2	100.6	99.4	100.3
100.6	97.8	93.1	100.8	100.6	99.5	102.8	100.4	94.4	100.1
100.3	99.3	99.9	99.5	100.4	100.3	103.1	99.4	99.3	99.6
100.1	100.2	102.1	100.2	100.1	100.7	100.4	100.0	100.0	100.0
99.9	100.3	100.3	100.8	100.2	100.0	100.0	100.0	100.6	100.5
101.8	98.9	99.5	100.9	100.0	102.1	101.3	100.5	99.3	97.0
102.1	100.3	93.1	102.1	99.9	99.8	105.1	101.3	101.3	101.6
100.6	98.8	99.4	100.3	99.6	103.9	102.7	99.8	99.4	100.0
101.7	98.6	99.8	101.2	99.8	101.9	101.0	100.6	99.4	95.8
107.2	102.4	99.9	99.0	103.1	99.3	98.1	101.1	95.0	99.1

4-20 续表 3

(上月＝100)

类　别	Item	全　年 Annual Year	1 月 January	2 月 February
有色金属冶炼及压延加工业	Smelting and Pressing of Non-ferrous Metals	105.5	101.2	98.7
常用有色金属冶炼	General Non-ferrous Metal Coking	95.7	101.0	98.0
贵金属冶炼	Precious Metal Smeltering	98.6	101.5	99.3
有色金属合金制造	Non-ferrous Metal Alloy Manufacture	169.5	101.5	100.0
有色金属压延加工	Non-ferrous Metal Pressing Processing	100.5	101.4	99.1
金属制品业	Manufacture of Metal Products	102.9	101.0	99.9
结构性金属制品制造	Structural Metal Product	104.1	101.1	100.1
金属工具制造	Metal Tools Manufacture	103.0	100.7	99.9
集装箱及金属包装容器制造	Container and Metal Packing Container Manufacture	103.4	100.6	99.9
金属丝绳及其制品的制造	Metal Silk Rope and Its Product Manufacture	104.9	103.8	97.8
金属表面处理及热处理加工	Metal Surface Treatment and Heat Treatment Processing	100.8	100.0	100.5
金属制日用品制造	Metal Producing Manufacture	102.7	101.6	101.0
其他金属制品制造	Other Metal Product Manufacture	101.2	100.4	99.9
通用设备制造业	Manufacture of General Purpose Machinery	101.1	100.3	100.1
锅炉及原动机制造	Boiler and Original Motor	100.3	100.0	100.3
金属加工机械制造	Metal Process and Machinery Manufacture	100.8	100.2	100.1
物料搬运设备制造	Material Handling Equipment Manufacturing	100.9	100.1	100.0
泵、阀门、压缩机及类似机械的制造	Pump, Valve, Compressor and Its Similar Mechanical Manufacture	100.6	99.9	99.9
轴承、齿轮和传动部件制造	Manufacturing of Bearings, Gears and Transmission Parts	103.1	101.6	99.5
烘炉、风机、衡器、包装等设备制造	Ovens, Fans, Scales, Packaging and Other Equipment Manufacturing	103.0	100.0	100.9
通用零部件制造	General Parts Manufacturing	100.6	100.9	99.7
其他通用设备制造业	Other General Equipment Manufacturing	98.9	100.0	100.0
专用设备制造业	Manufacture of Special Purpose Machinery	105.4	100.1	103.2
矿山、冶金、建筑专用设备制造	Ore Mountain, Metallurgy, Building Special Equipment Manufacture	109.6	100.0	106.2
化工、木材、非金属加工专用设备制造	Chemical Engineering, Timber, Non-Metal Processed Special Equipments Manufacture	102.3	99.9	100.3
食品、饮料、烟草及饲料生产专用设备制造	The Food, Beverage, Tobacco and Fodder Production Special Equipments Manufacture	100.1	100.0	100.5
农、林、牧、渔专用机械制造	Agriculture, Forestry Animal Husbandry and Fishery Specific Machinery Manufacture	99.7	100.0	100.4
环保、社会公共安全及其他专用设备制造	Environment Protection, Public Social Secure and Other Specific Equipment Manufacture	101.3	100.5	100.0
汽车制造业	Manufacture of Automobiles	100.4	100.1	99.9
汽车整车制造	The Car is Made by Car	100.7	100.0	100.0
改装汽车制造	Refitted Automobiles	101.4	99.7	100.5
汽车车身、挂车制造	Car Body, Trailer Manufacturing	94.9	100.0	100.1
汽车零部件及配件制造	Auto Parts and Accessories Manufacturing	100.3	100.3	99.8
铁路、船舶、航空航天和其他运输设备制造业	Manufacturing of Railways, Ships, Aerospace and Other Transport Equipment	100.8	100.1	100.0
铁路运输设备制造	Railway Transport Equipment Manufacturing	101.0	100.0	100.0
船舶及相关装置制造	Ship and Related Equipment Manufacturing	100.6	100.1	100.0

Continued

(preceding month=100)

3 月 March	4 月 April	5 月 May	6 月 June	7 月 July	8 月 August	9 月 September	10 月 October	11 月 November	12 月 December
99.9	99.8	100.5	101.2	99.8	99.8	99.9	105.4	99.9	99.5
99.2	98.9	101.6	102.3	96.3	99.1	98.6	102.7	99.0	99.0
97.8	101.1	98.4	100.1	99.3	98.6	99.6	102.5	99.8	100.9
108.4	99.7	98.2	100.4	112.4	103.7	101.6	128.7	102.3	100.5
99.0	100.4	100.7	100.5	100.0	99.5	100.8	100.6	99.7	99.0
100.5	99.9	100.1	100.1	100.1	100.2	100.6	100.3	100.6	99.6
100.1	100.2	100.2	100.3	99.6	100.3	100.4	100.5	101.4	99.8
100.8	100.4	101.0	99.8	100.0	99.9	100.2	99.5	100.6	100.1
100.9	99.6	100.3	100.2	101.3	99.9	99.9	101.2	100.0	99.6
101.3	98.3	100.2	102.4	100.3	100.6	102.9	100.6	100.2	96.7
100.0	100.1	100.0	100.0	100.0	100.0	100.0	100.0	100.0	100.2
99.9	100.2	100.5	99.6	100.2	99.8	100.5	99.7	100.0	99.5
100.5	100.1	99.7	99.6	100.1	100.2	100.8	99.8	100.3	100.0
100.1	100.2	100.2	100.2	100.0	99.7	100.6	100.1	99.8	99.9
100.2	100.1	99.8	100.4	99.8	99.9	100.0	99.9	100.0	100.1
100.1	100.2	100.1	100.0	100.0	100.0	100.1	100.0	100.1	100.0
100.0	100.2	100.3	99.7	100.5	99.9	100.4	99.9	99.8	100.0
100.0	100.1	100.6	100.6	100.2	100.2	100.2	100.1	99.3	99.6
101.0	101.5	100.7	99.4	99.5	99.8	100.0	100.1	100.7	99.4
100.0	100.7	100.1	100.7	99.7	98.2	102.5	100.1	100.0	100.0
99.8	99.5	100.6	99.9	100.1	100.1	100.0	100.3	99.8	99.8
100.0	100.0	99.5	100.0	100.0	100.2	100.6	100.0	98.7	99.9
99.8	100.4	100.3	101.9	99.0	100.0	100.3	100.4	100.1	99.9
99.4	100.8	100.4	104.1	99.8	99.8	100.3	98.9	100.0	99.8
100.1	100.3	100.7	99.7	97.4	100.2	100.1	103.7	100.0	100.2
100.0	100.0	100.0	99.5	100.0	100.0	100.1	100.0	100.0	100.0
100.0	100.0	100.0	100.1	95.6	99.7	100.8	101.2	101.2	100.7
100.1	100.0	99.8	100.0	99.8	100.6	100.4	100.4	100.0	99.5
100.0	99.9	100.1	100.4	100.1	99.9	100.0	100.1	100.2	99.7
100.1	99.8	100.3	100.9	100.2	99.9	100.0	99.6	100.0	99.9
100.0	101.8	97.8	101.6	100.2	99.1	100.5	100.1	100.7	99.4
99.6	99.8	100.0	97.6	100.3	98.2	99.9	98.1	99.3	102.2
99.9	99.8	100.2	100.0	100.0	100.0	99.9	100.6	100.4	99.5
100.0	100.4	100.0	100.0	100.1	100.0	100.0	100.0	100.2	100.0
100.0	101.0	100.0	100.0	100.0	100.0	100.0	100.0	100.0	100.0
100.0	100.0	100.0	100.0	100.2	100.0	100.0	100.0	100.3	100.0

4-20 续表 4

(上月=100)

类　　别	Item	全　年 Annual Year	1 月 January	2 月 February
电气机械及器材制造业	Electricity Machine and Its Equipment Manufacture	100.7	100.6	100.0
电机制造	Electric Engineering Manufacture	100.5	99.9	99.6
输配电及控制设备制造	Electricity Mixed and Control Equipments Manufacture	100.8	99.9	100.0
电线、电缆、光缆及电工器材制造	Wire, Cable, Fiber Optic Cable and the Electric Device Manufacture	100.6	100.0	100.0
电池制造	Battery Manufacture	99.9	102.0	99.4
家用电力器具制造	Electric Power Apparatus Manufacture	101.2	101.0	100.3
非电力家用器具制造	Non-electric Household Appliance Manufacturing	98.7	100.9	100.0
照明器具制造	Light Manufacture	100.8	100.3	100.0
计算机、通信和其他电子设备制造业	Manufacture of Computers, Communication and Other Electronic Equipment	98.9	100.0	99.6
计算机制造	Computer Manufacturing	97.8	100.9	99.8
通信设备制造	Tele-communication Equipment Manufacture	101.0	100.0	99.4
广播电视设备制造	Radio and Television Equipment Manufacturing	107.1	100.0	100.0
电子器件制造	Electronic Appliances	95.7	98.9	99.4
电子元件制造	Electronic Components	99.1	100.4	100.3
仪器仪表制造业	Manufacture of Measuring Instruments and Machinery	100.0	100.0	100.0
通用仪器仪表制造	General Instrument and Meters	100.0	100.0	100.0
废弃资源综合利用业	Utilization of Waste Resources	114.1	102.2	102.5
金属废料和碎屑加工处理	Metal Waste and Debris Processing	114.1	102.2	102.5
电力、热力的生产和供应业	Production and Supply of Electric Power and Heat Power	99.1	100.1	100.1
电力生产	Electric Power Production	101.3	100.0	100.1
电力供应	Electric Power Supply	97.0	100.2	100.1
热力生产和供应	Thermal Production and Supply	105.6	100.1	100.9
燃气生产和供应业	Production and Supply of Gas	106.5	100.0	102.6
燃气生产和供应业	Production and Supply of Gas	106.5	100.0	102.6
水的生产和供应业	Production and Supply of Water	100.0	100.0	100.0
自来水的生产和供应	Tapping-water Production and Supply	100.0	100.0	100.0

Continued

(preceding month=100)

3 月 March	4 月 April	5 月 May	6 月 June	7 月 July	8 月 August	9 月 September	10 月 October	11 月 November	12 月 December
100.1	99.7	99.9	100.0	100.4	100.0	99.8	100.5	99.9	99.9
100.3	99.8	99.6	100.1	100.2	100.2	100.2	100.1	100.3	100.4
100.2	100.0	100.0	99.7	100.1	99.9	100.2	100.7	100.4	99.6
100.6	100.1	100.4	100.1	99.8	99.8	99.8	100.7	99.8	99.5
99.5	98.1	101.0	100.0	100.6	99.3	100.0	100.6	99.9	99.6
100.0	99.8	99.0	100.0	101.3	100.5	99.2	100.5	99.4	100.2
100.0	100.0	98.4	100.0	97.7	100.0	100.0	100.0	100.0	101.7
99.6	99.7	100.7	100.1	100.4	99.6	99.9	99.8	100.3	100.4
100.4	99.4	99.5	99.5	100.0	100.1	100.2	100.1	100.3	99.8
100.1	99.0	99.2	99.8	99.9	99.3	99.9	98.8	100.6	100.4
100.9	99.2	99.9	99.2	100.4	101.0	100.5	101.1	100.2	99.1
100.0	103.4	95.6	99.6	100.0	100.1	100.0	105.0	100.0	103.4
99.8	99.7	99.3	99.8	99.5	99.2	100.3	99.5	100.0	100.1
99.8	99.6	99.6	99.1	100.0	100.6	98.8	100.1	100.7	100.0
100.0	100.0	100.0	100.1	100.0	100.0	100.0	100.0	100.0	100.0
100.0	100.0	100.0	100.1	100.0	100.0	100.0	100.0	100.0	100.0
100.5	93.7	103.9	99.9	99.8	103.0	101.5	104.0	101.3	101.2
100.5	93.7	103.9	99.9	99.8	103.0	101.5	104.0	101.3	101.2
100.0	99.8	100.0	99.9	100.3	99.7	99.6	100.0	100.0	99.6
100.0	100.1	100.3	100.6	100.2	100.0	100.0	100.0	100.0	100.0
100.0	99.6	99.5	99.5	100.2	99.7	99.3	100.0	100.0	99.1
100.4	99.9	104.6	97.5	104.0	96.0	99.9	100.0	99.9	102.5
100.5	98.6	100.3	97.7	100.6	99.9	100.5	103.0	100.6	102.2
100.5	98.6	100.3	97.7	100.6	99.9	100.5	103.0	100.6	102.2
100.0	100.0	100.0	100.0	100.0	100.0	100.0	100.0	100.0	100.0
100.0	100.0	100.0	100.0	100.0	100.0	100.0	100.0	100.0	100.0

4-21 工业生产者购进价格指数(1993-2018年)
Purchasing Price Indices for Industrial Producers(1993-2018)

(上年=100) (preceding year=100)

年 份 Year	总指数 General Index	燃料、动力类 Fuel and Power	黑色金属材料类 Ferrous Metals	钢 材 Rolle Steel	有色金属材料和电线类 Nonferrous Metals and Wires	化工原料类 Raw Chemical Materials
1993	135.5	135.9	165.9	161.4	113.0	110.9
1994	116.6	115.5	102.4	102.2	104.2	107.3
1995	118.2	109.4	98.6	100.3	130.2	118.2
1996	108.4	108.9	101.0	100.5	92.7	106.6
1997	100.7	107.6	98.8	99.2	98.7	97.4
1998	95.2	96.3	96.4	97.6	96.1	92.3
1999	95.6	98.3	95.6	96.4	101.5	94.8
2000	105.6	121.4	99.2	100.6	108.8	106.2
2001	100.2	103.2	101.6	100.0	94.4	98.9
2002	97.7	99.0	99.2	98.2	98.5	96.4
2003	108.2	109.0	111.5	108.5	106.2	104.9
2004	113.1	109.0	120.6	118.2	117.5	111.2
2005	107.0	114.3	106.5	105.1	112.1	107.9
2006	104.9	112.2	95.2	96.9	125.3	101.6
2007	104.6	104.1	105.7	103.3	109.1	105.1
2008	110.9	113.1	119.3	115.4	101.0	113.2
2009	93.4	93.4	92.1	92.7	83.3	86.9
2010	110.4	115.3	107.2	105.0	124.1	106.6
2011	111.5	115.0	110.7	104.1	108.7	114.3
2012	98.9	101.9	91.7	94.8	97.0	96.9
2013	98.2	97.5	94.5	95.5	95.5	95.6
2014	97.8	96.8	95.9	96.3	95.2	98.9
2015	92.8	88.1	90.7	93.2	92.8	97.3
2016	98.3	95.0	103.5	102.8	98.6	97.3
2017	108.3	116.2	119.2	116.5	117.1	107.2
2018	104.8	108.0	107.1	109.3	105.0	105.6

4-21 续表 Continued

(上年＝100) (preceding year=100)

年 份 Year	木材及纸浆类 Timber and Paper Pulp	建筑材料及非金属矿类 Building Material and Non-metal Ore	其他工业原材料及半成品类 Other Materials and Semi-finished Category	农副产品类 Agricultural Products	纺织原料类 Textile Materials
1993	115.7	146.4	126.2	104.6	102.7
1994	103.1	122.7	114.2	138.1	143.2
1995	112.6	108.0	97.7	159.3	124.3
1996	95.1	105.7	100.1	124.5	92.1
1997	103.5	93.8	91.1	100.3	97.7
1998	98.9	101.1	93.5	93.9	95.1
1999	102.3	100.7	95.4	86.8	94.8
2000	104.3	97.4	98.3	97.2	102.4
2001	96.6	98.7	101.2	99.5	97.5
2002	96.5	99.3	98.9	92.0	97.7
2003	100.7	101.0	100.9	115.7	103.0
2004	107.2	110.0	114.0	113.0	103.6
2005	102.3	112.3	102.3	96.0	101.4
2006	103.5	99.4	104.5	103.8	102.0
2007	106.3	101.9	112.0	98.9	101.4
2008	108.7	110.3	108.1	105.3	104.4
2009	91.7	95.5	97.6	99.6	97.2
2010	105.8	104.2	106.2	106.9	109.5
2011	106.8	110.0	106.9	108.5	114.5
2012	100.8	104.7	101.1	103.3	94.1
2013	100.0	99.4	100.8	105.4	102.4
2014	99.6	97.5	98.8	102.4	99.3
2015	100.2	97.0	96.9	99.8	91.3
2016	98.8	98.1	97.4	101.2	99.7
107.5	108.8	104.7	101.6	102.1	106.9
2018	107.5	111.1	102.1	98.9	104.1

4-22 分月工业生产者购进价格指数(2018年)

(上年同月=100)

类　别	Item	1月 January	2月 February	3月 March
总指数	**General Index**	**105.5**	**104.6**	**104.0**
燃料、动力类	Fuels and Power	106.4	104.7	103.8
黑色金属材料类	Material of Black Metal	109.4	107.5	105.8
#钢材	Rolled Steel	112.4	110.6	109.8
其他	Other	102.8	100.7	97.2
有色金属材料和电线类	Material of Non-ferrous Metal Material and Electric Wire	110.3	108.1	106.7
化工原料类	Chemical Material	107.3	106.0	105.3
木材及纸浆类	Wood and Paper Pulp	110.5	110.3	110.0
建筑材料及非金属矿类	Building Material and Non-metal Ore	110.3	111.4	110.4
其他工业原材料及半成品类	Other Industrial Raw Material and Semi-finished Category	102.5	102.2	102.4
农副产品类	Agricultural and Side-line Produces	100.4	99.6	98.5
纺织原料类	Raw Textile Material	102.6	102.1	103.6

4-23 分月工业生产者购进价格环比指数(2018年)

(上年同月=100)

类　别	Item	1月 January	2月 February	3月 March
总指数	**General Index**	**100.5**	**100.3**	**99.9**
燃料、动力类	Fuels and Power	101.3	101.0	99.5
黑色金属材料类	Material of Black Metal	101.7	100.6	100.1
#钢材	Rolled Steel	101.1	100.6	100.0
其他	Other	103.5	100.8	100.3
有色金属材料和电线类	Material of Non-ferrous Metal Material and Electric Wire	100.3	99.4	99.4
化工原料类	Chemical Material	100.4	100.0	100.1
木材及纸浆类	Wood and Paper Pulp	100.5	100.5	100.2
建筑材料及非金属矿类	Building Material and Non-metal Ore	101.4	100.9	99.6
其他工业原材料及半成品类	Other Industrial Raw Material and Semi-finished Category	99.8	100.3	100.2
农副产品类	Agricultural and Side-line Produces	100.1	99.5	98.8
纺织原料类	Raw Textile Material	100.0	99.8	101.6

Purchasing Price Indices for Industrial Producer by Month(2018)

(same month of preceding year=100)

4 月 April	5 月 May	6 月 June	7 月 July	8 月 August	9 月 September	10 月 October	11 月 November	12 月 December
103.9	**105.1**	**106.1**	**106.0**	**106.1**	**105.1**	**104.9**	**104.4**	**101.9**
102.8	105.9	109.7	111.3	113.2	112.2	112.0	111.5	103.1
106.0	108.5	109.4	108.9	108.3	106.5	106.1	106.7	102.6
110.4	112.0	112.2	111.9	110.3	107.9	107.3	106.3	101.3
96.0	100.1	101.8	100.4	103.0	102.8	103.2	108.0	106.2
107.3	109.7	110.8	108.0	103.3	100.0	99.1	99.3	99.3
105.8	107.1	107.5	107.0	106.3	105.4	105.3	103.1	101.8
111.3	111.1	109.4	108.0	107.6	105.2	103.3	102.3	102.3
109.4	110.2	110.4	110.7	111.6	112.4	113.2	113.6	109.4
102.5	102.7	102.5	102.6	102.5	101.6	101.4	101.1	100.9
98.0	98.4	98.8	98.5	99.3	99.2	99.2	98.5	98.0
103.2	103.0	104.6	104.8	105.6	106.2	106.4	104.0	103.0

Purchasing Price Chain Indices for Industrial Producer by Month(2018)

(same month of preceding year=100)

4 月 April	5 月 May	6 月 June	7 月 July	8 月 August	9 月 September	10 月 October	11 月 November	12 月 December
99.4	**100.4**	**100.4**	**100.1**	**100.6**	**100.6**	**100.7**	**100.1**	**98.8**
98.4	101.7	101.6	100.2	101.1	100.7	101.3	101.3	95.1
98.2	99.7	98.9	100.1	102.1	101.4	101.1	100.2	98.6
99.4	100.1	100.0	100.8	100.6	100.6	100.4	99.9	97.9
94.9	98.7	95.6	97.8	106.8	104.0	103.0	100.9	100.5
99.6	100.5	101.6	98.9	98.8	100.4	101.3	99.6	99.6
99.9	100.5	100.4	100.0	100.4	101.0	101.1	99.0	98.9
101.3	100.6	99.8	99.4	101.0	100.3	99.4	99.2	100.0
99.7	101.0	100.4	100.5	100.8	101.0	101.4	102.0	100.5
100.0	100.0	100.0	100.1	100.1	100.1	100.0	100.2	100.1
99.6	99.7	100.1	100.3	100.7	100.1	100.0	99.2	99.9
99.6	100.0	101.6	100.1	101.0	100.6	100.6	98.6	99.5

4-24　武汉市房地产价格指数(2018年)

(上年同月=100)

指　　标	Item	1月 January	2月 February	3月 March
新建商品住宅销售价格指数	**Sales Price Indices of New Commercialized Houses**	**100.7**	**101.3**	**101.2**
90m²及以下	90m² and Below	100.4	101	100.8
90-144m²	90-144m²	101	101.6	101.5
144m²以上	Above 144m²	99.9	100.5	100.5
二手住宅销售价格指数	**Sales Price Indices of Second-hand Housing**	**108.8**	**108.2**	**107**
90m²及以下	90m² and Below	109.4	108.5	107.6
90-144m²	90-144m²	108.6	108.1	106.5
144m²以上	Above 144m²	108.2	107.7	106.9

4-25　宜昌市房地产价格指数(2018年)

(上年同月=100)

指　　标	Item	1月 January	2月 February	3月 March
新建商品住宅销售价格指数	**Sales Price Indices of New Commercialized Houses**	**108.2**	**108.6**	**108.5**
90m²及以下	90m² and Below	107.1	109	109.7
90-144m²	90-144m²	108.8	108.6	108.3
144m²以上	Above 144m²	106	107.9	107.8
二手住宅销售价格指数	**Sales Price Indices of Second-hand Housing**	**106.6**	**106.8**	**106.6**
90m²及以下	90m² and Below	106.6	107	106.8
90-144m²	90-144m²	106.7	106.8	106.7
144m²以上	Above 144m²	106	106.4	105.8

4-26　襄阳市房地产价格指数(2018年)

(上年同月=100)

指　　标	Item	1月 January	2月 February	3月 March
新建商品住宅销售价格指数	**Sales Price Indices of New Commercialized Houses**	**106.7**	**106.7**	**106.5**
90m²及以下	90m² and Below	110.8	109.8	109.3
90-144m²	90-144m²	105.8	106.1	105.9
144m²以上	Above 144m²	106.1	105.7	105.7
二手住宅销售价格指数	**Sales Price Indices of Second-hand Housing**	**105.7**	**104.9**	**104.5**
90m²及以下	90m² and Below	104.9	104.1	103.7
90-144m²	90-144m²	106.5	105.9	105.7
144m²以上	Above 144m²	104.5	102.9	102

Price Indices for Real Estate of Wuhan(2018)

(same month of preceding year=100)

4 月 April	5 月 May	6 月 June	7 月 July	8 月 August	9 月 September	10 月 October	11 月 November	12 月 December
100.5	**101.5**	**102.3**	**103.2**	**104.8**	**105.2**	**107.9**	**109.7**	**110.8**
99.9	101.6	102.4	103.3	104.8	105.4	108.4	110.1	111.6
101.1	101.7	102.3	103.2	104.7	104.9	107.5	109.2	110.2
99	100.3	102.3	103.1	104.9	105.9	108.8	110.6	111.7
105.7	**106.7**	**105.6**	**105.8**	**106.3**	**106.3**	**106.7**	**107.5**	**107.9**
106.2	107.7	106.8	106.8	107	106.8	107.5	108.1	108.2
105.4	105.9	104.7	105	105.6	105.9	105.9	106.7	107.1
105.7	106.5	105.8	106.1	106.6	106.3	106.9	108.4	109.3

Price Indices for Real Estate of Yichang(2018)

(same month of preceding year=100)

4 月 April	5 月 May	6 月 June	7 月 July	8 月 August	9 月 September	10 月 October	11 月 November	12 月 December
106.6	**105.7**	**105.7**	**105.9**	**110.1**	**111.5**	**112.1**	**112.1**	**112.9**
107.6	106.5	105.9	109.4	111	112.8	114.5	115.1	116.7
106.2	105.4	105.7	108.6	109.8	111.2	111.5	111.4	111.9
107.6	106.5	105.3	108.1	110.3	111.2	112.3	112	113.4
105.9	**105.1**	**104.4**	**106.5**	**109.1**	**111.1**	**111.9**	**111.6**	**111.2**
106.1	105.1	104.4	106.3	108.3	110.1	110.7	110.9	110.7
106.1	105.4	104.7	107	109.8	112	112.8	112.1	111.7
104.1	103.4	103	104.9	107.2	109.9	110.3	110.4	110.1

Price Indices for Real Estate of Xiangyang(2018)

(same month of preceding year=100)

4 月 April	5 月 May	6 月 June	7 月 July	8 月 August	9 月 September	10 月 October	11 月 November	12 月 December
106.2	**105.4**	**104.2**	**107.4**	**108.6**	**108.7**	**111.6**	**112.5**	**114.1**
108.4	107.7	106.2	107.8	111.5	112.3	115	115.6	115.9
105.9	105	103.9	105.5	107.9	107.8	110.7	111.9	113.6
105	106.5	103	105.2	107.9	108.6	111.2	111.8	113.9
104.5	**104.4**	**103.9**	**105.2**	**107.5**	**108.5**	**109**	**109.5**	**110.1**
103.5	103.5	103.4	104.2	106.5	107.7	108.3	108.9	109.8
105.7	105.7	105	106.5	108.7	109.4	109.7	110.3	110.8
102.3	101.8	101.2	102.4	105.5	106.8	107.8	107.9	108.5

4-27 固定资产投资价格指数(2018年)
Price Indices of Investment in Fixed Assets(2018)

(上年同月＝100) (same month of preceding year=100)

类　别	Item	全　年 Annual Year	一季度 First Quarter	二季度 Second Quarter	三季度 Third Quarter	四季度 Fourth Quarter
总指数	**General Index**	**106.6**	**107.0**	**106.3**	**106.4**	**106.6**
建筑安装工程	Construction and Installation	108.8	109.4	108.3	108.5	108.9
设备、工器具	Purchase of Equipment, Tools and Instruments	101.1	101.5	101.3	101.1	100.5
其他费用	Others	102.3	101.5	102.2	103.0	102.5

4-28 固定资产投资价格指数(1993-2018年)
Price Indices of Investment in Fixed Assets(1993-2018)

(上年＝100) (preceding year=100)

年　份 Year	固定资产投资价格指数 Price Indices for Investment in Fixed Assets	建筑安装工程 Construction and Installation	设备、工器具购置 Purchase of Equipment, Tools and Instruments	其他费用 Others
1993	127.4	130.5	119.2	130.2
1994	107.9	106.8	109.3	110.0
1995	105.0	103.5	107.9	106.4
1996	104.0	105.2	101.8	103.4
1997	102.1	102.3	100.4	104.6
1998	100.5	100.5	100.8	100.1
1999	99.5	99.2	99.0	101.0
2000	101.7	103.0	98.9	101.4
2001	100.1	100.6	98.4	100.8
2002	99.8	100.6	97.1	101.2
2003	103.3	105.9	98.1	102.5
2004	106.0	109.2	99.6	104.7
2005	102.2	102.1	100.7	104.5
2006	101.8	101.2	102.0	103.6
2007	104.1	104.9	101.5	104.2
2008	109.4	112.2	102.7	108.2
2009	98.8	96.8	99.0	106.8
2010	104.7	105.9	99.8	106.1
2011	107.3	109.3	100.4	106.6
2012	101.8	102.1	99.7	103.3
2013	100.5	100.5	99.0	102.6
2014	101.0	101.1	99.5	102.6
2015	99.4	99.1	99.5	101.2
2016	100.1	100.2	99.1	100.7
2017	105.9	108.0	100.8	101.9
2018	106.6	108.8	101.1	102.3

4-29 农产品生产者价格指数(2018年)
Producers Price Indices for Farm Products(2018)

(上年＝100) (preceding year=100)

指　标	Item	全年 Annual Year	1季度 First Quarter	2季度 Second Quarter	3季度 Third Quarter	4季度 Fourth Quarter
总指数	**General Index**	**96.6**	**99.5**	**94.3**	**97.7**	**97.5**
农业产品	**Crop Products**	**99.0**	**101.7**	**98.2**	**98.2**	**98.5**
谷物	Cereals	94.3	98.2	91.9	95.8	92.1
稻谷	Rice	93.9	98.2	93.9	91.3	91.8
早籼稻	Early Long Grained Nonglutinous Rice	93.5			93.5	
中籼稻	Mid Long Grained Nonglutinous Rice	93.2	98.9	93.0	88.8	91.4
晚籼稻	Late Long Grained Nonglutinous Rice	96.9	96.3	97.5	100.4	93.5
小麦	Wheat	91.6		87.7	94.8	92.5
玉米	Corn//Maize	101.4			104.9	98.4
薯类	Tubers	107.2	118.1	120.9	98.1	112.9
甘薯	Sweet Potato	112.2	125.0	100.0	112.4	111.5
马铃薯	Potato	104.3	93.6	125.7	97.7	113.8
油料	Oil-bearing Crops	100.4	93.1	105.9	100.2	101.7
花生	Peanuts	95.5	93.1		93.1	99.6
油菜籽	Rapeseeds	101.3		105.9	100.4	97.8
芝麻	Sesames	106.9			107.7	106.7
豆类	Beans	96.4	88.7	98.6	95.1	103.0
大豆	Soybean	96.4	88.7	98.6	95.1	103.0
棉花(籽棉)	Cotton	99.7	95.0	97.4	102.4	103.8
生苎麻	Ramie	100.0			100.0	
甘蔗	Sugar Cane					
莲子	Lotus Seed					
蔬菜及食用菌	Vegetable and Edible Mushroom	102.5	105.6	102.8	101.6	99.8
蔬菜	Vegetables	102.2	105.5	100.5	101.7	99.3
叶菜类蔬菜	Leaf Vegetables	100.8	99.7	102.3	103.2	97.6
芹菜	Celery	106.0	100.0	122.6	113.8	98.3
油菜	Rape	100.0				100.0
菠菜	Spinach	104.4	113.2	101.5	100.0	100.9
苋菜	Amaranth	96.1		100.0	95.6	92.5
空心菜	Swamp Morningglory	103.9		103.9		
小白菜	Chinese White Cabbage	101.1		101.1		
大白菜	Chinses Cabbage	106.5	108.3	95.4	131.6	95.7
普通白菜	Cabbage	101.1	116.2	95.3	100.0	81.4
菜心(菜薹)	Flowering Chinese Cabbage	106.7	131.4	102.4		101.5
紫菜薹	Purple Tsai-tai	107.9	172.8			81.6

4-29 续表 1 Continued

(上年＝100) (preceding year=100)

指 标	Item	全年 Annual Year	1季度 First Quarter	2季度 Second Quarter	3季度 Third Quarter	4季度 Fourth Quarter
甘蓝类蔬菜	Cabbage Vegetables	89.1	105.2	81.9	112.1	83.2
结球甘蓝	Wild Cabbage	100.4	97.0	97.1	112.1	95.2
花椰菜	Cauliflower	77.4	111.2	71.4		66.2
根茎类蔬菜	Root and Tuber Vegetable	96.7	86.7	96.0	99.9	106.6
白萝卜	Radish	94.3	82.8	96.0	99.4	96.0
胡萝卜	Carrot	96.4	85.7		100.0	121.7
瓜菜类蔬菜	Gourd Vegetable	112.6	116.1	113.4	98.3	118.4
黄瓜	Cucumber	107.6	116.1	103.5	93.9	108.7
冬瓜	White Gourd	123.7			108.5	133.7
西葫芦	Summer Squash	217.5		217.5		
苦瓜	Balsam Pear	90.2		90.2		
南瓜	Pumpkin	158.1		158.1		
丝瓜	Towed Gourd	96.5		96.5		
瓠瓜	Bottle Gourd					
豆类蔬菜	Garden Beans	99.6		101.7	102.4	98.4
扁豆	Lentils					
豇豆	Cowpeas	102.3		104.8	103.6	99.6
豌豆	Pea					
四季豆	Kidney Beans	98.1		97.2	101.7	97.3
毛豆	Green Soy Bean					
蚕豆	Broad Bean					
茄果类蔬菜	Eggplant, Tomato and Chile, etc.	100.9	105.4	101.6	99.8	93.8
茄子	Eggplant	103.6	115.5	106.8	99.3	89.7
青椒	Sweetbell	103.3	108.0	99.4	95.1	107.5
西红柿	Tomato	96.3	99.8	100.6	102.2	83.2
莴苣及菊苣类蔬菜	Lettuce Vegetables	95.6	98.4	100.6	101.4	76.6
生菜	Romaine Lettuce					
莴笋	Lettuce	95.6	98.4	100.6	101.4	76.6
葱蒜类蔬菜	Onion and Garlic	117.9	122.3	129.8		106.8
大葱	Scallion	89.6	94.5	80.0		100.0
细香葱	Shallot	111.1		136.8		92.1

4-29 续表 2 Continued

(上年=100) (preceding year=100)

指　　标	Item	全年 Annual Year	1季度 First Quarter	2季度 Second Quarter	3季度 Third Quarter	4季度 Fourth Quarter
大蒜	Garlic Heat	94.4	102.3			89.5
蒜苗	Garlic Bolt	133.3				133.3
韭菜	Fragrant-Flowered Garlic					
水生蔬菜	Water Vegetable	99.0	100.0	75.0		
莲藕	Lotus Root	100.0	100.0			
芦笋	Asparagus					
食用菌	Mushroom	103.3	105.6	108.2	100.9	101.8
平菇	Oyster Mushroom					
双孢蘑菇	Common Cultivated Mushroom					
香菇	Mushroom	103.0	105.8	105.5	98.6	102.0
黑木耳	Black Edible Fungus	104.5	101.2	116.2	101.2	101.2
水果及坚果	Fruits and Nuts	96.2	120.7	73.4	99.7	100.9
水果(园林水果)	Garden Fruits	93.1	121.5	73.3	97.3	87.6
梨	Pears	150.0			150.0	
柑橘类水果	Citrus	87.1	121.5	67.6	90.6	84.8
柑橘	Mandarin Orange	91.1	105.5		90.6	80.8
橙	Oranges	78.8	127.8	67.6		106.2
葡萄	Grapes	98.7			96.3	100.0
巨峰葡萄	Kyoho Grapes	98.7			96.3	100.0
瓜类水果	Melons	104.3		73.9	96.1	157.3
西瓜	Watermelons	104.3		73.9	96.1	157.3
香瓜	Muskmelons					
其他水果	Other Fruits	106.0		79.2	114.6	105.8
樱桃	Cherries					
桃	Peaches	106.0		79.2	114.6	105.8
李子	Plums					
核桃	Walnuts	82.1			85.5	79.3
山核桃	Hickories					
茶叶	Tea	99.7	99.4	99.9	99.7	100.0
绿茶	Green Tea	99.7	99.4	99.9	99.7	100.0
中草药材	Chinese Medicinal Materials	101.5	106.0	104.6	98.5	104.4
党参	Tangshen					
黄连	Rhizome of Chinese Goldthread					

4-29 续表 3 Continued

(上年＝100) (preceding year=100)

指　标	Item	全年 Annual Year	1季度 First Quarter	2季度 Second Quarter	3季度 Third Quarter	4季度 Fourth Quarter
贝母	Bulb of Chinese Wolfberry					
天麻	Tuber of Elevated Gastrodia	104.1	105.4	103.1	101.5	106.4
大黄、籽黄	Chinese Rhubarb					
白术	Largehead Atractyldes					
杜仲	Eucommia Ulmoides	111.0	102.2	110.6	113.4	118.1
茯苓	Fuling	99.7	106.3	100.0	92.3	104.2
云木香	Aucklandia					
厚朴	Cortex Magnoliae Officinalis					
板蓝根	Root of Common Baphicanthus					
黄姜	Turmeric					
其他中草药材	Others					
林业产品	**Forestry Products**	**100.3**	**99.8**	**99.6**	**101.3**	**101.3**
苗木类	Seedlings	99.9	99.4	99.5	101.3	100.1
杉树树苗	China Fir	100.0	100.0	100.0	100.0	100.1
柏树树苗	Cypress					
松树树苗	Pine Tree	100.0	100.0	100.0	95.0	
银杏树苗	Ginkgo					
杨树类树苗	Poplar					
樟树类树苗	Camphor	100.2	98.5	98.8	104.3	
其他阔叶乔木树苗	Others					
柑橘树苗	Orange Seedlings					
桃树苗	Peach Seedlings					
毛竹苗	Mao Bamboo					
其他灌木树苗	Others					
木材采伐产品	Felling and Transport of Wood	100.0	100.0			
原木	Log					
红松原木	Korean Pine					
落叶松原木	Larch					
马尾松原木	Masson Pine					
薪材	Firewood	100.0	100.0			
竹材采伐产品	Felling and Transport of Bamboo	102.1	100.0	100.7	100.0	107.5
竹材	Bamboo	102.1	100.0	100.7	100.0	107.5
毛竹	Mao Bamboo	102.1	100.0	100.7	100.0	107.5

4-29 续表 4 Continued

(上年＝100) (preceding year=100)

指　标	Item	全年 Annual Year	1季度 First Quarter	2季度 Second Quarter	3季度 Third Quarter	4季度 Fourth Quarter
畜牧业产品	**Animal Husbandry Products**	**90.9**	**90.2**	**85.2**	**96.5**	**93.9**
活牲畜	Live Domestic Animals	83.6	80.4	73.3	90.5	91.9
猪	Hogs	82.5	78.1	71.7	90.1	91.2
中猪	Hogs	82.5	77.9	71.9	90.1	91.2
活牛	Cattle and Buffaloes	102.2	103.6	98.6	103.3	103.4
活羊	Sheep and Goats	109.8	112.0	111.3	102.1	116.2
活家禽	Live Poultry	116.3	126.0	134.3	110.1	112.7
活鸡	Chicken	123.2	122.5	156.3	116.8	115.1
活鸭	Duck	107.3	129.9	104.0	95.0	109.7
禽蛋	Poultry Eggs	118.6	131.9	135.8	109.8	100.4
鸡蛋	Chicken's Eggs	115.9	136.1	127.4	109.6	100.4
鸭蛋	Duck's Eggs	139.3	124.5	154.6	149.5	129.4
天然蜂蜜	Natural Honey					
渔业产品	**Fishery Products**	**101.9**	**112.4**	**97.6**	**97.1**	**98.5**
淡水养殖产品	Freshwater Artificially Cultured Products	101.9	112.4	97.6	97.1	98.5
养殖淡水鱼	Freshwater Fish Cultured Products	99.0	112.7	95.4	87.6	98.8
鲤鱼	Carp	98.7	105.0	92.3	99.5	98.9
草鱼	Grass Carp	95.9	120.6	88.4	85.0	91.5
鳙鱼(胖头鱼)	Variegated Carp	103.3	111.7	108.3		95.6
青鱼	Black Carp	108.3	110.8	105.4		
鲢鱼	Silver Carp	108.1	123.0	103.7	96.1	111.7
鲫鱼	Crucian Carp	87.5	103.0	74.4	80.3	97.7
鳊鲂	Bream	90.7	100.1	87.0	80.6	95.7
鲶鱼	Oriental Sheatfish	97.4	100.0	93.7		
鮰鱼	Catfish	127.8		135.6		115.3
黄颡鱼	Yellow Catfish	96.8	104.2	90.6		104.0
黄鳝	Ricefield Eel	92.6	93.2	90.8		93.9
乌鳢	Snakehead					
鳖	Turtle	105.0	109.2	101.6		101.0
其他养殖淡水鱼	Other Freshwater Fish Cultured Products					
淡水养殖虾	Freshwater Shrimps Cultured	118.2		109.1	126.6	95.0
淡水养殖活河蟹	Freshwater Crab Cultured	107.2	109.5			105.2

4-30 分季度农产品生产者价格指数

(上年=100)

指标	Item	2015 1季度 First Quarter	2015 2季度 Second Quarter	2015 3季度 Third Quarter	2015 4季度 Fourth Quarter
总指数	**General Index**	**99.0**	**99.5**	**98.9**	**99.4**
农业产品	**Crop Products**	**100.7**	**97.2**	**92.3**	**96.7**
谷物	Cereals	102.0	97.4	95.0	97.1
稻谷	Rice	102.1	97.8	97.6	97.6
早籼稻	Early Long Grained Nonglutinous Rice		92.9	92.8	104.7
中籼稻	Mid Long Grained Nonglutinous Rice	101.8		98.9	97.0
晚籼稻	Late Long Grained Nonglutinous Rice	103.4	101.5	95.8	93.8
小麦	Wheat	96.4	96.3	103.0	96.0
玉米	Corn//Maize		112.8	90.8	88.8
薯类	Tubers	101.5	85.9	102.3	97.8
甘薯	Sweet Potato	100.0		94.7	94.4
马铃薯	Potato	106.8	85.9	102.4	100.5
油料	Oil-bearing Crops	104.3	92.5	77.4	91.3
花生	Peanuts	104.3	101.6	106.5	105.4
油菜籽	Rapeseeds		91.0	75.6	101.1
芝麻	Sesames			85.4	64.1
豆类	Beans	103.9		92.8	92.4
大豆	Soybean	103.9		92.8	92.4
棉花(籽棉)	Cotton	74.8	100.0		93.6
生苎麻	Ramie	95.3			62.5
甘蔗	Sugar Cane				
莲子	Lotus Seed				
蔬菜及食用菌	Vegetable and Edible Mushroom	102.3	100.0	106.1	97.7
蔬菜	Vegetables	96.9	100.5	108.7	100.6
叶菜类蔬菜	Leaf Vegetables	99.4	100.8	111.2	101.7
芹菜	Celery	106.8	99.7	110.8	109.1
油菜	Rape				100.0
菠菜	Spinach	106.7	97.3		101.9
苋菜	Amaranth		104.3	107.8	98.0
空心菜	Swamp Morningglory		102.1	117.0	
大白菜	Chinses Cabbage	97.8	101.3	104.6	94.8
根茎类蔬菜	Root and Tuber Vegetable	100.3	96.5	140.0	98.4
白萝卜	Radish	97.2	95.1	140.0	93.7
胡萝卜	Carrot	105.4			111.1
生姜	Ginger				
山药	Chinese Yam	104.2			
瓜菜类蔬菜	Gourd Vegetable	118.3	97.6	105.6	96.4
黄瓜	Cucumber	118.3	97.6	97.2	80.5
冬瓜	White Gourd			125.3	121.4
苦瓜	Balsam Pear		94.4	113.7	88.4
南瓜	Pumpkin		104.2	111.8	96.3
丝瓜	Towed Gourd		94.7	106.0	
瓠瓜	Bottle Gourd		111.9	114.5	

Producers Price Indices for Farm Products by Quarter

(preceding year=100)

2016				2017				2018			
1季度 First Quarter	2季度 Second Quarter	3季度 Third Quarter	4季度 Fourth Quarter	1季度 First Quarter	2季度 Second Quarter	3季度 Third Quarter	4季度 Fourth Quarter	1季度 First Quarter	2季度 Second Quarter	3季度 Third Quarter	4季度 Fourth Quarter
112.2	**109.4**	**103.5**	**106.6**	**103.0**	**96.2**	**101.6**	**95.6**	**99.5**	**94.3**	**97.7**	**97.5**
103.0	**96.3**	**101.3**	**108.1**	**106.1**	**103.7**	**108.3**	**96.3**	**101.7**	**98.2**	**98.2**	**98.5**
96.7	93.2	93.2	99.2	102.6	103.0	103.5	99.2	98.2	91.9	95.8	92.1
97.3	99.2	96.4	99.1	102.7	102.6	100.9	99.3	98.2	93.9	91.3	91.8
101.7		94.1	94.4			104.6	103.8			93.5	
97.1	99.3	96.5	99.2	101.9	102.2	100.4	98.4	98.9	93.0	88.8	91.4
94.4	98.9	97.8	102.7	105.1	103.8	99.6	99.6	96.3	97.5	100.4	93.5
93.4	88.5	92.3	88.3	111.1	105.7	103.6	116.7		87.7	94.8	92.5
90.5	52.3	89.8	103.4	100.0	94.6	107.5	92.3			104.9	98.4
151.5	147.1	110.8	116.2	111.4	59.6	106.7	90.6	118.1	120.9	98.1	112.9
166.7	114.3	95.0	102.1	111.7		84.4	87.0	125.0	100.0	112.4	111.5
97.2	154.7	111.2	126.7	124.5	59.6	107.3	92.1	93.6	125.7	97.7	113.8
91.9	101.2	112.9	98.8	103.5	114.8	123.4	96.3	93.1	105.9	100.2	101.7
91.3	102.0	98.2	95.3	103.5	96.8	93.1	96.3	93.1		93.1	99.6
97.5	101.0	114.2	116.9		117.8	125.6			105.9	100.4	97.8
		90.9				94.1				107.7	106.7
		111.3	107.7	102.2	101.3	96.1	92.4	88.7	98.6	95.1	103.0
		111.3	107.7	102.2	101.3	96.1	92.4	88.7	98.6	95.1	103.0
96.2		94.3	120.3	125.0		97.0	87.5	95.0	97.4	102.4	103.8
93.8		105.0			100.0					100.0	
115.8	96.8	99.5	109.5	101.2	98.1	104.5	94.6	105.6	102.8	101.6	99.8
138.7	97.2	99.2	113.8	97.2	98.1	105.4	93.2	105.5	100.5	101.7	99.3
104.5	97.1	104.8	96.6	88.0	98.6	96.2	104.5	99.7	102.3	103.2	97.6
105.1	100.0	105.1	107.0	82.9	84.4	108.5	102.6	100.0	122.6	113.8	98.3
100.0			85.2			83.33	80.0				100.0
109.0	99.0	101.2	116.3	97.1	100.0	100.0	110.2	113.2	101.5	100.0	100.9
98.7	79.7	109.3	67.9	85.2	95.9	104.3	114.7		100.0	95.6	92.5
					96.3				103.9		
108.2	97.7	139.4	107.2	98.8	104.0	82.5	99.4	108.3	95.4	131.6	95.7
103.9	83.2	98.9	137.1	134.3	107.7	88.5	93.4	86.7	96.0	99.9	106.6
96.9	83.2	98.9	113.1	147.4	111.0	88.5	95.2	82.8	96.0	99.4	96.0
105.5				100.0	100.0		91.1	85.7		100.0	121.7
117.1	105.5	107.8	102.0	82.8	95.3	98.1	103.6	116.1	113.4	98.3	118.4
117.1	98.0	112.5	116.7	82.8	97.4	95.9	112.3	116.1	103.5	93.9	108.7
	119.1	96.7	79.1				90.0			108.5	133.7
					92.1				90.2		
					91.2	103.1			158.1		
					100.3				96.5		

4-30 续表 1

(上年=100)

指 标	Item	2015 1季度 First Quarter	2季度 Second Quarter	3季度 Third Quarter	4季度 Fourth Quarter
豆类蔬菜	Garden Beans		103.3	100.8	103.0
豌豆	Pea		116.1		
四季豆	Kidney Beans		101.0	99.1	111.2
茄果类蔬菜	Eggplant, Tomato and Chile, etc.	105.3	98.3	101.3	102.0
茄子	Eggplant		101.4	102.1	102.2
青椒	Sweetbell	96.0	96.8	101.8	100.0
辣椒	Chili	109.3	98.4	101.3	89.9
西红柿	Tomato	96.7	96.3	100.4	112.0
莴笋	Lettuce	105.8	106.3	123.5	95.0
葱蒜类蔬菜	Onion and Garlic	57.6	98.5	135.4	106.6
大葱	Scallion	45.0	50.0	135.4	117.8
蒜苗	Garlic Bolt		108.6		101.1
蒜头	Garlic Heat		111.1		
韭菜	Fragrant-Flowered Garlic	93.3	101.0	106.4	110.5
水生蔬菜	Water Vegetable		106.7	109.1	
莲藕	Lotus Root		106.7	109.1	
食用菌	Mushroom	107.7	99.0	91.3	85.7
香菇	Mushroom	108.9	101.4	101.7	84.1
黑木耳	Black Edible Fungus	93.7	92.4	90.8	85.7
水果及坚果	Fruits and Nuts	127.3	100.1	101.7	104.9
水果(园林水果)	Garden Fruits	127.9	100.1	103.0	116.6
梨	Pears			101.9	
柑橘类水果	Citrus	127.9	122.0	106.3	118.4
柑橘	Mandarin Oranges	103.8	122.0	106.3	118.8
橙	Oranges	137.4	83.1		116.3
葡萄	Grapes			95.8	
瓜类水果	Melons			101.8	71.4
西瓜	Watermelons		80.1	101.8	71.4
香瓜	Muskmelons			104.0	
其他瓜类水果	Others				
桃	Peaches		95.5	98.6	104.9
茶叶	Tea	104.8	95.3	97.6	100.1
绿茶	Green Tea	104.8	95.3	97.6	100.1
中草药材	Chinese Medicinal Materials	114.0	96.0	103.7	98.8
大黄、籽黄	Chinese Rhubarb	101.4	93.0		85.6
杜仲	Eucommia Ulmoides	102.7	88.2	106.4	87.1
茯苓	Fuling	120.6	92.9	104.2	112.0
黄姜	Turmeric				

Continued

(preceding year=100)

2016				2017				2018			
1季度 First Quarter	2季度 Second Quarter	3季度 Third Quarter	4季度 Fourth Quarter	1季度 First Quarter	2季度 Second Quarter	3季度 Third Quarter	4季度 Fourth Quarter	1季度 First Quarter	2季度 Second Quarter	3季度 Third Quarter	4季度 Fourth Quarter
	94.0	97.9	135.6	109.7	95.8	120.2	103.2		101.7	102.4	98.4
	100.3	86.1	137.9		98.2	130.6	106.7		97.2	101.7	97.3
119.3	98.3	102.4	140.6	104.0	87.8	103.0	88.6	105.4	101.6	99.8	93.8
109.1	95.3	103.5	138.9	123.8	97.3	98.2	100.7	115.5	106.8	99.3	89.7
102.7	95.3	99.3	112.6	130.1	78.5	94.6	99.8	108.0	99.4	95.1	107.5
135.1	105.9	114.4	152.5	91.2	90.5	77.3	84.3	96.0	96.7	103.5	104.5
111.7	107.9	97.0	143.4	98.2	91.2	121.7	84.4	99.8	100.6	102.2	83.2
100.0	103.2	74.6	126.8	93.2	82.6	99.2	89.6	98.4	100.6	101.4	76.6
492.9	123.6	78.8	118.8	98.2	100.0	112.4	83.2	122.3	129.8		106.8
563.0	291.7	78.8	108.2	79.4	100.0	77.9	95.9	94.5	80.0		100.0
	111.1		138.4		120.3		74.4				133.3
	150.0			100.0			100.0				
88.9		100.0	100.0	100.0	100.0		89.2	100.0	75.0		
88.9		100.0	100.0	100.0			89.2	100.0			
91.8	95.9	101.0	92.2	105.4	97.9	99.7	100.5	105.6	108.2	100.9	101.8
91.0	94.8	110.2	88.0	105.9	96.7	97.1	102.2	105.8	105.5	98.6	102.0
100.8	101.2	100.0	100.0	98.6	100.0	100.0	95.8	101.2	116.2	101.2	101.2
111.3	90.2	111.9	119.3	107.7	111.3	97.2	109.0	120.7	73.4	99.7	100.9
111.9	90.1	110.2	95.5	108.0	111.3	97.4	116.2	121.5	73.3	97.3	87.6
						100.0				150.0	
111.9	99.8	99.4	94.5	108.0	131.0	115.9	117.0	121.5	67.6	90.6	84.8
135.7	99.8	99.4	87.6	92.9		115.9	117.8	105.5		90.6	80.8
102.5			131.4	114.1	131.0		113.0	127.8	67.6		106.2
		108.2				96.5				96.3	100.0
		113.1	121.6		102.1	91.0	97.2		73.9	96.1	157.3
		113.1	121.6		102.1	91.0	97.2		73.9	96.1	157.3
	78.3	117.4	98.8		107.1	93.6	107.7		79.2	114.6	105.8
84.9	99.0	99.8	106.5	101.0	105.9	102.5	107.4	99.4	99.9	99.7	100.0
84.9	99.0	99.8	106.5	101.0	105.9	102.5	107.4	99.4	99.9	99.7	100.0
99.3	86.6	91.3	109.4	110.2	106.1	102.6	102.0	106.0	104.6	98.5	104.4
92.9	88.4	92.9	105.8		90.8	101.9	112.1	102.2	110.6	113.4	118.1
100.0	84.9	87.5		109.9	108.7	100.0	100.0	106.3	100.0	92.3	104.2

4-30 续表 2

(上年＝100)

指　标	Item	2015 1季度 First Quarter	2015 2季度 Second Quarter	2015 3季度 Third Quarter	2015 4季度 Fourth Quarter
林业产品	**Forestry Products**	**101.0**	**101.9**	**102.7**	**80.0**
木材采伐产品	Felling and Transport of Wood	100.5	100.0		
原木	Log	99.7	100.0		
落叶松原木	Larch				
马尾松原木	Masson Pine				
杉木原条	China Fir	99.7	100.0	102.2	
杨树原木	Poplar				
竹材采伐产品	Felling and Transport of Bamboo	100.8		98.0	80.0
毛竹		100.8		98.0	80.0
畜牧业产品	**Animal Husbandry Products**	**99.8**	**105.2**	**113.5**	**109.4**
活牲畜	Live Domestic Animals	99.2	107.5	119.7	113.4
猪	Hogs	99.7	108.1	120.2	114.1
中猪	Hogs	105.1	112.8	133.3	
活牛	Cattle and Buffaloes	92.9	106.0	101.8	100.5
活羊	Sheep and Goats	93.1	93.4	95.2	85.0
活家禽	Live Poultry	101.2	99.9	101.4	97.4
活鸡	Chicken	100.8	100.2	101.4	96.7
活鸭	Duck	101.2	99.7	101.4	98.1
禽蛋	Poultry Eggs	102.4	95.5	98.9	92.7
鸡蛋	Chicken's Eggs	103.1	92.6	98.9	92.7
鸭蛋	Duck's Eggs	101.1	102.0	93.2	91.3
天然蜂蜜	Natural Honey				
猪鬃	Bristles				
渔业产品	**Fishery Products**	**93.3**	**96.3**	**97.4**	**98.4**
淡水养殖产品	Freshwater Artificially Cultured Products	93.3	96.3	97.1	98.4
养殖淡水鱼	Freshwater Fish Cultured Products	93.8	95.8	97.1	97.0
鲤鱼	Carp	99.0	105.5	91.4	100.7
草鱼	Grass Carp	91.5	91.8	95.4	94.1
鳙鱼(胖头鱼)	Variegated Carp	94.9	100.2	100.8	98.0
青鱼	Black Carp	95.5	100.0		97.8
鲢鱼	Silver Carp	90.7	90.9	96.9	97.7
鲫鱼	Crucian Carp	90.5	99.0	99.3	97.4
鳊鲂	Bream	93.4	92.8	101.9	96.2
鲶鱼	Oriental Sheatfish				
鮰鱼	Catfish	95.6	88.7	95.4	93.5
黄颡鱼	Yellow Catfish	97.5	95.0	92.5	92.1
黄鳝	Ricefield Eel	108.5	103.1	102.4	105.6
乌鳢	Snakehead				
鳖	Turtle	106.7	78.7	104.8	104.8
其他养殖淡水鱼	Other Freshwater Cultured Products	95.2	95.2	102.0	97.8

Continued

(preceding year=100)

2016				2017				2018			
1季度 First Quarter	2季度 Second Quarter	3季度 Third Quarter	4季度 Fourth Quarter	1季度 First Quarter	2季度 Second Quarter	3季度 Third Quarter	4季度 Fourth Quarter	1季度 First Quarter	2季度 Second Quarter	3季度 Third Quarter	4季度 Fourth Quarter
101.4	**99.5**	**98.8**	**98.6**	**103.9**	**96.3**	**100.0**	**90.6**	**99.8**	**99.6**	**101.3**	**101.3**
104.6			97.9	105.4				100.0			
			97.9								
			97.9								
75.0	87.8	95.9	102.3	91.9	87.5	99.5	93.9	100.0	100.7	100.0	107.5
75.0	87.8	95.9	102.3	91.9	87.5	99.5	93.9	100.0	100.7	100.0	107.5
132.5	**135.5**	**106.0**	**103.5**	**95.9**	**78.0**	**84.6**	**91.5**	**90.2**	**85.2**	**96.5**	**93.9**
141.1	146.9	111.0	105.0	98.0	78.3	77.9	87.2	80.4	73.3	90.5	91.9
145.0	149.3	111.2	105.2	97.7	77.3	77.3	86.6	78.1	71.7	90.1	91.2
141.1	147.0	111.2	105.2	97.0	77.2	77.3	86.6	77.9	71.9	90.1	91.2
104.4	107.1	105.7	104.1	105.5	98.5	101.0	103.2	103.6	98.6	103.3	103.4
83.6	87.8	86.5	92.8	99.4	97.5	105.6	101.2	112.0	111.3	102.1	116.2
97.5	90.4	93.8	99.1	87.1	72.5	91.8	100.1	126.0	134.3	110.1	112.7
94.9	83.9	92.7	95.0	82.8	56.5	86.3	92.8	122.5	156.3	116.8	115.1
100.4	95.3	96.2	104.1	91.9	84.4	104.1	109.1	129.9	104.0	95.0	109.7
99.0	88.0	95.3	96.3	87.6	78.5	103.5	115.0	131.9	135.8	109.8	100.4
103.5	98.8	95.5	96.4	84.8	76.4	103.6	115.0	136.1	127.4	109.6	100.4
91.2	63.8	71.0	69.4	92.6	83.3	92.0		124.5	154.6	149.5	129.4
96.9	**108.9**	**111.7**	**106.0**	**109.3**	**108.2**	**110.5**	**102.1**	**112.4**	**97.6**	**97.1**	**98.5**
96.9	108.9	111.7	106.0	109.3	108.2	110.5	102.1	112.4	97.6	97.1	98.5
96.2	108.2	114.5	106.1	109.3	111.1	106.5	102.9	112.7	95.4	87.6	98.8
99.4	118.9	111.4	99.0	116.3	97.9	107.7	98.1	105.0	92.3	99.5	98.9
91.7	103.5	117.1	112.8	115.1	127.5	117.9	108.1	120.6	88.4	85.0	91.5
93.8	101.3		101.7	105.2	112.1		102.0	111.7	108.3		95.6
102.8	89.5	109.0	99.1	96.7	112.4	103.0	101.2	110.8	105.4		
94.4	92.9	105.8	114.3	109.8	104.7	101.9	101.9	123.0	103.7	96.1	111.7
93.9	140.9	123.2	101.6	111.0	107.4	96.6	103.2	103.0	74.4	80.3	97.7
103.4	137.4	112.8	105.5	107.3	118.7	102.1	100.5	100.1	87.0	80.6	95.7
86.5			86.9					100.0	93.7		
101.7			86.4						135.6		115.3
115.1	105.4		102.8	104.7	120.8		93.8	104.2	90.6		104.0
114.0	112.0		97.5	98.0	105.0		97.5	93.2	90.8		93.9
			87.8								
114.1	96.8		92.7	108.0	111.9		98.0	109.2	101.6		101.0

4-31 农产品生产者价格指数
Producers Price Indices for Farm Products

(上年＝100) (preceding year=100)

指　　标	Item	2013	2014	2015	2016	2017	2018
总指数	**General Index**	**101.8**	**100.0**	**99.5**	**106.2**	**99.3**	**96.6**
农业产品	**Crop Products**	**101.3**	**100.1**	**96.3**	**100.9**	**103.5**	**99.0**
谷物	Cereals	99.6	102.4	97.9	96.4	102.4	94.3
稻谷	Rice	98.3	101.8	99.0	97.9	101.5	93.9
早籼稻	Early Long Grained Nonglutinous Rice	99.1	100.9	96.8	96.7	104.2	93.5
中籼稻	Mid Long Grained Nonglutinous Rice	98.1	102.0	99.3	98.0	100.8	93.2
晚籼稻	Late Long Grained Nonglutinous Rice	96.1	101.9	98.9	98.4	102.0	96.9
小麦	Wheat	105.2	104.8	97.8	90.6	109.1	91.6
玉米	Corn//Maize	102.4	102.8	89.6	94.2	98.1	101.4
薯类	Tubers	116.0	102.0	98.9	115.9	97.9	107.2
甘薯	Sweet Potato	108.8	103.5	96.4	112.6	96.9	112.2
马铃薯	Potato	120.4	101.1	100.0	119.3	98.3	104.3
油料	Oil-Bearing Crops	103.2	99.1	88.2	104.1	113.3	100.4
花生	Peanuts	97.5	95.1	103.9	96.7	97.5	95.5
油菜籽	Rapeseeds	103.6	99.2	85.9	107.9	121.6	101.3
芝麻	Sesames	106.5	103.2	72.1	90.9	94.1	106.9
豆类	Beans	101.2	99.6	96.4	109.5	97.8	96.4
大豆	Soybean	101.2	99.6	96.4	109.5	97.8	96.4
棉花(籽棉)	Cotton	99.5	90.8	88.7	103.0	101.6	99.7
烤烟叶	Flue-Cured Tobacco	102.4	121.3	108.8	100.3	103.7	102.2
晒烟叶	Sun-Cured Tobacco						
蔬菜及食用菌	Vegetables and Mushroom	106.1	103.1	101.6	103.7	98.3	102.5
蔬菜	Vegetables	104.7	103.7	103.5	106.5	97.6	102.2
叶菜类蔬菜	Leaf Vegetables	103.6	103.5	102.5	101.3	99.2	100.8
芹菜	Celery	102.0	105.6	106.4	104.4	97.9	106.0
油菜	Rape	102.0		100.0	91.3	81.6	100.0
菠菜	Spinach	106.2	108.6	103.0	106.2	101.9	104.4
苋菜	Amaranth	105.0	105.8	104.4	91.9	97.0	96.1
空心菜	Swamp Morningglory	124.3	98.8	106.8		96.3	103.9
香菜	Coriander	101.0	103.1	103.7		100.0	93.5
茼蒿	Chrysanthemum Coronarium	112.0	101.0	71.3		53.5	134.4
小白菜	Chinese White Cabbage	115.9	108.1	102.2		98.2	101.1
大白菜	Chinses Cabbage	105.9	100.9	100.7	110.2	96.0	106.5
普通白菜	Cabbage	98.0	100.0	102.1	106.6	91.4	101.1
乌榻菜	Wuta						
菜心(菜薹)	Flowering Chinese Cabbage	90.0	104.9	85.9		90.9	106.7
紫菜薹	Purple Tsai-Tai	96.9	103.9	98.4		84.9	107.9
甘蓝类蔬菜	Cabbage Vegetables	97.8	101.5	102.8	103.7	81.3	89.1
结球甘蓝	Wild Cabbage	104.2	86.5	97.0	105.2	87.2	100.4
花椰菜	Cauliflower	98.0	103.6	105.6	102.3	75.0	77.4
根茎类蔬菜	Root and Tuber Vegetable	103.4	105.6	103.2	113.3	103.1	96.7
白萝卜	Radish	102.9	104.8	102.9	100.0	105.8	94.3
胡萝卜	Carrot	107.4	120.0	108.3	105.5	98.3	96.4
生姜	Ginger						
芋头	Taro			89.0			
山药	Chinese Yam	100.0	110.0	104.2			
瓜菜类蔬菜	Gourd Vegetable	108.8	105.9	108.7	106.6	95.7	112.6
黄瓜	Cucumber	108.9	105.4	101.9	112.2	94.6	107.6
冬瓜	White Gourd	108.3	109.4	123.5	95.2	90.0	123.7

4-31 续表 1 Continued

(上年＝100) (preceding year=100)

指 标	Item	2013	2014	2015	2016	2017	2018
西葫芦	Summer Squash	105.3	107.9	97.7		76.9	217.5
苦瓜	Balsam Pear	107.8	116.6	96.2		92.1	90.2
南瓜	Pumpkin	107.1	96.3	103.1		97.2	158.1
丝瓜	Towed Gourd	107.9	95.9	99.4		100.3	96.5
瓠瓜	Bottle Gourd		88.0	112.7			
豆类蔬菜	Garden Beans	108.5	95.5	102.8	108.8	106.3	99.6
扁豆	Lentils	106.7	114.8	98.8			
豇豆	Cowpeas	110.2	99.7	101.7	110.5	102.5	102.3
豌豆	Pea	104.6	104.7	116.1			
四季豆	Kidney Beans	108.4	95.3	103.3	107.8	108.5	98.1
茄果类蔬菜	Eggplant, Tomato and Chile, etc.	109.8	91.1	100.4	114.7	98.7	100.9
茄子	Eggplant	104.9	89.5	101.7	112.3	106.6	103.6
青椒	Sweetbell	110.3	95.9	98.0	102.8	102.0	103.3
辣椒	Chili	111.2	88.0	100.0	130.8	84.3	99.4
西红柿	Tomato	103.7	102.1	101.5	117.5	97.5	96.3
其他茄果类蔬菜	Others	117.1		100.5			
莴苣及菊苣类蔬菜	Lettuce Vegetables	99.5	113.2	109.5	101.0	92.9	95.6
生菜	Romaine Lettuce	107.3	110.9	106.3			
莴笋	Lettuce	99.5	113.2	109.5	101.0	92.9	95.6
其他莴苣及菊苣类蔬菜	Others	102.0		105.0			
葱蒜类蔬菜	Onion and Garlic	102.5	106.9	100.7	115.1	98.0	117.9
大葱	Scallion	99.5	91.2	92.5	166.0	89.6	89.6
细香葱	Shallot	92.3	105.0	110.8		86.4	111.1
大蒜	Garlic Heat	101.7	102.5	115.5	107.7	84.1	94.4
蒜苗	Garlic Bolt	94.4	100.4	105.0	125.8	89.8	133.3
蒜头	Garlic Heat	100.0	108.3	111.1	150.0	100.0	
韭菜	Fragrant-Flowered Garlic	105.1	115.0	101.3			
洋葱	Onion	99.5		108.4			
水生蔬菜	Water Vegetable	107.3	105.3	107.7	97.3	94.4	99.0
莲藕	Lotus Root	107.3	105.3	107.7	97.3	94.1	100.0
芦笋	Asparagus						
食用菌	Mushroom	109.7	101.3	96.4	96.8	100.2	103.3
平菇	Oyster Mushroom	113.5	114.5	97.4	93.7	106.2	
双孢蘑菇	Common Cultivated Mushroom	91.5		101.9			
香菇	Mushroom	112.2	105.4	98.3	95.9	100.3	103.0
黑木耳	Black Edible Fungus	101.9	88.2	90.8	100.5	98.6	104.5
花卉	Flowers and Plants			107.7			
兰草	Orchid						
秋海棠	Begonia			101.2			
香樟	Camphor						
银杏	Ginkgo						
玉兰	Magnolia						
水果及坚果	Fruits and Nuts	104.4	98.8	102.8	110.1	107.9	96.2
水果(园林水果)	Garden Fruits	106.4	97.9	103.6	109.3	110.2	93.1
梨	Pears	98.9		101.9		100.0	150.0
雪花梨	Snowflake Pears			105.6			150.0
柑橘类水果	Citrus	105.2	98.9	109.0	109.1	115.0	87.1
柑橘	Mandarin Oranges	104.1	98.4	111.8	104.0	110.5	91.1
橙	Oranges	109.9	101.3	102.7	119.8	124.5	78.8

4-31 续表 2 Continued

(上年＝100) (preceding year=100)

指 标	Item	2013	2014	2015	2016	2017	2018
葡萄	Grapes	104.2	102.3	71.7	108.2	96.5	98.7
巨峰葡萄	Kyoho Grapes	131.7	102.3	73.8	108.2	96.5	98.7
瓜类水果	Melons	90.9	93.7	84.8	117.4	97.4	104.3
西瓜	Watermelons	120.1	89.0	80.7	117.4	97.4	104.3
香瓜	Muskmelons	105.0	100.0	104.0			
甜瓜	Muskmelons						
其他瓜类水果	Others	127.0	95.5				
其他水果	Other Fruits	93.0	109.7	103.0	98.4	102.9	106.0
樱桃	Cherries			80.0			
桃	Peaches	93.0	109.7	103.0	98.4	102.9	106.0
李子	Plums		100.0				
食用坚果	Nuts	85.3	108.6	99.3	113.1	99.1	108.6
核桃	Walnuts	111.9	105.4	78.9	101.6	96.5	82.1
山核桃	Hickories						
栗子	Chestnuts	85.2	108.6	100.0	113.5	99.2	109.6
板栗	Chinese Chestnuts	85.2	108.6	100.0	113.5	99.2	109.6
白果	Ginkgos						
茶及饮料原料	Tea and Other Beverages	98.3	106.0	101.0	90.7	102.5	99.7
茶叶	Tea	98.3	106.0	101.0	90.7	102.5	99.7
绿茶	Green Tea	98.3	106.0	101.0	90.7	102.5	99.7
中草药材	Chinese Medicinal Materials	91.8	96.3	94.2	98.3	105.2	101.5
党参	Tangshen	110.4	58.4	67.8			
黄连	Rhizome of Chinese Goldthread	101.3	125.0	90.1			
贝母	Bulb of Chinese Wolfberry	104.8	125.5	59.0			
天麻	Tuber of Elevated Gastrodia	102.5	92.4	94.7	95.2	108.4	104.1
大黄、籽黄	Chinese Rhubarb	108.6	106.8	93.2			
白术	Largehead Atractyldes	96.7	109.0	84.8			
杜仲	Eucommia Ulmoides	95.0		95.1	94.2	101.0	111.0
茯苓	Fuling	84.8	96.7	105.9	91.7	104.1	99.7
云木香	Aucklandia	88.0	98.4	82.2			
厚朴	Cortex Magnoliae Officinalis	96.9	95.6	84.5			
板蓝根	Root of Common Baphicanthus						
黄姜	Turmeric						
麦冬	Ophiopogon Japonicus			77.8			
其他中草药材	Others	91.6	98.3	92.9			
林业产品	**Forestry Products**	**104.4**	**104.0**	**99.5**	**99.6**	**103.1**	**100.3**
育种和育苗	Breedings and Seedlings	108.6	104.6	99.2	100.0	100.4	99.9
苗木类	Seedlings	107.3	108.1	99.2	100.0	100.4	99.9
杉树树苗	China Fir	116.7	108.1	99.9	97.4	102.6	100.0
柏树树苗	Cypress	112.5	111.0	113.7			
松树树苗	Pine Tree	100.0	121.7	99.5	100.1	100.0	100.0
银杏树苗	Ginkgo	105.9	108.6	100.1			
杨树类树苗	Poplar	115.8	107.9	100.8			
樟树类树苗	Camphor	106.7	106.8	97.4	98.4	99.3	100.2
桂花树苗	Osmanthus Trees	105.5	110.7	85.5			
壳斗科类树苗	Fagaceae						
柑橘树苗	Orange Seedlings	100.0	113.0	104.4			
桃树苗	Peach Seedlings	100.0	104.2	88.0			
其他果树苗	Others	85.7	110.0	99.9			

4-31 续表 3 Continued

(上年＝100) (preceding year=100)

指　标	Item	2013	2014	2015	2016	2017	2018
毛竹苗	Mao Bamboo			100.0			
木材采伐产品	Felling and Transport of Wood	104.3	105.8	100.3	98.5	105.4	100.0
原木	Log	104.3	105.8	99.9	97.9		
红松原木	Korean Pine			92.4			
落叶松原木	Larch	101.3					
马尾松原木	Masson Pine	105.2	97.5				
杉木原条	China Fir	105.0	105.8	100.9	97.9		
其他针叶原木	Other Coniferous	100.0		98.1	97.9		
杨树原木	Poplar	104.3	105.2				
薪材	Firewood	112.1	101.1	103.1	104.6	105.4	100.0
短条及细枝等	Strip and Twigs	100.5	98.8	105.4			
竹材采伐产品	Felling and Transport of Bamboo	102.0	99.8	91.4	90.7	93.4	102.1
竹材	Bamboo	102.0	99.8	91.4	90.7	93.4	102.1
毛竹	Mao Bamboo	102.0	99.8	91.4	90.7	93.4	102.1
畜牧业产品	**Animal Husbandry Products**	**99.8**	**98.5**	**107.6**	**117.5**	**87.0**	**90.9**
活牲畜	Live Domestic Animals	98.4	94.0	110.3	123.8	85.4	83.6
猪	Hogs	98.0	93.8	110.8	125.1	84.6	82.5
中猪	Hogs	97.1	90.7	117.4	124.2	84.7	82.5
活牛	Cattle and Buffaloes	120.5	102.0	100.8	105.3	101.9	102.2
活羊	Sheep and Goats	111.8	107.7	92.1	87.4	100.8	109.8
活家禽	Live Poultry	101.4	105.2	100.3	95.6	86.7	116.3
活鸡	Chicken	95.8	106.8	99.9	93.4	80.3	123.2
活鸭	Duck	106.3	101.3	100.8	98.6	94.8	107.3
禽蛋	Poultry Eggs	107.2	107.4	97.3	95.5	95.4	118.6
鸡蛋	Chicken's Eggs	106.8	108.2	97.3	98.4	96.2	115.9
鸭蛋	Duck's Eggs	108.9	101.2	96.7	73.0	89.4	139.3
天然蜂蜜	Natural Honey	101.4	105.6				
猪鬃	Bristles						
蚕茧	Silkworm Cocoon						
渔业产品	**Fishery Products**	**109.1**	**102.4**	**96.7**	**107.0**	**106.9**	**101.9**
淡水养殖产品	Freshwater Artificially Cultured Products	109.1	102.4	96.7	107.0	106.9	101.9
养殖淡水鱼	Freshwater Fish Cultured Products	108.7	102.3	96.3	105.9	107.3	99.0
鲤鱼	Carp	111.0	105.5	99.4	106.5	104.4	98.7
草鱼	Grass Carp	107.5	101.4	94.1	105.8	117.1	95.9
鳙鱼(胖头鱼)	Variegated Carp	106.9	104.7	99.1	100.2	106.1	103.3
青鱼	Black Carp	105.9	108.6	98.1	101.7	101.7	108.3
鲢鱼	Silver Carp	111.1	97.4	95.5	101.6	104.4	108.1
鲫鱼	Crucian Carp	113.0	104.8	97.2	115.0	104.1	87.5
鳊鲂	Bream	102.0	100.8	96.4	114.8	107.2	90.7
鲶鱼	Oriental Sheatfish	100.4	105.4		86.7		97.4
鮰鱼	Catfish		98.8	93.6	95.0		127.8
黄颡鱼	Yellow Catfish	101.5	99.9	94.8	106.9	104.3	96.8
黄鳝	Ricefield Eel	113.7	90.9	104.1	111.6	98.8	92.6
乌鳢	Snakehead				87.8		
鳖	Turtle	112.5		102.9	99.5	104.5	105.0
泥鳅	Loach	135.2	144.8	104.4	96.5	92.2	94.4
其他养殖淡水鱼	Other Freshwater Cultured Products	100.0	107.8	96.6			
淡水养殖虾	Freshwater Shrimps	121.1	102.4	98.3	110.2	104.9	118.2
淡水养殖活河蟹	Freshwater Crab	94.1	105.5	103.9	121.5	104.6	107.2

4-32 农产品集贸市场价格(2018年)

单位：元/公斤

指 标	Item	1 月 January	2 月 February	3 月 March	4 月 April
粮食类	**Grain**				
籼稻	Nonglutinous Rice	2.6	2.7	2.6	2.6
粳稻	Round-Grained Rice	2.7	2.7	2.7	2.7
小麦	Wheat	2.2	2.2	2.1	2.1
玉米	Corn//Maize	2.0	2.0	2.1	2.1
大豆	Soybean	5.9	6.1	5.9	5.9
籼米	Long-Grained Nonglutinous Rice	5.1	5.1	5.1	5.1
粳米	Polished Round-Grained Rice	5.4	5.4	5.4	5.3
经济作物类	**Economic Crops**				
棉花(籽棉)	Cotton	6.2	6.2	6.2	6.2
花生仁	Peanut	12.5	12.5	12.3	12.5
油菜籽	Rapeseeds	4.8	4.7	4.7	4.6
畜产品类	**Livestock Products**				
活猪	Live Hogs	15.2	14.6	11.8	11.4
仔猪	Piglet	28.7	28.9	27.4	27.0
猪肉	Pork	25.7	25.2	22.1	21.6
活牛	Live Cattle	24.6	25.4	24.7	24.5
牛肉	Beef	66.8	70.0	66.8	66.0
活羊	Live Sheep	25.2	25.4	24.9	24.7
羊肉	Mutton	56.2	58.3	56.7	56.0
活鸡	Live Chickens	17.8	18.1	17.2	17.4
鸡蛋	Chicken's Eggs	11.1	11.2	9.7	9.6
水产品类	**Aquatic Products**				
草鱼	Grass Carp	15.9	16.8	16.0	15.5
鲤鱼	Carp	10.3	10.8	10.6	10.7
鲢鱼	Silver Carp	10.6	11.2	10.4	10.3
带鱼	Hairtail	26.5	28.0	27.3	27.6
蔬菜类	**Vegetables**				
大白菜	Chinese Cabbage	2.7	3.1	3.0	3.3
黄瓜	Cucumber	7.3	9.5	8.2	6.8
西红柿	Tomato	6.8	7.3	6.4	7.2
菜椒	Sweetbell	8.7	10.6	8.0	7.9
四季豆	Kidney Beans	11.1	15.1	12.7	11.9
水果类	**Fruits**				
红富士苹果	Hongfushi Apples	11.8	11.8	11.3	11.3
香蕉	Bananas	6.2	7.0	6.8	6.9
橙子	Oranges	11.1	11.2	11.1	10.2

Rural Market Fairs Prices of Agricultural Products(2018)

(yuan/kg)

5 月 May	6 月 June	7 月 July	8 月 August	9 月 September	10 月 October	11 月 November	12 月 December
2.5	2.5	2.5	2.4	2.4	2.4	2.4	2.4
2.6	2.6	2.6	2.5	2.5	2.5	2.5	2.5
2.1	2.1	2.1	2.1	2.1	2.1	2.1	2.1
2.1	2.1	2.0	2.0	2.0	2.0	2.1	2.0
5.8	5.7	5.7	5.7	5.7	5.7	5.7	5.8
5.0	5.0	5.1	5.1	5.1	5.1	5.1	5.0
5.3	5.3	5.3	5.3	5.3	5.3	5.3	5.3
6.2	6.1	6.1	6.0	6.1	6.4	6.4	6.4
12.4	12.3	12.4	12.4	12.5	12.6	12.8	12.5
4.6	4.7	4.7	4.7	4.7	4.8	4.8	4.8
10.6	11.0	12.3	13.8	14.6	14.7	13.7	13.1
23.5	24.4	23.8	24.4	23.9	23.8	23.4	21.1
20.1	20.6	22.2	24.0	25.5	25.6	25.0	24.3
24.6	24.4	24.4	24.7	24.6	24.9	25.4	25.8
64.2	64.2	64.2	65.1	65.1	65.3	68.2	69.4
24.6	24.2	24.2	24.4	24.7	24.1	24.6	25.8
55.0	53.2	53.2	54.0	55.2	56.6	60.5	63.2
17.2	17.0	17.1	17.5	17.5	17.7	18.0	17.9
9.5	9.6	9.8	11.1	11.0	10.7	10.9	10.7
14.6	14.4	14.4	14.4	14.2	13.8	13.9	14.4
10.8	10.5	10.3	10.3	10.3	10.0	10.2	11.4
10.0	9.7	9.6	9.6	9.5	9.4	9.6	10.4
28.5	28.2	28.5	28.4	28.4	28.7	28.5	29.5
3.5	3.4	4.4	4.1	4.2	3.6	2.8	2.0
5.2	4.4	5.7	6.9	7.1	6.1	6.1	7.5
5.6	4.4	5.9	5.9	8.2	9.1	8.4	8.1
5.7	4.4	6.2	6.1	7.2	6.9	6.5	6.4
7.2	5.6	9.4	10.2	12.0	10.7	10.2	11.4
11.5	11.2	11.6	12.0	12.4	12.6	12.8	12.8
6.6	6.2	6.2	6.6	6.8	6.7	7.0	7.3
10.6	11.0	11.0	12.0	11.9	12.8	12.0	12.1

4-33　农产品集贸市场价格指数(2018年)

(上年同月＝100)

指　　标	Item	1 月 January	2 月 February	3 月 March	4 月 April
粮食类	**Grain**				
籼稻	Nonglutinous Rice	100.8	100.0	97.8	96.2
粳稻	Round-Grained Rice	98.5	98.2	99.3	97.4
小麦	Wheat	101.4	100.0	98.6	99.1
玉米	Corn//Maize	80.0	82.5	99.5	100.5
大豆	Soybean	102.2	105.0	103.7	98.7
籼米	Long-Grained Nonglutinous Rice	101.0	101.2	101.8	100.2
粳米	Polished Round-Grained Rice	100.9	99.8	100.2	94.0
经济作物类	**Economic Crops**				
棉花(籽棉)	Cotton	93.9	93.0	97.5	97.5
花生仁	Peanut	92.2	92.3	94.7	96.2
油菜籽	Rapeseeds	113.1	110.5	107.6	109.2
畜产品类	**Livestock Products**				
活猪	Live Hogs	82.6	84.2	70.0	71.4
仔猪	Piglet	72.7	70.3	64.1	65.6
猪肉	Pork	82.1	86.3	77.3	75.3
活牛	Live Cattle	88.8	94.1	92.8	92.0
牛肉	Beef	97.1	104.7	101.2	100.5
活羊	Live Sheep	99.8	103.3	103.3	104.5
羊肉	Mutton	104.5	112.0	109.7	112.0
活鸡	Live Chickens	102.7	122.5	109.6	113.4
鸡蛋	Chicken's Eggs	114.2	127.4	122.7	126.6
水产品类	**Aquatic Products**				
草鱼	Grass Carp	108.0	121.0	110.3	100.3
鲤鱼	Carp	109.9	120.0	118.9	117.1
鲢鱼	Silver Carp	113.3	128.0	119.0	114.4
带鱼	Hairtail	109.5	116.3	112.5	112.1
蔬菜类	**Vegetables**				
大白菜	Chinese Cabbage	85.6	109.2	113.0	117.1
黄瓜	Cucumber	74.8	131.4	133.1	119.3
西红柿	Tomato	77.6	91.5	87.0	104.3
菜椒	Sweetbell	101.6	158.7	118.0	117.9
四季豆	Kidney Beans	83.1	133.3	113.0	105.3
水果类	**Fruits**				
红富士苹果	Hongfushi Apples	98.7	103.2	99.0	99.3
香蕉	Bananas	113.7	125.0	121.1	109.0
橙子	Oranges	118.2	119.9	120.1	99.0

Rural Market Fairs Price Indices of Agricultural Products(2018)

(same month of preceding year=100)

5 月 May	6 月 June	7 月 July	8 月 August	9 月 September	10 月 October	11 月 November	12 月 December
93.6	93.3	93.2	93.8	93.4	90.5	90.2	90.5
94.5	94.2	94.5	94.1	92.2	90.1	90.5	91.2
99.0	96.3	99.5	100.5	99.5	97.7	98.2	94.1
101.0	101.5	99.0	103.1	103.1	102.0	104.6	100.5
98.6	96.1	98.1	97.9	97.4	97.6	97.8	98.5
98.6	98.4	99.6	100.0	100.6	100.2	99.8	97.6
93.4	94.4	96.9	95.8	97.6	98.0	97.4	98.2
96.3	97.2	97.1	96.8	99.2	99.7	102.6	101.9
96.6	95.6	95.8	99.2	98.4	99.2	101.3	99.2
105.9	106.3	102.4	99.8	98.7	102.5	101.9	103.0
73.6	79.9	89.0	95.0	99.9	100.1	94.0	87.0
69.8	73.1	70.5	76.6	78.2	83.5	86.9	75.9
72.3	78.9	86.0	91.6	98.3	102.4	100.8	96.2
93.9	95.7	98.5	98.2	98.5	100.2	103.3	104.6
98.2	99.7	102.6	102.7	102.4	103.4	106.9	107.5
106.2	107.3	110.3	111.4	114.6	109.1	102.8	106.1
111.3	109.7	109.0	109.8	117.1	114.8	117.6	117.2
113.1	108.8	105.5	102.8	99.3	98.5	101.1	100.5
135.3	124.8	125.5	110.1	101.6	103.2	105.4	98.6
94.2	92.3	91.7	89.4	91.0	90.8	94.6	97.0
113.2	111.2	108.7	106.8	105.4	101.6	102.8	114.0
110.1	103.2	101.1	100.4	97.7	94.7	95.3	103.6
115.4	111.0	110.9	110.4	110.4	111.9	109.3	113.1
112.9	106.6	129.8	107.3	119.3	95.7	85.3	80.7
113.0	100.0	134.1	133.2	127.1	94.6	93.2	118.5
91.1	80.7	103.4	102.6	131.6	130.0	138.0	131.1
104.6	101.4	144.2	131.3	127.7	111.6	111.7	105.5
96.0	75.1	115.1	121.7	125.0	111.5	105.2	106.4
97.5	96.1	97.5	101.2	102.5	101.8	105.3	105.7
98.1	96.7	105.3	112.1	123.9	129.4	133.7	131.4
100.6	103.1	98.8	106.7	99.8	104.3	103.8	109.8

4-34 农产品集贸市场价格环比指数(2018年)

(上月=100)

指 标	Item	1 月 January	2 月 February	3 月 March	4 月 April
粮食类	**Grain**				
籼稻	Nonglutinous Rice	100.0	100.8	98.5	97.3
粳稻	Round-Grained Rice	97.8	101.1	99.6	98.9
小麦	Wheat	99.5	100.0	97.7	99.1
玉米	Corn//Maize	101.0	101.5	102.5	98.6
大豆	Soybean	101.2	102.4	98.0	98.7
籼米	Long-Grained Nonglutinous Rice	100.2	100.2	100.4	98.8
粳米	Polished Round-Grained Rice	100.0	98.9	100.0	99.1
经济作物类	**Economic Crops**				
棉花(籽棉)	Cotton	98.4	99.8	99.4	100.0
花生仁	Peanut	99.2	100.0	98.4	101.6
油菜籽	Rapeseeds	101.5	99.6	98.3	99.8
畜产品类	**Livestock Products**				
活猪	Live Hogs	100.6	96.1	81.1	96.0
仔猪	Piglet	103.0	100.8	94.7	98.6
猪肉	Pork	102.0	98.1	87.7	97.7
活牛	Live Cattle	99.6	103.3	97.1	99.5
牛肉	Beef	103.4	104.8	95.4	98.8
活羊	Live Sheep	104.0	100.7	98.0	99.0
羊肉	Mutton	104.3	103.6	97.4	98.7
活鸡	Live Chickens	100.1	101.9	95.0	101.3
鸡蛋	Chicken's Eggs	101.7	101.0	86.8	99.1
水产品类	**Aquatic Products**				
草鱼	Grass Carp	107.4	105.7	95.2	96.6
鲤鱼	Carp	103.3	104.4	98.0	101.0
鲢鱼	Silver Carp	105.4	106.1	92.9	98.6
带鱼	Hairtail	101.7	105.6	97.7	101.1
蔬菜类	**Vegetables**				
大白菜	Chinese Cabbage	110.5	113.1	95.5	111.1
黄瓜	Cucumber	115.3	130.1	86.3	82.9
西红柿	Tomato	110.0	107.0	87.7	112.5
菜椒	Sweetbell	143.8	121.8	75.5	98.8
四季豆	Kidney Beans	103.7	135.7	84.3	93.7
水果类	**Fruits**				
红富士苹果	Hongfushi Apples	97.9	99.6	96.1	100.2
香蕉	Bananas	110.4	113.6	97.4	101.5
橙子	Oranges	100.1	101.4	98.7	92.1

Rural Market Fairs Price Chain Index of Agricultural Products(2018)

(preceding month=100)

5 月 May	6 月 June	7 月 July	8 月 August	9 月 September	10 月 October	11 月 November	12 月 December
98.0	100.0	98.0	99.6	98.8	98.3	100.8	100.0
97.4	101.2	98.1	99.2	98.0	98.8	100.4	100.4
97.6	99.5	101.9	101.0	99.5	100.5	100.9	96.7
101.0	100.0	98.1	99.0	99.0	101.0	102.0	97.1
98.8	98.1	100.2	100.4	99.5	100.0	100.9	100.5
98.8	100.6	101.2	99.8	100.2	100.0	99.6	97.8
98.9	100.0	101.3	99.4	100.0	99.8	100.0	100.8
100.0	99.7	98.7	99.7	100.7	105.4	100.0	100.3
98.9	99.5	100.8	100.0	100.8	100.8	101.3	98.0
99.8	101.7	99.8	99.8	100.4	102.8	98.6	101.1
93.6	103.7	111.2	112.5	105.9	100.5	93.2	95.9
87.0	103.7	97.7	102.6	97.9	99.5	98.2	90.5
93.1	102.5	107.8	108.1	106.3	100.4	97.7	97.0
100.2	99.3	100.0	100.9	99.8	101.1	102.3	101.6
97.3	100.0	100.0	101.4	100.0	100.3	104.4	101.8
99.5	98.5	100.0	101.0	101.0	97.7	102.1	104.6
98.2	96.7	100.0	101.5	102.2	102.6	106.8	104.4
98.7	98.7	100.6	102.2	100.0	101.1	101.5	99.4
99.4	100.2	102.4	113.8	99.0	96.9	101.6	98.6
94.5	98.6	100.0	100.0	98.6	97.2	100.7	103.2
100.7	97.7	98.4	100.0	100.0	96.8	101.7	112.1
97.6	97.0	99.0	100.0	99.0	98.9	102.6	107.7
103.1	99.1	100.9	99.5	100.0	101.3	99.1	103.5
106.4	97.1	129.4	93.2	102.4	85.7	77.2	71.9
76.5	84.6	129.5	121.1	103.2	85.7	99.3	123.8
77.8	77.9	134.2	100.9	139.0	111.0	92.5	96.6
71.5	77.2	142.2	98.7	117.6	96.1	93.6	98.5
60.5	78.2	167.7	108.3	117.4	89.2	95.3	111.6
101.6	97.4	103.6	103.4	103.3	101.6	101.6	99.6
95.2	93.8	99.7	106.5	103.4	99.4	104.2	104.4
103.5	104.2	100.0	109.1	98.8	107.5	94.1	101.1

4-35 农产品集贸市场价格及指数

指 标	Item	1月 价格(元/公斤) Price (yuan/kg) 2016	2017	2018	价格变动(上月=100) Price Movements (preceding month=100) 2016	2017	2018	价格变动(上年同期=100) Price Movements (preceding year=100) 2016	2017	2018
粮食类	**Grain**									
籼稻	Nonglutinous Rice	2.6	2.6	2.6	101.1	100.6	100.0	98.1	100.2	100.8
粳稻	Round-Grained Rice	2.7	2.7	2.7	100.1	100.7	97.8	97.8	98.8	98.5
小麦	Wheat	2.1	2.2	2.2	100.6	99.3	99.5	93.3	103.3	101.4
玉米	Corn//Maize	2.3	2.5	2.0	98.8	100.0	101.0	92.4	95.5	80.0
大豆	Soybean	5.7	5.8	5.9	100.2	99.8	101.2	94.4	101.2	102.2
籼米	Long-Grained Nonglutinous Rice	5.0	5.1	5.1	100.0	102.6	100.2	102.0	101.4	101.0
粳米	Polished Round-Grained Rice	5.3	5.4	5.4	100.9	100.2	100.0	102.9	101.1	100.9
经济作物类	**Economic Crops**									
棉花(籽棉)	Cotton	5.8	6.6	6.2	99.8	97.9	98.4	98.5	114.3	93.9
花生仁	Peanut	12.4	13.6	12.5	99.7	101.2	99.2	100.0	109.6	92.2
油菜籽	Rapeseeds	4.1	4.2	4.8	101.3	102.8	101.5	86.6	102.1	113.1
畜产品类	**Livestock Products**									
活猪	Live Hogs	18.1	18.4	15.2	108.7	105.3	100.6	129.2	101.5	82.6
仔猪	Piglet	32.4	39.5	28.7	106.9	107.5	103.0	127.1	121.9	72.7
猪肉	Pork	29.0	31.3	25.7	104.8	105.4	102.0	117.2	108.1	82.1
活牛	Live Cattle	26.1	27.7	24.6	100.8	103.2	99.6	80.4	106.4	88.8
牛肉	Beef	65.7	68.8	66.8	104.0	105.7	103.4	100.2	104.8	97.1
活羊	Live Sheep	24.7	25.3	25.2	97.6	104.8	104.0	93.1	102.2	99.8
羊肉	Mutton	58.6	53.8	56.2	107.0	104.3	104.3	98.9	91.7	104.5
活鸡	Live Chickens	17.4	17.3	17.8	101.3	101.9	100.1	103.7	99.9	102.7
鸡蛋	Chicken's Eggs	10.4	9.7	11.1	102.7	101.5	101.7	87.5	93.3	114.2
水产品类	**Aquatic Products**									
草鱼	Grass Carp	11.7	14.7	15.9	98.2	107.2	107.4	86.2	125.8	108.0
鲤鱼	Carp	8.9	9.4	10.3	99.8	113.1	103.3	101.0	106.0	109.9
鲢鱼	Silver Carp	7.9	9.3	10.6	100.9	107.9	105.4	105.5	117.8	113.3
带鱼	Hairtail	24.8	24.2	26.5	99.8	104.3	101.7	101.1	97.7	109.5
蔬菜类	**Vegetables**									
大白菜	Chinese Cabbage	2.8	3.2	2.7	100.7	94.1	110.5	142.2	113.1	85.6
黄瓜	Cucumber	8.3	9.8	7.3	108.2	146.8	115.3	104.8	117.9	74.8
西红柿	Tomato	7.2	8.8	6.8	101.4	117.0	110.0	110.8	122.1	77.6
菜椒	Sweetbell	6.1	8.6	8.7	108.5	129.7	143.8	82.4	140.3	101.6
四季豆	Kidney Beans	11.3	13.4	11.1	105.1	131.0	103.7	107.3	118.5	83.1
水果类	**Fruits**									
红富士苹果	Hongfushi Apples	12.3	12.0	11.8	99.6	104.5	97.9	98.4	97.2	98.7
香蕉	Bananas	6.1	5.4	6.2	108.6	103.6	110.4	76.5	89.1	113.7
橙子	Oranges	9.5	9.4	11.1	99.4	104.5	100.1	103.2	99.0	118.2

Rural Market Fairs Prices of Agricultural Products and Indices

2月									3 月								
价　格 (元/公斤) Price (yuan/kg)			价格变动 (上月=100) Price Movements (preceding month=100)			价格变动 (上年同期=100) Price Movements (preceding year=100)			价　格 (元/公斤) Price (yuan/kg)			价格变动 (上月=100) Price Movements (preceding month=100)			价格变动 (上年同期=100) Price Movements (preceding year=100)		
2016	2017	2018	2016	2017	2018	2016	2017	2018	2016	2017	2018	2016	2017	2018	2016	2017	2018
2.6	2.7	2.7	100.4	101.2	100.8	98.9	101.0	100.0	2.6	2.7	2.6	100.2	100.8	98.5	98.5	101.6	97.8
2.7	2.7	2.7	98.9	101.8	101.1	97.5	101.6	98.2	2.7	2.7	2.7	100.1	98.5	99.6	97.5	100.0	99.3
2.1	2.2	2.2	100.7	101.3	100.0	94.6	103.9	100.0	2.1	2.2	2.1	100.0	99.0	97.7	93.8	102.9	98.6
2.3	2.5	2.0	98.6	98.2	101.5	91.3	95.1	82.5	2.2	2.1	2.1	99.0	87.2	102.5	89.3	95.6	99.5
5.8	5.8	6.1	101.2	99.7	102.4	95.4	99.7	105.0	5.9	5.7	5.9	101.2	99.3	98.0	96.9	97.8	103.7
5.0	5.1	5.1	100.1	100.0	100.2	102.8	101.3	101.2	5.0	5.0	5.1	100.0	99.8	100.4	101.1	101.1	101.8
5.3	5.4	5.4	100.2	100.0	98.9	102.8	100.9	99.8	5.3	5.4	5.4	99.6	99.8	100.0	100.0	101.1	100.2
6.1	6.7	6.2	104.7	100.8	99.8	105.0	110.0	93.0	6.1	6.3	6.2	100.0	94.8	99.4	99.5	104.3	97.5
12.5	13.5	12.5	101.2	99.9	100.0	97.8	108.1	92.3	12.7	13.0	12.3	101.0	95.9	98.4	99.3	102.7	94.7
4.1	4.3	4.7	100.0	102.0	99.6	86.6	104.2	110.5	4.1	4.3	4.7	100.0	100.8	98.3	86.6	105.0	107.6
18.2	17.3	14.6	100.6	94.3	96.1	131.0	95.1	84.2	19.2	16.9	11.8	105.1	97.5	81.1	146.3	88.3	70.0
33.5	41.1	28.9	103.4	104.1	100.8	131.7	122.8	70.3	40.1	42.7	27.4	119.9	103.9	94.7	156.2	106.4	64.1
29.0	29.2	25.2	100.0	93.3	98.1	116.7	100.9	86.3	30.0	28.6	22.1	103.6	97.9	87.7	124.8	95.3	77.3
26.0	27.0	25.4	99.8	97.4	103.3	78.4	103.8	94.1	25.7	26.6	24.7	98.7	98.4	97.1	78.0	103.6	92.8
65.1	66.9	70.0	99.2	97.2	104.8	94.9	102.7	104.7	64.3	66.0	66.8	98.7	98.7	95.4	97.5	102.7	101.2
24.3	24.6	25.4	98.4	97.4	100.7	89.9	101.1	103.3	24.3	24.1	24.9	99.7	98.0	98.0	93.1	99.4	103.3
56.4	52.0	58.3	96.2	96.7	103.6	91.2	92.2	112.0	56.1	51.7	56.7	99.6	99.5	97.4	97.7	92.1	109.7
17.5	14.8	18.1	100.6	85.4	101.9	97.1	84.8	122.5	17.3	15.7	17.2	98.9	106.2	95.0	100.5	91.0	109.6
10.3	8.8	11.2	98.9	90.5	101.0	84.8	85.4	127.4	9.6	7.9	9.7	93.3	90.2	86.8	83.7	82.5	122.7
12.0	13.9	16.8	102.4	94.3	105.7	84.3	115.9	121.0	11.8	14.5	16.0	98.5	104.5	95.2	92.0	122.9	110.3
8.9	9.0	10.8	100.0	95.5	104.4	93.6	101.3	120.0	8.8	8.9	10.6	98.7	98.9	98.0	99.9	101.4	118.9
7.7	8.8	11.2	96.8	93.9	106.1	99.4	114.2	128.0	7.6	8.7	10.4	99.5	99.9	92.9	104.7	114.7	119.0
25.1	24.1	28.0	101.2	99.5	105.6	103.9	96.0	116.3	24.9	24.3	27.3	99.5	101.0	97.7	105.6	97.5	112.5
3.3	2.8	3.1	117.7	88.8	113.1	118.5	85.3	109.2	4.6	2.6	3.0	137.5	92.3	95.5	157.9	57.2	113.0
9.4	7.2	9.5	113.5	74.1	130.1	90.4	76.9	131.4	8.2	6.2	8.2	86.7	85.2	86.3	107.2	75.6	133.1
8.2	8.0	7.3	113.8	90.8	107.0	89.0	97.4	91.5	8.3	7.4	6.4	101.7	92.2	87.7	111.1	88.4	87.0
8.3	6.7	10.6	135.7	78.0	121.8	85.4	80.7	158.7	10.4	6.8	8.0	125.8	101.5	75.5	139.9	65.1	118.0
16.2	11.3	15.1	143.7	84.6	135.7	121.8	69.8	133.3	14.6	11.2	12.7	89.9	99.5	84.3	131.2	77.2	113.0
12.3	11.4	11.8	99.6	95.3	99.6	89.8	93.1	103.2	12.2	11.4	11.3	99.6	100.1	96.1	90.6	93.5	99.0
6.2	5.6	7.0	102.5	103.3	113.6	68.8	89.9	125.0	6.0	5.6	6.8	95.5	100.5	97.4	71.7	94.6	121.1
9.1	9.4	11.2	95.8	100.0	101.4	91.9	103.4	119.9	8.6	9.2	11.1	94.6	98.5	98.7	87.8	107.7	120.1

4-35 续表 1

指 标	Item	4月								
		价 格 (元/公斤) Price (yuan/kg)			价格变动					
					(上月=100) Price Movements (preceding month=100)			(上年同期=100) Price Movements (preceding year=100)		
		2016	2017	2018	2016	2017	2018	2016	2017	2018
粮食类	**Grain**									
籼稻	Nonglutinous Rice	2.6	2.7	2.6	99.9	99.1	97.3	99.8	100.8	96.2
粳稻	Round-Grained Rice	2.7	2.7	2.7	99.9	100.6	98.9	98.5	100.7	97.4
小麦	Wheat	2.1	2.1	2.1	100.0	98.7	99.1	99.2	101.6	99.1
玉米	Corn//Maize	2.3	2.0	2.1	100.7	94.7	98.6	90.4	89.9	100.5
大豆	Soybean	5.8	5.9	5.9	99.0	103.7	98.7	98.1	102.4	98.7
籼米	Long-Grained Nonglutinous Rice	5.0	5.1	5.1	100.0	100.4	98.8	104.4	101.5	100.2
粳米	Polished Round-Grained Rice	5.3	5.7	5.3	100.0	105.5	99.1	100.0	106.7	94.0
经济作物类	**Economic Crops**									
棉花(籽棉)	Cotton	6.0	6.3	6.2	99.7	100.0	100.0	99.3	104.6	97.5
花生仁	Peanut	12.8	13.0	12.5	101.0	100.1	101.6	98.9	101.7	96.2
油菜籽	Rapeseeds	4.1	4.3	4.6	100.0	98.5	99.8	87.8	103.4	109.2
畜产品类	**Livestock Products**									
活猪	Live Hogs	19.8	15.9	11.4	103.5	94.1	96.0	143.9	80.3	71.4
仔猪	Piglet	40.9	41.2	27.0	101.9	96.4	98.6	163.9	100.6	65.6
猪肉	Pork	30.9	28.7	21.6	103.0	100.3	97.7	132.3	92.9	75.3
活牛	Live Cattle	25.7	26.7	24.5	100.0	100.4	99.5	102.0	104.0	92.0
牛肉	Beef	64.9	65.7	66.0	101.0	99.5	98.8	103.8	101.2	100.5
活羊	Live Sheep	24.3	23.6	24.7	100.0	97.9	99.0	95.7	97.4	104.5
羊肉	Mutton	56.6	50.0	56.0	100.8	96.7	98.7	96.4	88.4	112.0
活鸡	Live Chickens	17.3	15.4	17.4	100.0	97.8	101.3	98.2	89.1	113.4
鸡蛋	Chicken's Eggs	9.2	7.6	9.6	95.9	95.9	99.1	90.2	82.6	126.6
水产品类	**Aquatic Products**									
草鱼	Grass Carp	12.4	15.4	15.5	105.1	106.2	96.6	96.2	124.2	100.3
鲤鱼	Carp	8.8	9.1	10.7	100.3	102.6	101.0	94.3	103.8	117.1
鲢鱼	Silver Carp	7.9	9.0	10.3	103.0	102.5	98.6	102.6	114.1	114.4
带鱼	Hairtail	24.9	24.7	27.6	99.8	101.4	101.1	109.0	99.1	112.1
蔬菜类	**Vegetables**									
大白菜	Chinese Cabbage	4.0	2.8	3.3	86.9	107.3	111.1	134.9	70.6	117.1
黄瓜	Cucumber	5.6	5.7	6.8	68.5	92.5	82.9	85.8	102.2	119.3
西红柿	Tomato	7.6	6.9	7.2	90.8	93.8	112.5	106.1	91.3	104.3
菜椒	Sweetbell	7.2	6.7	7.9	69.3	98.8	98.8	87.5	92.8	117.9
四季豆	Kidney Beans	11.7	11.3	11.9	80.2	100.5	93.7	112.6	96.7	105.3
水果类	**Fruits**									
红富士苹果	Hongfushi Apples	12.2	11.4	11.3	100.0	99.9	100.2	91.9	93.4	99.3
香蕉	Bananas	6.0	6.4	6.9	100.0	112.8	101.5	77.4	106.7	109.0
橙子	Oranges	8.4	10.3	10.2	98.1	111.7	92.1	91.1	122.6	99.0

Continued

5月									6月								
价格 (元/公斤) Price (yuan/kg)			价格变动						价格 (元/公斤) Price (yuan/kg)			价格变动					
			(上月=100) Price Movements (preceding month=100)			(上年同期=100) Price Movements (preceding year=100)						(上月=100) Price Movements (preceding month=100)			(上年同期=100) Price Movements (preceding year=100)		
2016	2017	2018	2016	2017	2018	2016	2017	2018	2016	2017	2018	2016	2017	2018	2016	2017	2018
2.6	2.7	2.5	99.9	100.6	98.0	98.8	101.5	93.6	2.6	2.7	2.5	99.9	100.5	100.0	97.8	102.1	93.3
2.7	2.7	2.6	99.9	100.4	97.4	98.5	101.3	94.5	2.7	2.8	2.6	98.8	101.5	101.2	96.1	104.1	94.2
2.1	2.1	2.1	99.2	97.8	97.6	101.2	100.1	99.0	2.1	2.1	2.1	101.2	102.3	99.5	100.5	101.2	96.3
2.3	2.1	2.1	99.9	100.6	101.0	89.2	90.5	101.0	2.3	2.0	2.1	101.8	99.7	100.0	90.0	88.7	101.5
5.7	5.9	5.8	98.8	98.8	98.8	94.5	102.4	98.6	5.8	5.9	5.7	100.9	100.7	98.1	95.5	102.3	96.1
5.0	5.1	5.0	100.0	100.4	98.8	101.8	102.0	98.6	5.0	5.1	5.0	99.8	100.7	100.6	100.9	102.9	98.4
5.3	5.6	5.3	99.9	99.5	98.9	99.4	106.2	93.4	5.3	5.6	5.3	99.2	98.9	100.0	99.2	105.9	94.4
6.0	6.4	6.2	99.7	101.3	100.0	95.0	106.3	96.3	6.0	6.3	6.1	99.0	98.8	99.7	80.4	106.0	97.2
12.9	12.8	12.4	100.5	98.5	98.9	99.9	99.6	96.6	13.3	12.9	12.3	103.1	100.5	99.5	110.8	97.1	95.6
4.0	4.4	4.6	96.4	102.7	99.8	92.6	110.1	105.9	3.9	4.4	4.7	97.4	101.3	101.7	93.5	114.6	106.3
20.7	14.5	10.6	104.6	90.8	93.6	142.3	69.7	73.6	20.5	13.8	11.0	98.8	95.5	103.7	136.6	67.4	79.9
42.0	33.7	23.5	102.6	81.9	87.0	151.0	80.3	69.8	40.5	33.4	24.4	96.5	99.0	103.7	140.3	82.4	73.1
31.2	27.8	20.1	101.0	96.9	93.1	128.4	89.1	72.3	31.4	26.1	20.6	100.6	93.9	102.5	125.2	83.1	78.9
25.6	26.2	24.6	99.7	98.2	100.2	101.2	102.5	93.9	25.7	25.5	24.4	100.5	97.4	99.3	102.0	99.3	95.7
64.9	65.4	64.2	100.0	99.5	97.3	101.1	100.8	98.2	65.4	64.4	64.2	100.8	98.5	100.0	100.3	98.5	99.7
24.2	23.1	24.6	99.7	97.9	99.5	93.3	95.6	106.2	23.9	22.5	24.2	98.7	97.5	98.5	89.8	94.5	107.3
59.3	49.4	55.0	104.9	98.9	98.2	98.6	83.3	111.3	59.8	48.5	53.2	100.8	98.1	96.7	102.7	81.1	109.7
17.3	15.2	17.2	100.5	99.0	98.7	106.2	87.8	113.1	17.4	15.6	17.0	100.6	102.6	98.7	103.2	89.6	108.8
9.1	7.1	9.5	99.5	93.0	99.4	91.1	77.2	135.3	9.0	7.7	9.6	98.6	108.7	100.2	89.9	85.1	124.8
12.7	15.5	14.6	102.1	100.6	94.5	97.8	122.4	94.2	13.2	15.6	14.4	104.3	100.6	98.6	107.9	118.2	92.3
9.4	9.5	10.8	107.3	104.3	100.7	106.3	100.8	113.2	9.7	9.4	10.5	102.6	99.4	97.7	99.9	97.7	111.2
8.0	9.1	10.0	101.7	101.3	97.6	106.5	113.8	110.1	8.4	9.4	9.7	104.6	103.5	97.0	110.0	112.6	103.2
24.8	24.7	28.5	99.7	100.1	103.1	99.9	99.5	115.4	24.8	25.4	28.2	100.0	103.0	99.1	108.1	102.5	111.0
3.0	3.1	3.5	75.6	110.3	106.4	101.0	103.0	112.9	3.0	3.2	3.4	98.3	102.9	97.1	81.8	107.8	106.6
3.8	4.6	5.2	68.5	80.7	76.5	70.7	120.4	113.0	3.0	4.4	4.4	79.3	95.7	84.6	68.9	145.2	100.0
5.9	6.2	5.6	77.5	89.1	77.8	99.3	104.9	91.1	4.3	5.4	4.4	73.0	87.8	77.9	97.9	126.2	80.7
5.2	5.4	5.7	72.2	80.6	71.5	80.2	103.6	104.6	3.3	4.3	4.4	63.7	79.6	77.2	68.0	129.5	101.4
6.4	7.5	7.2	54.8	66.4	60.5	81.0	117.2	96.0	5.0	7.5	5.6	77.8	100.0	78.2	69.6	150.6	75.1
12.0	11.8	11.5	98.4	103.5	101.6	91.0	98.3	97.5	11.9	11.7	11.2	99.2	98.8	97.4	100.0	98.0	96.1
6.3	6.7	6.6	105.2	105.8	95.2	90.5	107.3	98.1	6.2	6.4	6.2	99.2	95.1	93.8	89.1	102.9	96.7
8.5	10.5	10.6	101.2	101.9	103.5	99.9	123.5	100.6	8.4	10.7	11.0	98.8	101.6	104.2	103.2	127.0	103.1

4-35 续表 2

指标	Item	7月								
		价格(元/公斤) Price (yuan/kg)			价格变动 (上月=100) Price Movements (preceding month=100)			价格变动 (上年同期=100) Price Movements (preceding year=100)		
		2016	2017	2018	2016	2017	2018	2016	2017	2018
粮食类	**Grain**									
籼稻	Nonglutinous Rice	2.6	2.6	2.5	99.3	97.9	98.0	96.2	100.6	93.2
粳稻	Round-Grained Rice	2.6	2.7	2.6	99.1	97.8	98.1	91.7	102.7	94.5
小麦	Wheat	2.1	2.1	2.1	99.4	98.3	101.9	97.7	100.0	99.5
玉米	Corn//Maize	2.3	2.1	2.0	99.3	100.2	98.1	90.8	89.4	99.0
大豆	Soybean	5.8	5.8	5.7	100.2	98.1	100.2	96.5	100.2	98.1
籼米	Long-Grained Nonglutinous Rice	5.0	5.1	5.1	100.0	100.0	101.2	100.4	103.0	99.6
粳米	Polished Round-Grained Rice	5.3	5.5	5.3	100.6	98.7	101.3	99.8	103.9	96.9
经济作物类	**Economic Crops**									
棉花(籽棉)	Cotton	5.9	6.2	6.1	99.3	98.7	98.7	93.4	105.4	97.1
花生仁	Peanut	14.0	12.9	12.4	105.7	100.6	100.8	109.7	92.4	95.8
油菜籽	Rapeseeds	3.9	4.6	4.7	101.0	103.6	99.8	92.7	117.6	102.4
畜产品类	**Livestock Products**									
活猪	Live Hogs	19.0	13.8	12.3	92.8	99.8	111.2	111.9	72.4	89.0
仔猪	Piglet	40.5	33.8	23.8	100.1	101.2	97.7	132.3	83.3	70.5
猪肉	Pork	30.2	25.8	22.2	96.2	98.9	107.8	107.9	85.4	86.0
活牛	Live Cattle	26.1	24.8	24.4	101.7	97.2	100.0	96.2	94.9	98.5
牛肉	Beef	65.4	62.6	64.2	100.0	97.2	100.0	100.8	95.7	102.6
活羊	Live Sheep	23.9	21.9	24.2	100.0	97.3	100.0	89.8	91.9	110.3
羊肉	Mutton	58.8	48.8	53.2	98.3	100.6	100.0	101.0	83.0	109.0
活鸡	Live Chickens	17.3	16.2	17.1	99.4	103.8	100.6	104.5	93.6	105.5
鸡蛋	Chicken's Eggs	9.2	7.8	9.8	102.7	101.8	102.4	94.9	84.4	125.5
水产品类	**Aquatic Products**									
草鱼	Grass Carp	13.7	15.7	14.4	103.8	100.6	100.0	107.7	114.6	91.7
鲤鱼	Carp	9.7	9.5	10.3	100.6	100.6	98.4	110.5	97.7	108.7
鲢鱼	Silver Carp	8.6	9.5	9.6	102.8	101.1	99.0	112.3	110.7	101.1
带鱼	Hairtail	22.3	25.7	28.5	89.7	101.0	100.9	89.2	115.4	110.9
蔬菜类	**Vegetables**									
大白菜	Chinese Cabbage	3.9	3.4	4.4	130.1	106.3	129.4	120.3	88.1	129.8
黄瓜	Cucumber	5.6	4.3	5.7	184.2	96.6	129.5	128.6	76.2	134.1
西红柿	Tomato	5.2	5.7	5.9	120.3	104.8	134.2	100.6	109.9	103.4
菜椒	Sweetbell	5.3	4.3	6.2	159.6	100.0	142.2	98.1	81.1	144.2
四季豆	Kidney Beans	7.7	8.2	9.4	154.6	109.3	167.7	91.7	106.5	115.1
水果类	**Fruits**									
红富士苹果	Hongfushi Apples	12.1	11.9	11.6	101.7	102.1	103.6	94.5	98.3	97.5
香蕉	Bananas	6.0	5.9	6.2	96.8	91.5	99.7	92.7	97.3	105.3
橙子	Oranges	8.6	11.1	11.0	102.4	104.3	100.0	102.7	129.4	98.8

Continued

8月									9月								
价 格 (元/公斤) Price (yuan/kg)			价格变动 (上月=100) Price Movements (preceding month=100)			价格变动 (上年同期=100) Price Movements (preceding year=100)			价 格 (元/公斤) Price (yuan/kg)			价格变动 (上月=100) Price Movements (preceding month=100)			价格变动 (上年同期=100) Price Movements (preceding year=100)		
2016	2017	2018	2016	2017	2018	2016	2017	2018	2016	2017	2018	2016	2017	2018	2016	2017	2018
2.6	2.6	2.4	98.8	99.2	99.6	94.5	101.0	93.8	2.5	2.6	2.4	98.3	99.1	98.8	96.3	101.9	93.4
2.6	2.7	2.5	99.1	99.7	99.2	92.3	103.3	94.1	2.6	2.7	2.5	100.8	100.0	98.0	94.1	102.6	92.2
2.1	2.1	2.1	100.4	100.0	101.0	99.2	99.6	100.5	2.1	2.1	2.1	98.2	100.7	99.5	98.0	102.1	99.5
2.1	2.0	2.0	93.1	95.4	99.0	82.6	91.6	103.1	2.1	1.9	2.0	100.0	98.8	99.0	85.5	90.5	103.1
5.8	5.8	5.7	100.7	100.5	100.4	98.6	100.0	97.9	5.8	5.8	5.7	99.0	100.0	99.5	100.2	101.0	97.4
5.0	5.1	5.1	100.1	99.5	99.8	99.7	102.4	100.0	5.0	5.1	5.1	100.2	99.5	100.2	100.1	101.7	100.6
5.3	5.5	5.3	99.9	100.5	99.4	99.2	104.5	95.8	5.3	5.4	5.3	99.2	98.2	100.0	99.4	103.4	97.6
6.4	6.2	6.0	108.1	100.0	99.7	100.9	97.5	96.8	6.5	6.1	6.1	101.6	98.3	100.7	108.0	94.4	99.2
14.2	12.5	12.4	101.4	96.6	100.0	110.6	88.0	99.2	13.3	12.7	12.5	93.7	101.6	100.8	103.7	95.5	98.4
4.0	4.7	4.7	101.8	102.5	99.8	95.0	118.3	99.8	4.0	4.8	4.7	100.0	101.4	100.4	97.1	120.0	98.7
18.8	14.5	13.8	99.0	105.3	112.5	105.9	77.1	95.0	18.6	14.6	14.6	98.8	100.8	105.9	103.9	78.6	99.9
40.5	31.9	24.4	99.8	94.5	102.6	126.3	78.8	76.6	38.6	30.6	23.9	95.3	95.9	97.9	117.6	79.3	78.2
30.6	26.2	24.0	101.3	101.6	108.1	102.3	85.6	91.6	30.3	26.0	25.5	99.0	99.0	106.3	101.3	85.6	98.3
26.0	25.1	24.7	99.5	101.2	100.9	97.8	96.5	98.2	26.4	25.0	24.6	101.6	99.5	99.8	99.5	94.5	98.5
65.4	63.4	65.1	100.0	101.3	101.4	102.4	96.9	102.7	65.4	63.6	65.1	100.0	100.3	100.0	101.6	97.2	102.4
23.9	21.9	24.4	100.0	100.0	101.0	88.7	91.9	111.4	23.9	21.5	24.7	100.0	98.2	101.0	91.2	90.3	114.6
58.8	49.2	54.0	100.0	100.8	101.5	100.9	83.7	109.8	58.6	47.1	55.2	99.7	95.8	102.2	94.3	80.4	117.1
17.4	17.0	17.5	100.1	104.9	102.2	102.7	98.1	102.8	17.0	17.6	17.5	98.2	103.5	100.0	98.0	103.4	99.3
9.4	10.1	11.1	101.3	129.7	113.8	92.4	108.1	110.1	9.7	10.9	11.0	103.8	107.3	99.0	95.3	111.7	101.6
14.0	16.1	14.4	102.4	102.5	100.0	110.7	114.8	89.4	13.0	15.6	14.2	92.7	96.9	98.6	105.6	120.0	91.0
9.5	9.7	10.3	97.7	101.8	100.0	106.1	101.8	106.8	9.4	9.8	10.3	98.9	101.4	100.0	104.9	104.3	105.4
8.9	9.6	9.6	103.1	100.6	100.0	113.6	108.0	100.4	8.9	9.7	9.5	100.9	101.7	99.0	114.6	108.8	97.7
22.5	25.7	28.4	101.1	100.0	99.5	91.1	114.2	110.4	22.7	25.7	28.4	101.1	100.0	100.0	91.6	113.0	110.4
3.7	3.8	4.1	95.6	112.7	93.2	107.0	103.8	107.3	4.1	3.5	4.2	110.9	92.1	102.4	107.4	86.3	119.3
5.9	5.2	6.9	106.3	121.9	121.1	109.8	87.4	133.2	5.6	5.6	7.1	93.6	108.1	103.2	112.3	100.9	127.1
5.3	5.8	5.9	102.5	101.6	100.9	88.7	108.9	102.6	6.1	6.2	8.2	115.3	108.3	139.0	101.2	102.3	131.6
5.4	4.7	6.1	102.3	108.4	98.7	99.6	86.0	131.3	6.1	5.6	7.2	111.6	121.0	117.6	115.9	93.2	127.7
8.1	8.4	10.2	104.8	102.4	108.3	90.9	104.1	121.7	8.5	9.6	12.0	105.3	114.3	117.4	99.5	112.9	125.0
11.7	11.9	12.0	96.7	99.7	103.4	88.9	101.4	101.2	11.5	12.1	12.4	98.3	102.0	103.3	92.1	105.2	102.5
6.3	5.9	6.6	105.2	100.0	106.5	101.1	92.6	112.1	6.7	5.5	6.8	105.4	93.5	103.4	114.4	82.1	123.9
8.8	11.3	12.0	102.3	101.1	109.1	102.3	127.8	106.7	8.9	11.9	11.9	101.3	105.6	98.8	103.3	133.2	99.8

4-35 续表 3

指 标	Item	10月 价格 (元/公斤) Price (yuan/kg) 2016	2017	2018	价格变动 (上月=100) Price Movements (preceding month=100) 2016	2017	2018	价格变动 (上年同期=100) Price Movements (preceding year=100) 2016	2017	2018
粮食类	**Grain**									
籼稻	Nonglutinous Rice	2.6	2.6	2.4	101.1	101.5	98.3	98.6	102.2	90.5
粳稻	Round-Grained Rice	2.6	2.7	2.5	99.5	101.0	98.8	95.4	104.2	90.1
小麦	Wheat	2.1	2.2	2.1	102.8	102.2	100.5	101.9	101.5	97.7
玉米	Corn//Maize	2.1	2.0	2.0	97.9	102.4	101.0	85.2	94.7	102.0
大豆	Soybean	5.7	5.8	5.7	99.3	99.8	100.0	98.6	101.6	97.6
籼米	Long-Grained Nonglutinous Rice	5.0	5.1	5.1	99.6	100.4	100.0	99.2	102.5	100.2
粳米	Polished Round-Grained Rice	5.3	5.4	5.3	101.2	99.5	99.8	99.3	101.6	98.0
经济作物类	**Economic Crops**									
棉花(籽棉)	Cotton	6.1	6.4	6.4	94.1	104.8	105.4	104.1	105.1	99.7
花生仁	Peanut	13.4	12.7	12.6	100.8	100.0	100.8	105.2	94.8	99.2
油菜籽	Rapeseeds	4.0	4.7	4.8	101.1	99.0	102.8	99.1	117.5	102.5
畜产品类	**Livestock Products**									
活猪	Live Hogs	17.3	14.7	14.7	93.0	100.3	100.5	99.0	84.8	100.1
仔猪	Piglet	36.2	28.5	23.8	93.8	93.2	99.5	110.7	78.8	83.5
猪肉	Pork	29.6	25.0	25.6	97.5	96.3	100.4	102.6	84.6	102.4
活牛	Live Cattle	26.3	24.8	24.9	99.6	99.3	101.1	99.0	94.3	100.2
牛肉	Beef	64.7	63.2	65.3	98.9	99.4	100.3	101.5	97.7	103.4
活羊	Live Sheep	24.1	22.1	24.1	101.2	102.7	97.7	91.4	91.6	109.1
羊肉	Mutton	55.7	49.3	56.6	95.1	104.6	102.6	91.3	88.5	114.8
活鸡	Live Chickens	17.0	18.0	17.7	100.0	101.9	101.1	99.5	105.4	98.5
鸡蛋	Chicken's Eggs	9.5	10.4	10.7	97.3	95.4	96.9	95.1	109.5	103.2
水产品类	**Aquatic Products**									
草鱼	Grass Carp	13.7	15.2	13.8	105.0	97.4	97.2	109.7	111.4	90.8
鲤鱼	Carp	8.3	9.8	10.0	88.1	100.5	96.8	89.1	118.9	101.6
鲢鱼	Silver Carp	9.0	9.9	9.4	101.2	102.2	98.9	115.5	109.8	94.7
带鱼	Hairtail	23.7	25.7	28.7	104.2	100.0	101.3	95.9	108.4	111.9
蔬菜类	**Vegetables**									
大白菜	Chinese Cabbage	4.1	3.8	3.6	99.5	106.8	85.7	121.6	92.6	95.7
黄瓜	Cucumber	5.8	6.5	6.1	104.5	115.2	85.7	121.1	111.2	94.6
西红柿	Tomato	6.7	7.0	9.1	109.2	112.4	111.0	102.6	105.3	130.0
菜椒	Sweetbell	5.9	6.2	6.9	96.7	109.9	96.1	112.9	106.0	111.6
四季豆	Kidney Beans	8.5	9.6	10.7	99.4	100.0	89.2	103.0	113.6	111.5
水果类	**Fruits**									
红富士苹果	Hongfushi Apples	11.6	12.4	12.6	100.9	102.3	101.6	93.0	106.7	101.8
香蕉	Bananas	6.2	5.2	6.7	92.5	95.2	99.4	107.3	84.6	129.4
橙子	Oranges	8.7	12.2	12.8	97.3	102.9	107.5	88.5	140.9	104.3

Continued

11月									12月								
价 格 (元/公斤) Price (yuan/kg)			价格变动						价 格 (元/公斤) Price (yuan/kg)			价格变动					
			(上月=100) Price Movements (preceding month=100)			(上年同期=100) Price Movements (preceding year=100)						(上月=100) Price Movements (preceding month=100)			(上年同期=100) Price Movements (preceding year=100)		
2016	2017	2018	2016	2017	2018	2016	2017	2018	2016	2017	2018	2016	2017	2018	2016	2017	2018
2.6	2.7	2.4	101.0	101.1	100.8	99.9	102.3	90.2	2.6	2.6	2.4	100.8	99.6	100.0	100.7	101.1	90.5
2.6	2.7	2.5	100.8	100.0	100.4	96.9	103.4	90.5	2.7	2.7	2.5	101.2	99.6	100.4	98.1	101.5	91.2
2.1	2.2	2.1	98.7	100.5	100.9	102.7	103.3	98.2	2.2	2.2	2.1	103.4	100.9	96.7	104.5	100.9	94.1
2.1	2.0	2.1	99.0	99.5	102.0	88.6	95.1	104.6	2.2	2.0	2.0	106.7	101.0	97.1	94.3	78.9	100.5
5.7	5.9	5.7	100.3	100.7	100.9	100.2	101.9	97.8	5.8	5.8	5.8	100.9	99.8	100.5	101.6	100.9	98.5
5.0	5.1	5.1	100.4	100.0	99.6	99.1	102.2	99.8	4.9	5.1	5.0	98.8	100.0	97.8	98.9	103.5	97.6
5.4	5.4	5.3	100.7	100.6	100.0	99.8	101.5	97.4	5.4	5.4	5.3	100.3	100.0	100.8	101.8	101.3	98.2
6.6	6.3	6.4	108.2	97.2	100.0	113.0	94.6	102.6	6.8	6.3	6.4	102.2	101.0	100.3	116.5	93.3	101.9
13.5	12.6	12.8	100.4	99.2	101.3	108.9	93.7	101.3	13.4	12.6	12.5	99.6	100.0	98.0	108.0	94.0	99.2
4.0	4.7	4.8	99.6	99.2	98.6	100.5	117.0	101.9	4.1	4.7	4.8	102.1	100.0	101.1	100.6	114.4	103.0
17.1	14.6	13.7	98.7	99.3	93.2	102.0	85.4	94.0	17.5	15.1	13.1	102.4	103.6	95.9	104.7	86.4	87.0
36.0	26.9	23.4	99.6	94.4	98.2	114.9	74.7	86.9	36.7	27.9	21.1	101.9	103.6	90.5	121.3	75.9	75.9
29.5	24.8	25.0	99.7	99.2	97.7	105.5	84.2	100.8	29.7	25.2	24.3	100.8	101.6	97.0	107.5	84.8	96.2
26.2	24.6	25.4	99.6	99.2	102.3	100.0	93.9	103.3	26.9	24.7	25.8	102.5	100.4	101.6	103.9	92.0	104.6
64.9	63.8	68.2	100.4	100.9	104.4	102.4	98.3	106.9	65.1	64.6	69.4	100.3	101.3	101.8	103.2	99.2	107.5
24.1	24.0	24.6	100.0	108.3	102.1	94.9	99.2	102.8	24.1	24.3	25.8	99.9	101.4	104.6	95.2	100.7	106.1
55.8	51.4	60.5	100.1	104.3	106.8	98.2	92.3	117.6	51.6	53.9	63.2	92.5	104.8	104.4	94.1	104.5	117.2
17.1	17.8	18.0	100.2	98.9	101.5	99.4	104.0	101.1	17.0	17.8	17.9	99.6	100.1	99.4	99.3	104.5	100.5
9.6	10.3	10.9	101.8	99.4	101.6	95.8	107.0	105.4	9.5	10.9	10.7	99.1	105.4	98.6	94.4	113.8	98.6
13.4	14.7	13.9	98.1	96.7	100.7	109.9	109.8	94.6	13.7	14.8	14.4	102.5	100.7	103.2	115.2	107.8	97.0
8.3	9.9	10.2	100.0	100.5	101.7	94.3	119.4	102.8	8.3	10.0	11.4	100.4	101.1	112.1	93.5	120.3	114.0
8.8	10.1	9.6	97.0	101.9	102.6	112.6	115.4	95.3	8.6	10.0	10.4	98.5	99.0	107.7	110.2	116.0	103.6
22.8	26.1	28.5	96.1	101.4	99.1	91.7	114.5	109.3	23.2	26.1	29.5	101.9	100.0	103.5	93.4	112.4	113.1
3.6	3.3	2.8	87.7	86.7	77.2	121.9	91.6	85.3	3.4	2.5	2.0	95.5	76.1	71.9	121.0	72.9	80.7
6.3	6.5	6.1	107.9	100.8	99.3	94.7	103.8	93.2	6.7	6.3	7.5	106.2	97.4	123.8	86.9	95.2	118.5
7.1	6.1	8.4	106.9	87.1	92.5	105.8	85.8	138.0	7.5	6.2	8.1	105.6	101.6	96.6	105.8	82.6	131.1
6.2	5.8	6.5	106.5	93.5	93.6	120.0	93.1	111.7	6.6	6.1	6.4	105.9	104.3	98.5	117.4	91.7	105.5
8.7	9.7	10.2	103.0	101.0	95.3	93.0	111.5	105.2	10.2	10.7	11.4	117.2	110.3	111.6	95.1	104.9	106.4
11.4	12.2	12.8	97.9	98.2	101.6	92.4	107.0	105.3	11.5	12.1	12.8	100.8	99.2	99.6	92.7	105.3	105.7
5.4	5.3	7.0	88.0	100.8	104.2	95.9	96.9	133.7	5.2	5.6	7.3	96.5	106.3	104.4	93.4	106.7	131.4
9.3	11.6	12.0	106.9	94.6	94.1	97.7	124.7	103.8	9.0	11.1	12.1	96.7	95.6	101.1	94.2	123.3	109.8

主要统计指标解释

居民消费价格指数 是反映一定时期内城乡居民所购买的生活消费品价格和服务项目价格变动趋势和程度的相对数，是对城市居民消费价格指数和农村居民消费价格指数进行综合汇总计算的结果。该指数可以观察和分析消费品的零售价格和服务价格变动对城乡居民实际生活费支出的影响程度。

城市居民消费价格指数 是反映一定时期内城市居民家庭所购买的生活消费品价格和服务项目价格变动趋势和程度的相对数。该指数可以观察和分析消费品的零售价格和服务项目价格变动对城镇职工货币工资的影响，作为研究职工生活和确定工资政策的依据。

农村居民消费价格指数 是反映一定时期内农村居民家庭所购买的生活消费品价格和服务项目价格变动趋势和程度的相对数。该指数可以观察农村消费品的零售价格和服务项目价格变动对农村居民生活消费支出的影响，直接反映农民生活水平的实际变化情况，为分析和研究农村居民生活问题提供依据。

商品零售价格指数 是反映一定时期内城乡商品零售价格变动趋势和程度的相对数。商品零售价格的变动直接影响到城乡居民的生活支出和国家的财政收入，影响居民购买力和市场供需的平衡，影响到消费与积累的比例关系。因此，该指数可以从一个侧面对上述经济活动进行观察和分析。

农业生产资料价格指数 指反映一定时期内农业生产资料价格变动趋势和程度的相对数。农业生产资料价格指数分为小农具、饲料、产品畜、役畜、半机械化农具、机械化农具、化学肥料、农药及农药械、农机用油、其他农业生产资料十大类。其编制目的是了解农业生产中物质资料投入价格的变动状况，服务于国民经济核算。1994 年以前，农业生产资料价格指数仅仅是商品零售价格指数的一个类别，此后，从商品零售价格指数中分离出来，单独编制。

农产品生产者价格指数 是反映一定时期内，农产品生产者出售农产品价格水平变动趋势及幅度的相对数。该指数可以客观反映全国农产品生产价格水平和结构变动情况，满足农业与国民经济核算需要。其中某代表品生产价格指数是通过对全部有出售该产品行为的调查单位的个体指数进行几何平均求得的，类价格指数是通过对其所属的类（或代表品）的价格指数进行加权平均求得的。季度累计价格指数的计算方法与分季指数的计算方法相同。

工业生产者出厂价格指数 是反映一定时期内全部工业产品出厂价格总水平的变动趋势和程度的相对数，包括工业企业售给本企业以外所有单位的各种产品和直接售给居民用于生活消费的产品。该指数可以观察出厂价格变动对工业总产值及增加值的影响。

工业生产者购进价格指数 是反映工业企业作为生产投入，而从物资交易市场和能源、原材料生产企业购买原材料、燃料和动力产品时，所支付的价格水平变动趋势和程度的统计指标，是扣除工业企业物质消耗成本中的价格变动影响的重要依据。

目前，我国编制的原材料、燃料和动力购进价格指数所调查的产品包括燃料动力、黑色金属、有色金属、化工、建材等九大类的近 1800 种产品。

固定资产投资价格指数 是反映一定时期内固定资产投资品及项目的价格变动趋势和程度的相对数。固定资产投资额是由建筑安装工程投资完成额、设备工器具购置投资完成额和其他费用投资完成额三部分组成的。编制固定资产投资价格指数应首先分别编制上述三部分投资的价格指数，然后采用加权算术平均法求出固定资产投资价格总指数。

该指数可以准确地反映固定资产投资中涉及的各类投资品和取费项目价格变动趋势和变动幅度，消除按现价计算的固定资产投资指标中的价格变动因素，真实地反映固定资产投资的规模、速度、结构和效益，为国家科学地制定、检查固定资产投资计划并提高宏观调控水平，为完善国民经济核算体系提供科学的、可靠的依据。

房地产价格指数 是反映一定时期内房地产价格变动趋势和程度的相对数，包括新建住宅销售价格指数、二手住宅销售价格指数。

Explanatory Notes on Main Statistical Indicators

Consumer Price Indices reflect the trend and degree of changes in prices of consumer goods and services purchased by urban and rural households during a given period. It can be used to observe and analyze the impact of price changes in consumer goods and services on wages (in monetary terms) of urban and rural staff and workers, and provide basis for policy-making concerning the living cost and wages of staff and workers.

Urban Consumer Price Indices reflect the trend and degree of changes in prices of consumer goods and services purchased by urban households during a given period. It can be used to observe the impact of change in retail prices of consumer goods and service prices in urban areas on the wage of urban workers' money. It provides basis for analysis and research on condition of life in urban areas.

Rural Consumer Price Indices reflect the trend and degree of changes in prices of consumer goods and services purchased by rural households during a given period. It can be used to observe the impact of change in retail prices of consumer goods and service prices in rural areas on living expenditure of rural households, and to show the changes in the living standard of peasants. It provides basis for analysis and research on condition of life in rural areas.

Retail Price Indices reflect the trend and degree of change in retail prices of commodities during a given period. The change in retail prices of commodities directly affect the living expenditure of urban and rural residents, government revenue, purchasing power of residents and the equilibrium of market supply and demand, and the ratio of consumption to accumulation. Therefore, the retail price indices are useful to analyze the changes of the above economic activities.

Price Indices of Means of Agricultural Production reflect the trend and degree of changes in prices of means of agricultural production during a given period. Price indices of means of agricultural production are composed of 10 categories including small farm tools, feeds, domestic animals for meat, draught domestic animals, semi-mechanized farm machinery, mechanized farm machinery, chemical fertilizers, pesticides and spraying machinery, fuels for farm machinery and other means of agricultural production. Compilation of these indices helps to understand the changes in prices of input into agricultural production and facilitate the compilation of national account statistics. Before 1994, price indices of means of agricultural production was a sub-category in the in the retail price indices of commodities, and it has been compiled separately since 1994.

Indices of Producers' Prices for Farm Products reflect the trend and degree of changes in producers' prices received by farmers when they sell farm products during a given period. These indices depict the change in the level and structure of producers' prices of farm products of the country and meet the needs of agriculture statistics and national account statistics. The producers' price index of a given product is calculated through geometrical mean of individual indices of all surveyed units who sell such product, and the indices of a product category is obtained through weighted mean of price indices of all products in the category. Method for calculating accumulative quarterly indices is the same as for calculating the distinctive quarterly indices.

Producer Price Indices for Industrial Producers reflect the trend and degree of changes in general ex-factory prices of all industrial products during a given period, including sales of industrial products by an industrial enterprise to all units outside the enterprise, as well as sales of consumer goods to residents. It can be used to analyze the impact of ex-factory prices on gross output value and value-added of the industrial sector.

Purchasing Price Indices for Industrial Producers reflect changes in the level and degree of prices paid by industrial enterprises when they purchase production input such as raw materials, fuels and power from the market or from other energy or raw materials producing enterprises. These indices provide important basis for measuring the material consumption of industrial enterprises after removing influence of price changes.

At present, close to 1800 products in 9 categories, including fuels and power, ferrous metals, non-ferrous metals, chemicals, building materials, are covered in China for the survey to produce indices of purchasing prices of raw materials, fuels and power.

Price Indices of Investment in Fixed Assets reflect the trend and degree of changes in prices of investment goods and projects in fixed assets during a given period. The investment in fixed assets consists of three components, namely the investment in construction and installation, the investment in purchases of equipment and instrument, and the investment in other items. Price indices of investment in fixed assets are calculated as the weighted arithmetic mean of the price indices of the three components of investment in fixed assets.

Removing the factor of price change in the aggregates of investment at current prices, this indicator shows the changes in the prices of commodities and fees involved in the investment of fixed assets, and can be used to observe the actual size, growth, structure, and efficiency of investment in fixed assets and provides reliable and scientific data for government planning, management, decision-making, and further improving the current national accounting system.

Price Indices for Real Estate reflect the trend and degree of changes in prices of real estate during a given period, including sales price indices of new houses，sales price indices of second-hand housing.

五 全国及各省、市、区主要指标

Chapter 5

Main Statistics of Provinces (autonomous regions, municipalities) in the Whole Country

资料整理：陶　杰　盛　坤　孙胜男
熊承煦　潘　路　李　鹏

附录1　全国及各省市区城镇居民家庭人均可支配收入
Per Capita Disposable Income of Urban Households by Provinces and Regions

单位：元 (yuan)

地　区	Region	2013	2014	2015	2016	2017	2018
全　国	**National**	**26467.0**	**28843.9**	**31194.8**	**33616**	**36396**	**39251**
北　京	Beijing	44563.9	48531.8	52859.2	57275	62406	67990
天　津	Tianjin	28979.8	31506.0	34101.3	37110	40278	42976
河　北	Hebei	22226.7	24141.3	26152.2	28249	30548	32977
山　西	Shanxi	22258.2	24069.4	25827.7	27352	29132	31035
内蒙古	Inner Mongolia	26003.6	28349.6	30594.1	32975	35670	38305
辽　宁	Liaoning	26697.0	29081.7	31125.7	32876	34993	37342
吉　林	Jilin	21331.1	23217.8	24900.9	26530	28319	30172
黑龙江	Heilongjiang	20848.4	22609.0	24202.6	25736	27446	29191
上　海	Shanghai	44873.3	48841.4	52961.9	57692	62596	68034
江　苏	Jiangsu	31585.5	34346.3	37173.5	40152	43622	47200
浙　江	Zhejiang	37079.7	40392.7	43714.5	47237	51261	55574
安　徽	Anhui	22789.3	24838.5	26935.8	29156	31640	34393
福　建	Fujian	28173.9	30722.4	33275.3	36014	39001	42121
江　西	Jiangxi	22119.7	24309.2	26500.1	28673	31198	33819
山　东	Shandong	26882.4	29221.9	31545.3	34012	36789	39549
河　南	Henan	21740.7	23672.1	25575.6	27233	29558	31874
湖　北	Hubei	22667.9	24852.3	27051.5	29386	31889	34455
湖　南	Hunan	24352.0	26570.2	28838.1	31284	33948	36698
广　东	Guangdong	29537.3	32148.1	34757.2	37684	40975	44341
广　西	Guangxi	22689.4	24669.0	26415.9	28324	30502	32436
海　南	Hainan	22411.4	24486.5	26356.4	28453	30817	33349
重　庆	Chongqing	23058.2	25147.2	27238.8	29610	32193	34889
四　川	Sichuan	22227.5	24232.4	26205.3	28335	30727	33216
贵　州	Guizhou	20564.9	22548.2	24579.6	26743	29080	31592
云　南	Yunnan	22460.0	24299.0	26373.2	28611	30996	33488
西　藏	Tibet	20394.5	22015.8	25456.6	27802	30671	33797
陕　西	Shaanxi	22345.9	24365.8	26420.2	28440	30810	33319
甘　肃	Gansu	19873.4	21803.9	23767.1	25693	27763	29957
青　海	Qinghai	20352.4	22306.6	24542.3	26757	29169	31515
宁　夏	Ningxia	21475.7	23284.6	25186.0	27153	29472	31895
新　疆	Xinjiang	21091.5	23214.0	26274.7	28463	30775	32764

附录2 全国及各省市区城镇居民家庭人均可支配收入与支出
Per Capita Disposable Income and Expenditure of Urban Households by Provinces and Regions

单位：元 (yuan)

地 区	Region	人均可支配收入 Per Capita Disposable Income		人均消费支出 Per Capita Consumption Expenditure	
		2017	2018	2017	2018
全 国	**National**	**36396**	**39251**	**24445**	**26112**
北 京	Beijing	62406	67990	40346	42926
天 津	Tianjin	40278	42976	30284	32655
河 北	Hebei	30548	32977	20600	22127
山 西	Shanxi	29132	31035	18404	19790
内蒙古	Inner Mongolia	35670	38305	23638	24437
辽 宁	Liaoning	34993	37342	25379	26448
吉 林	Jilin	28319	30172	20051	22394
黑龙江	Heilongjiang	27446	29191	19270	21035
上 海	Shanghai	62596	68034	42304	46015
江 苏	Jiangsu	43622	47200	27726	29462
浙 江	Zhejiang	51261	55574	31924	34598
安 徽	Anhui	31640	34393	20740	21523
福 建	Fujian	39001	42121	25980	28145
江 西	Jiangxi	31198	33819	19244	20760
山 东	Shandong	36789	39549	23072	24798
河 南	Henan	29558	31874	19422	20989
湖 北	Hubei	31889	34455	21276	23996
湖 南	Hunan	33948	36698	23163	25064
广 东	Guangdong	40975	44341	30198	30924
广 西	Guangxi	30502	32436	18349	20159
海 南	Hainan	30817	33349	20372	22971
重 庆	Chongqing	32193	34889	22759	24154
四 川	Sichuan	30727	33216	21991	23484
贵 州	Guizhou	29080	31592	20348	20788
云 南	Yunnan	30996	33488	19560	21626
西 藏	Tibet	30671	33797	21088	23029
陕 西	Shaanxi	30810	33319	20388	21966
甘 肃	Gansu	27763	29957	20659	22606
青 海	Qinghai	29169	31515	21473	22998
宁 夏	Ningxia	29472	31895	20219	21977
新 疆	Xinjiang	30775	32764	22797	24191

附录3 全国及各省市区农村居民家庭人均可支配收入
Per Capita Disposable Income of Country Households by Provinces and Regions

单位：元 (yuan)

地 区	Region	2013	2014	2015	2016	2017	2018
全 国	**National**	**9429.6**	**10488.9**	**11421.7**	**12363.4**	**13432.4**	**14617.0**
北 京	Beijing	17101.2	18867.3	20568.7	22309.5	24240.5	
天 津	Tianjin	15352.6	17014.2	18481.6	20075.6	21753.7	23065.2
河 北	Hebei	9187.7	10186.1	11050.5	11919.4	12880.9	14030.9
山 西	Shanxi	7949.5	8809.4	9453.9	10082.5	10787.5	11750.0
内蒙古	Inner Mongolia	8984.9	9976.3	10775.9	11609.0	12584.3	13802.6
辽 宁	Liaoning	10161.2	11191.5	12056.9	12880.7	13746.8	14656.3
吉 林	Jilin	9780.7	10780.1	11326.2	12122.9	12950.4	13748.2
黑龙江	Heilongjiang	9369.0	10453.2	11095.2	11831.9	12664.8	13803.7
上 海	Shanghai	19208.3	21191.6	23205.2	25520.4	27825.0	30374.7
江 苏	Jiangsu	13521.3	14958.4	16256.7	17605.6	19158.0	20845.1
浙 江	Zhejiang	17493.9	19373.3	21125.0	22866.1	24955.8	27302.4
安 徽	Anhui	8850.0	9916.4	10820.7	11720.5	12758.2	13996.0
福 建	Fujian	11404.8	12650.2	13792.7	14999.2	16334.8	17821.2
江 西	Jiangxi	9088.8	10116.6	11139.1	12137.7	13241.8	14459.9
山 东	Shandong	10686.9	11882.3	12930.4	13954.1	15117.5	16297.0
河 南	Henan	8969.1	9966.1	10852.9	11696.7	12719.2	13830.7
湖 北	Hubei	9691.8	10849.1	11843.9	12725.0	13812.1	14977.8
湖 南	Hunan	9028.6	10060.2	10992.5	11930.4	12935.8	14092.5
广 东	Guangdong	11067.8	12245.6	13360.4	14512.2	15779.7	17167.7
广 西	Guangxi	7793.1	8683.2	9466.6	10359.5	11325.5	12434.8
海 南	Hainan	8801.7	9912.6	10857.6	11842.9	12901.8	13988.9
重 庆	Chongqing	8492.5	9489.8	10504.7	11548.8	12637.9	13781.2
四 川	Sichuan	8380.7	9347.7	10247.4	11203.1	12226.9	13331.4
贵 州	Guizhou	5897.8	6671.2	7386.9	8090.3	8869.1	9716.1
云 南	Yunnan	6723.6	7456.1	8242.1	9019.8	9862.2	10767.9
西 藏	Tibet	6553.4	7359.2	8243.7	9093.8	10330.2	11449.8
陕 西	Shaanxi	7092.2	7932.2	8688.9	9396.4	10264.5	11212.8
甘 肃	Gansu	5588.8	6276.6	6936.2	7456.9	8076.1	8804.1
青 海	Qinghai	6461.6	7282.7	7933.4	8664.4	9462.3	10393.3
宁 夏	Ningxia	7598.7	8410.0	9118.7	9851.6	10737.9	11707.6
新 疆	Xinjiang	7846.6	8723.8	9425.1	10183.2	11045.3	11974.5

注：北京市不公布2018年农村居民收支数据。
Note:Beijing does not publish the Income and Expenditure of Rural Households in 2018.

附录4 全国及各省市区农村居民家庭人均可支配收入与支出
Per Capita Disposable Income and Expenditure of Country Households by Provinces and Regions

单位：元 (yuan)

地 区	Region	人均可支配收入 Per Capita Disposable Income		人均消费支出 Per Capita Consumption Expenditure	
		2017	2018	2017	2018
全 国	**National**	**13432.4**	**14617.0**	**10954.5**	**12124.3**
北 京	Beijing	24240.5	.	18810.5	.
天 津	Tianjin	21753.7	23065.2	16385.9	16863.3
河 北	Hebei	12880.9	14030.9	10535.9	11382.8
山 西	Shanxi	10787.5	11750.0	8424.0	9172.2
内蒙古	Inner Mongolia	12584.3	13802.6	12184.4	12661.5
辽 宁	Liaoning	13746.8	14656.3	10787.3	11455.0
吉 林	Jilin	12950.4	13748.2	10279.4	10826.2
黑龙江	Heilongjiang	12664.8	13803.7	10523.9	11416.8
上 海	Shanghai	27825.0	30374.7	18089.8	19964.7
江 苏	Jiangsu	19158.0	20845.1	15611.5	16567.0
浙 江	Zhejiang	24955.8	27302.4	18093.4	19706.8
安 徽	Anhui	12758.2	13996.0	11106.1	12748.1
福 建	Fujian	16334.8	17821.2	14003.4	14942.8
江 西	Jiangxi	13241.8	14459.9	9870.4	10885.2
山 东	Shandong	15117.5	16297.0	10342.1	11270.1
河 南	Henan	12719.2	13830.7	9211.5	10392.0
湖 北	Hubei	13812.1	14977.8	11632.5	13946.3
湖 南	Hunan	12935.8	14092.5	11533.6	12720.5
广 东	Guangdong	15779.7	17167.7	13199.6	15411.3
广 西	Guangxi	11325.5	12434.8	9436.6	10617.0
海 南	Hainan	12901.8	13988.9	9599.4	10955.8
重 庆	Chongqing	12637.9	13781.2	10936.1	11976.8
四 川	Sichuan	12226.9	13331.4	11396.7	12723.2
贵 州	Guizhou	8869.1	9716.1	8299.0	9170.2
云 南	Yunnan	9862.2	10767.9	8027.3	9122.9
西 藏	Tibet	10330.2	11449.8	6691.5	7452.1
陕 西	Shaanxi	10264.5	11212.8	9305.6	10070.8
甘 肃	Gansu	8076.1	8804.1	8029.7	9064.6
青 海	Qinghai	9462.3	10393.3	9902.7	10352.4
宁 夏	Ningxia	10737.9	11707.6	9982.1	10789.6
新 疆	Xinjiang	11045.3	11974.5	8712.6	9421.3

注：北京市不公布2018年农村居民收支数据。
Note:Beijing does not publish the Income and Expenditure of Rural Households in 2018.

附录5 湖北与全国主要分类价格指数
Consumer Price Indices by Category in China and Hubei

(上年=100) (preceding year=100)

指 标	Item	2013		2014		2015	
		全国平均 National Average	湖北 HuBei	全国平均 National Average	湖北 HuBei	全国平均 National Average	湖北 HuBei
居民消费价格指数	**Consumer Price Index**	**102.6**	**102.8**	**102.0**	**102.0**	**101.4**	**101.5**
食品烟酒	Food, Tobacco and Liquor						
粮食	Grain	104.6	104.1	103.1	102.8	102.0	101.2
鲜菜	Fresh Vegetables	108.1	104.8	98.5	98.7	107.4	106.7
畜肉	Meal, Poultry and Processed Products						
水产品	Aquatic Products	104.2	105.1	104.4	100.8	101.8	100.1
蛋	Eggs	104.9	106.6	110.4	109.0	93.0	98.0
鲜果	Fresh Fruits	107.1	105.6	118.0	115.3	96.2	99.0
衣着	Clothing	102.3	102.2	102.4	102.0	102.7	102.7
居住	Residence	102.8	103.1	102.0	103.3	100.7	100.6
生活用品及服务	Articles for Daily Use and Services						
交通和通信	Transport and Communication	99.6	99.4	99.9	100.2	98.3	100.2
教育文化和娱乐	Education, Culture and Recreation						
医疗保健	Health Care						
其他用品和服务	Other Supplies and Services						
商品零售价格指数	**Retail Price Index**	**101.4**	**101.8**	**101.0**	**100.9**	**100.1**	**100.5**
食品	Food	104.7	105.2	103.0	102.3	102.2	102.3
饮料、烟酒	Beverages, Tobacco and Liquor	100.7	101.2	99.9	100.2	101.9	102.1
服装、鞋帽	Garments, Shoes and Hats	102.2	101.7	102.4	101.9	102.8	102.4
纺织品	Textiles	101.0	102.3	100.9	102.2	100.6	101.0
家用电器及音像器材	Household Appliances, Music and Video Equipment	98.3	97.9	98.5	98.2	98.9	97.9
文化办公用品	Cultural and Office Appliances	98.6	99.1	99.0	98.8	99.6	99.9
日用品	Articles for Daily Use	100.8	101.0	100.5	100.9	100.6	100.5
体育娱乐用品	Sports and Recreation Articles	100.7	100.5	100.5	100.1	100.6	100.2
交通、通信用品	Transport and Communication Appliances	97.3	93.5	98.6	96.3	98.3	97.6
家具	Furniture	101.2	100.8	101.5	101.1	101.1	99.9
化妆品	Cosmetics	101.5	102.0	100.8	100.5	100.6	100.0
金银珠宝	Gold, Silver and Jewelry	91.9	92.3	91.6	91.8	93.3	92.5
中西药品及医疗保健用品	Traditional Chinese and Western Medicines and Health Care Articles	101.3	102.7	101.7	101.6	102.4	103.3
书报杂志及电子出版物	Books, Newspapers, Magazines and Electronic Publications	101.3	101.7	101.1	100.8	102.6	101.4
燃料	Fuels	99.9	100.5	99.2	99.7	87.7	89.9
建筑材料及五金电料	Building Materials and Hardware	100.5	101.3	100.4	101.1	99.1	99.7
农业生产资料价格指数	**Price Index of Means of Agricultural Production**	**101.4**	**103.1**	**99.1**	**97.9**	**100.4**	**100.4**

附录5　续表　continued

(上年=100)　　(preceding year=100)

指　　标	Item	2016		2017		2018	
		全国平均 National Average	湖北 HuBei	全国平均 National Average	湖北 HuBei	全国平均 National Average	湖北 HuBei
居民消费价格指数	**Consumer Price Index**	**102.0**	**102.2**	**101.6**	**101.5**	**102.1**	**101.9**
食品烟酒	Food, Tobacco and Liquor	103.8	104.0	99.6	99.4	101.9	101.8
粮食	Grain	100.5	100.7	101.5	101.9	100.8	100.9
鲜菜	Fresh Vegetables	111.7	116.2	91.9	91.5	107.1	107.3
畜肉	Meal, Poultry and Processed Products	111.0	111.2	95.0	93.9	96.2	96.3
水产品	Aquatic Products	104.6	106.4	104.4	105.9	102.3	98.6
蛋	Eggs	96.8	97.6	96.0	97.6	112.0	110.1
鲜果	Fresh Fruits	97.4	97.7	103.8	101.4	105.6	108.2
衣着	Clothing	101.4	102.3	101.3	100.8	101.2	100.8
居住	Residence	101.6	102.8	102.6	102.0	102.4	102.5
生活用品及服务	Articles for Daily Use and Services	100.5	100.4	101.1	100.6	101.6	101.3
交通和通信	Transport and Communication	98.7	97.2	101.1	101.0	101.7	102.2
教育文化和娱乐	Education, Culture and Recreation	101.6	102.2	102.4	101.7	102.2	101.5
医疗保健	Health Care	103.8	101.9	106.0	110.6	104.3	103.5
其他用品和服务	Other Supplies and Services	102.8	102.8	102.4	101.6	101.2	100.6
商品零售价格指数	**Retail Price Index**	**100.7**	**100.8**	**101.1**	**100.3**	**101.9**	**101.2**
食品	Food	103.9	104.7	99.4	98.9	102.1	101.9
饮料、烟酒	Beverages, Tobacco and Liquor	101.2	101.3	100.9	100.8	101.5	101.0
服装、鞋帽	Garments, Shoes and Hats	101.3	101.9	101.1	100.6	101.3	100.6
纺织品	Textiles	100.5	101.1	100.4	99.7	100.8	99.7
家用电器及音像器材	Household Appliances, Music and Video Equipment	98.2	98.0	99.8	98.8	99.5	99.0
文化办公用品	Cultural and Office Appliances	98.9	99.7	99.6	98.9	100.0	98.9
日用品	Articles for Daily Use	100.2	100.7	100.5	100.4	101.1	100.8
体育娱乐用品	Sports and Recreation Articles	100.4	101.5	100.6	99.7	100.8	101.2
交通、通信用品	Transport and Communication Appliances	97.8	95.3	98.5	97.9	98.6	98.1
家具	Furniture	100.7	100.6	102.0	102.9	102.5	103.1
化妆品	Cosmetics	101.1	102.0	101.2	102.1	101.0	101.6
金银珠宝	Gold, Silver and Jewelry	106.8	107.3	101.9	101.5	97.9	97.2
中西药品及医疗保健用品	Traditional Chinese and Western Medicines and Health Care Articles	104.1	103.4	105.4	102.9	104.5	102.3
书报杂志及电子出版物	Books, Newspapers, Magazines and Electronic Publications	101.3	99.5	101.7	100.7	103.5	100.4
燃料	Fuels	97.0	96.4	108.4	106.2	109.7	108.2
建筑材料及五金电料	Building Materials and Hardware	100.3	101.3	102.1	101.4	102.8	102.1
农业生产资料价格指数	**Price Index of Means of Agricultural Production**	**100.1**	**100.3**	**100.6**	**100.9**	**103.1**	**100.9**

附录6　全国及各省市区居民消费价格指数
Consumer Price Indices by Provinces and Regions

(上年=100)　　(preceding year=100)

地区	Region	2013		2014		2015		2016		2017		2018	
		指数 Index	排位 Rank	指数 Index	排位 Rank	指数 Index	排位 Rank	指数 Index	排位 Rank	指数 Index	排位 Rank	指数 Index	排位 Rank
全国平均	**National Average**	**102.6**		**102.0**		**101.4**		**102.0**		**101.6**		**102.1**	
北京	Beijing	103.3	5	101.6	26	101.8	5	101.4	25	101.9	6	102.5	1
天津	Tianjin	103.1	8	101.9	17	101.7	7	102.1	7	102.1	3	102.0	16
河北	Hebei	103.0	11	101.7	23	100.9	29	101.5	21	101.7	7	102.4	6
山西	Shanxi	103.1	8	101.7	23	100.6	30	101.1	31	101.1	28	101.8	24
内蒙古	Inner Mongolia	103.2	6	101.6	26	101.1	24	101.2	30	101.7	7	101.8	24
辽宁	Liaoning	102.4	24	101.7	23	101.4	17	101.6	18	101.4	20	102.5	1
吉林	Jilin	102.9	13	102.0	14	101.7	7	101.6	18	101.6	11	102.1	13
黑龙江	Heilongjiang	102.2	29	101.5	31	101.1	24	101.5	21	101.3	25	102.0	16
上海	Shanghai	102.3	26	102.7	3	102.4	2	103.2	1	101.7	7	101.6	29
江苏	Jiangsu	102.3	26	102.2	9	101.7	7	102.3	4	101.7	7	102.3	7
浙江	Zhejiang	102.3	26	102.1	10	101.4	17	101.9	10	102.1	3	102.3	7
安徽	Anhui	102.4	24	101.6	26	101.3	20	101.8	14	101.2	26	102.0	16
福建	Fujian	102.5	20	102.0	14	101.7	7	101.7	17	101.2	26	101.5	31
江西	Jiangxi	102.5	20	102.3	7	101.5	12	102.0	9	102.0	5	102.1	13
山东	Shandong	102.2	29	101.9	17	101.2	23	102.1	7	101.5	16	102.5	1
河南	Henan	102.9	13	101.9	17	101.3	20	101.9	10	101.4	20	102.3	7
湖北	Hubei	102.8	15	102.0	14	101.5	12	102.2	6	101.5	16	101.9	23
湖南	Hunan	102.5	19	101.9	17	101.4	17	101.9	10	101.4	20	102.0	16
广东	Guangdong	102.5	20	102.3	7	101.5	12	102.3	4	101.5	16	102.2	12
广西	Guangxi	102.2	29	102.1	10	101.5	12	101.6	18	101.6	11	102.3	7
海南	Hainan	102.8	15	102.4	4	101.0	27	102.8	2	102.8	1	102.5	1
重庆	Chongqing	102.7	18	101.8	22	101.3	20	101.8	14	101.0	29	102.0	16
四川	Sichuan	102.8	15	101.6	26	101.5	12	101.9	10	101.4	20	101.7	27
贵州	Guizhou	102.5	20	102.4	4	101.8	5	101.4	25	100.9	30	101.8	24
云南	Yunnan	103.1	8	102.4	4	101.9	4	101.5	21	100.9	30	101.6	29
西藏	Tibet	103.6	3	102.9	1	102.0	3	102.5	3	101.6	11	101.7	27
陕西	Shaanxi	103.0	11	101.6	26	101.0	27	101.3	28	101.6	11	102.1	13
甘肃	Gansu	103.2	7	102.1	10	101.6	11	101.3	28	101.4	20	102.0	16
青海	Qinghai	103.9	1	102.8	2	102.6	1	101.8	14	101.5	16	102.5	1
宁夏	Ningxia	103.4	4	101.9	17	101.1	24	101.5	21	101.6	11	102.3	7
新疆	Xinjiang	103.9	2	102.1	10	100.6	30	101.4	25	102.2	2	102.0	16

附录7 全国及各省市区商品零售价格指数
Retail Price Indices by Provinces and Regions

(上年=100) (preceding year=100)

地区	Region	2013 指数 Index	2013 排位 Rank	2014 指数 Index	2014 排位 Rank	2015 指数 Index	2015 排位 Rank	2016 指数 Index	2016 排位 Rank	2017 指数 Index	2017 排位 Rank	2018 指数 Index	2018 排位 Rank
全国平均	**National Average**	**101.4**		**101.0**		**100.1**		**100.7**		**101.1**		**101.9**	
北京	Beijing	99.8	31	99.1	31	98.5	31	98.1	31	99.2	31	101.1	28
天津	Tianjin	101.7	14	100.9	19	100.3	11	100.5	23	100.8	23	101.6	17
河北	Hebei	102.2	8	101.0	15	100.2	12	101.2	5	101.4	6	102.2	7
山西	Shanxi	101.8	10	100.6	28	99.3	30	100.5	23	101.3	11	101.7	15
内蒙古	Inner Mongolia	102.6	4	100.7	26	100.5	7	100.6	21	101.2	16	101.6	17
辽宁	Liaoning	101.6	17	101.0	15	100.5	7	101.0	7	100.7	26	101.4	24
吉林	Jilin	101.6	17	101.2	9	99.8	23	101.3	2	101.4	6	102.4	5
黑龙江	Heilongjiang	101.1	26	100.8	25	100.1	16	101.1	6	99.9	30	101.1	28
上海	Shanghai	100.2	30	100.9	19	101.1	2	100.8	12	100.9	20	101.6	17
江苏	Jiangsu	101.4	22	101.6	4	100.6	6	100.8	12	101.9	2	102.6	3
浙江	Zhejiang	101.0	28	100.9	19	99.9	20	101.0	7	101.4	6	102.1	9
安徽	Anhui	101.3	24	100.4	30	99.7	27	100.8	12	101.7	4	101.9	13
福建	Fujian	101.1	26	101.1	14	99.9	20	100.7	18	100.6	27	101.5	21
江西	Jiangxi	101.5	19	101.2	9	100.5	7	100.6	21	101.0	19	101.0	30
山东	Shandong	101.4	22	101.0	15	100.2	12	101.3	2	100.8	23	102.2	7
河南	Henan	101.9	9	101.0	15	99.8	23	100.3	28	101.3	11	102.9	1
湖北	Hubei	101.8	10	100.9	19	100.5	7	100.8	12	100.3	29	101.2	26
湖南	Hunan	101.7	14	101.2	9	99.9	20	101.0	7	101.3	11	102.3	6
广东	Guangdong	101.0	28	101.4	7	99.6	28	100.8	12	101.6	5	102.1	9
广西	Guangxi	101.2	25	101.4	7	100.1	16	100.4	26	101.2	16	101.6	17
海南	Hainan	101.5	19	101.2	9	99.8	23	101.0	7	102.0	1	102.5	4
重庆	Chongqing	101.8	10	100.9	19	100.2	12	101.3	2	100.8	23	101.2	26
四川	Sichuan	101.7	14	100.6	28	100.2	12	100.8	12	100.5	28	101.4	24
贵州	Guizhou	101.5	19	101.2	9	100.1	16	100.2	30	100.9	20	101.8	14
云南	Yunnan	102.6	5	101.6	4	100.8	5	100.7	18	101.3	11	101.5	21
西藏	Tibet	103.0	2	102.2	1	101.4	1	102.1	1	101.4	6	101.5	21
陕西	Shaanxi	101.8	10	100.7	26	99.8	23	100.3	28	101.3	11	102.1	9
甘肃	Gansu	102.6	5	101.7	2	101.0	3	100.9	11	101.4	6	101.7	15
青海	Qinghai	102.7	3	101.5	6	101.0	3	100.4	26	101.2	16	102.1	9
宁夏	Ningxia	102.4	7	100.9	19	100.1	16	100.7	18	101.8	3	102.9	1
新疆	Xinjiang	103.3	1	101.7	2	99.6	28	100.5	23	100.9	20	100.9	31

附录8 全国和36个大中城市居民消费价格指数
Price Indices of Consumer in China and 36 Large and Medium-sized Cities

(上年=100) (preceding year=100)

地区	Region	2013		2014		2015		2016		2017		2018	
		指数 Index	排位 Rank	指数 Index	排位 Rank	指数 Index	排位 Rank	指数 Index	排位 Rank	指数 Index	排位 Rank	指数 Index	排位 Rank
全国平均	**National Average**	**102.7**		**102.1**		**101.7**		**102.2**		**101.8**		**102.2**	
北京	Beijing	103.3	8	101.6	32	101.8	10	101.4	29	101.9	14	102.5	6
天津	Tianjin	103.1	10	101.9	27	101.7	14	102.1	15	102.1	6	102.0	21
石家庄	Shijiazhuang	102.9	14	102.0	20	101.0	33	101.6	27	101.4	25	102.3	13
太原	Taiyuan	103.1	10	102.2	12	100.4	36	101.2	33	101.8	17	101.8	28
呼和浩特	Hohhot	103.8	2	101.2	36	101.8	10	101.4	29	101.4	25	102.1	19
沈阳	Shenyang	102.5	26	102.2	12	101.2	27	101.7	23	101.4	25	103.0	1
大连	Dalian	102.5	26	102.0	20	101.6	17	101.9	19	102.1	6	103.0	1
长春	Changchun	103.0	13	102.2	12	101.3	24	101.4	29	101.3	32	102.0	21
哈尔滨	Harbin	102.1	35	102.0	20	101.4	21	101.8	21	101.6	23	102.5	6
上海	Shanghai	102.3	31	102.7	5	102.4	2	103.2	1	101.7	21	101.6	33
南京	Nanjing	102.7	19	102.6	8	102.0	7	102.7	3	101.9	14	102.4	9
杭州	Hangzhou	102.5	26	102.0	20	101.8	10	102.6	6	102.5	3	102.3	13
宁波	Ningbo	102.2	34	101.9	27	101.8	10	102.1	15	101.8	17	102.2	16
合肥	Hefei	102.7	19	102.0	20	101.6	17	102.6	6	101.4	25	102.0	21
福州	Fuzhou	102.6	24	101.7	31	101.4	21	102.5	9	101.4	25	101.5	34
厦门	Xiamen	102.3	31	102.2	12	101.7	14	101.7	23	102.0	9	101.8	28
南昌	Nanchang	102.3	31	102.5	10	101.6	17	102.1	15	102.1	6	102.3	13
济南	Jinan	102.8	16	102.2	12	101.9	8	102.7	3	102.0	9	102.6	5
青岛	Qingdao	102.5	26	102.6	8	101.2	27	102.5	9	102.0	9	102.1	19
郑州	Zhengzhou	102.8	16	102.0	20	101.1	30	102.3	13	101.8	17	102.4	9
武汉	Wuhan	102.4	30	101.9	27	101.4	21	102.4	11	101.9	14	101.9	26
长沙	Changsha	102.8	16	102.7	5	101.1	30	101.9	19	101.3	32	102.0	21
广州	Guangzhou	102.6	24	102.3	11	101.7	14	102.7	3	102.3	4	102.4	9
深圳	Shenzhen	102.7	19	102.0	20	102.2	5	102.4	11	101.4	25	102.8	3
南宁	Nanning	102.1	35	101.6	32	101.9	8	101.4	29	102.3	4	102.5	6
海口	Haikou	102.9	14	102.2	12	101.2	27	103.0	2	103.3	1	102.4	9
重庆	Chongqing	102.7	19	101.8	30	101.3	24	101.8	21	101.0	34	102.0	21
成都	Chengdu	103.1	10	101.3	35	101.1	30	102.2	14	102.0	9	101.4	35
贵阳	Guiyang	103.2	9	102.7	5	102.3	4	101.1	34	101.0	34	101.7	30
昆明	Kunming	103.9	1	103.1	1	102.4	2	101.7	23	100.5	36	101.7	30
拉萨	Lasa	103.4	7	103.0	2	102.2	5	102.6	6	101.4	25	101.1	36
西安	Xi'an	102.7	19	101.4	34	100.7	34	100.9	35	102.0	9	101.9	26
兰州	Lanzhou	103.5	4	102.2	12	101.3	24	100.8	36	101.5	24	101.7	30
西宁	Xining	103.8	2	102.8	3	102.5	1	102.1	15	101.8	17	102.7	4
银川	Yinchuan	103.5	4	102.1	19	101.6	17	101.7	23	101.7	21	102.2	16
乌鲁木齐	Urumqi	103.5	4	102.8	3	100.7	34	101.5	28	102.8	2	102.2	16

附录9 全国和36个大中城市商品零售价格指数

Price Indices of Retail in China and 36 Large and Medium-sized Cities

(上年=100) (preceding year=100)

地区	Region	2013 指数 Index	2013 排位 Rank	2014 指数 Index	2014 排位 Rank	2015 指数 Index	2015 排位 Rank	2016 指数 Index	2016 排位 Rank	2017 指数 Index	2017 排位 Rank	2018 指数 Index	2018 排位 Rank
全国平均	**National Average**	**101.0**		**100.8**		**99.8**		**100.7**		**100.9**		**101.7**	
北京	Beijing	99.8	36	99.1	35	98.5	36	98.1	36	99.2	36	101.1	29
天津	Tianjin	101.7	11	100.9	21	100.3	9	100.5	27	100.8	27	101.6	22
石家庄	Shijiazhuang	102.1	7	101.2	11	100.2	11	101.7	5	100.9	24	101.9	15
太原	Taiyuan	101.3	19	100.7	26	98.6	35	100.8	15	101.7	4	101.7	18
呼和浩特	Hohhot	101.9	8	98.6	36	99.5	26	101.1	12	101.2	16	101.6	22
沈阳	Shenyang	101.6	14	101.3	10	100.0	18	100.6	24	101.0	20	101.7	18
大连	Dalian	101.0	27	101.0	19	99.5	26	102.0	2	101.5	9	101.5	25
长春	Changchun	101.3	19	101.2	11	99.1	32	101.2	10	101.2	16	102.9	2
哈尔滨	Harbin	101.2	23	101.5	8	100.2	11	101.6	6	99.7	34	100.7	34
上海	Shanghai	100.2	35	100.9	21	101.1	2	100.8	15	100.9	24	101.6	22
南京	Nanjing	101.2	23	102.0	4	100.6	4	100.5	27	101.6	8	102.8	3
杭州	Hangzhou	101.5	16	100.8	24	100.2	11	101.5	7	101.0	20	102.0	12
宁波	Ningbo	101.0	27	100.3	33	100.4	7	101.8	4	101.1	19	102.1	11
合肥	Hefei	101.2	23	100.3	33	99.5	26	100.8	15	102.3	1	101.7	18
福州	Fuzhou	101.0	27	100.6	30	99.4	30	100.7	22	100.3	32	101.5	25
厦门	Xiamen	100.4	34	100.7	26	100.0	18	100.0	33	100.8	27	101.8	16
南昌	Nanchang	101.3	19	101.1	17	100.5	6	100.4	29	101.0	20	100.8	33
济南	Jinan	101.3	19	101.2	11	100.3	9	100.8	15	101.0	20	102.6	5
青岛	Qingdao	101.4	17	102.3	2	100.0	18	102.0	2	100.8	27	101.8	16
郑州	Zhengzhou	101.4	17	101.1	17	99.0	34	100.2	31	101.7	4	103.6	1
武汉	Wuhan	100.9	30	100.5	31	100.0	18	101.3	8	100.1	33	101.4	27
长沙	Changsha	101.2	23	101.7	7	99.6	25	100.9	13	101.4	12	102.5	6
广州	Guangzhou	100.5	33	101.5	8	99.1	32	101.2	10	102.0	2	102.2	9
深圳	Shenzhen	100.7	32	101.0	19	99.7	22	100.3	30	101.5	9	102.0	12
南宁	Nanning	100.8	31	100.7	26	100.4	7	99.8	34	100.9	24	101.1	29
海口	Haikou	101.6	14	101.2	11	100.2	11	100.9	13	101.7	4	102.4	7
重庆	Chongqing	101.8	10	100.9	21	100.2	11	101.3	8	100.8	27	101.2	28
成都	Chengdu	101.7	11	100.4	32	99.5	26	100.8	15	99.4	35	100.7	34
贵阳	Guiyang	101.9	8	101.2	11	99.7	22	99.5	35	101.4	12	102.3	8
昆明	Kunming	102.5	4	101.8	5	100.7	3	100.8	15	101.3	15	101.1	29
拉萨	Lasa	103.5	2	102.3	2	101.5	1	102.4	1	101.2	16	101.1	29
西安	Xi'an	101.7	11	100.7	26	99.7	22	100.1	32	101.7	4	102.2	9
兰州	Lanzhou	102.7	3	101.8	5	100.6	4	100.7	22	101.8	3	101.7	18
西宁	Xining	102.5	4	101.2	11	100.2	11	100.6	24	101.4	12	102.0	12
银川	Yinchuan	102.3	6	100.8	24	100.2	11	100.8	15	101.5	9	102.7	4
乌鲁木齐	Urumqi	103.5	1	102.4	1	99.4	30	100.6	24	100.7	31	100.5	36

附录10 全国及各省市区工业生产者出厂价格指数(2018年)
Producer Price Indices for Industrial Products by Provinces and Regions(2018)

(上年同月=100) (same month of preceding year=100)

地 区	Region	全年 Annual Year	1 月 January	2 月 February	3 月 March	4 月 April	5 月 May	6 月 June	7 月 July	8 月 August	9 月 September	10 月 October	11 月 November	12 月 December
全 国	**National**	**103.5**	**104.3**	**103.7**	**103.1**	**103.4**	**104.1**	**104.7**	**104.6**	**104.1**	**103.6**	**103.3**	**102.7**	**100.9**
北 京	Beijing	100.0	100.0	100.0	99.6	99.3	99.6	100.1	100.5	100.6	100.6	100.3	100.1	99.5
天 津	Tianjin	105.4	106.3	104.8	104.8	105.9	107.1	108.1	107.9	106.1	105.8	105.6	103.2	99.7
河 北	Hebei	106.2	109.3	107.5	106.1	107.7	108.4	109.3	107.5	105.6	105.1	105.2	104.0	100.1
山 西	Shanxi	106.7	107.5	107.3	106.8	105.7	105.9	108.6	108.4	107.6	106.2	105.5	106.4	104.5
内蒙古	Inner Mongolia	103.2	104.8	104.0	103.3	103.0	104.0	105.0	104.7	103.7	102.3	101.2	101.9	100.3
辽 宁	Liaoning	104.8	106.1	105.8	105.0	105.1	105.8	106.3	106.4	105.3	104.5	104.2	103.3	100.7
吉 林	Jilin	102.8	102.2	102.3	102.2	102.8	103.8	104.0	103.7	103.2	103.3	103.1	102.1	100.4
黑龙江	Heilongjiang	109.0	105.7	105.6	103.5	106.5	108.9	112.1	114.8	113.2	114.0	113.6	108.7	102.4
上 海	Shanghai	101.7	102.5	102.0	101.2	101.2	101.8	102.6	102.7	102.3	101.9	101.6	101.0	99.9
江 苏	Jiangsu	102.8	103.6	102.7	102.2	102.5	103.4	103.9	103.7	103.4	103.0	102.6	102.0	100.5
浙 江	Zhejiang	103.4	104.1	103.5	103.0	103.4	104.3	104.7	104.4	104.1	103.7	103.0	102.2	100.9
安 徽	Anhui	103.0	104.3	103.6	103.2	103.6	103.9	104.3	103.9	103.1	102.5	102.3	101.6	100.1
福 建	Fujian	102.8	102.4	101.9	101.5	101.3	102.1	102.6	103.3	103.9	104.1	104.1	103.6	102.4
江 西	Jiangxi	104.2	107.7	106.2	105.2	105.2	106.1	106.2	105.2	103.8	102.3	101.8	101.5	100.2
山 东	Shandong	103.7	104.4	103.9	103.5	103.6	104.4	104.9	104.9	104.2	103.8	103.6	102.4	100.6
河 南	Henan	103.6	105.2	104.6	104.5	104.2	104.5	104.7	104.1	103.3	102.6	102.4	102.1	100.9
湖 北	Hubei	104.2	105.0	104.4	103.8	103.9	104.6	105.1	105.2	104.7	104.2	104.3	103.7	102.1
湖 南	Hunan	103.2	103.7	103.5	103.2	103.3	103.7	104.2	104.2	103.7	103.1	102.8	102.4	101.1
广 东	Guangdong	101.8	101.4	100.7	100.4	100.8	101.2	101.7	102.3	102.7	102.9	102.8	102.7	101.8
广 西	Guangxi	103.2	103.9	103.3	102.9	103.7	104.8	104.9	104.7	103.9	103.0	102.5	102.1	99.5
海 南	Hainan	108.2	106.5	106.1	104.9	105.7	108.2	109.9	110.6	112.4	112.8	112.3	107.7	102.3
重 庆	Chongqing	102.1	103.0	102.3	101.9	101.6	102.0	102.3	102.4	102.3	102.1	101.9	101.7	101.3
四 川	Sichuan	103.6	106.2	105.3	104.4	104.2	104.3	104.2	104.1	103.7	102.8	102.3	101.6	100.9
贵 州	Guizhou	101.8	100.6	100.8	101.5	101.2	101.7	103.0	103.5	103.1	101.7	101.1	102.2	101.8
云 南	Yunnan	102.4	104.1	103.6	102.8	102.5	103.1	103.6	103.3	102.1	101.4	101.1	100.9	100.3
西 藏	Tibet	100.1	100.5	101.6	99.5	100.2	101.5	101.5	100.7	99.4	100.3	99.7	98.4	98.6
陕 西	Shaanxi	105.4	104.1	103.9	104.2	104.3	105.0	106.8	107.4	106.9	107.0	106.7	106.1	102.9
甘 肃	Gansu	109.5	110.2	109.3	107.2	109.7	112.5	114.3	113.6	110.2	108.8	109.2	109.1	101.3
青 海	Qinghai	104.8	108.9	108.5	105.8	106.3	106.9	107.8	107.8	104.7	102.9	101.9	99.8	98.1
宁 夏	Ningxia	107.3	110.6	110.0	107.6	107.1	108.3	108.9	108.6	107.6	106.4	105.7	104.9	102.3
新 疆	Xinjiang	111.2	109.9	109.2	105.8	109.7	112.2	115.0	116.7	115.4	114.4	114.9	109.6	102.7

附录11 全国及各省市区工业生产者购进价格指数(2018年)
Purchasing Price Indices for Industrial Producers by Provinces and Regions(2018)

(上年同月=100) (same month of preceding year=100)

地 区	Region	全年 Annual Year	1 月 January	2 月 February	3 月 March	4 月 April	5 月 May	6 月 June	7 月 July	8 月 August	9 月 September	10 月 October	11 月 November	12 月 December
全 国	**National**	**104.1**	**105.2**	**104.4**	**103.7**	**103.7**	**104.3**	**105.1**	**105.2**	**104.8**	**104.2**	**104.0**	**103.3**	**101.6**
北 京	Beijing	100.8	100.8	100.5	100.0	100.3	100.4	100.7	100.9	101.2	101.4	100.9	101.2	100.9
天 津	Tianjin	106.2	108.0	106.9	106.1	106.0	106.5	107.8	107.9	107.0	106.2	105.7	104.7	101.7
河 北	Hebei	104.0	105.6	104.7	103.0	103.0	103.4	104.9	104.7	104.2	103.4	104.4	104.5	102.2
山 西	Shanxi	105.5	107.0	106.7	106.5	105.6	105.6	107.1	106.8	106.0	104.4	103.4	103.9	103.1
内蒙古	Inner Mongolia	102.4	103.8	103.4	102.8	102.3	102.7	103.0	102.7	102.0	101.6	101.6	101.2	101.2
辽 宁	Liaoning	104.5	105.0	104.9	103.8	103.8	104.3	105.4	105.7	105.1	104.7	104.7	104.3	102.0
吉 林	Jilin	103.5	103.8	103.6	103.0	103.6	104.0	104.6	104.4	103.9	104.0	103.8	102.8	100.3
黑龙江	Heilongjiang	109.0	106.7	106.2	104.3	106.4	108.9	111.5	114.1	112.7	113.0	112.9	108.8	103.0
上 海	Shanghai	105.2	105.4	103.8	102.8	103.1	103.9	105.9	107.2	107.2	106.9	107.0	106.5	102.6
江 苏	Jiangsu	104.6	106.4	105.3	104.3	104.7	105.3	106.0	105.8	105.3	104.6	104.1	102.8	100.6
浙 江	Zhejiang	105.1	106.7	105.6	104.6	104.6	105.6	106.6	106.7	106.1	105.3	104.6	103.4	101.2
安 徽	Anhui	105.3	107.1	106.8	106.5	105.5	105.9	106.7	106.5	105.4	104.5	103.6	103.0	102.0
福 建	Fujian	102.8	103.3	102.5	101.9	101.6	102.2	102.9	103.9	104.2	103.8	103.2	102.9	101.2
江 西	Jiangxi	103.2	104.6	103.9	103.0	103.3	104.0	104.2	104.2	103.5	102.4	102.3	102.1	100.7
山 东	Shandong	103.6	104.6	103.7	103.1	103.4	104.1	104.8	104.7	104.2	103.6	103.5	102.8	101.3
河 南	Henan	104.0	105.1	104.4	103.8	104.2	105.1	105.2	104.7	104.8	103.9	103.2	102.5	101.8
湖 北	Hubei	104.8	105.5	104.6	104.0	103.9	105.1	106.1	106.0	106.1	105.1	104.9	104.4	101.9
湖 南	Hunan	103.5	104.6	103.8	103.5	103.3	104.0	104.3	104.2	103.7	103.1	102.9	102.8	101.7
广 东	Guangdong	102.5	102.9	102.5	101.9	101.1	101.3	102.7	103.0	103.1	102.9	103.4	102.9	101.6
广 西	Guangxi	103.4	104.7	103.5	103.1	102.8	103.3	104.1	104.3	103.6	103.3	103.3	102.7	101.6
海 南	Hainan	110.8	102.9	104.8	104.5	104.9	106.7	111.2	116.4	114.9	114.6	118.6	118.1	112.4
重 庆	Chongqing	102.5	103.2	102.5	102.3	102.4	102.6	102.9	102.8	102.8	102.5	102.2	102.0	101.5
四 川	Sichuan	105.3	107.5	106.9	106.1	105.4	105.9	105.9	106.1	105.4	104.3	104.0	103.8	102.9
贵 州	Guizhou	103.4	103.7	102.3	102.4	103.0	103.7	104.1	104.8	104.4	104.1	103.2	102.9	102.2
云 南	Yunnan	104.4	105.1	105.0	106.0	105.5	106.0	106.0	105.3	104.5	103.7	103.3	101.7	101.0
西 藏	Tibet													
陕 西	Shaanxi	104.2	104.0	103.4	102.6	104.1	104.3	105.1	105.5	105.1	104.8	104.7	104.3	103.0
甘 肃	Gansu	109.8	110.9	110.3	107.1	107.9	110.1	112.5	113.8	111.5	111.6	111.1	108.0	103.2
青 海	Qinghai	104.5	105.9	107.0	105.4	106.5	105.8	105.1	106.3	103.9	102.8	104.6	101.2	99.4
宁 夏	Ningxia	106.5	107.0	106.9	106.0	106.2	106.1	106.9	108.7	107.8	107.1	106.3	106.1	103.1
新 疆	Xinjiang	109.2	112.7	110.6	107.8	108.3	109.2	110.0	110.5	109.7	109.7	110.4	108.2	104.1

附录12 全国及各省市区工业生产者出厂价格指数
Producer Price Indices for Industrial Products by Provinces and Regions

(上年=100) (preceding year=100)

地 区	Region	2013	2014	2015	2016	2017	2018
全 国	**National**	**98.1**	**98.1**	**94.8**	**98.6**	**106.3**	**103.5**
北 京	Beijing	97.4	99.1	96.9	98.1	100.7	100.0
天 津	Tianjin	97.0	96.3	90.3	97.9	108.4	105.4
河 北	Hebei	96.6	95.2	89.1	99.9	115.0	106.2
山 西	Shanxi	90.7	91.4	87.7	96.8	119.4	106.7
内蒙古	Inner Mongolia	97.0	97.3	94.0	98.9	110.6	103.2
辽 宁	Liaoning	99.0	98.2	93.9	98.8	108.1	104.8
吉 林	Jilin	98.7	99.1	95.3	98.4	103.1	102.8
黑龙江	Heilongjiang	98.0	97.1	86.0	95.1	109.3	109.0
上 海	Shanghai	98.2	98.9	96.1	98.8	103.5	101.7
江 苏	Jiangsu	98.0	98.3	95.3	98.1	104.8	102.8
浙 江	Zhejiang	98.2	98.8	96.4	98.3	104.8	103.4
安 徽	Anhui	98.2	97.4	93.9	98.5	108.0	103.0
福 建	Fujian	98.4	98.6	97.0	99.1	104.1	102.8
江 西	Jiangxi	98.5	97.8	93.7	98.6	107.9	104.2
山 东	Shandong	98.4	98.4	95.2	98.5	105.5	103.7
河 南	Henan	98.5	98.1	95.4	99.0	106.8	103.6
湖 北	Hubei	99.2	98.4	96.7	99.0	105.6	104.2
湖 南	Hunan	98.5	98.4	96.3	98.9	105.8	103.2
广 东	Guangdong	98.8	98.9	96.8	99.4	103.3	101.8
广 西	Guangxi	98.2	98.4	97.0	99.1	107.6	103.2
海 南	Hainan	99.5	97.6	89.8	96.0	108.8	108.2
重 庆	Chongqing	98.0	98.3	97.2	98.6	104.1	102.1
四 川	Sichuan	98.7	98.7	96.4	98.9	106.5	103.6
贵 州	Guizhou	97.4	98.3	96.1	97.9	107.2	101.8
云 南	Yunnan	97.5	97.8	94.9	97.6	105.2	102.4
西 藏	Tibet	99.8	99.0	93.2	102.9	110.0	100.1
陕 西	Shaanxi	97.3	97.1	90.8	97.6	110.8	105.4
甘 肃	Gansu	96.9	96.7	87.0	94.9	114.5	109.5
青 海	Qinghai	97.0	96.1	93.1	98.5	116.7	104.8
宁 夏	Ningxia	96.0	96.3	93.7	99.1	112.1	107.3
新 疆	Xinjiang	96.5	96.2	82.4	94.5	113.7	111.2

附录13　全国及各省市区固定资产投资价格指数(2018年)
Price Indices of Investment in Fixed Assets by Provinces and Regions(2018)

(上年＝100)　　(preceding year=100)

地　区	Region	固定资产投资 Investment in Fixed Assets	建筑安装工程 Construction and Installation	设备、工器具 Purchase of Equipment, Tools and Instruments	其他费用 Others
全　国	**National**	**105.4**	**107.2**	**101.0**	**101.2**
北　京	Beijing	103.8	108.2	100.4	100.6
天　津	Tianjin	104.5	106.9	101.0	100.5
河　北	Hebei	105.0	106.7	101.3	100.6
山　西	Shanxi	104.5	106.5	101.0	100.9
内蒙古	Inner Mongolia	103.6	104.6	101.0	100.8
辽　宁	Liaoning	103.5	104.4	100.8	101.2
吉　林	Jilin	104.6	107.8	100.8	100.9
黑龙江	Heilongjiang	103.3	104.4	100.8	100.4
上　海	Shanghai	105.6	109.2	100.8	101.0
江　苏	Jiangsu	106.0	109.6	100.7	102.3
浙　江	Zhejiang	105.7	108.8	100.7	101.9
安　徽	Anhui	105.8	108.5	101.0	100.8
福　建	Fujian	104.9	106.7	100.8	100.4
江　西	Jiangxi	106.4	109.2	100.1	101.0
山　东	Shandong	106.1	108.7	101.5	101.5
河　南	Henan	105.4	107.4	101.5	101.0
湖　北	Hubei	106.6	108.8	101.1	102.3
湖　南	Hunan	104.8	105.8	100.7	102.6
广　东	Guangdong	106.2	108.4	101.1	101.3
广　西	Guangxi	104.5	106.3	100.6	100.3
海　南	Hainan	106.2	108.0	101.0	101.7
重　庆	Chongqing	105.0	106.3	101.0	100.5
四　川	Sichuan	106.4	109.0	101.0	103.7
贵　州	Guizhou	105.2	106.0	101.7	101.1
云　南	Yunnan	104.9	105.7	100.9	100.6
陕　西	Shaanxi	105.4	107.1	100.6	103.1
甘　肃	Gansu	104.6	105.4	101.8	101.5
青　海	Qinghai	104.3	105.2	101.0	102.2
宁　夏	Ningxia	103.5	104.7	100.9	100.0
新　疆	Xinjiang	103.7	104.5	101.1	100.2

附录14 全国及各省市区固定资产投资价格指数
Price Indices of Investment in Fixed Assets by Provinces and Regions

(上年＝100) (preceding year=100)

地 区	Region	2012	2013	2014	2015	2016	2017	2018
全 国	**National**	**101.1**	**100.3**	**100.5**	**98.2**	**99.4**	**105.8**	**105.4**
北 京	Beijing	101.3	99.9	100.0	97.6	99.7	104.7	103.8
天 津	Tianjin	100.0	99.5	100.5	99.9	99.4	104.3	104.5
河 北	Hebei	100.3	99.9	100.2	98.0	99.4	106.7	105.0
山 西	Shanxi	101.2	100.5	99.6	98.2	100.0	106.3	104.5
内蒙古	Inner Mongolia	101.6	99.6	99.8	98.0	99.5	103.4	103.6
辽 宁	Liaoning	101.0	100.0	99.7	97.9	99.2	104.0	103.5
吉 林	Jilin	100.4	100.0	100.2	97.6	98.7	104.7	104.6
黑龙江	Heilongjiang	100.8	100.1	100.0	99.0	99.4	103.4	103.3
上 海	Shanghai	99.4	100.2	100.5	97.0	99.6	106.7	105.6
江 苏	Jiangsu	98.6	100.5	101.1	96.2	98.8	107.6	106.0
浙 江	Zhejiang	99.2	100.0	100.6	97.4	99.5	105.8	105.7
安 徽	Anhui	101.0	100.2	100.3	96.9	99.2	107.4	105.8
福 建	Fujian	100.3	100.1	100.4	98.3	100.0	105.6	104.9
江 西	Jiangxi	101.0	100.4	100.1	96.8	100.0	106.1	106.4
山 东	Shandong	100.8	100.4	100.3	97.7	99.1	105.8	106.1
河 南	Henan	101.0	99.9	100.0	97.6	99.2	107.4	105.4
湖 北	Hubei	101.8	100.5	101.0	99.4	100.1	105.9	106.6
湖 南	Hunan	101.7	101.3	101.5	100.4	100.4	105.7	104.8
广 东	Guangdong	101.5	101.4	101.5	99.0	100.3	105.3	106.2
广 西	Guangxi	100.6	100.1	101.6	98.8	99.5	104.4	104.5
海 南	Hainan	102.0	99.3	100.6	99.4	100.1	104.1	106.2
重 庆	Chongqing	101.8	100.5	100.3	98.2	99.8	105.3	105.0
四 川	Sichuan	101.0	100.4	100.5	97.9	98.6	107.7	106.4
贵 州	Guizhou	101.5	100.9	101.1	98.4	100.1	106.1	105.2
云 南	Yunnan	101.4	101.1	101.0	99.1	98.9	104.9	104.9
陕 西	Shaanxi	102.6	102.0	101.1	98.8	99.9	105.3	105.4
甘 肃	Gansu	102.1	100.4	100.1	97.7	98.7	105.9	104.6
青 海	Qinghai	102.2	101.5	100.9	98.2	99.6	106.1	104.3
宁 夏	Ningxia	101.5	99.8	100.8	97.5	99.6	105.9	103.5
新 疆	Xinjiang	100.6	100.5	100.3	98.3	99.9	103.5	103.7

附录15　全国及各省市区粮食作物播种面积、总产量
Sown Area and Total Output of Grain Crops by Provinces and Regions

单位：千公顷、万吨　　(1000 hectares, 10000 tons)

地　区	Region	粮食播种面积 Sown Area of Grain Crop 2017	2018	2018年比2017年增长 Increase Rate in 2018 over 2017 绝对数 Value	%	粮食总产量 Total Output of Grain Crop 2017	2018	2018年比2017年增长 Increase Rate in 2018 over 2017 绝对数 Value	%
全　国	**National**	**117989.1**	**117037.0**	**-952.06**	**-0.8**	**66160.73**	**65789.00**	**-371.73**	**-0.6**
北　京	Beijing	66.8	56.0	-10.84	-16.2	41.12	34.00	-7.12	-17.3
天　津	Tianjin	351.4	350.0	-1.40	-0.4	212.27	210.00	-2.27	-1.1
河　北	Hebei	6658.5	6539.0	-119.52	-1.8	3829.25	3701.00	-128.25	-3.3
山　西	Shanxi	3180.9	3137.0	-43.92	-1.4	1355.10	1380.00	24.90	1.8
内蒙古	Inner Mongolia	6780.9	6790.0	9.08	0.1	3254.54	3553.00	298.46	9.2
辽　宁	Liaoning	3467.5	3484.0	16.52	0.5	2330.74	2192.00	-138.74	-6.0
吉　林	Jilin	5544.0	5600.0	56.03	1.0	4154.00	3633.00	-521.00	-12.5
黑龙江	Heilongjiang	14163.5	14215.0	51.46	0.4	7414.92	7507.00	92.08	1.2
上　海	Shanghai	133.1	130.0	-3.14	-2.4	99.78	104.00	4.22	4.2
江　苏	Jiangsu	5527.3	5476.0	-51.31	-0.9	3610.80	3660.00	49.20	1.4
浙　江	Zhejiang	977.2	976.0	-1.19	-0.1	580.14	599.00	18.86	3.3
安　徽	Anhui	7321.8	7316.0	-5.79	-0.1	4019.71	4007.00	-12.71	-0.3
福　建	Fujian	833.2	834.0	0.78	0.1	487.15	499.00	11.85	2.4
江　西	Jiangxi	3786.3	3721.0	-65.32	-1.7	2221.73	2191.00	-30.73	-1.4
山　东	Shandong	8455.6	8405.0	-50.60	-0.6	5374.31	5320.00	-54.31	-1.0
河　南	Henan	10915.1	10906.0	-9.13	-0.1	6524.25	6649.00	124.75	1.9
湖　北	Hubei	4853.0	4847.0	-6.00	-0.1	2846.14	2839.47	-6.68	-0.2
湖　南	Hunan	4978.9	4748.0	-230.95	-4.6	3073.60	3023.00	-50.60	-1.6
广　东	Guangdong	2169.7	2151.0	-18.73	-0.9	1208.56	1193.00	-15.56	-1.3
广　西	Guangxi	2853.1	2802.0	-51.06	-1.8	1370.49	1373.00	2.51	0.2
海　南	Hainan	282.5	286.0	3.52	1.2	138.11	147.00	8.89	6.4
重　庆	Chongqing	2030.7	2018.0	-12.71	-0.6	1079.88	1079.00	-0.88	-0.1
四　川	Sichuan	6292.0	6266.0	-26.00	-0.4	3488.90	3494.00	5.10	0.1
贵　州	Guizhou	3052.8	2740.0	-312.78	-10.2	1242.45	1060.00	-182.45	-14.7
云　南	Yunnan	4169.2	4175.0	5.79	0.1	1843.42	1861.00	17.58	1.0
西　藏	Tibet	185.6	183.0	-2.65	-1.4	106.53	104.00	-2.53	-2.4
陕　西	Shaanxi	3019.4	3006.0	-13.40	-0.4	1194.20	1226.00	31.80	2.7
甘　肃	Gansu	2647.2	2645.0	-2.16	-0.1	1105.90	1151.00	45.10	4.1
青　海	Qinghai	282.6	281.0	-1.56	-0.6	102.55	103.00	0.45	0.4
宁　夏	Ningxia	713.3	736.0	22.75	3.2	365.47	393.00	27.53	7.5
新　疆	Xinjiang	2295.8	2220.0	-75.85	-3.3	1484.73	1504.00	19.27	1.3
湖北居全国位次	**Order of Precedence of Hubei in the Country**	**11**	**10**			**11**	**11**		

注：2017年数据为根据第三次全国农业普查资料修订数据。
Note: The data in 2017 were revised according to the third national agricultural census data.

附录16　全国及各省市区稻谷播种面积、总产量
Sown Area and Total Output of Rice by Provinces and Regions

单位：千公顷、万吨　　(1000 hectares, 10000 tons)

地区	Region	稻谷播种面积 Sown Area of Rice				稻谷总产量 Total Output of Rice			
		2017	2018	2018年比2017年增长 Increase Rate in 2018 over 2017		2017	2018	2018年比2017年增长 Increase Rate in 2018 over 2017	
				绝对数 Value	%			绝对数 Value	%
全　国	**National**	**30747.19**	**30189.45**	**-557.74**	**-1.8**	**21267.59**	**21212.90**	**-54.69**	**-0.3**
北　京	Beijing	0.12	0.17	0.05	43.0	0.07	0.11	0.04	61.2
天　津	Tianjin	30.49	39.90	9.41	30.9	26.33	37.41	11.08	42.1
河　北	Hebei	75.02	78.43	3.41	4.5	50.43	52.49	2.06	4.1
山　西	Shanxi	0.76	0.80	0.04	4.7	0.52	0.56	0.04	7.1
内蒙古	Inner Mongolia	122.19	150.45	28.26	23.1	85.23	121.86	36.64	43.0
辽　宁	Liaoning	492.67	488.36	-4.31	-0.9	422.05	418.02	-4.02	-1.0
吉　林	Jilin	820.83	839.71	18.88	2.3	684.43	646.32	-38.12	-5.6
黑龙江	Heilongjiang	3948.89	3783.10	-165.79	-4.2	2819.33	2685.54	-133.79	-4.7
上　海	Shanghai	104.11	103.58	-0.53	-0.5	85.60	87.97	2.37	2.8
江　苏	Jiangsu	2237.72	2214.72	-23.00	-1.0	1892.57	1958.03	65.46	3.5
浙　江	Zhejiang	620.68	651.07	30.39	4.9	444.91	477.40	32.49	7.3
安　徽	Anhui	2605.15	2544.76	-60.39	-2.3	1647.46	1681.21	33.75	2.0
福　建	Fujian	628.59	619.61	-8.98	-1.4	393.19	398.31	5.12	1.3
江　西	Jiangxi	3504.69	3436.20	-68.49	-2.0	2126.15	2092.20	-33.95	-1.6
山　东	Shandong	108.86	113.83	4.97	4.6	90.14	98.59	8.45	9.4
河　南	Henan	615.03	620.41	5.38	0.9	485.25	501.41	16.16	3.3
湖　北	Hubei	2368.07	2391.00	22.93	1.0	1927.16	1965.62	38.46	2.0
湖　南	Hunan	4238.71	4009.00	-229.71	-5.4	2740.35	2674.01	-66.34	-2.4
广　东	Guangdong	1805.42	1787.39	-18.03	-1.0	1046.34	1032.07	-14.27	-1.4
广　西	Guangxi	1801.71	1752.55	-49.16	-2.7	1019.78	1016.24	-3.54	-0.3
海　南	Hainan	246.65	246.10	-0.55	-0.2	123.23	130.70	7.47	6.1
重　庆	Chongqing	658.94	656.45	-2.50	-0.4	486.99	486.92	-0.07	0.0
四　川	Sichuan	1874.93	1874.00	-0.93	0.0	1473.70	1478.60	4.90	0.3
贵　州	Guizhou	700.50	671.78	-28.72	-4.1	448.83	420.73	-28.10	-6.3
云　南	Yunnan	870.56	849.55	-21.01	-2.4	529.23	527.70	-1.53	-0.3
西　藏	Tibet	0.89	0.94	0.05	6.0	0.50	0.53	0.03	5.8
陕　西	Shaanxi	105.64	105.39	-0.24	-0.2	80.57	80.69	0.12	0.2
甘　肃	Gansu	4.04	3.82	-0.23	-5.6	2.92	2.47	-0.45	-15.4
青　海	Qinghai								
宁　夏	Ningxia	81.09	78.01	-3.08	-3.8	68.85	66.55	-2.30	-3.3
新　疆	Xinjiang	74.24	78.39	4.14	5.6	65.47	72.65	7.18	11.0
湖北居全国位次	**Order of Precedence of Hubei in the Country**	**5**	**5**			**4**	**4**		

注：2017年数据为根据第三次全国农业普查资料修订数据。
Note: The data in 2017 were revised according to the third national agricultural census data.

附录17 全国及各省市区小麦播种面积、总产量
Sown Area and Total Output of Wheat by Provinces and Regions

单位：千公顷、万吨 (1000 hectares, 10000 tons)

地区	Region	小麦播种面积 Sown Area of Wheat				小麦总产量 Total Output of Wheat			
		2017	2018	2018年比2017年增长 Increase Rate in 2018 over 2017		2017	2018	2018年比2017年增长 Increase Rate in 2018 over 2017	
				绝对数 Value	%			绝对数 Value	%
全国	**National**	**24507.99**	**24266.19**	**-241.80**	**-1.0**	**13433.39**	**13144.05**	**-289.35**	**-2.2**
北京	Beijing	11.27	9.79	-1.48	-13.1	6.19	5.26	-0.94	-15.1
天津	Tianjin	108.77	110.84	2.07	1.9	62.41	57.13	-5.28	-8.5
河北	Hebei	2373.36	2357.19	-16.17	-0.7	1504.12	1450.73	-53.39	-3.5
山西	Shanxi	560.53	560.27	-0.26	0.0	232.40	228.59	-3.81	-1.6
内蒙古	Inner Mongolia	673.94	596.73	-77.21	-11.5	189.05	202.29	13.24	7.0
辽宁	Liaoning	3.57	2.39	-1.18	-33.1	1.26	1.37	0.12	9.3
吉林	Jilin	2.42	1.20	-1.22	-50.6	0.15	0.04	-0.11	-73.7
黑龙江	Heilongjiang	101.79	109.41	7.62	7.5	38.09	36.18	-1.91	-5.0
上海	Shanghai	21.01	21.34	0.33	1.6	10.18	12.98	2.80	27.5
江苏	Jiangsu	2412.75	2403.96	-8.79	-0.4	1295.47	1289.12	-6.35	-0.5
浙江	Zhejiang	103.67	85.36	-18.31	-17.7	41.92	35.79	-6.13	-14.6
安徽	Anhui	2822.79	2875.86	53.07	1.9	1644.47	1607.45	-37.02	-2.3
福建	Fujian	0.20	0.19	-0.01	-5.2	0.06	0.05	0.00	-6.4
江西	Jiangxi	14.51	14.62	0.11	0.8	3.10	3.17	0.07	2.3
山东	Shandong	4083.87	4058.59	-25.28	-0.6	2495.11	2471.68	-23.43	-0.9
河南	Henan	5714.64	5739.85	25.21	0.4	3705.21	3602.85	-102.36	-2.8
湖北	Hubei	1153.22	1104.96	-48.26	-4.2	426.90	410.37	-16.53	-3.9
湖南	Hunan	28.34	23.35	-4.99	-17.6	9.61	8.01	-1.60	-16.6
广东	Guangdong	0.46	0.42	-0.04	-9.2	0.15	0.15	0.00	1.6
广西	Guangxi	3.08	3.00	-0.08	-2.7	0.51	0.50	-0.01	-2.0
海南	Hainan								
重庆	Chongqing	30.13	24.79	-5.34	-17.7	9.78	8.15	-1.63	-16.6
四川	Sichuan	652.67	635.00	-17.67	-2.7	251.60	247.30	-4.30	-1.7
贵州	Guizhou	155.97	141.62	-14.35	-9.2	41.20	33.18	-8.02	-19.5
云南	Yunnan	343.68	339.20	-4.48	-1.3	73.68	74.28	0.60	0.8
西藏	Tibet	39.35	31.73	-7.61	-19.3	21.94	19.46	-2.48	-11.3
陕西	Shaanxi	963.15	967.31	4.16	0.4	406.41	401.34	-5.07	-1.2
甘肃	Gansu	766.47	775.56	9.09	1.2	269.72	280.51	10.78	4.0
青海	Qinghai	112.42	111.60	-0.82	-0.7	42.33	42.64	0.31	0.7
宁夏	Ningxia	123.13	128.59	5.46	4.4	37.82	41.58	3.76	9.9
新疆	Xinjiang	1126.82	1031.47	-95.35	-8.5	612.58	571.89	-40.69	-6.6
湖北居全国位次	**Order of Precedence of Hubei in the Country**	**6**	**6**			**7**	**7**		

注：2017年数据为根据第三次全国农业普查资料修订数据。
Note: The data in 2017 were revised according to the third national agricultural census data.

附录18　全国及各省市区玉米播种面积、总产量
Sown Area and Total Output of Corn by Provinces and Regions

单位：千公顷、万吨　　(1000 hectares, 10000 tons)

地　区	Region	玉米播种面积 Sown Area of Corn				玉米总产量 Total Output of Corn			
		2017	2018	2018年比2017年增长 Increase Rate in 2018 over 2017		2017	2018	2018年比2017年增长 Increase Rate in 2018 over 2017	
				绝对数 Value	%			绝对数 Value	%
全　国	**National**	**42399.00**	**42130.05**	**-268.95**	**-0.6**	**25907.07**	**25717.39**	**-189.68**	**-0.7**
北　京	Beijing	49.74	40.09	-9.65	-19.4	33.21	27.14	-6.07	-18.3
天　津	Tianjin	201.42	186.77	-14.65	-7.3	119.29	110.55	-8.74	-7.3
河　北	Hebei	3544.06	3437.74	-106.32	-3.0	2035.48	1941.15	-94.33	-4.6
山　西	Shanxi	1806.85	1747.67	-59.19	-3.3	977.87	981.62	3.75	0.4
内蒙古	Inner Mongolia	3716.34	3742.14	25.80	0.7	2497.44	2699.95	202.52	8.1
辽　宁	Liaoning	2691.98	2712.98	21.00	0.8	1789.44	1662.79	-126.66	-7.1
吉　林	Jilin	4164.01	4231.47	67.46	1.6	3250.78	2799.88	-450.90	-13.9
黑龙江	Heilongjiang	5862.81	6317.82	455.01	7.8	3703.11	3982.16	279.04	7.5
上　海	Shanghai	3.03	1.81	-1.23	-40.4	2.10	1.25	-0.85	-40.4
江　苏	Jiangsu	543.21	515.77	-27.44	-5.1	318.07	299.95	-18.12	-5.7
浙　江	Zhejiang	51.88	49.34	-2.54	-4.9	23.04	20.64	-2.40	-10.4
安　徽	Anhui	1160.07	1138.56	-21.51	-1.9	610.66	595.61	-15.05	-2.5
福　建	Fujian	26.81	28.79	1.98	7.4	11.40	12.56	1.16	10.2
江　西	Jiangxi	35.65	35.00	-0.65	-1.8	15.40	15.65	0.25	1.6
山　东	Shandong	4000.12	3934.68	-65.44	-1.6	2662.15	2607.16	-54.99	-2.1
河　南	Henan	3998.94	3918.96	-79.98	-2.0	2170.14	2351.38	181.24	8.4
湖　北	Hubei	794.78	781.20	-13.58	-1.7	356.75	323.38	-33.37	-9.4
湖　南	Hunan	365.81	359.20	-6.61	-1.8	199.17	202.82	3.65	1.8
广　东	Guangdong	120.95	120.08	-0.87	-0.7	54.64	54.54	-0.10	-0.2
广　西	Guangxi	591.23	584.43	-6.80	-1.1	271.64	273.40	1.76	0.6
海　南	Hainan								
重　庆	Chongqing	447.34	442.33	-5.01	-1.1	252.62	251.33	-1.29	-0.5
四　川	Sichuan	1863.87	1856.00	-7.87	-0.4	1068.00	1066.30	-1.70	-0.2
贵　州	Guizhou	1006.38	602.12	-404.26	-40.2	441.18	258.96	-182.22	-41.3
云　南	Yunnan	1763.81	1785.20	21.39	1.2	912.93	926.00	13.07	1.4
西　藏	Tibet	4.88	5.16	0.28	5.7	3.00	3.36	0.36	12.0
陕　西	Shaanxi	1196.88	1179.47	-17.41	-1.5	551.15	584.15	33.00	6.0
甘　肃	Gansu	1040.97	1012.74	-28.22	-2.7	576.67	589.99	13.32	2.3
青　海	Qinghai	18.90	18.45	-0.45	-2.4	12.24	11.53	-0.71	-5.8
宁　夏	Ningxia	306.33	310.79	4.46	1.5	214.87	234.62	19.75	9.2
新　疆	Xinjiang	1019.93	1033.29	13.36	1.3	772.62	827.57	54.95	7.1
湖北居全国位次	**Order of Precedence of Hubei in the Country**	**16**	**15**			**16**	**15**		

注：2017年数据为根据第三次全国农业普查资料修订数据。
Note: The data in 2017 were revised according to the third national agricultural census data.

附录19 全国及各省市区粮食、稻谷单位面积产量

Output of Grain and Rice per Hectare by Provinces and Regions

单位：公斤/公顷 (kg/hectare)

地 区	Region	粮食 Grain Crop 2017	粮食 Grain Crop 2018	2018年比2017年增长 Increase Rate in 2018 over 2017(%)	稻谷 Rice 2017	稻谷 Rice 2018	2018年比2017年增长 Increase Rate in 2018 over 2017(%)
全 国	**National**	**5607.36**	**5621.00**	**0.2**	**6916.92**	**7026.59**	**1.6**
北 京	Beijing	6152.22	6137.00	**-0.2**	5992.01	6752.67	12.7
天 津	Tianjin	6040.74	5988.00	**-0.9**	8636.87	9376.50	8.6
河 北	Hebei	5750.90	5660.00	**-1.6**	6722.31	6692.59	-0.4
山 西	Shanxi	4260.08	4400.00	**3.3**	6810.00	6960.00	2.2
内蒙古	Inner Mongolia	4799.56	5233.00	**9.0**	6974.98	8100.00	16.1
辽 宁	Liaoning	6721.71	6293.00	**-6.4**	8566.50	8559.75	-0.1
吉 林	Jilin	7492.83	6487.00	**-13.4**	8338.34	7696.96	-7.7
黑龙江	Heilongjiang	5235.22	5281.00	**0.9**	7139.57	7098.79	-0.6
上 海	Shanghai	7494.48	7988.00	**6.6**	8221.72	8492.47	3.3
江 苏	Jiangsu	6532.66	6684.00	**2.3**	8457.59	8840.98	4.5
浙 江	Zhejiang	5936.77	6140.00	**3.4**	7168.15	7332.59	2.3
安 徽	Anhui	5490.06	5477.00	**-0.2**	6323.87	6606.56	4.5
福 建	Fujian	5846.63	5982.00	**2.3**	6255.13	6428.33	2.8
江 西	Jiangxi	5867.79	5887.00	**0.3**	6066.58	6088.70	0.4
山 东	Shandong	6355.92	6329.00	**-0.4**	8280.59	8661.00	4.6
河 南	Henan	5977.25	6097.00	**2.0**	7889.85	8081.91	2.4
湖 北	Hubei	5864.69	5858.19	**-0.1**	8138.09	8220.91	1.0
湖 南	Hunan	6173.19	6367.00	**3.1**	6465.06	6670.02	3.2
广 东	Guangdong	5570.09	5548.00	**-0.4**	5795.57	5774.17	-0.4
广 西	Guangxi	4803.59	4899.00	**2.0**	5660.08	5798.64	2.4
海 南	Hainan	4889.31	5142.00	**5.2**	4996.25	5310.85	6.3
重 庆	Chongqing	5317.73	5349.00	**0.6**	7390.52	7417.50	0.4
四 川	Sichuan	5544.99	5576.00	**0.6**	7860.00	7890.07	0.4
贵 州	Guizhou	4069.88	3867.00	**-5.0**	6407.30	6262.91	-2.3
云 南	Yunnan	4421.51	4457.00	**0.8**	6079.20	6211.52	2.2
西 藏	Tibet	5738.32	5688.00	**-0.9**	5606.54	5592.72	-0.2
陕 西	Shaanxi	3955.11	4080.00	**3.2**	7626.78	7656.11	0.4
甘 肃	Gansu	4177.68	4353.00	**4.2**	7216.04	6468.92	-10.4
青 海	Qinghai	3629.21	3664.00	**1.0**			
宁 夏	Ningxia	5124.01	5336.00	**4.1**	8490.57	8530.96	0.5
新 疆	Xinjiang	6467.03	6777.00	**4.8**	8818.96	9268.16	5.1
湖北居全国位次	**Order of Precedence of Hubei in the Country**	**13**	**14**		**10**	**8**	

注：2017年数据为根据第三次全国农业普查资料修订数据。

Note: The data in 2017 were revised according to the third national agricultural census data.

附录20 全国及各省市区小麦、玉米单位面积产量
Output of Wheat and Corn per Hectare by Provinces and Regions

单位：公斤/公顷 (kg/hectare)

地 区	Region	小麦 Wheat 2017	小麦 Wheat 2018	2018年比2017年增长 Increase Rate in 2018 over 2017(%)	玉米 Corn 2017	玉米 Corn 2018	2018年比2017年增长 Increase Rate in 2018 over 2017(%)
全 国	**National**	**5481.23**	**5416.61**	**-1.2**	**6110.30**	**6104.29**	**-0.1**
北 京	Beijing	5492.35	5367.43	-2.3	6676.80	6770.24	1.4
天 津	Tianjin	5737.69	5154.29	-10.2	5922.53	5919.22	-0.1
河 北	Hebei	6337.51	6154.50	-2.9	5743.35	5646.59	-1.7
山 西	Shanxi	4146.00	4080.00	-1.6	5412.00	5616.75	3.8
内 蒙 古	Inner Mongolia	2805.15	3390.00	20.8	6720.15	7215.00	7.4
辽 宁	Liaoning	3516.38	5749.50	63.5	6647.31	6129.00	-7.8
吉 林	Jilin	613.77	326.11	-46.9	7806.85	6616.80	-15.2
黑 龙 江	Heilongjiang	3741.62	3306.56	-11.6	6316.27	6303.05	-0.2
上 海	Shanghai	4846.44	6081.98	25.5	6924.63	6930.18	0.1
江 苏	Jiangsu	5369.25	5362.49	-0.1	5855.29	5815.58	-0.7
浙 江	Zhejiang	4043.43	4192.83	3.7	4440.44	4183.20	-5.8
安 徽	Anhui	5825.69	5589.46	-4.1	5264.00	5231.26	-0.6
福 建	Fujian	2844.60	2807.88	-1.3	4251.32	4361.50	2.6
江 西	Jiangxi	2137.10	2168.26	1.5	4319.16	4471.43	3.5
山 东	Shandong	6109.67	6090.00	-0.3	6655.18	6626.10	-0.4
河 南	Henan	6483.70	6276.91	-3.2	5426.80	6000.01	10.6
湖 北	Hubei	3701.82	3713.89	0.3	4488.61	4139.53	-7.8
湖 南	Hunan	3390.97	3430.41	1.2	5444.68	5646.44	3.7
广 东	Guangdong	3192.50	3571.43	11.9	4517.74	4541.97	0.5
广 西	Guangxi	1654.71	1666.67	0.7	4594.54	4678.06	1.8
海 南	Hainan						
重 庆	Chongqing	3245.75	3289.35	1.3	5647.23	5681.88	0.6
四 川	Sichuan	3855.00	3894.49	1.0	5730.00	5745.15	0.3
贵 州	Guizhou	2641.15	2342.89	-11.3	4383.80	4300.80	-1.9
云 南	Yunnan	2143.85	2190.00	2.2	5175.87	5187.09	0.2
西 藏	Tibet	5576.30	6133.01	10.0	6153.85	6517.84	5.9
陕 西	Shaanxi	4219.60	4149.04	-1.7	4604.87	4952.64	7.6
甘 肃	Gansu	3519.04	3616.83	2.8	5539.77	5825.70	5.2
青 海	Qinghai	3765.20	3820.79	1.5	6479.64	6249.32	-3.6
宁 夏	Ningxia	3071.47	3233.53	5.3	7014.45	7549.15	7.6
新 疆	Xinjiang	5436.34	5544.40	2.0	7575.28	8009.10	5.7
湖北居全国位次	**Order of Precedence of Hubei in the Country**	**18**	**17**		**27**	**30**	

注：2017年数据为根据第三次全国农业普查资料修订数据。
Note: The data in 2017 were revised according to the third national agricultural census data.